Literatur und Recht

Band 20

Reihe herausgegeben von

Klaus Stierstorfer, Münster, Deutschland

Die Reihe „Literatur und Recht“ bietet eine Publikationsplattform für Forschungen im interdisziplinären Gebiet zwischen Literatur und Recht. In Monographien und thematisch integrierten Sammelbänden erscheinen hier Arbeiten in deutscher Sprache, die dieses hoch aktuelle und sehr produktive Feld bearbeiten, erweitern oder neu vermessen wollen.

Wie bereits im Reihentitel angedeutet, liegt der Schwerpunkt nicht nur auf rechtstheoretischen, rechtssoziologischen oder rechtskulturellen Arbeiten, die die Rolle von Literatur im Rechtsdiskurs und dessen ‚Humanisierung‘ erkunden. Diese Form von Arbeiten, die v.a. im Nachgang des amerikanischen Law and Literature Movement seit den 1970er Jahren entstanden sind, wird durch eine neue Akzentsetzung weiterentwickelt. Hier treffen sich die beiden Disziplinen von Literatur- und Rechtswissenschaft auf Augenhöhe ohne monodirektionale Voreinstellung inhaltlicher, theoretischer, politischer oder ideologischer Art. Grundlagenforschung im interdisziplinären Bereich steht neben Einzelstudien zu einschlägigen Spezialthemen. Darüber hinaus soll die Reihe zwar zum einen Literatur und Recht im europäischen Kontext vertieft erkunden, zum anderen aber auch den Blick weiten auf rechtskulturelle und literarische Kontexte, die durch die traditionelle Recht- und Literatur-Forschung noch wenig erschlossen sind, namentlich in Osteuropa, Asien und Afrika.

Melanie Foik · Sebastian Speth
(Hrsg.)

Pitaval im Sozialismus

Literarische Rechtsfallsammlungen in der DDR und der Volksrepublik Polen

J.B. METZLER

Hrsg.
Melanie Foik
Instytut Archeologii i Etnologii
Polska Akademia Nauk
Warszawa, Poland

Sebastian Speth
Germanistisches Institut
Universität Münster
Münster, Deutschland

ISSN 2730-7085 ISSN 2730-7093 (electronic)
Literatur und Recht
ISBN 978-3-662-72430-9 ISBN 978-3-662-72431-6 (eBook)
https://doi.org/10.1007/978-3-662-72431-6

Die Deutsche Nationalbibliothek verzeichnet diese Publikation in der Deutschen Nationalbibliografie; detaillierte bibliografische Daten sind im Internet über https://portal.dnb.de abrufbar.

Planung/Lektorat: Ferdinand Pöhlmann
J.B. Metzler ist ein Imprint der eingetragenen Gesellschaft Springer-Verlag GmbH, DE und ist ein Teil von Springer Nature.
Die Anschrift der Gesellschaft ist: Heidelberger Platz 3, 14197 Berlin, Germany

Inhaltsverzeichnis

Autorinnen und Autoren

Wolfgang Brylla ist wissenschaftlicher Mitarbeiter am Institut für Germanistik der Universität Zielona Góra.

Melanie Foik ist wissenschaftliche Mitarbeiterin am Institut für Archäologie und Ethnologie der Polnischen Akademie der Wissenschaften in Warschau.

Karolina Dobrosława Korkosz ist Studentin der Polonistik im Rahmen der Interdisziplinären Individuellen Studien an der Philologischen Fakultät der Adam-Mickiewicz-Universität Posen.

Kamil Łakomy ist wissenschaftlicher Mitarbeiter an der Rechtswissenschaftlichen Fakultät, Abt. für Strafrecht, der Adam-Mickiewicz-Universität Posen.

Kathrin Löhr war wissenschaftliche Mitarbeiterin im Sonderforschungsbereich ‚Recht und Literatur' an der Universität Münster.

Piotr M. Pilarczyk ist Professor für Rechtsgeschichte an der Rechtswissenschaftlichen Fakultät, Abt. für Staatssysteme und politisch-juristische Theorie, der Adam-Mickiewicz-Universität Posen.

Katharina Rauschenberger ist wissenschaftliche Mitarbeiterin am Fritz Bauer Institut in Frankfurt a. M.

Sebastian Speth ist Akademischer Oberrat a. Z. am Germanistischen Institut der Universität Münster.

Moritz Vormbaum ist Professor für Strafrecht, Strafprozessrecht und Internationales Strafrecht am Institut für Kriminalwissenschaften, Abt. III, der Universität Münster.

Pitaval im Sozialismus. Überlieferung und Neuansatz

Melanie Foik und Sebastian Speth

Im Frühjahr 1948 starb in seiner Heimatstadt Prag der Schriftsteller und Journalist Egon Erwin Kisch, „rasender Reporter“ nach eigenen Worten, überzeugter und aktiver Kommunist, Mitteleuropäer und Weltbürger zugleich. Zu einer „außergewöhnlich interessanten Persönlichkeit“, so sein Biograph, der Slavist Harold B. Segel (1997, S. xi), wurde Kisch nicht zuletzt durch seine „lebenslange Beschäftigung mit Kriminalität wie auch sein gewissenhaftes Einstehen für Anstand und Gerechtigkeit in menschlichen Angelegenheiten“.[1] In diesem Zusammenhang entstand der international wohl bekannteste Pitaval des 20. Jahrhunderts: der *Prager Pitaval*. Kischs Sammlung journalistisch-literarisch verarbeiteter Rechtsfälle erschien 1931, erlebte unzählige Auflagen und wurde auch ins Tschechische, Polnische und Ungarische übersetzt. Für die uns hier interessierenden Pitavale aus dem sozialistischen Polen und der DDR stellte der *Prager Pitaval* einen vielfach aufgerufenen Referenzpunkt dar.

Den zuletzt über Kisch verlaufenden Traditionsfaden der literarischen Rechtsfallsammlung nahmen in den frühen 1950er Jahren besonders wirkungsvoll zwei schriftstellernde Juristen auf: Friedrich Karl Kaul in der DDR und Stanisław Szenic in der Volksrepublik Polen. Denn gerade in den staatssozialistischen Gesellschaften des 20. Jahrhunderts sollte sich der Pitaval in seiner durch Kisch erfahrenen Aktualisierung und mit seiner ihm schon immer inhärenten *Möglichkeit* zur Herrschaftskritik als eine in vielerlei Hinsicht nützliche wie beliebte literarische Gattung erweisen. Vor diesem Hintergrund mag es verwundern, dass sowohl die literatur- als auch die rechtshistorische Forschung bislang kaum Notiz vom Pitaval im Sozialismus genommen hat.

Der vorliegende Band ist das Ergebnis einer Kooperation der Teilprojekte *Das Recht der Erfahrungsseelenkunde* (A03) und *Literarische Formen europäischer*

[1] „Kisch’s […] lifelong preoccupation with crime, and his scrupulous regard for decency and justice in human affairs make him an exceptionally interesting figure.“ (Segel 1997, S. xi).

M. Foik und S. Speth (Hrsg.), *Pitaval im Sozialismus*, Literatur und Recht 20,
https://doi.org/10.1007/978-3-662-72431-6_1

Rechtskultur in Polen, Russland und der Ukraine (B01) des Münsteraner Sonderforschungsbereichs ‚Recht und Literatur'. Auftakt dazu war ein Workshop im Juni 2022, in dem erstmals die zuvor kaum beachtete Fortschreibung des Pitavalgenres in den staatssozialistischen Gesellschaften aus literatur-, rechts- und geschichtswissenschaftlicher Perspektive diskutiert wurde (Leusch 2022). Beleuchtet wurde an Beispielen aus der DDR und der Volksrepublik Polen unter anderem das Verhältnis von Ideologie zu Ideologiekritik sowie die Besonderheiten des Erzählens über Verbrechen in sozialistischen Systemen. Dabei offenbarten sich nicht nur Gemeinsamkeiten und Parallelen, sondern auch Unterschiede zwischen den verschiedenen ‚sozialistischen' Varianten des Pitavals hinsichtlich ihrer politisch-ideologischen Funktionen wie auch ihrer literaturästhetischen Ausgestaltungen.

Konsens bestand dabei hinsichtlich der besonderen Stellung von F. K. Kaul und St. Szenic, die beide nach einer rechtswissenschaftlichen Ausbildung als Juristen *und* Schriftsteller tätig waren und an der Schnittstelle dieser beruflichen Interessen als produktive Pitavalautoren auftraten. Interessanterweise bestehen zwischen dem deutschen Juristen und seinem polnischen Kollegen auch biographische Gemeinsamkeiten.[2] Beide wurden im beginnenden 20. Jahrhundert, d. h. während der polnischen Teilungszeit, in der damaligen preußischen Provinz Posen geboren: Szenic 1904 in Pakość/Pakosch und Kaul 1906 in Posen/Poznań, wo sie jeweils ihre Kindheit verbrachten. Während Kaul mit seinen Eltern 1919, als Posen wieder polnisch wurde, die Stadt in Richtung Berlin verließ, schrieb sich Szenic wenige Jahre später in Posen für ein Jurastudium ein, um anschließend die Tätigkeit eines Richters aufzunehmen.

Die Wege von Szenic und Kaul dürften sich allerdings erst sehr viel später, nämlich nach dem Zweiten Weltkrieg, in den späten 1940er Jahren gekreuzt haben. Kaul war 1945 aus seiner Internierung in den USA nach Berlin zurückgekehrt und arbeitete nun als Justiziar beim (Ost-)Berliner Rundfunk sowie als Rechtsanwalt in Ost- und Westberlin. Szenic hielt sich von 1946 bis 1948 als Mitglied der Polnischen Militärmission, der damaligen diplomatischen Vertretung Polens in Deutschland, in Berlin auf. Ob die beiden literaturaffinen Juristen einander persönlich kannten oder gar privaten Umgang miteinander pflegten, konnten wir bislang nicht ermitteln. Verlässliche Informationen liegen wiederum über ihre jeweiligen späteren Tätigkeiten im Kulturbereich – eine weitere Parallele – vor.

Kaul schrieb nicht nur Kriminalhörspiele wie *Mord* (1947) oder *Seine Königliche Hoheit Harry der Erste* (1949) und Kriminalromane – unter anderem *Mord im Grunewald* (1953b) und *Der Ring* (1954a); Bekanntheit erlangte er vor allem durch seine Auftritte im DDR-Fernsehen (Speth 2023b). Szenic wiederum debütierte nach seiner Rückkehr nach Polen 1948 als Schriftsteller und verlagerte auch seine berufliche Tätigkeit schrittweise in den Kultursektor. Ab Mitte der 1950er Jahre leitete er einige Jahre lang die Abteilung für deutschsprachige Literatur in einem der großen Staatsverlage für Belletristik. Er war Mitglied des Verbands der Polnischen Literaten und arbeitete mit der staatseigenen Filmproduktionsgesellschaft Film Polski sowie dem Polnischen Rundfunk zusammen. In den 1960er Jahren machte er sich mit eigenen Radioprogrammen und Zeitungskolumnen einen Namen.

[2] Zur Biographie Kauls siehe Rosskopf 2002; zu Szenic' Biographie Głębicka [2003] 2007.

Aufgrund seiner großen Bedeutung für die Rezeption und Adaption der Pitaval-Gattung in der DDR sind Kaul drei der versammelten Beiträge gewidmet. **Katharina Rauschenberger** liest insbesondere den ,Fall Jorns' vor Kauls biographischem Hintergrund. Unrecht und Verfolgung, die er selbst als Jude und Kommunist erfahren hatte, prägten seinen Zugang zu Rechtsfällen aus der Weimarer Republik und der Zeit des Nationalsozialismus. Rauschenberger arbeitet heraus, wie Kaul nicht allein die Prozessgeschichten mit Details aus seinem Leben grundierte, sondern wie er umgekehrt auch seine Biographie strategisch zu pointieren verstand, um seine Karriere im sozialistischen System zu befördern. Mit einer produktiven Verbindung von historischen und privaten Fakten mit Elementen fiktionaler Gestaltung und Emotionalisierung appellierte Kaul an das ,antifaschistische' Rechtsgefühl der DDR-Bürgerinnen und -Bürger. In dieser Hinsicht stehen Kauls Pitavale übrigens durchaus Kischs Theorie der ,literarischen Reportage' nahe (dazu Kostenzer 2009, S. 68–76).

Moritz Vormbaum nähert sich Kauls Pitavalen ausgehend von den in der DDR herrschenden Strafrechtsverständnissen. Das hervorstechende Charakteristikum ist die Abschreckung durch Darstellung des kapitalistischen ,Klassenfeindes'. Dies führt einerseits zu negativer Integration der Leserschaft und dient andererseits dem Ausdruck eines Präventionsbedürfnisses gegenüber den bürgerlichen ,Relikten' bzw. ,Rudimenten' in der DDR. Sozialistische Erziehung ist dabei diejenige Präventionsform, die Vormbaum in Kauls *Ein Pitaval* (1966, 2 Bde.) am ehesten wiederfindet. Implizit lasse sich aus der Abwertung der westlichen Justiz außerdem auf ein ideologisch konformes Bewusstsein der Überlegenheit der sozialistischen Strafjustiz schließen. Die Pitavalgeschichten werden so zu potentiellem Anschauungsmaterial, an dem sich das marxistisch-leninistische Theorem einer Kongruenz von gesellschaftlichen Verhältnissen und dem Ausmaß an Kriminalität historisch demonstrieren lasse.

In der rechtswissenschaftlichen Diskussion um die Aufgaben justizieller Öffentlichkeitsarbeit wurde der Aspekt der Rechtserziehung stets in Verbindung mit Rechtspropaganda erörtert. **Sebastian Speth** nimmt dies in seinem Beitrag zum Ausgangspunkt, um die Stelle zu eruieren, die den Pitavalen im System juristisch-journalistischer Textsorten zwischen dokumentarischer Kriminalliteratur und Gerichtsbericht zugewiesen wurde. Als rechtspropagandistisch wirksam galten die Sammlungen erst, wenn sie nicht nur historische Belehrung mit literarischer Unterhaltung verbinden, sondern darüber hinaus sozialistische Gesetzlichkeit vermitteln, erläutern *und* in die marxistisch-leninistische Weltanschauung einfügen. Dafür fällten die Verfasser der Geschichten über die erzählten Prozesse ein zweites Urteil, das weder rechtshistorisch korrekt noch poetisch gerecht, sondern ,sozialistisch gesetzlich' zu sein hatte. Genuin *sozialistische* Pitavale ersetzen so das bei Gayot de Pitaval juristische, später anthropologische und psychologische Interesse an Verbrechen durch ein ideologisches und erzählen die ,Geschichte' der Klassenjustiz als eine vorsozialistisch-transhistorische Invariante.

Dies ließe sich auch anhand der Pitavale von Kaul zeigen, die nach und nach das Projekt einer Darstellung der deutschen Klassenjustiz vom späten 19. Jahrhundert bis in seine eigene Gegenwart zu verfolgen beanspruchen. So ergänzen sich aus sozialistischer Perspektive der *Pitaval der Kaiserzeit* (Kaul 1968), der *Pitaval der Weimarer Republik* (in drei Bänden: Kaul 1953a, 1954b und 1961) sowie der

Bonner Pitaval (Kaul 1964) zum Kontinuum einer Geschichte der Rechtsbeugung durch die jeweils herrschende Klasse.[3] Weil das Unrecht der nationalsozialistischen Justiz dabei immer der Kulminationspunkt ist, gerät das bundesrepublikanische Rechtssystem durch die, wie Kaul kritisiert, zögerlich und inkonsequent betriebene Entnazifizierung in besonderen Misskredit. Besonders anschaulich setzt Kaul (1973) dies in einer Folge des Fernsehpitavals um, wenn ein einschlägig belasteter Staatsanwalt in der BRD ausgerechnet mit Prozessen Geld verdient, in denen er die Interessen der Nachkommen ermordeter Juden vertritt (Kaul 1973). Indem der Kulturschaffende Kaul die Rechtsvertreter des systemischen Konkurrenten diskreditiert, wertet er mit den Verfechtern der sozialistischen Gesetzlichkeit zugleich den Juristen Kaul auf. Dieses produktive Zusammenspiel von Recht und Literatur lobte Maximilian Scheer (1966, S. 4) im *Neuen Deutschland* unter der Überschrift „Plädoyer für F. K. K." in den höchsten Tönen:

> Die faktentreue Justiz nährt hier die Literatur, und der Literat motorisiert die Justiz. Man kann es auch umdrehen: Dann wird die Justiz von der Literatur genährt, und der Jurist motorisiert die Literatur. Wie dem auch sei: Das Mischspiel schafft ein höchst dynamischer Mensch, eben Friedrich Karl Kaul, Doktor jur., Professor, Buchautor, Zeitungsschreiber, Schriftsatzmeister, Hörspielverfasser, Verteidiger, Ankläger, Fernsehstar.

Im Beitrag von **Kathrin Löhr** ist Kaul erneut der Fluchtpunkt, wenn sie ihn innerhalb der Pitavaltradition verortet. Dafür vergleicht sie Intention und Faktur der Sammlungen von François Gayot de Pitaval, Friedrich Schiller und eben Kaul. Gayot, ein Advokat des Parlement de Paris, gab zwischen 1734 und 1743 zwanzig Bände mit Erzählungen von Sensationsprozessen in den Druck, die gerade auch juristisch von Interesse waren. Diese *Causes célèbres et intéressantes* zeichnen sich durch die umfangreiche Vergegenständlichung von Aktenmaterial aus, das als authentisch apostrophiert wird: Plädoyers, Gesetzestexte, Endurteile und anderes wird überwiegend wörtlich zitiert (dazu Speth 2023a). Dies hat seinen Grund darin, dass – anders als etwa bei Kisch – der Fokus nicht auf den Delinquenten, sondern auf der Arbeit der Anwälte, Generaladvokaten und Richter liegt (grundlegend Lüsebrink 1983, S. 104–125; Behrens/Zelle 2020, S. 207–227). Das rhetorische Geschick der Plädoyers war für Gayot der eigentliche Erzählanlass.

Selbst wo Gayot als praktizierender Anwalt im Ancien Régime von Fällen individuellen Missbrauchs richterlicher Gewalt, von Justizirrtümern und den Grausamkeiten der frühneuzeitlichen Strafpraxis berichtet, sind seine Geschichten vom Vertrauen auf die Rechtsform und die Funktionsmechanismen des weltlichen Inquisitionsprozesses getragen. Erst die Rezeption im Verlauf des 18. Jahrhunderts (etwa François Richer, Amsterdam 1771–1778, 22 Bände; Friedrich Schiller, Jena 1792–1795, 4 Bände) übt beim Rückgriff auf Gayots Geschichten grundsätzliche Kritik am Justizsystem.[4] Hier werden

---

[3] Was Kaul nach Deutschem Kaiserreich, Weimarer und Bonner Republik historisch differenziert, ziehen Peter Kaiser, Norbert Moc und Heinz-Peter Zierholz in einer Pitaval-Sammlung zusammen: Der Band *Nach Spandow bis zur Beßerung. Gegen König, Spinnherr und Bankier* trägt entsprechend den Untertitel *Pitaval aus 200 Jahren deutscher Geschichte* (Kaiser, Moc und Zierholz 1983). Georg Piltz (1988) versammelt in seinem Pitaval sogar *Kriminalfälle aus sechs Jahrhunderten*.

[4] Zur Gattungsgeschichte vgl. Achermann et al. 2022.

die *Causes célèbres* zum Beleg für historische Skandale und zum Argument etwa in der Diskussion über die Abschaffung der Folter als Instrument der Wahrheitsfindung (De Doncker 2017, S. 80–89). Nach rund eineinhalb Jahrhunderten eher journalistisch geprägter Adaption griff mit Kaul wieder ein Jurist auf die Gattung zurück. Im Hinblick auf die Integration juristischer Textsorten auch unter Berücksichtigung von Prozessen, an denen er selbst beteiligt war (Kaul 1981), steht er Gayots Original nahe. Seine ins Ideologische gewendete Justizkritik erinnert dagegen an die Gattungsrezeption im Zusammenhang mit der Französischen Revolution; darüber hinaus stand ihm mit dem Fernsehen jedoch ein gänzlich neues Massenmedium zur Verfügung.

Streng genommen war Kauls *Pitaval der Weimarer Republik* nicht die erste literarische Rechtsfallsammlung, die in der DDR veröffentlicht wurde. Bereits 1950 war unter dem Titel *Die wahrhaften Geschichten des alten Pitaval* eine von Helmuth Eggert zusammengestellte Auswahlausgabe der ursprünglichen *Causes célèbres* erschienen, die zu DDR-Zeiten noch zwei weitere Auflagen erleben sollte. Dafür griff der Herausgeber nicht unmittelbar auf das französische Original, sondern auf die deutschen Übersetzungen von Carl Wilhelm Franz und Friedrich Schiller zurück, denen ihrerseits die Adaption von François Richer zugrunde liegt. Eggert (1950, S. 410f.) ging es dabei auch gar nicht um die Wiedergabe der gerichtlichen Verfahren, sondern allein um die Kriminalhandlung, der er gegenüber herkömmlichen Kriminalgeschichten aufgrund des gattungskonstitutiven Wahrheitsanspruchs den Vorzug einräumt. Auch in Polen, wo das Genre zuvor weit weniger verbreitet gewesen war als in Deutschland, griff man zu dieser Zeit auf die (wenigen) polnischen Pitavalklassiker aus dem 19. und frühen 20. Jahrhundert zurück, um der steigenden Nachfrage im *true crime*-Sektor zu begegnen. Der Warschauer Czytelnik-Verlag, der damals eine kleine Pitavalreihe (*pitawalowa seria*) zusammenstellte, legte Ende der 1950er Jahre das *Schwarzbuch* von E. Feliks Górski (eigentlich Henryk Emanuel Glücksberg) aus dem Jahr 1848 wieder auf (Górski 1959). Der Warschauer Literaturverlag (Wydawnictwo Literackie) sprang auf diesen Zug auf und bereicherte die sozialistische Pitavalwelt einige Jahre später um eine neue Ausgabe von Stanisław Wasylewskis *Sprawy ponure* (Düstere Fälle) von 1922, die nun ebenfalls als Pitaval etikettiert wurden (Wasylewski 1963).

Sofern Kaul und Szenic einander persönlich nicht näher gekannt haben, dürfte Szenic als ausgewiesener Spezialist für deutschsprachige Literatur Kauls Pitavalen, die auch thematisch für ihn einschlägig waren, spätestens wohl im Rahmen seiner Verlagstätigkeit begegnet sein. Mitte der 1950er Jahre begann er selbst mit dem Pitavalschreiben. Sein 1955 veröffentlichter *Warszawski pitaval* (Warschauer Pitaval) umfasst dreizehn Geschichten über Kriminalprozesse des 16. bis 18. Jahrhunderts, die in Warschau spielen oder anderweitig mit Warschau verbunden sind. Als historische Quellen verwendete Szenic Gerichtsakten, Archivmaterialien sowie Zeitungsberichte und arbeitete oft lange Zitate aus den Anwaltsreden ein (Foik/Löhr 2022). In seinen (allerdings erst Jahrzehnte später verfassten) Erinnerungen betont er die zufällige Begegnung mit Kischs *Prager Pitaval*, aber auch die Irritation darüber, dass es im damaligen Polen nichts Vergleichbares gab. Genau dies habe ihn zu seinem *Warschauer Pitaval* angeregt:

> Schon während ich *Najstarszy szlak Warszawy* [Der älteste Weg Warschaus] schrieb, begann ich mit der Arbeit am nächsten Buch. Über die Auswahl des Themas entschied der Zufall. Ich sah einmal in der Auslage einer Buchhandlung ein Buch des berühmten Reporters Egon Kisch mit dem Titel *Prager Pitaval*. Mir wurde bewusst, dass diese Art faktographischer Literatur (Sammlungen von Kriminalfällen) in der polnischen Literatur seit Jahren nicht mehr vorkommt (Szenic 1990, S. 163).

Im Vorwort zu seinem *Warschauer Pitaval*, das bis heute als verlässliche Darstellung zur polnischen Pitavalliteratur und ihren Vorbildern herangezogen wird (Żabski 2006; Foik 2022), reiht Szenic sich noch erheblich differenzierter in die europäische Pitavalrezeption ein. Ähnlich wie Kaul spannt er den Traditionsbogen von Gayot de Pitaval über die frühen französischen und deutschen Adaptionen, über Schiller, Julius Eduard Hitzig und Wilhelm Häring, bis hin zu den polnischen Rezeptionsansätzen. Unter den zeitgenössischen Werken verweist er hier ebenfalls auf Kischs *Prager Pitaval*, erwähnt außerdem aber Kauls kurz zuvor erschienenen *Pitaval der Weimarer Republik* als chronologisch näherliegenden Bezugspunkt (Szenic 1955, S. 5–7; dazu auch Foik/Löhr 2022, S. 220f.).

Die Veröffentlichung des *Warschauer Pitavals* fiel in die Zeit nach Stalins Tod, als man sich in Polen allmählich von der Idee verabschiedete, das literarische Verschweigen der Kriminalität führe zu ihrer faktischen Beseitigung; belletristische Darstellungen von Kriminalität wurden wieder möglich. Die nach längerer Durststrecke bald rasch anwachsende Nachfrage nach Kriminalliteratur aller Art erfasste auch das Pitavalgenre. Vom Verkaufserfolg bestätigt, erweiterte Szenic seinen *Warschauer Pitaval* 1957/58 auf zwei Bände, darunter zwei Teilbände, mit insgesamt achtundzwanzig Geschichten (Szenic 1957/58). 1960 folgte sein *Pitaval wielkopolski* (Großpolnischer Pitaval) und 1965 sein *Pitaval makabryczny* (Makabrer Pitaval). In den 1970er Jahren erschienen seine beiden Bestseller, der *Warschauer Pitaval* und der *Großpolnische Pitaval*, in einer Neuauflage (Szenic 1975, Szenic 1977).

Trotz der direkten Bezugnahme auf Kischs *Prager Pitaval* unterscheiden sich Szenic' *Warschauer Pitaval* und der *Großpolnische Pitaval* wesentlich von ihrem Vorbild (der *Makabre Pitaval* ist eine Erscheinung für sich, auf die wir unten noch zurückkommen). Wie Harold Segel (1997, S. 3f.) pointiert vermerkt, „hat Kisch die Grenzen des [Pitaval-]Genres ausgeweitet", indem er „die Techniken der Reportage des 20. Jahrhunderts auf Ereignisse in der Vergangenheit, vor allem auf Kriminalfälle" anwendete und über diese „lebendig, salopp und zeitgemäß" schrieb.[5] Darüber hinaus interessierte sich Kisch in erster Linie für die Straftaten, deren Hintergründe und Aufdeckung. Anders Szenic: Er rückt die Gerichtsprozesse, die an ihnen beteiligten Anwälte und juristische Fachfragen in den Mittelpunkt seiner Geschichten und orientiert sich daher vorrangig an der ursprünglichen Gattungskonzeption. Selbst in der Komposition seiner Erzählungen folgt Szenic dem klassischen Pitavalmuster, auch wenn Kischs *Prager Pitaval* (vor allem wohl sein Titel) eine Reminiszenz für ihn war.

---

[5] „By using the techniques of twentieth-century reportage with events in the past, above all criminal cases, and writing about them in a vivid, casual, and contemporary way, Kisch extended the frontiers of the genre, further enhancing its image" (Segel 1997, S. 3f.).

Karolina Dobrosława Korkosz untersucht an den Pitavalen von Szenic die ‚Literarizität', verstanden als sprachliche Anpassung der juristischen Gegenstände an genuin literarische Formen. Um zu klären, wie sich komplexe juristische Fallgeschichten unterhaltsam gestalten lassen, betrachtet sie Stilmittel wie etwa die Polyphonie von Umgangssprache, Soziolekt und Idiolekt, die Verfahren der Vergegenständlichung von Aktenauszügen, sowie das Zusammenspiel von dramatischem und narrativem Modus. Der Beitrag verortet Szenic im weiten Spektrum der Kriminalliteratur (dazu inzwischen auch Speth 2025), thematisiert aber zugleich das Wechselspiel von Realismus und Dokumentarismus, sowie die Erzählmodi zwischen Roman und Reportage. Zuletzt geht Korkosz der Frage nach, wie sich die von Szenic wiederaufgenommene Tradition der literarischen Rechtsfallsammlung in der polnischen Kriminalliteratur der Gegenwart bemerkbar macht und selbst noch den literarischen Geschmack des Gegenwartspublikums beeinflusst.

Während Szenic hinsichtlich der Anzahl an veröffentlichten Pitavalen der produktivste polnische Pitavalschreiber des 20. Jahrhunderts war, nehmen Stanisław Salmonowicz, Janusz Szwaja und Stanisław Waltoś den Spitzenplatz in Bezug auf die Neuauflagen ihrer Fallsammlung ein. Die drei späteren Professoren hatten gerade ihr Jurastudium abgeschlossen, als die Pitavalwelle in Polen ihren Anfang nahm. Fasziniert von Szenic' *Warschauer Pitaval* (Waltoś 2019, S. 258f.) begannen sie historische Rechtsfallgeschichten über Krakau zu schreiben, die 1962 als *Pitaval krakowski* (Krakauer Pitaval) erschienen (Salmonowicz/Szwaja/Waltoś 1962). Seinem Vorbild, Szenic' *Warschauer Pitaval*, entsprechend, enthält auch der *Krakauer Pitaval* ausschließlich zum Entstehungszeitpunkt bereits historisierte Fälle und beruht auf der Arbeit mit Gerichtsakten und anderen im Prozessverlauf entstandenen Quellen. Interessant ist diese Fallsammlung allerdings nicht nur aufgrund der chronologischen und thematischen Bandbreite der ausgewählten Fälle, sondern auch mit Blick auf ihre Vertriebs- und Rezeptionsgeschichte: Als einziger der von uns betrachteten polnischen Pitavale wurde er auch über den politischen Umbruch von 1989/90 hinaus weiter verlegt.[6] Während die Autoren die vierte, im Jahr 1993 – also nach Abschaffung der Zensur – erschienene Auflage um einige vordem zurückgehaltene Fälle ergänzen konnten (Salmonowicz/Szwaja/Waltoś 1993), erschien die 2020 herausgebrachte sechste Auflage dann ohne weitere Zusätze, d. h. vermutlich in ihrer definitiven Gestalt (Salmonowicz/Szwaja/Waltoś 2020).

Ausgehend von der zweiten Auflage des *Krakauer Pitavals* (Salmonowicz/Szwaja/Waltoś 1968), der drei zu diesem Thema einschlägige Fälle aus früheren Zeiten enthält, beschäftigt sich **Kamil Łakomy** mit dem Rechtsgut der Ehre im volkspolnischen Strafrecht. Dabei kontrastiert er die jeweils geltenden rechtlichen Regelungen, die die Prozesse bestimmten, mit politisch-juristischen Positionen hinsichtlich der Zulässigkeit und der Grenzen von öffentlich geübter Kritik zur Entstehungszeit des Pitavals. Der Beitrag zeigt, dass das Strafrecht der Volksrepublik Polen der Presse einerseits ein hohes Maß an Kritik zubilligte, ja sie rhetorisch regelrecht dazu aufforderte. Andererseits wurden die entsprechenden Strafgesetze

[6] Das in der DDR besonders aktive Autorentrio Kaiser, Moc und Zierholz veröffentlichte 1991 im Berliner Dietz-Verlag noch einen Nachzügler: *Am Fallbeil führt kein Weg vorbei. Pitaval des gewöhnlichen Faschismus*. Auch das dreibändige Projekt von Dürwald (1988–1990) wurde noch abgeschlossen.

als Instrument der sozialen Kontrolle missbraucht, um den Staat und seine Vertreter vor unliebsamer Kritik zu schützen.

Neben den Pitavalen von Szenic und dem Krakauer Juristen-Trio entstanden im sozialistischen Polen einige weitere eher ‚traditionelle' Pitavale, in deren Geschichten über zeitlich weit zurückliegende Rechtsfälle juristische Probleme erörtert werden und die beteiligten Anwälte im Mittelpunkt stehen. Ein für die Recht-und-Literatur-Forschung interessantes Studienobjekt stellt in diesem Zusammenhang der *Warszawski pitaval literacki* (Warschauer literarischer Pitaval) von Olgierd Missuna (1960) dar, der sich auf Fälle aus der Welt der Literatur und des Journalismus spezialisiert hat. **Melanie Foik** ordnet in ihrem Beitrag diesen speziellen Pitaval in seinen Entstehungskontext wie auch in das *law & literature movement* ein und fragt unter anderem nach den Einschätzungen des Autors zu historischen und zeitgenössischen Diskussionen im Bereich des Urheberrechts.

Der ständige Bezug auf den *Prager Pitaval* war, wenn auch nicht unbedingt modellbildend, so doch ein in politisch-ideologischer Hinsicht durchweg zentraler Legitimations-Gestus. Mit seiner harschen Kritik am Kapitalismus, insbesondere der nordamerikanischen Variante, gehörte Kisch zu den willkommenen Autoren aus der Zwischenkriegszeit; seine Bücher wurden in den 1950er und 60er Jahren sowohl in der DDR als auch in Polen neuaufgelegt (in Polen übrigens federführend von Marcel Reich-Ranicki, der bis 1958 beim Verlag des Polnischen Verteidigungsministeriums tätig war). In Polen erschien 1957 auch der *Prager Pitaval*, von dem die polnischen Leser schon bei Szenic gehört hatten, in Übersetzung.[7] In der DDR wiederum wurde Kischs Fallsammlung immer wieder neu aufgelegt, sei es als Teil der Gesammelten Werke, sei es als separate Ausgabe im Leipziger Aufbau-Verlag. Im *Neuen Deutschland* wurde der *Prager Pitaval* mehrmals als eines der meistverkauften Werke gelistet.

Bemerkenswert ist die Erfolgsgeschichte, die der Pitaval-*Begriff* in der DDR und in Polen verzeichnet.[8] Weder im Französischen noch im Englischen fand der Ausdruck eine ähnliche Verbreitung; dort ist weiterhin meist von ‚Causes célèbres' die Rede. Im Deutschen wiederum hielt die Bezeichnung Mitte des 19. Jahrhunderts mit Hitzig und Häring Einzug (*Der neue Pitaval*) und wurde schließlich von Kisch endgültig in den Rang einer literarischen Gattung erhoben. Während sich die Schreibweise des Gattungsbegriffs in der deutschen Sprache nicht vom Eigennamen Gayots de Pitaval unterscheidet, galt die Bezeichnung ‚pitaval' – und alternativ die polonisierte Form ‚pitawal' – im Polnischen seit den 1960er Jahren als vollständig etabliert (Encyklopedia popularna PWN 1965, S. 891; Missuna 1960, S. 5). Anders als in der DDR, wurde der Gattungsname hier allerdings rasch im Sinne einer Marketingstrategie als Oberbegriff für *true crime*-Anthologien aller Art verwendet

[7] Von den zahlreichen polnischen Pitavalen aus der sozialistischen Zeit wurde kein einziger ins Deutsche übersetzt. Unter mutmaßlicher Mitwirkung Szenic' erschienen jedoch mehrere Fallsammlungen aus der DDR in polnischer Übersetzung, darunter ausgewählte und zu einem Band zusammengefasste Geschichten aus Kauls *Bonner Pitaval* sowie seinen *Westberliner Prozessen von 1949 bis 1959* (Kaul 1970).

[8] In westdeutschen Verlagen ist der Pitaval-Begriff für die Zusammenstellung von Kriminalfällen (abseits von Auswahlausgaben aus dem *Neuen Pitaval*) dagegen die absolute Ausnahme (z. B. Middendorff 1985: *Badischer Pitaval*).

und machte schließlich sogar vor wissenschaftlichen Publikationen nicht Halt: In seiner Rezension zu Jan Olbrychts *Ausgewählten Fällen aus der rechtsmedizinischen Praxis* (Olbrycht 1964) ordnet der Jurist Marian Cieślak (1965, S. 46) diese ausdrücklich und ausschließlich an ein Fachpublikum gerichtete Sammlung kurioser Fälle kurzerhand den Pitavalen zu (s. auch Pilarczyk im vorliegenden Band). An Olbrychts Fallsammlung zeigt sich daher zweierlei: Erstens beeinflussten die Pitaval-Mode und der eigentümlich-eingängige Gattungsname im sozialistischen Polen sogar die Rezeption ursprünglich anders intendierter Phänomene.[9] Zum anderen zeichnete sich hier das ‚mediale Kapital' der Rechtsmedizin lange vor dem *forensic turn* in der Populärkultur und der damit einhergehenden Flut literarisierter rechtsmedizinischer Fallstudien ab.

Als hybride Gattung zwischen Recht und Literatur wurden Pitavalsammlungen im sozialistischen Polen sowohl von allgemeinen, vorwiegend auf Belletristik spezialisierten Verlagen als auch von juristischen (und in seltenen Fällen sogar medizinischen) Fachverlagen herausgegeben. Da die verschiedenen Auflagen des *Krakauer Pitavals* nahezu alternierend in beiden Branchen erschienen, ist davon auszugehen, dass die jeweilige Zuordnung weniger nach inhaltlichen Kriterien als aufgrund von Planvorgaben oder anderen externen Entscheidungen erfolgte. Vor allem der große Publikumsverlag Czytelnik setzte von Beginn an auf die Nähe zum damals (wie heute) populären Kriminalroman: Górskis *Schwarzbuch*-Geschichten ging rezeptionsleitend gar ein langes Vorwort des seinerzeit vielgelesenen Krimi-Autors Andrzej Piwowarczyk (1959) voran. Gleichermaßen profitierte der Pitaval von der Beliebtheit der Gerichtsreportage. Diese und mit ihr verwandte Textsorten wie das Gerichtsfeuilleton und Erinnerungsliteratur von Juristen thematisiert **Piotr M. Pilarczyk** in seinem Beitrag über die Darstellung von Kriminalität und Strafprozessen in der nichtfiktionalen Literatur. Obwohl eng mit der Pitavalgeschichte verwandt, unterscheidet sich die Gerichtsreportage vor allem dadurch, dass sie die Augenzeugenschaft des Autors vor Gericht zu ihrem Grundprinzip macht. Der Beitrag buchstabiert diesen Befund unter anderem an den Texten von Wanda Falkowska, Krystyna Golańska, Maria Osiadacz und Barbara Seidler aus.

Während Juristen wie Kaul und Szenic den Pitaval in der ‚neuen' Realität angesiedelt hatten, entdeckten in den 1960er und 70er Jahren auch immer mehr fachfremde Schriftsteller und Journalisten das Genre für sich und ihr Lesepublikum. Ähnlich wie dies schon bei Kisch der Fall war, interessierten sie sich meist weniger für die Arbeit der Anwälte und Richter als für Taten, Täterinnen und deren soziale Hintergründe. Darüber hinaus ließ sich das Genre nun leicht im Sinne des Sozialistischen Realismus erweitern, indem primär die Ermittlungsarbeit eines Polizeikollektivs ‚abgebildet' wurde. Eigens für literarische Zwecke abgestellte Mitarbeiter der Ermittlungsbehörden versorgten die neuen Pitavalschreiber mit Quellenmaterial und ‚unterstützten' sie bei der freilich durchweg positiven Darstellung des sozialistischen Strafverfolgungsapparats. Die Krimi-Leserschaft dürfte mit dieser Art von Reklame bereits vertraut gewesen sein, und zwar durch den sogenannten Milizro-

[9] Auch Günter Prodöhls *Kriminalfälle ohne Beispiel*, die in der DDR vor allem als gleichnamige Fernsehserie bekannt geworden waren, wurden in Polen explizit als ‚Pitaval' etikettiert (Prodöhl 1985; 1990), obwohl sie diese Bezeichnung weder im Original noch in der russischen Übersetzung trugen.

man, der in der Volksrepublik Polen in Massen produziert wurde (s. dazu Barańczak 1973; Brylla 2019; Skotarczak 2019).[10] Auf die sich nun herausbildende formale und inhaltliche Vielfalt der ‚sozialistischen' Pitavale (und mit ihm eng verwandter Gattungen) machte Kazimierz Larski 1962 im Vorwort zu seinem *Polnischen Gegenwartspitaval* aufmerksam:

> Die in zahlreichen Veröffentlichungen enthaltenen Darstellungen von Kriminalfällen kommen in den unterschiedlichsten Formen vor. Sie werden in Gestalt von Gerichtsprotokollen, wissenschaftlichen Abhandlungen, Berichten und journalistischen Reportagen sowie in mehr oder weniger belletristischer Form in speziellen Sammlungen interessanter Strafprozesse veröffentlicht (Larski 1962, S. 5).

Larskis *Gegenwartspitaval* war nach den zuvor angesprochenen Fallsammlungen der siebte Pitaval im sozialistischen Polen, unterschied sich von seinen Vorgängern allerdings insofern, als er erstmals polnische Kriminalfälle aus der Zeit nach dem Zweiten Weltkrieg thematisierte. Wie schon der Klappentext betont, gibt Larski auf der Grundlage von Gerichtsakten sowie protokollierten Aussagen von Zeugen und Beschuldigten nicht nur den Verlauf der Fälle wieder, sondern nimmt insbesondere die Arbeit der Ermittlungsbehörden in den Blick. **Wolfgang Brylla** zeigt, wie Larski die literaturgeschichtliche ‚Etappe' ausnutzt, um quasi avantgardistisch nicht länger Verbrechen aus vergangenen Zeiten, sondern aus der Volksrepublik zum Gegenstand eines Pitavals zu machen. Larski grenzt sein Schaffen dabei nicht nur vom zeitgenössischen Kriminalroman ab. Aus Bryllas Vergleich mit anderen Sammlungen (etwa Krzysztof Krzyżagórskis *Breslauer Pitaval* [1974]) erhellt darüber hinaus, dass gerade seine konsequente Ablehnung fiktionalisierender Ergänzungen der Gerichtsfälle eine Besonderheit darstellt.

Der Journalist und Krimi-Autor Bogdan Daleszak ‚sozialisierte' den Pitaval schließlich weiter aus, indem er gänzlich auf die Arbeit mit Gerichtsakten verzichtete und stattdessen „stundenlange Gespräche und Diskussionen" mit Polizeiermittlern, die ihn „in die komplexen Probleme der zeitgenössischen Kriminalistik eingeweiht haben" (Daleszak 1973: 285), zu einem *Niederschlesischen Pitaval* verarbeitete. Das Prinzip der Regionalität – hier die Zusammenstellung von Fällen aus Breslau und Umgebung zu einer niederschlesischen Sammlung – hatte sich inzwischen sowohl in Polen als auch in der DDR als hauptsächliches Ordnungskriterium für literarische Rechtsfallsammlungen etabliert, was sich auch in den 1980er Jahren (und von dort aus weiter bis in die heutige Zeit) fortsetzen sollte (z. B. Dzieszyński 1984, Derenda/Sygit 1985). In Pitavalen aus der DDR war der Regionalbezug beispielsweise in Willy Forners (1975) *Dresdner Pitaval* (s. dazu den Beitrag von Sebastian Speth) und Walter Fellmanns *Leipziger Pitaval* (1978) titelgebend. Als Untertitel (jeweils *Berliner Pitaval*) finden sich entsprechende Formulierungen etwa bei Kaul (1965) sowie Kaiser, Moc und Zierholz (1987) und beim *brandenburgisch-*

[10] Im DDR-Fernsehen erfüllte die von Günter Prodöhl initiierte Krimireihe *Blaulicht* eine vergleichbare Funktion. Brück et al. (2003, S. 39) erkennen in der spezifischen Anlage der Ermittlerfiguren den Versuch, „das Bild der Volkspolizei in der Bevölkerung [zu] verbessern".

preuß[*ischen*] sowie *preußisch-deutschen Pitaval* (Kaiser, Moc und Zierholz 1979 und 1980).[11]

Vereinzelt finden sich aus der DDR der 1980er Jahren auch einige thematisch motivierte Zusammenstellungen unter der Gattungsbezeichnung ‚Pitaval' – so etwa Kaisers, Mocs und Zierholz' (1981) *Henker in der Staatskarosse* mit Bezug auf Hexerei oder auch ein Band mit Geschichten zu (sport)politischen Machenschaften im Vor- und Umfeld Olympischer Spiele (Ullrich 1986). Ab 1988 erschienen noch drei Pitavale mit Fällen von genuin gerichtsmedizinischer Relevanz (Dürwald 1988–90). Einen bedeutenden Anteil am Gesamtaufkommen haben diese Sammlungen allerdings nicht. Entsprechend sind für die Volksrepublik Polen der zweibändige *Pitaval filmowy* (Film-Pitaval, Michalski 1980/81) und der *Pitaval morski* (Maritim-Pitaval, Pohl 1988) zu nennen. Schon früher erschien der *Pitaval makabryczny czyli sprawy pijackie* (Der makabre Pitaval oder: Fälle unter Trunkenheit) von Szenic (1965), der sich ansonsten ausschließlich auf historische Rechtsfälle mit Regionalbezug spezialisiert hatte. In seinem *Makabren Pitaval* versammelte er mit ausdrücklich agitatorischem Anspruch alkoholassoziierte Kriminalfälle aus den 1940er bis 60er Jahren und forderte damit nicht zuletzt von den Gerichten die konsequente Umsetzung zuvor neu eingeführter Vorschriften zur Strafverschärfung bei Alkoholeinfluss (Foik 2024).

Einen Alkohol-Fall hatte es übrigens auch schon in Kischs *Prager Pitaval* gegeben, nämlich jenen des ‚trinkfesten Herzogs' Heinrich XI. von Liegnitz: Dieser Spross der polnischen Piasten „zog [...] zechend und zechprellerisch durch die deutschen Lande" (Kisch 1931, S. 97) und provozierte einen Rechtsstreit mit den Landständen aufgrund der zerrütteten Staatsfinanzen. Auch wenn er sich letztlich weder dazu durchringt, eine seiner Töchter für einen Kredit zu verschachern, noch seinen Glauben um Geld zu verleugnen, so dürfte Heinrich doch so ziemlich das Gegenteil dessen gewesen sein, was Kisch unter Anstand und Gerechtigkeit verstand. Insgesamt drei Mal wird Heinrich vor den Kaiser nach Prag geladen, um sich für „das Gesaufe und Gepumpe" zu verantworten (Kisch 1931, S. 105). Am Ende stirbt er, von allen Zechkumpanen verlassen, und wird 1588 ohne Ehren in Krakau beigesetzt.

Literaturverzeichnis

Pitavale und weitere Quellen

Cieślak, Marian. 1965. [Rezension zu:] Jan Stanisław Olbrycht: Wybrane przypadki z praktyki sądowo-lekarskiej. Zabójstwo, samobójstwo czy nieszczęśliwy wypadek. *Palestra* 90(9/6), S. 46–51.

Daleszak, Bogdan. 1973. *Strzały w Małpim Gaju. Pitaval dolnośląski*. Katowice: Śląsk.

Derenda, Jerzy, und Bogusław Sygit. 1985. *Pitawal bydgoski, czyli zbiór najgłośniejszych procesów o zabójstwa*. Bydgoszcz: Pomorze.

[11] Kauls *Pitaval der Weimarer Republik* (in drei Bänden Kaul 1953a, 1954b, 1961) ist freilich kein ‚Weimarer Pitaval' im stadtgeschichtlichen Zuschnitt, sondern bezieht sich auf das politische System Deutschlands nach 1918; entsprechend bezieht sich sein *Bonner Pitaval* – so der Untertitel zu *Vornehme Leute* (Kaul 1964) – auf Westdeutschland nach 1945.

Dürwald, Wolfgang. 1988–90. *Ein gerichtsmedizinischer Pitaval aus dem 19. Jahrhundert*. 3 Bde. Leipzig: Zentralantiquariat.

Dzieszyński, Ryszard. 1984. *Miłość, pieniądze i śmierć. Pitaval rzeszowski*. Rzeszów: Krajowa Agencja Wydawnicza.

Encyklopedia popularna PWN. 1965. A-Z. Encyklopedia popularna PWN. 2. Aufl. Warszawa: Państwowe Wydawnictwo Naukowe.

Fellmann, Walter. 1978. *Leipziger Pitaval*. Berlin (O.): Militärverlag.

Forner, Willy. 1975. *Dresdner Pitaval. Kriminalfälle aus vier Jahrhunderten*. Berlin (O.): Militärverlag.

Gayot de Pitaval, François. 1734–43. *Causes célèbres et intéressantes, avec les jugemens qui les ont décidées*. 20 Bde. Paris: Guillaume Cavelier.

Górski, E. Feliks [d. i. Glücksberg, Henryk Emanuel]. [1848] 1959. *Czarna księga. Zbiór najciekawszych procesów kryminalnych dawniejszych i nowszych czasów*. Warszawa: Czytelnik.

Juryś, Roman, und Tadeusz Szafar. 1971. *Pitaval polityczny 1918–1939*. Warszawa: Czytelnik.

Kaiser, Peter, Norbert Moc und Heinz-Peter Zierholz. 1979. *Das Richtschwert traf den falschen Hals. Ein brandenburgisch-preuß. Pitaval*. Berlin (O.): Militärverlag.

Kaiser, Peter, Norbert Moc und Heinz-Peter Zierholz. 1980. *Das Loch im Hut der Königin. Ein preußisch-deutscher Pitaval*. Berlin (O.): Militärverlag.

Kaiser, Peter, Norbert Moc und Heinz-Peter Zierholz. 1981. *Der Henker in der Staatskarosse. Pitaval*. Berlin (O.): Militärverlag.

Kaiser, Peter, Norbert Moc und Heinz-Peter Zierholz. 1983. *Nach Spandow bis zur Beßerung. Gegen König, Spinnherr und Bankier, ein Pitaval aus 200 Jahren deutscher Geschichte*. Leipzig: Tribüne.

Kaiser, Peter, Norbert Moc und Heinz-Peter Zierholz. 1987. *Ein schöner Sarg und keine Leiche. Berliner Pitaval*. Berlin (O.): Tribüne.

Kaiser, Peter, Norbert Moc und Heinz-Peter Zierholz. 1991. *Am Fallbeil führt kein Weg vorbei. Pitaval des gewöhnlichen Faschismus*. Berlin: Dietz.

Kaul, Friedrich Karl. 1947. *Mord* [Hörspiel über die Ermordung von Rosa Luxemburg und Karl Liebknecht]. Komposition und Regie unbekannt. Berliner Rundfunk, 16. Januar 1947.

Kaul, Friedrich Karl. 1949. *Seine Königliche Hoheit Harry der Erste. Hörspiel nach einer wahren Begebenheit*. Komposition Oskar Wilhelm Jerochnik. Regie Alfred Braun. Berliner Rundfunk, 11. März 1949.

Kaul, Friedrich Karl. 1953a. *Justiz wird zum Verbrechen. Der Pitaval der Weimarer Republik*. Berlin (O.): Das Neue Berlin.

Kaul, Friedrich Karl. 1953b. *Mord im Grunewald*. Berlin (O.): Das Neue Berlin.

Kaul, Friedrich Karl. 1954a. *Der Ring*. Berlin (O.): Das Neue Berlin.

Kaul, Friedrich Karl. 1954b. *Verdienen wird groß geschrieben. Der Pitaval der Weimarer Republik*. Bd. 2. Berlin (O.): Das Neue Berlin.

Kaul, Friedrich Karl. 1961. *Es knistert im Gebälk. Der Pitaval der Weimarer Republik*. Bd. 3. Berlin (O.): Das Neue Berlin.

Kaul, Friedrich Karl. 1964. *Vornehme Leute. Der Bonner Pitaval*. Berlin (O.): Das Neue Berlin.

Kaul, Friedrich Karl. 1965. *Von der Stadtvogtei bis Moabit. Ein Berliner Pitaval*. Berlin (O.): Das Neue Berlin.

Kaul, Friedrich Karl. 1966. *Ein Pitaval. Zehn Kriminalfälle und Prozeßberichte* (Bd. 1: *von 1894 bis 1925*; Bd. 2: *von 1926 bis 1964*). Berlin (O.): Das Neue Berlin.

Kaul, Friedrich Karl. 1968. *So wahr mir Gott helfe. Pitaval der Kaiserzeit*. Eine Gerichtsdokumentation. Berlin (O.): Das Neue Berlin.

Kaul, Friedrich Karl. 1970. *Wytworni ludzie. Sensacyjne procesy w NRF i Berlinie Zachodnim*. Aus dem Deutschen von Jacek Frühling. Katowice: Śląsk.

Kaul, Friedrich Karl. 1973. Als entlastet eingestuft. Der Fall des Staatsanwalts Meerstrom. Drehbuch: Walter Jupé, Friedrich Karl Kaul und Aenne Keller. Regie: Wolfgang Luderer. Fernsehen der DDR, 18. April 1973.

Kaul, Friedrich Karl. 1981. *Menschen vor Gericht. Ein Pitaval aus unseren Tagen*. Berlin (O.): Das Neue Berlin.

Kisch, Egon Erwin. 1931. *Prager Pitaval*. Berlin: Reiss.

Kisch, Egon Erwin. 1957. *Praski Pitaval*. Aus dem Deutschen von Edyta Sicińska. Warszawa: Wydawnictwo Ministerstwa Obrony Narodowej.

Krzyżagórski, Klemens. 1974. *Pitawal wrocławski*. Wrocław: Zakład Narodowy im. Ossolińskich.

Larski, Kazimierz. 1962. *Współczesny pitaval polski. Reportaże kryminalne*. Warszawa: Czytelnik.

Michalski, Czesław. 1980/81. *Pitaval filmowy. Autentyczne dramaty i sensacje w świecie X muzy*. 2 Bde. Warszawa: Krajowa Agencja Wydawnicza.

Middendorff, Wolf. 1985. *Badischer Pitaval. Kriminalfälle aus unserem Land*. Freiburg i. Br.: Kehrer.

Missuna, Olgierd. 1960. *Warszawski pitaval literacki*. Warszawa: Czytelnik.

Olbrycht, Jan Stanisław. 1964. *Wybrane przypadki z praktyki sądowo-lekarskiej. Zabójstwo, samobójstwo czy nieszczęśliwy wypadek*. Warszawa: Państwowe Zakład Wydawnict Lekarskich.

Piltz, Georg. 1988. *Tödliche Freundschaft. Kriminalfälle aus sechs Jahrhunderten. Pitaval*. Berlin (O.): Das Neue Berlin.

Piwowarczyk, Andrzej. 1959. Przedmowa. In E. Feliks Górski. *Czarna księga. Zbiór najciekawszych procesów kryminalnych dawniejszych i najnowszych czasów*, S. 5–15. Warszawa: Czytelnik.

Pohl, Krzysztof. 1988. *Tak blisko życia. Pitaval morski*. Szczecin: Krajowa Agencja Wydawnicza.

Prodöhl, Günter. 1985. *Pitawal przestępstw niezwykłych*. Aus dem Deutschen von Henryk Paweł Anders. Poznań: Wydawnictwo Poznańskie.

Prodöhl, Günter. 1990. *Pitawal przestępstw niezwykłych*. Aus dem Deutschen von Henryk Paweł Anders. 2. Aufl. Poznań: Wydawnictwo Poznańskie.

Richer, François. 1771–78. *Causes célèbres et intéressantes, avec les jugemens qui les ont décidées*. Rédigées de nouveau. 22 Bde. Amsterdam: Michel Rhey.

Salmonowicz, Stanisław, Janusz Szwaja und Stanisław Waltoś. 1962. *Pitaval krakowski*. Kraków: Wydawnictwo Prawnicze.

Salmonowicz, Stanisław, Janusz Szwaja und Stanisław Waltoś. 1968. *Pitaval krakowski*. 2. Aufl. Kraków: Wydawnictwo Prawnicze.

Salmonowicz, Stanisław, Janusz Szwaja und Stanisław Waltoś. 1993. *Pitaval krakowski*. Kraków: 4., überarb. Aufl., 2 Bde., Bielsko-Biała: Park.

Salmonowicz, Stanisław, Janusz Szwaja und Stanisław Waltoś. 2020. *Pitaval krakowski*. 6., korr. Aufl. Kraków: Universitas.

Scheer, Maximilian. 1966. Plädoyer für F. K. K. *Neues Deutschland*, 9. März 1966: S. 4.

Schiller, Friedrich. 1792–95. *Merkwürdige Rechtsfälle als ein Beitrag zur Geschichte der Menschheit*. Nach dem Französischen Werk des Pitaval durch mehrere Verfasser ausgearbeitet und mit einer Vorrede begleitet herausgegeben von Schiller. 4 Bde. Jena: Christian Heinrich Cuno's Erben.

Szenic, Stanisław. 1955. *Pitaval warszawski*. Warszawa: Czytelnik.

Szenic, Stanisław. 1957/58. *Pitaval warszawski*. 2 Bde. Warszawa: Czytelnik.

Szenic, Stanisław. 1960. *Pitaval wielkopolski*. Warszawa: Czytelnik.

Szenic, Stanisław. 1965. *Pitaval makabryczny czyli Sprawy pijackie. Alkoholizm a przestępczość*. Warszawa: Państwowy Zakład Wydawnictw Lekarskich.

Szenic, Stanisław. 1975. *Pitaval warszawski*. 3., erw. Aufl. Warszawa: Książka i Wiedza.

Szenic, Stanisław. 1977. *Pitaval wielkopolski*. 2. Aufl. Poznań: Wydawnictwo Poznańskie.

Szenic, Stanisław. 1990. *Garść wspomnień*. Poznań: Wydawnictwo Poznańskie.

Ullrich, Klaus [d. i. Klaus Huhn]. 1986. *Attentate gegen Olympia. Ein Pitaval*. Berlin (O.): Militärverlag.

Urbankiewicz, Jerzy. 1973. *Prawie pitaval*. Łódź: Wydawnictwo Łódzkie.

Waltoś, Stanisław. 2019. *Wędrowanie po wyspach pamięci*. Warszawa: Wolters Kluwer.

Wasylewski, Stanisław. [1922] 1963. *Sprawy ponure*. Kraków: Wydawnictwo Literackie.

Forschung

Achermann, Eric, Kathrin Löhr, Peter Oestmann und Sebastian Speth. 2022. Pitaval/*Causes célèbres*. In *Enzyklopädie Recht und Literatur*. Hrsg. Thomas Gutmann, Eberhard Ortland und Klaus Stierstorfer [URL: https://lawandliterature.eu/index.php/de/inhalt?view=article&id=37&catid=11; zugegriffen 21. Februar 2025].

Barańczak, Stanisław. 1973. Poetyka polskiej powieści kryminalnej. *Teksty* 6(12): S. 63–82.

Behrens, Rudolf, und Carsten Zelle. 2020. Französische und deutsche Causes célèbres im neunzehnten Jahrhundert: Gemeinsamkeiten, Unterschiede, Bedingungen und Funktionen. In *Die Causes célèbres des 19. Jahrhunderts in Frankreich und Deutschland. Narrative Formen und anthropologische Funktionen*. Hrsg. Rudolf Behrens und Carsten Zelle, S. 207–325. Wiesbaden: Harrassowitz.

Brück, Ingrid, Andrea Guder, Reinhold Viehoff und Karin Wehn. 2003. *Der deutsche Fernsehkrimi. Eine Programm- und Produktionsgeschichte von den Anfängen bis heute*. Stuttgart/Weimar: Metzler.

Brylla, Wolfgang. 2019. Verbrechen im Dienst des Sozialismus – Polnische Kriminalromane bis 1989. In *Investigation – Rekonstruktion – Narration. Geschichten und Geschichte im Krimi der Slavia*. Hrsg. Nina Frieß und Angela Huber, S. 95–113. Potsdam: Universitätsverlag Potsdam.

De Doncker, Jules. 2017. *A Canon of Crime: The rise and development of the causes célèbres in Europe, 1734–1890*. Diss. digital Gent [URL https://biblio.ugent.be/publication/8537965; zugegriffen 26. August 2025].

Foik, Melanie. 2022. Pitaval (Polen). In *Enzyklopädie Recht und Literatur*. Hrsg. Thomas Gutmann, Eberhard Ortland und Klaus Stierstorfer [URL: https://lawandliterature.eu/index.php/de/inhalt?view=article&id=31&catid=11; zugegriffen 17. Dezember 2024].

Foik, Melanie. 2024. Alkohol und Kriminalität im sozialistischen Polen: Der „Makabre Pitaval" von Stanisław Szenic vor dem Hintergrund der Anti-Alkohol-Kampagne in den 1960er Jahren. In *Gefährlicher Genuss? Getränke und Trinkpraktiken seit der Frühen Neuzeit*. Hrsg. Sina Fabian, Mareen Heying und Tobias Winnerling, S. 323–336. Frankfurt: Campus Verlag.

Foik, Melanie, und Kathrin Löhr. 2023. Pitaval's Journeys. On the European Tradition of Literary Legal Case Collections. In *Europe in Law and Literature. Transdisciplinary Voices in Conversation*. Hrsg. Nicola Kramp-Seidel und Laura Zander, S. 211–226. Berlin/Boston: de Gruyter.

Głębicka, Ewa. [2003] 2007. Szenic, Stanisław (1904–1987). Eseista, historyk, felietonista. In *Polscy pisarze i badacze literatury XX i XXI wieku. Cyfrowy słownik biobibliograficzny*. Hrsg. Pracownia Dokumentacji Literatury Współczesnej Instytutu Badań Literackich Polskiej Akademii Nauk [URL https://pisarzeibadacze.ibl.edu.pl/haslo/4095/szenic-stanislaw; zugegriffen 20. April 2025].

Kostenzer, Caterina. 2009. *Die literarische Reportage. Über eine hybride Form zwischen Journalismus und Literatur*. Innsbruck u. a.: StudienVerlag.

Leusch, Katharina. 2022. Pitaval im Sozialismus. Tagung im Sonderforschungsbereich Recht und Literatur am 14. und 15. Juni 2022 an der Universität Münster. *JuristenZeitung* 77(18): S. 892–893.

Lüsebrink, Hans-Jürgen. 1983. *Kriminalität und Literatur im Frankreich des 18. Jahrhunderts. Literarische Formen, soziale Funktionen und Wissenskonstituenten von Kriminalitätsdarstellung im Zeitalter der Aufklärung*. München/Wien: R. Oldenbourg.

Rosskopf, Annette. 2002. *Friedrich Karl Kaul. Anwalt im geteilten Deutschland (1906–1981)*. Berlin: Berlin Verlag.

Segel, Harold B. 1997. *Egon Erwin Kisch, the Raging Reporter. A Bio-Anthology*. West Lafayette, Ind.: Purdue University Press.

Skotarczak, Dorota. 2019. *Otwierać, milicja! O powieści kryminalnej w PRL*. Warszawa: Instytut Pamięci Narodowej – Komisja Ścigania Zbrodni przeciwko Narodowi Polskiemu.

Speth, Sebastian. 2023a. Materialisierte Gerichtsverfahren: Der Prozess der Vergegenständlichung historischer Akten in Pitavalgeschichten zwischen *law in literature* und *material philology*. In *Literatur und Recht: Materialität*. Hrsg. Eric Achermann et al., S. 285–311. Berlin: Metzler.

Speth, Sebastian. 2023b. True Crime. Inszenierte Gerichtsreportage im Fernsehpitaval der DDR. *Non Fiktion. Arsenal der anderen Gattungen* 18(1–2): S. 259–275.

Speth, Sebastian. 2025. Bausteine zu einer Alternativgeschichte der Kriminalliteratur vor der Detektivgeschichte. In: *Vergeltung und Verfahren. Zur Verbrechensdarstellung vor der klassischen Kriminalliteratur*. Hrsg. Eric Achermann und Sebastian Speth, S. 1–26. Berlin: Metzler.
Żabski, Tadeusz. 2006. Pitaval. In *Słownik literatury popularnej*. Hrsg. ders. Wrocław: Wydawnictwo Uniwersytetu Wrocławskiego. S. 433.

Ein Mittel zur Bewältigung des Traumas – Friedrich Karl Kaul als Autor historischer Justizfälle

Katharina Rauschenberger

1 Remigration nach Deutschland – biographische Stichpunkte

Nur wenigen Exilanten aus dem nationalsozialistischen Deutschland gelang so schnell die Rückkehr nach Deutschland wie Friedrich Karl Kaul (vgl. Keßler 2019, S. 230). Der 1906 im damals zum Deutschen Reich gehörenden Posen geborene Sohn aus einer deutsch-jüdischen Kaufmannsfamilie kam bereits 1945 in Bremerhaven an und versuchte in Deutschland einen Neuanfang. Kaul hatte zwischen 1925 und 1929 in Heidelberg und Berlin Jura studiert, sein zweites Examen konnte er jedoch nicht in Deutschland ablegen, weil der Machtantritt der Nationalsozialisten das verhinderte. Zu den nach 1933 immer schwieriger werdenden wirtschaftlichen Verhältnissen kam der politische Terror. Kaul wurde 1935 mehrmals verhaftet und Ende des Jahres von der so genannten Schutzhaft im Gestapo-Gefängnis im Columbia-Haus in das Konzentrationslager Lichtenburg überführt, von wo er Anfang 1937 nach Dachau deportiert wurde. Kaul wurde nach wenigen Monaten unter der Auflage freigelassen, Deutschland sofort zu verlassen. In einem Interview schilderte er 1971, dass ihn zwei Gestapobeamte nach Hamburg auf das Schiff „Caribia" brachten mit dem Ziel Kolumbien, ohne dass er seine Familie noch einmal sehen konnte.[1] In Kolumbien bekam er jedoch keine dauerhafte Aufenthaltserlaubnis und fand sich bei Kriegseintritt der USA 1941 in Nicaragua wieder, wo er als *enemy alien* von staatlichen Stellen interniert und in die USA abgeschoben wurde. Bis zum Ende des Krieges verblieb Kaul in Internierungslagern. Das hatte seinen Grund darin, dass er nicht bereit war, die amerikanische Staatsbürgerschaft anzunehmen,[2] um sich – wie

[1] „Jeden Tag in eine andere Zelle, Friedrich Karl Kaul im Gespräch mit Horst Hoffmann", in: *Die Wochenpost*, Nr. 10, 1971, S. 13.

[2] Vgl. U.S. Department of Justice, Immigration and Naturalisation Service, Philadelphia, Memorandum for: Alien Enemy Information Bureau office of the provost Marshal General War Department, Washington D. C., 19. November 1942, Special Folder, Kaul, Friedrich Karl, National Archives, RG 59, General Records of the Department of State, Records of the Special War Problems Division, Box 41.

M. Foik und S. Speth (Hrsg.), *Pitaval im Sozialismus*, Literatur und Recht 20,
https://doi.org/10.1007/978-3-662-72431-6_2

andere Inhaftierte – damit die Möglichkeit der Freilassung auf Bewährung in den USA zu schaffen.[3] Kaul – damals staatenlos – bestand darauf, baldmöglichst nach Deutschland zurückzukehren. Das gelang ihm mit einem Truppenversorgungsschiff der US Army am 15. September 1945.[4] In Bremerhaven angekommen, wurde er von der amerikanischen Militärverwaltung abermals in ein Internierungslager verbracht, weil unter den früh repatriierten Deutschen viele Anhänger des Nationalsozialismus waren, denen die Alliierten misstrauten. Aus frühen Briefen an ehemalige Mithäftlinge dieses deutschen Lagers auf dem Hohen Asperg weiß man von Kauls Euphorie, als er es endlich geschafft hatte, über die unterschiedlichen Zonengrenzen hinweg nach Berlin durchzudringen. Er schrieb:

> Mein Berlin habe ich etwas zerzaust wieder gefunden. Dafür hat sich der einzigartige Typ meines Berlin auch nicht einen Deut geändert. Dieselbe Kaltschnäuzigkeit, die gleiche Warmherzigkeit...kurz die gleiche sich durch nichts aus Ruhe und Tempo bringen lassende Schnoddrigkeit allem was um ihn in noch so fremdartige Uniformen herum ist. Ich bin glücklich hier in der Turmstraße, wo Berlin am Berlinschsten ist, wohnen zu können [...]. Mein lieber Dr., unterschätzen Sie die geistige Initiative und Energie nicht, die sich hier täglich, stündlich zeigt und bewährt; im Gegensatz zu der von mir in Hannover, Kassel, Göttingen beobachteten Lethargie der Bevölkerung. Hier ist nicht nur Deutschland hier ist im wahrsten [Sinne] Europa!![5]

Neben dem aus diesen Zeilen sprechenden unverkennbaren Heimweh, das den 39-Jährigen zurück in die Stadt seiner Jugendjahre brachte, war es die Hoffnung auf ein neuerliches Zusammenkommen mit seiner Frau, von der er sich 1935 hatte scheiden lassen – vermutlich aus Vorsicht, seine nichtjüdische Frau durch die so genannte Mischehe nicht zu gefährden. Sie hatte im Krieg wieder geheiratet, ließ sich bei Kauls Rückkehr aber scheiden, um ihn erneut zu heiraten, wie er triumphierend an seinen ehemaligen Mithäftling Fritz Ermarth berichtete. Beide müssen sich bereits im Lager darüber ausgetauscht haben, wie Kauls Frau auf seine Rückkehr reagieren werde.[6] Zudem brachte er den dringenden Willen mit, im Zentrum der Macht am Aufbau Deutschlands beteiligt zu sein. Ermutigt durch die positive Entwicklung in seinem privaten Leben ging Kaul zielstrebig daran, sich ein neues Leben aufzubauen. Wie er später immer wieder hervorhob, konnte er sich das im Bereich des Rechts oder aber im Schriftstellerischen vorstellen.[7] Stationen seiner Erlebnisse hatte er im Exilland Kolumbien niedergeschrieben. Veröffentlichungsmöglichkeiten für deutsche Manuskripte hatte er dort nicht, so hatte er einige davon an seine seit 1940 in New York lebenden Eltern schicken können, bevor er die USA

---

[3] Vgl. O. A.: Central and South America Internees, 8. März 1944, S. 1f. in: Jewish Historical Society, Records of the National Refugee Service, Box 2, folder 3, http://digital.cjh.org/view/action/nmets.do?DOCCHOICE=4370154.xml&dvs=1587738676745~447&locale=de_DE&search_terms=&adjacency=&VIEWER_URL=/view/action/nmets.do?&DELIVERY_RULE_ID=2&divType= (Stand: 29. April 2020).

[4] Vgl. US National Archives, RG 59, General Records of the Department of State, Special War Problems Division, Box 69, ARC 2173219: German Internees from Latin America Repatriated to Germany on Winchester Victory September 15, 1945.

[5] Bundesarchiv Berlin (BArch), N 2503/2253: Kaul an Fritz Ermarth am 19. Juni 1946.

[6] Vgl. BArch, N 2503/2253: Kaul an Fritz Ermarth am 19. Juni 1946.

[7] Vgl. BArch, DY 30/90470: Aktennotiz vom 9. April 1947 „betr. Friedrich Kaul“.

verließ. Auf sein Drängen hin sandten die Eltern die Texte noch 1946 nach Berlin. Es handelte sich dabei um ein Hörspiel über die Ermordung von Rosa Luxemburg und Karl Liebknecht sowie um ein Buchmanuskript mit dem Titel *Road into nothingness*.[8]

2 Frühe Manuskripte

Kaul knüpfte Kontakte zur sowjetischen Militärverwaltung, wurde Justitiar beim Berliner Rundfunk, beriet die SED im Bezirk Tiergarten und holte 1948 sein zweites Staatsexamen nach. Bereits 1947 war die von ihm ausgerichtete *Juristische Viertelstunde* eine eingespielte Sendung des Berliner Rundfunks, im gleichen Jahr konnte er auch das Hörspiel *Mord*, das er im Exil verfasst hatte, dort unterbringen. Darin ging es um den Komplott ehemaliger Freikorpsleute und Angehöriger der Reichswehr bei der Ermordung der beiden Vertreter der Unabhängigen Sozialistischen Partei Deutschlands, Rosa Luxemburg und Karl Liebknecht. Kaul griff damit einen Stoff auf, den er aus eigener Anschauung kannte. 1929 nämlich während seiner Referendarausbildung bei der Staatsanwaltschaft Berlin konnte Kaul am Prozess gegen den Chefredakteur der Zeitschrift *Tagebuch*, Josef Bornstein, teilnehmen. Bornstein hatte am 24. März 1928 in einem Artikel über die Ermordung Rosa Luxemburgs und Karl Liebknechts den früheren Kriegsgerichtsrat Paul Jorns (Kaul schrieb von ihm als „Jörns") beschuldigt, die Ermittlungen gegen die Täter behindert zu haben. Jorns stellte daraufhin Strafanzeige wegen Beleidigung und übler Nachrede. Der Prozess begann am 17. April 1929 vor dem Schöffengericht in Berlin-Mitte. In diesem Prozess trat insbesondere eine Gestalt leuchtend hervor: nämlich der Verteidiger des Beklagten Bornstein, der sozialistische Rechtsanwalt Paul Levi. Levi zog für seine Verteidigung die Ermittlungsakten aus dem Jahr 1919 heran und konnte Paul Jorns nachweisen, dass er die Ermittlungen nicht nur verschleppt, sondern Mitangeklagten sogar Fluchthilfe geleistet hatte. Bornstein wurde freigesprochen, gegen Jorns hingegen wurde Strafanzeige gestellt. Levis Plädoyer gehörte zu den eindrucksvollsten der Weimarer Justizgeschichte, wie Thilo Scholle (2017, S. 380–388) schreibt. Es wurde nicht nur breit rezipiert, auch der angehende Jurist Kaul wurde durch diesen Prozess in seinem Vertrauen in die Rechtmäßigkeit der Justiz der Weimarer Republik erschüttert. Sein späteres Hörspiel behandelte jedoch nicht den Prozess von 1929, sondern die Geschehnisse um die verschwörerischen Machenschaften Jorns und seine Absprachen mit den Mördern der Gardekavallerie-Schützendivision. Rezensionen aus dieser frühen Zeit lobten die Sendung und bedauerten lediglich, dass Liebknecht kaum und Luxemburg gar nicht porträtiert würden. Sie sahen es dem Autor jedoch nach, der seinen Fokus auf die Feinde der Weimarer Republik, die Freischärler, lenken wollte, deren Agieren direkt nach Auschwitz geführt habe.[9] Einer der Berichte hob die untendenziöse Art des Hörspiels hervor.[10] Andere kritisierten, dass es Kaul nicht gelungen sei, den

[8] Vgl. BArch, N 2503/2253: Kaul an Ermarth am 9. Juli 1946.

[9] Vgl. Fl. K.: „‚Mord', ein Hörspiel", in: *Neue Zeit* vom 21. Januar 1947.

[10] Vgl. den Artikel „Politisches Hörspiel", in: *Morgen*, 11. Januar 1947.

Widerhall nachzuzeichnen, den dieser Mord in der Arbeiterschaft erzeugt habe, die in Massen zur Beerdigung Liebknechts gekommen sei.[11] Kaul selbst stellte sich bereitwillig für Diskussionen zur Verfügung und unterstrich die Authentizität seiner Darstellung, die sich allein auf die Akten stütze.

Auch das zweite Manuskript, das im Deutschen den Titel *Der Weg ins Nichts* erhielt, entstand vor einem ähnlichen Hintergrund. Kaul hatte einen historischen Fall der Zwischenkriegszeit ausgewertet, von dem er selbst als Zuschauer des Verfahrens Kenntnis erhalten hatte. Es handelte sich um die Geschichte des Oberlagerverwalters Walter Bullerjahn, an dessen Arbeitsplatz, den Karlsruher Industriewerken, 1924 ein dem Versailler Vertrag zuwider bestehendes illegales Waffenlager entdeckt worden war. Bullerjahn wurde vorgeworfen, er habe dieses Waffenlager an die Interalliierte Militärkontrollkommission „verraten",[12] weshalb ihm 1925 der Prozess wegen Landesverrats gemacht wurde. Aufgrund der belastenden Aussage einer „unbekannten Vertrauensperson", die vor Gericht nicht gehört werden wollte und auch nicht vorgeladen wurde, wurde Bullerjahn zu 15 Jahren Zuchthaus verurteilt. Der Fall wurde 1931 vom Leipziger Reichsgericht wieder aufgenommen, Bullerjahn in Folge freigesprochen. Bullerjahns Anwalt in diesem Fall war ebenfalls Paul Levi, der Prozess wurde ebenfalls breit in den Medien rezipiert. Es ist möglich, dass Kaul von Levis Auftritt 1929 so beeindruckt war, dass er sich als Zuschauer in andere Verfahren setzte, in denen Levi als Verteidiger auftrat. Kaul verarbeitete diesen Stoff im Exil in den USA, überarbeitete ihn 1947 für ein Hörspiel im Berliner Rundfunk, 1956 erschien der Fall als Roman im Verlag Das Neue Berlin. Beide Fälle zeigen, dass Kaul juristische Fälle, von denen er persönlich Kenntnis hatte, heranzog, um sie literarisch für ein breites Publikum zu verwerten. Das trifft auch auf einen weiteren frühen Prozess zu, der in den west- und ostdeutschen Medien stark rezipiert wurde. Nach seiner Zulassung als Rechtsanwalt 1948 vertrat Kaul vor allem Fälle, die sich mit Verschleppungen von Menschen vom Westsektor Berlins in den Ostsektor und umgekehrt beschäftigten. In diesem speziellen Fall ging es um vier Mitarbeiter des Berliner Rundfunks aus Ostberlin, Richard Gladewitz, Alfred Hartmann, Dagobert Löwenberg und Ernst Schmidt, denen vorgeworfen wurde, einen Mitarbeiter der unter sowjetischer Verwaltung stehenden Firma Wismuthbergbau nach Ostberlin verschleppt zu haben. Der Arbeiter war 1950 in das Funkhaus in der Masurenallee gekommen, eine unter sowjetischer Kontrolle stehende Institution, die im englischen Sektor der Stadt lag. Er befand sich in dem Glauben, er sei beim Westberliner Sender RIAS. Dort beklagte er sich freimütig über die schweren Arbeitsbedingungen im Bergbau. Darauf verschwand der Mann spurlos. Kaul vertrat die vier Angehörigen des Berliner Rundfunks, die mit dem Mann im Funkhaus gesprochen hatten und später von der Westberliner Polizei festgenommen worden waren. Das Verfahren endete mit einem Freispruch für die vier Angeklagten aus Mangel an Beweisen und wurde von den staatlich gelenkten Medien der DDR be-

[11] Vgl. die Beiträge „Diskussion um ‚Mord'. Eine wertvolle Aussprache im Kulturbund", in: *Neues Deutschland*, 29. März 1947; und „‚Mord' stand zur Debatte. Eine Hörspieldiskussion im Kulturbund", in: *Berliner Zeitung*, 30. März 1947.

[12] „Lokaltermin am Horstweg. Was wollte Bullerjahn von Leutnant Jost? – Der Leipziger Hochverratsprozess wird in Berlin fortgesetzt", in: *Sozialdemokratischer Pressedienst*, 7. November 1932, http://library.fes.de/spdpdalt/19321107.pdf (2. Juni 2023).

jubelt. Kaul selbst produzierte aus dem Fall das Hörspiel *Funkhaus Masurenallee*, das 1951 im DDR-Hörfunk gesendet wurde,[13] und verfasste eine Kurzgeschichte mit dem Titel *Rundfunkhaus Masurenallee*, die 1955 erschien (vgl. Kaul 1966).

Erste Publikationen aus der eigenen anwaltlichen Praxis wurden im SED-eigenen Dietz-Verlag veröffentlicht. Viel später gab Kaul Auskunft darüber, woher die Anregung dazu kam:

> Anläßlich einer Juristentagung erzählte ich englischen Kollegen von dem Fall des biederen Sattlermeisters, der auf der Heimfahrt einen randalierenden Betrunkenen von unserer Volkspolizei zwangsstellen ließ, dann deswegen auf der nächsten S-Bahn-Station im westlichen Stadtgebiet seinerseits von der ‚Stumm'-Polizei[14] – wegen Menschenraubes verhaftet wurde. Man glaubte mir nicht. Man hielt es nicht für möglich, daß sich dieser Vorgang wirklich abgespielt hatte. Dabei war er und viele seinesgleichen die ‚Frontstadt'-Wirklichkeit selbst. Nach diesem Gespräch mit meinen ungläubigen ausländischen Kollegen kam mir der Gedanke, diese Prozeßvorgänge aufzuzeichnen. Dem Gedanken folgte die Tat. (Kaul 1966, S. 6)

Im Dietz-Verlag erschienen die Fallgeschichten aus der ersten Zeit der Spaltung Berlins, aber auch spätere Texte, die einen aktuellen und politischen Bezug hatten.[15] Ein Jahr später kam sein erstes Buch mit dem Label *Der Pitaval der Weimarer Republik* heraus. Die Pitaval-Reihe wurde vom Verlag Das Neue Berlin publiziert; er war eher auf belletristische Literatur spezialisiert, der aktuelle Bezug daher nicht entscheidend. 1971 von der *Wochenpost* befragt, wie er zum Pitaval gekommen sei, antwortete Kaul: „Nach 1945 schien mir ein literarisches Anliegen besonders drängend zu sein: Antwort darauf zu geben, was die Ursache dafür war, daß die faschistische Barbarei über Deutschland kommen konnte und wie weit die Justiz daran beteiligt war."[16]

3 Die Pitavale entstehen

Ab Mitte der 1950er Jahre, als Kaul bereits im Vorfeld des KPD-Verbotsprozesses vor dem Bundesverfassungsgericht mit Rechtsvertretungen von Kommunisten in

[13] Vgl. dazu „Rundfunkhaus Masurenallee", in: *Die Frau von heute*, 6. Oktober 1951; „Das Hörspiel ‚Funkhaus Masurenallee'", in: *Tägliche Rundschau*, 11. Oktober 1951; Peter Edel: „Pogromfreiheit im Gerichtssaal", in: *Die Weltbühne*, 10. Oktober 1951; „Neun Monate Unschuldig in Haft. ‚Funkhaus Masurenallee' – Hörspiel über den Gladewitz-Prozeß", in: *Tribüne*, 4. Oktober 1951; „Im Polizeirevier 124 fing es an. ‚Funkhaus Masurenallee', ein neues Hörspiel von Dr. Kaul", in: *Neue Zeit*, 3. Oktober 1951; „Es ging ums Funkhaus Masurenallee. Verteidiger Dr. Kaul schrieb ein Hörspiel über den Gladewitz-Prozeß", in: *BZ am Abend*, 1. Oktober 1951; „Dramatisierte Gegenwart", in: *Berliner Montag*, 1. Oktober 1951; „Der Captain im Hintergrund. Hörspiel ‚Funkhaus Masurenallee' am Tag des demokratischen Rundfunks", in: *Berliner Zeitung*, 30. September 1951.

[14] Johannes Stumm war zwischen 1948 bis 1962 Polizeipräsident von West-Berlin.

[15] Friedrich Karl Kaul: *Ankläger auf der Anklagebank* (1952); *„Ich fordere Freispruch..."* (1966); *In Robe und Krawatte* (1972); *Der Verteidiger hat das Wort. Hier und Drüben* (1978), alle erschienen in Berlin (O.).

[16] „Professor Kaul gibt zu Protokoll: (6) Renaissance des Pitaval", in: *Wochenpost*, 26. März 1971, zit. nach Fischer 2005.

Westdeutschland befasst war, muss die Idee zu den Pitaval-Serien entstanden sein. 1953 erhielt er vom Staatlichen Rundfunkkomitee der DDR ein Feedback zu einem von ihm eingereichten Manuskript für den Hörfunk. Wohlwollend riet ihm der Sender:

> Es ist meines Erachtens nicht möglich, dieses von Dir bearbeitete Tatsachenmaterial in eine reportageähnliche Form zu giessen. Diese Art der Darstellung hat, vor allem in den Zwischentexten, eine zu offensichtliche Art der Belehrung und Deutlichkeit, die den Hörer abstösst, die ihn nicht fesselt, nicht sein Interesse erweckt. Ich glaube, daß der Stoff durchaus die Möglichkeit bietet, eine Handlung, d. h. also eine Fabel zu konzipieren. Nur dadurch scheint es mir möglich zu sein, die guten dramaturgischen Voraussetzungen, die dieser Stoff bietet, zur Wirkung zu bringen.[17]

Möglicherweise gab dieser Rat den Anstoß für Kaul, eine literarische Gattung für seine Veröffentlichungen zu wählen. Er studierte etwa ab diesem Zeitraum regelmäßig Gerichtsakten oder Zeitungsausschnitte im Zentralarchiv der DDR, um sie für zukünftige Veröffentlichungen zu verwerten. Dafür legte er dem Archiv eine Vorauswahl von Prozessen vor, zu denen er nach Material suchte.[18] Für den ersten Band seiner Reihe der Weimarer Pitavale generierte er die Fälle aus den Sammeldarstellungen politischer Autoren der Weimarer Zeit. Emil Julius Gumbel hatte in seinem Buch *Vier Jahre politischer Mord und Denkschrift des Reichsjustizministers zu ‚Vier Jahre politischer Mord‘* 1922 das Versagen der Justiz in der Weimarer Republik zum Thema gemacht. Auch eine Denkschrift der Liga für Menschenrechte, die 1927 mit dem Titel *Acht Jahre politische Justiz* erschienen war, zog Kaul heran. Darüber hinaus verwertete er Zeitungsartikel, stenographische Berichte parlamentarischer Debatten, Prozessberichte und Erinnerungsliteratur. Seinen Stoff fand er demnach in der pazifistischen Journalistik der Zwischenkriegszeit, die er als junger Mann selbst schon wahrgenommen haben konnte. Das weiß man, weil er sich nur für diesen Band der Mühe unterzog, seine Quellen in Fußnoten anzugeben und Literaturverzeichnisse anzuhängen. Später verzichtete er auf diese Form wissenschaftlichen Arbeitens. Der Aufbau seines ersten Pitavals folgt der Chronologie der Fälle: Er beginnt mit politischen Morden verübt direkt nach der Novemberrevolution 1918 durch ehemalige Freikorps, die Gegner der Republik waren. Es schließen sich Verfahren wegen Landesverrats und versuchten Landesverrats gegen pazifistische und republiknahe Schriftsteller an, die Unbequemes über den Krieg und die anschließende Gewalt des Heeres berichtet hatten. Er endet mit Fällen, die den Übergang der Weimarer Zeit in den Nationalsozialismus behandeln. Mit den Weimarer Pitavalen machte Kaul die Publizistik Gumbels – bewusst oder nicht – für die DDR-Bevölkerung wieder aktuell, ausgerechnet das Werk eines linken jüdischen Intellektuellen, der in der Weimarer Zeit zwischen allen Stühlen saß, ein Außenseiter war, der trotz seiner Nähe zum Sozialismus mit seiner Kritik an der Sowjetunion nicht hinterm Berg hielt. In der DDR wurde er folgerichtig nicht rezipiert. Es fällt auch auf, dass Kaul nach zehn Jahren Haft und Exil in seiner Schriftstellerei das Deutschland wieder heraufbeschwor, das er hatte verlassen müssen. So machte er ein Angebot an

[17] BArch, N 2503/641: Staatliches Rundfunkkomitee am 3. Juli 1953 an Kaul.

[18] Vgl. BArch, N 2503/646: Schreiben Kauls an das Zentralarchiv der DDR, 16. April 1955.

die Leserinnen und Leser, den Nationalsozialismus auszublenden und eine Basis in gemeinsamen Erfahrungen der Weimarer Zeit zu suchen.

Für den dritten Band des *Weimarer Pitavals* lässt sich zeigen, dass Kauls Vorschläge an den Verlag für die Auswahl der Fälle auf Kritik stießen. Der geplante Band erschien erst sechs Jahre nach Einreichung des ersten Manuskripts mit einer gänzlich anderen Zusammenstellung von Geschichten, als im Exposé vorgesehen war. Der Verlag kritisierte insbesondere uneindeutige Auflösungen der Kriminalfälle, bei denen nicht klar werde, wer der Täter sei, fehlende Pointen und mangelnde Stringenz. Was ihm zweitrangig schien, war der Vergleich mit den Verhältnissen in Westdeutschland. Dafür reiche ein kurzer Hinweis im Vorwort, den Kaul in sehr allgemeiner Form in seiner Einleitung aufnahm.[19] Die Fälle waren authentisch, die Spielhandlung häufig fiktiv. Kauls Erzählerstimme ordnete die Verfahren ein, seine Kommentare fielen bisweilen sarkastisch aus, die Zeichnung der Charaktere oft holzschnittartig und ohne große Subtilitäten. Mit der Wahl des Seriennamens sah er sich in der Tradition des Rechtserklärers der Aufklärung, François Gayot de Pitaval, und seiner Sammlung ungewöhnlicher Rechtsfälle.

Sein Schaffen wollte Kaul nämlich nicht im Bereich der Kriminalliteratur verortet sehen. 1955 bereits verfasste er einen theoretischen Text über den Kriminalroman, den er an den Redakteur der *Neuen Deutschen Literatur* Günther Cwojdrak sandte und zum Abdruck anbot.[20] Darin rückte er dem Kriminal- oder Detektivroman schwer zu Leibe. Es handle sich dabei um eine Gattung, die lediglich das Individualistische fördere, indem sie für seine Leser nicht einmal einen Denksport darstelle, sondern allein die Kombinationsfähigkeit eines Einzelnen, des Detektivs, feiere, der für sich nicht in Anspruch nehmen könne, als Vertreter der staatlichen Gewalt, also des Gemeinwohls, aufzutreten. Das Verbrechen oder der Verbrecher spielten in ihrer gesellschaftlichen Relevanz im Detektivroman keine Rolle, gesellschaftlicher Gewinn sei aus derartiger Literatur in aller Regel nicht zu ziehen. Dagegen setzte Kaul andere epische Darstellungsformen positiv ab, wenn er schrieb:

> Bestimmt ist der Detektivroman in seiner literarischen Gestalt keine epische Darstellung von Verbrechern und ihren Untaten, welch hervorragenden Niederschlag auch derartige Darstellungen in der Literatur aller Völker – beginnend mit der aktenmäßig berichtenden Sammlung der ‚Causes celébres' [sic] des französischen Advokaten Francois Gajot de Pitaval [sic] (18. Jahrhundert) über die unerreichte Epik von Balzac und den Raskolnikow Dostojewskis gefunden haben mögen – nicht zu vergessen ist hier für die deutsche Literatur Schiller, der 1786 die Geschichte von dem Gastwirtssohn Christian Wolf, dem ‚Verbrecher aus verlorener Ehre' schrieb; ebenso soll in diesem Zusammenhang an die ‚Judenbuche' von Anette [sic] Droste-Hülshoff, an Hoffmanns ‚Fräulein von Scuderi', an Fontanes ‚Unterm Birnbaum' gedacht werden. Aber diese ganze Literatur von höchstem künstlerischen Wert enthält ganz andere Elemente, als dies bei dem spezifischen Detektivroman, um den es sich handelt, der Fall ist.[21]

[19] Vgl. BArch, N 2503/646: E. Redlin (Verlag „Das Neue Berlin") an Kaul, 21. Mai 1955; und Kaul 1961, S. 5f.

[20] Vgl. BArch, N 2503/702: Kaul am 4. August 1955 an Günther Cwojdrak. Der Beitrag wurde schließlich gedruckt unter dem Titel „Der Kriminalroman gestern und heute" (*Neue Deutsche Literatur* 1955, H. 11, S. 127–132).

[21] Friedrich Karl Kaul: Zur Analyse des Kriminalromans, Manuskript 1955, S. 2. BArch, N 2503/702.

Zur minderen Kategorie der Detektivromane gehörten für Kaul etwa die Novellen von Edgar Allan Poe. Darin gehe es um die Geistesschärfe des Detektivs, um die Entlarvung des Verbrechers, nicht um seine Bestrafung, nicht um die Aufklärung über neue forensische Techniken, nicht um moralische Lehren. Kaul bezeichnete das Motiv zum Schreiben solcher Literatur als „Denksportmanie", das im Gegensatz stünde zum staatlichen Ermittlungsauftrag in Sachen Verbrechen, deren Vertreter von Poe vorzugsweise als geistig beschränkt gezeichnet würden.[22] Entstanden sei diese Art von Literatur im 19. Jahrhundert, in der Epoche des Aufstiegs der bürgerlichen Gesellschaft, die durch die Individualisierung des Einzelnen und den entfesselten Manchester-Kapitalismus charakterisiert sei. Der so als Ausdruck der herrschenden, materiell abgesicherten Schicht analysierte Detektivroman war dem Analysten und Autor Kaul kein nachahmenswertes literarisches Vorbild. Er verortete sich selbst nicht in der Unterhaltungsliteratur der Kriminalromane dieses Typs, ließ für das Genre aber die Tür offen, sich durch Zuwendung zur Realität, zu echten Fällen des Alltags, zu kriminalistischen Hilfsmitteln und nicht zuletzt zu einer gesellschaftserzieherischen Aussage zum Besseren zu entwickeln. In einer Anthologie von Kriminalstücken aus dem Jahr 1970, zu der Kaul das Drama *Die blaue Akte* beitrug, bestärkte er seine Einschätzung zum Kriminalroman in seinem Nachwort. Abermals machte er den Gegensatz zwischen unpolitischer, individualistischer Denksportaufgabe im Kriminalroman und einer „Fabel", die gesellschaftlich profiliert angelegt sein müsse, auf, damit das anspruchsvolle Publikum der DDR-Gegenwart nicht zum bloßen Rätselraten um ein Verbrechen verleitet, sondern lehrreich unterhalten werde.[23]

Es verwundert daher nicht, dass Kaul zwei Jahre vor seinem Tod 1979 im Interview mit dem westdeutschen *Zeit*-Journalisten Ben Witter seine literarische Hinterlassenschaft selbst in das seiner Ansicht nach rechte Licht rückte:

> Ich habe Hörspiele, die abschätzig ‚Kriminalhörspiele' genannt wurden, verfaßt und Romane, die nur unter der Bewertung der äußeren Form für ‚Kriminalgeschichten' gehalten wurden. [...] Ungefähr zwanzig Bücher sind es geworden. Und als ich den Nationalpreis für Literatur erhielt, sagte der damalige Generalsekretär und Vorsitzende des Staatsrates Walter Ulbricht auch im Hinblick auf den Fernseh-Pitaval: ‚Du verstehst es, durch Unterhaltung zu bilden und durch Bildung zu unterhalten.' (Witter 1979)

Kaul befand sich mit seiner Ablehnung dessen, was er despektierlich „Denksport" nannte, in Übereinstimmung mit der DDR-Literaturwissenschaft. Das Genre der Kriminalliteratur wurde in der DDR erst spät entwickelt (vgl. auch Schaur 2009). Wie Achim Saupe (2009, S. 334) analysiert, wurde der Kriminalroman durch die Gegenüberstellung von den verbrecherischen Verhältnissen im westdeutschen Kapitalismus mit den harmonischen Verhältnissen im ostdeutschen Sozialismus früh zu einem politischen Instrument. „Sozialistische Kriminalliteratur müsse eine ‚Spiegelung der engen Verflechtung von Politik und kriminellen Verbrechen in der kapitalistischen Gesellschaft' vornehmen", fasste Gottlieb Scheuffler (1959, S. 390), Schriftsteller und Theaterkritiker des Jahrgangs 1891, deren Aufgabe 1959 zusam-

[22] Friedrich Karl Kaul: Zur Analyse des Kriminalromans, Manuskript 1955, S. 5. BArch, N 2503/702.

[23] Nachwort zum Buchprojekt BArch, N 2503/665, Bl. 39–48.

men. Ende der 1950er Jahre war der Typ der dokumentarischen Kriminalliteratur verbreitet, ein Begriff, der ebenfalls auf Gottlieb Scheuffler zurückgeht.

Mit seinen Sujets, die Kaul in historischen, vorsozialistischen Gesellschaftsordnungen, später auch im kapitalistischen Westdeutschland und in den USA suchte, bewegte er sich im Rahmen dieser durch die parteikonforme Literaturwissenschaft erarbeiteten Definition. Die hinter den Produktionen stehende Geschichtsinterpretation des Verfassers und seine Lehren aus der Geschichte flossen auf „unterhaltende Weise" in historische und gegenwärtige Kriminalfälle unterschiedlicher Verbrechenskomplexe ein und waren immer eng mit der jeweiligen politischen Situation in Deutschland verbunden. So sollte eine „neue Praxis des Erinnerns [eröffnet werden], die einen ‚agitatorischen Zeigefinger' nicht verbergen" konnte und wollte, wie Thomas Wilke (2007, S. 410) es formuliert. In Kauls Einleitung zu seinem ersten Pitaval aus der Weimarer Zeit mit dem Titel *Justiz wird zum Verbrechen* werden die Leserin und der Leser etwas unvermittelt mit den Umständen der Revolution von 1918 vertraut gemacht, deren Scheitern Kaul im Sinne der Geschichtsdeutung der SED auf den Verrat der Sozialdemokratie an der Arbeiterschaft zurückführte. Militär, Großkonzerne und Finanzkapital galten als Stützen der gesellschaftlichen Ordnung der Vorkriegszeit und machten ihren Einfluss auch nach 1918 geltend. Von hier aus ließ sich laut Kaul gradlinig eine Kontinuitätslinie zum Aufkommen des Nationalsozialismus ziehen, unter dessen Herrschaft die imperialen Bestrebungen Deutschlands ungebremst fortgesetzt werden konnten. Und auch nach 1945 seien es wieder dieselben Interessengruppen, die sich in Westdeutschland in Politik und Wirtschaft ihre Positionen sicherten, einen wahren Bruch mit dem Nationalsozialismus verhinderten und so langfristig erneut auf einen faschistischen Staat zusteuerten. Kaul folgte damit den offiziellen Geschichtsdeutungen. Sarkastisch erklärte er die Rolle der Justiz, die ihn zu seiner Reihe veranlasst habe, so: „Im Rahmen dieser Zielsetzung fiel der Justiz der Weimarer Republik eine besondere Aufgabe zu, die sie, wie die folgenden authentischen Prozeßdarstellungen zeigen, mit Erfolg zu bewältigen verstand" (Kaul 1953a, S. 9). Kauls Thema war die Justiz als Gehilfin der republikfeindlichen Kräfte der Weimarer Republik, Geschichtsdeutung bildete das Programm der Pitavale, juristische Fragen wurden darin nicht erörtert.

Neben den Pitavalen wählte Kaul auch andere Literaturgattungen für seine Prozessgeschichten. Gehen die längeren Texte in Richtung Roman, können die kürzeren unter Erzählungen, Kurzgeschichten oder Essays laufen. Oft sind es historisch-politische Berichte, wie eine Gutachterin des Verlags Das Neue Berlin 1963 schrieb. Viele Stoffe verarbeitete er auch mehrfach in einer Prosa- und einer dramatischen Fassung für Funk oder Film. Es gab allem Anschein nach keine festen Kriterien, welche Geschichten in die Reihe der Pitavale aufgenommen wurden und welche nicht. Bei einigen besteht Unklarheit, ob sie zu den Pitavalen gerechnet wurden.[24]

[24] So existieren unterschiedliche Zählungen der Fernsehpitavale (vgl. Wilke 2007, S. 425). Das Fernsehspiel *Die Affäre Heyde-Sawade*, das 1963 für das Fernsehen produziert wurde, ging in seiner schriftlichen Fassung unter dem Titel *Dr. Sawade macht Karriere* beispielsweise in die Serie der *Bonner Pitavale* ein, die in dem Sammelband *Vornehme Leute* 1965 im Verlag Das Neue Berlin herauskamen. Später folgte eine Einzelpublikation für ein westdeutsches Publikum mit dem Titel *Dr. Sawade macht Karriere – der Fall des Euthanasie-Arztes Werner Heyde*, die 1971 im Röderbergweg Verlag erschien.

So macht es den Eindruck, dass die literarische Form selbst für Kaul keine große Bedeutung hatte. Die schriftliche Niederlegung geschah oft binnen kürzester Zeit. Allzu viel Mühe investierte er nicht in die Konstruktion der Handlung und in die sprachliche Ausarbeitung. Er schuf eine leicht konsumierbare Massenware.

In Buchform erschienen acht Pitaval-Sammlungen, die diesen Namen tragen. Drei davon behandelten Fälle aus der Weimarer Republik,[25] eine spielte im Kaiserreich,[26] eine drehte sich um Prozesse aus der Bundesrepublik,[27] ein Sammelband in zwei Teilen beinhaltet Kriminalfälle zwischen 1894 und 1925 sowie zwischen 1926 und 1964,[28] dazu kamen zwei Zusammenstellungen aus den früheren Bänden.[29] Die Sammlungen enthalten jeweils circa ein Dutzend Fälle. Der erste Sammelband erschien 1953, der letzte in der ersten Auflage 1988, sieben Jahre nach Kauls Tod. Viele seiner Publikationen erreichten mehrere Auflagen. Die Erstausgaben und spätere Auflagen wurden oft in einer Auflagenhöhe von über 10.000 Exemplaren gedruckt. In filmischer Form für das Fernsehen und als DEFA-Spielfilm wurden etwa 50 Produktionen umgesetzt, zu denen Kaul in vielen Fällen gemeinsam mit seinem Freund Walther Jupé das Drehbuch schrieb. In einigen Fällen verwandte er das Pseudonym Friedrich Hartmann. Die Filme entstanden zwischen 1958 und 1978; 1976 erhielt Kaul vom Staatlichen Komitee für das Fernsehen beim Ministerrat der DDR den Goldenen Löwen für die Realisierung der 50. Folge in der Reihe der Pitavale.[30] Im Deutschen Rundfunkarchiv befinden sich heute 38 Sendungen, für die nicht mehr erhaltenen liegen zumindest die Drehbücher vor (vgl. DRA 2006). Kaul war mit seinen Pitavalen in der ein oder anderen Form in der DDR-Gesellschaft allgegenwärtig.

4 Geschichte, Politik und Privates: die Entwicklung des „Fall Jörns"

Nach der positiven Resonanz auf sein Hörspiel *Mord* veröffentlichte Kaul 1953 in seinem ersten Pitaval-Band die Kurzgeschichte *Ein Feiner Untersuchungsrichter. Das Verfahren um den Reichsanwalt Jörns 18. bis 27. April 1929.* Bereits diese Fassung wich von der ersten Stoffbehandlung ab: Nun stand die Vereitelung der Ermittlungen zu den Mördern Luxemburgs und Liebknechts im Vordergrund. Ein weiteres Hörspiel *Mord* wurde 1958 gesendet, in dem abermals die kriminellen Aktivitäten des nach 1918 nicht demobilisierten Heeres die Handlung bestimmten. 1959 entstand ein Fernsehfilm mit dem Namen *Der Fall Jörns*, der sich auf die Nachgeschichte der Ermordung im Prozess von 1929 konzentrierte. Und 1966

[25] Friedrich Karl Kaul: *Justiz wird zum Verbrechen* (1953); *Verdienen wird groß geschrieben. Der Pitaval der Weimarer Republik*, 2. Band (1954); und *Es knistert im Gebälk* (1961), jeweils Berlin (O.).

[26] Friedrich Karl Kaul. 1968. *So wahr mir Gott helfe. Der Pitaval der Kaiserzeit.* Berlin (O.).

[27] Friedrich Karl Kaul. 1965. *Vornehme Leute. Der Bonner Pitaval.* Berlin (O.).

[28] Friedrich Karl Kaul. 1966. *Ein Pitaval.* 2 Bde. Berlin (O.).

[29] Friedrich Karl Kaul. 1959. *Kleiner Weimarer Pitaval.* Berlin (O.) und 1965. *Von der Stadtvogtei bis Moabit. Ein Berliner Pitaval.* Berlin (O.).

[30] Vgl. BArch, NY 4238/349.

produzierte die DEFA unter dem Titel *Der Mord, der nie verjährt* den Fall aus einer neuen Perspektive, in der die politische Erweckung eines jungen Rechtsreferendars, der diesen Fall aufrollt, die Rahmenhandlung füllt.

Wie gezeigt, spielt in der ersten Fassung der Prozess von 1929 noch keine Rolle. Es ging um die Sicherung der Fakten bei der Ermordung Liebknechts und Luxemburgs. Das war in der zweiten Fassung des Erzählstoffes bereits anders. Schon der Titel des 1953 erschienenen Pitavals macht deutlich, dass es jetzt um etwas anderes ging: Ausgangspunkt war der Beleidigungsprozess gegen Bornstein 1929. Der Text enthält eine über mehrere Seiten gehende Wiedergabe des Plädoyers Paul Levis. Diese Passage wird von Kaul spannungsaufbauend eingeführt:

> Und dann spricht der Verteidiger Paul Levi. In seinem mehr als vier Stunden dauernden Plädoyer beschwört er mit suggestiver Stärke die Schatten der Vergangenheit herauf.
> Zur Gegenwart wird die Meuchelmordatmosphäre im sogenannten Stabsquartier, sichtbar die Tat und die Täter. Und zwischen ihnen der Kriegsgerichtsrat Jörns, ihrem Denken, ihren Anschauungen verbunden, wodurch er selbst zum Gehilfen der Mörder wird. Und nun reihen sich wie Perlen auf einer Schnur all die halbdunklen Handlungen, all die Unterlassungen des zum Verbrecher gewordenen Richters aneinander, so daß sich das klare Bild ergibt: der Kriegsgerichtsrat Jörns war es, der in Mißbrauch seiner amtlichen Pflichten die Mörder gedeckt, sie der Bestrafung entzogen hat! (Kaul 1953b, S. 275f.)

Dieser Text, in dem Levi zum Helden des Prozesses wird, ist interessant, weil die Figur Paul Levis in der DDR grundsätzlich keine positive Rezeption erfuhr. Schon in den frühen 1920er Jahren Kritiker des Moskauer Einflusses auf die KPD, der er damals selbst noch angehörte, wurde Levi als Sympathisant der Mehrheitssozialisten und der USPD in der Entwicklung der Links-Parteien in der DDR systematisch verschwiegen. In Ulbrichts (1966, S. 342) *Geschichte der deutschen Arbeiterbewegung* wurde „der Renegat Levi" zwar erwähnt, aber als Verräter tituliert, der „eine rechtsopportunistische Splitterpartei" gegründet habe. Spätere Fassungen der Gesamtdarstellung enthielten seinen Namen nicht mehr (vgl. Staadt 2017, S. 43). Levi zum Helden eines Pitavals zu machen, bedeutete also, sich willentlich oder nicht vom Geschichtsbild der SED abzusetzen, wie es sich nach 1955 herauskristallisierte.[31]

1959 ging Kaul an die Bearbeitung des Jorns-Stoffes für ein Fernsehspiel. *Der Fall Jörns* war der dritte für das Fernsehen produzierte Pitaval. Kaul schrieb über seine Absichten dieser Reihe, die monatlich eine Sendung mit 45 bis 60 Minuten Dauer umfassen sollte:

> Maßgeblich für die Auswahl ist der gesellschaftskritische Kern des ‚Falles', wobei es sich dabei nicht nur um die Motivation des Täters, sondern auch um die Reaktion der Strafverfolgungsbehörden und ihre Abhängigkeit von den Einflüssen ihrer Klassenzugehörigkeit handelt. Dementsprechend ist bedeutsam, daß der Zuschauer die ‚Fabel' als tatsächliches Geschehnis erkennt. Das ist durch meine Zwischenkommentare in erheblichem Umfang erreicht worden. (zit. nach Fischer 2005, S. 47)

[31] In ihrem „Geschichtsbeschluss" von 1956 erklärte die Partei die künftige Orientierung der Disziplin am Marxismus-Leninismus und am historischen Materialismus (vgl. Haun 1996).

Im Drehbuch für die Fernsehfassung taucht die Figur Paul Levis zwar 1959 noch als Verteidiger von Bornstein auf, sein Name wurde aber nicht mehr genannt, seine entscheidende Rolle im Prozess heruntergespielt. Eine Auseinandersetzung um diese Überarbeitung des Stoffes ist nicht überliefert, man muss aber davon ausgehen, dass diese Manuskriptänderung nicht zufällig war. Auf frühere Kritik reagierte Kaul prompt: Fehlte den Hörern im Hörspiel von 1947 die Macht der Straße, baute Kaul nun die Empörung der Arbeiterschaft über die Ermordungen Liebknechts und Luxemburgs dramaturgisch in den Film mit ein. Interviewausschnitte mit einem ehemaligen Spartakus-Anhänger, Jacob Weber, lieferten den O-Ton für die revolutionäre Situation, die von den „Revisionisten“ um Friedrich Ebert, Gustav Noske und Philipp Scheidemann abgewürgt worden sei. Weber erhielt eine Rolle im Drehbuch und schilderte die Bedeutung der Massendemonstrationen anlässlich der Bestattungen von Luxemburg und Liebknecht, die von der Sprecherstimme Kaul in den gewünschten Kontext gesetzt wurde.[32] Das Drehbuch von 1959 wurde zudem von Kaul um eine Rahmenhandlung ergänzt, die mit dem Prozess gegen Bornstein 1929 einsetzt und Rückblenden auf das Geschehen von 1919 vornimmt. In dieser Rahmenhandlung nimmt auch Kaul selbst eine Rolle ein. Bereits im zweiten Bild kommt der junge Referendar des Staatsanwalts Deepenthal zu einem Gespräch hinzu, das dieser mit dem Nebenkläger Jorns führte und in welchem sie sich über eine rasche Abwicklung des Prozesses einigen. Dieser junge Referendar, so erklärte Kaul in seiner Sprecherfunktion dem Publikum die Szene, sei er selbst gewesen. Und er fuhr fort, die Abläufe von 1919 aus seiner Perspektive und als Auftragsmorde durch den vorgesetzten Hauptmann Pabst zu schildern. Der Erzähler Kaul im Hintergrund lenkte auch den Blick des Zuschauers auf eine bisher nicht beachtete Persönlichkeit im Gerichtssaal, nämlich auf einen Journalisten der „Roten Fahne“, der bei der Verhaftung Liebknechts und Luxemburgs ebenfalls festgesetzt worden war. Sein Name war Wilhelm Pieck. In Kauls Manuskript von 1959 wird also der noch amtierende Präsident der DDR als wichtiger Akteur gegen das der vergangenen Ordnung verpflichtete Militär eingeführt; die Rolle Levis wird in derselben Fassung gestrichen und ersetzt durch die Erzählung des jungen Rechtsreferendars Kaul, der selbst aus den Akten die wichtigen Fakten zusammengetragen habe.[33] Diese neue Wendung wird in der DEFA-Fassung des Films von 1966 noch deutlicher: Der Film erhält nun einen moralischen Überbau, der sich aus der Rahmenhandlung ergibt. Der junge Rechtsreferendar nämlich, ein konservativer Jurist aus bürgerlichem Haushalt, erfährt darin eine Wandlung. Indem er beobachtet, wie die Justiz 1929 nicht nur die Strafanzeige gegen Jorns unter den Tisch fallen lässt, sondern das Urteil im Verfahren gegen Bornstein so lange anficht, bis Jorns gesichtswahrend aus der Sache herauskommt, beginnt der Referendar alias Kaul an den Mechanismen der „bürgerlichen Justiz“ zu zweifeln.[34]

[32] Vgl. BArch, N 2503/478, Blatt 76–83: Szenenfolge Pitaval III – Der Jorns-Prozeß, Manuskript, und Schreiben Jakob Weber am 2. Januar 1959 an Kaul.

[33] Vgl. BArch, N 2503/630, Bl. 1–33: *Der Fall Jörns – Hörspiel nach einem Fernsehspiel von Friedrich Karl Kaul und Walter Jupé*, 19. Januar 1960.

[34] BArch, N 2503/1419, Bl. 100–104: Hauptdirektor der DEFA [Franz] Bruk: Stellungnahme zum Film „Der Mord, der nie verjährt“ o. D.

Mit einem 1969 verfassten Drehbuch für einen Film über einen Strafprozess gegen Rosa Luxemburg im Jahr 1914 schlossen Kaul und sein Freund, der Berliner Schauspieler Walter Jupé, die Auseinandersetzung mit dem Thema ab. Der Film *Sprechen Sie zur Sache, Angeklagte!* wurde in zwei Teilen im März 1970 im Fernsehen ausgestrahlt und behandelte das Verfahren, in dem Rosa Luxemburg vor der 2. Strafkammer in Frankfurt am Main wegen des Haltens einer kriegskritischen Rede gegen die Mobilmachung zu einem Jahr Gefängnis verurteilt worden war. Der Film, zum 50. Jahrestag der Ermordung Luxemburgs und Liebknechts geplant, erhielt zahlreiche, reich bebilderte Rezensionen in den DDR-Fernsehillustrierten.[35] Er knüpfte jedoch nicht mehr an den Skandal um Jorns an.

„Der Fall Jorns" wandelte sich im Lauf der Zeit mit immer neuen Produktionen von einer Fallschilderung der abgekarteten Ermordung Karl Liebknechts und Rosa Luxemburgs, über eine Enthüllungsgeschichte der Justizpraktiken Ende der 1920er Jahre zu einer Erweckungsgeschichte, halb politischer, halb persönlicher Natur.

5 Biographisches im „Fall Jörns"

Kauls persönliche Beteiligung an den von ihm verarbeiteten Stoffen in den Pitavalen gehen zurück auf seine eigenen Erfahrungen. Bereits im Mai 1946 in einem der frühesten Lebensläufe, den er für einen Antrag als Opfer des Faschismus schreiben musste, war er in der Situation, begründen zu müssen, was ihn zu einem wirklichen Antifaschisten machte. Darin nannte er die Vernehmung des inzwischen zum SED-Vorsitzenden aufgestiegenen Wilhelm Pieck im Jorns-Prozess. Diese Erzählung stilisierte er zu einem Schlüsselmoment in seiner Lebensgeschichte. Er brachte sie später immer wieder vor. In den Jahren der stalinistischen Parteisäuberung zwischen 1947 und 1953 wurde er mehrfach von der Parteikontrollkommission zu seiner Haltung zur Partei und seinem Aufenthalt im westlichen Ausland während des Krieges befragt.[36] Da er keine Verbindung zur KPD und auch zu keiner anderen Partei vorweisen konnte, war er gut beraten, seine Hinwendung zum Kommunismus 1946 glaubhaft zu begründen. Der Jorns-Prozess spielte in dieser Orientierungsphase für Kaul eine entscheidende Rolle. Mit der kontinuierlichen Überarbeitung des Hör- und Fernsehspielstoffes bis zur Verarbeitung im DEFA-Film bastelte Kaul immer weiter an einer plausiblen Fassung seiner eigenen Lebensgeschichte, die ihn mit der „richtigen" Seite der Geschichte in Verbindung brachte.

Was für Kaul in der Selbstinszenierung seiner politischen Biographie nur folgerichtig war, musste mit der DEFA hart erstritten werden. Mitte der 1960er Jahre drohte Kaul – gleich auch als Sprecher für seinen Co-Autor Walter Jupé – seinen Namen von dem Film zurückzuziehen, wenn seine Änderungswünsche nicht über-

[35] „'Sprechen Sie zur Sache, Angeklagte!', BZ-Interview mit Prof. F. K. Kaul", in: *Berliner Zeitung*, 22. März 1970; „Aus der Reihe ragend: 30. Pitaval", in: *BZ*, 1. April 1970; Peter Berger: „Angeklagte wurde zur Anklägerin. Zur 30. Folge des Fernsehpitavals von Friedrich Karl Kaul und Walter Jupé", in: *Neues Deutschland*, 30. März 1970; Georg Zivier: „Die Agitatorin", in: *Der Tagesspiegel*, 29. März 1970.

[36] Vgl. BArch, DY 30/90470, Aktennotiz vom 9. April 1947 „betr. Friedrich Kaul" und SED Hausmitteilung an Zentrale Parteikontrollkommission vom 27. Oktober 1953.

nommen würden. Auch die seit vielen Jahren mit ihm zusammenarbeitende Dramaturgin Aenne Keller unterstützte Kauls Forderung an die DEFA, indem sie 1966 an den Hauptdirektor der DEFA, Franz Bruk, schrieb:

> Nichts jedoch ist günstiger, um eine sich zum Positiven wandelnde Gestalt begreifbar zu machen, als ihr Eingreifen in die Handlung. Dieses Problem ist so entscheidend, dass es nicht ohne die Autoren gelöst werden kann.[37]

Kaul sei „mit den vorliegenden Rechtsreferendarsscenen nicht einverstanden", so Keller.

Es ging also im Konflikt mit der DEFA um genau diese Figur des Rechtsreferendars, Kauls eigene Rolle, die dem Studio nicht zusagte. Auch der Kulturminister Klaus Gysi wurde mit dem Fall beschäftigt. Schließlich konnte sich Kaul, wie es scheint, in allen geforderten Punkten durchsetzen, auch darin, die für die Produktion teure Szene der Massendemonstrationen an den Grabstellen Rosa Luxemburgs und Karl Liebknechts in den Film einzubauen. So gab die DEFA den Wünschen des prominenten Anwalts und medienaffinen Vielschreibers Kaul nach, auch wenn Bruk an der Qualität des Streifens seine Zweifel behielt.

In seiner Stellungnahme zu dem Film wies er nämlich darauf hin, dass der Film als Mittel gedacht war, in der „produktionsarmen Zeit" eine Lücke zu füllen. Gemeint war die Phase vor und nach dem 11. Plenum des Zentralkomitees, des sogenannten ‚Kahlschlag'-Plenums vom 16. bis 18. Dezember 1965, auf dem mit großer Rigorosität gegen Filme vorgegangen wurde, die von der Partei als experimentell und abweichlerisch definiert wurden (vgl. Schoß 2023, S. 208–222). Kaum ein Spielfilm der DEFA überlebte diesen Angriff der Zensur. „Der Fall Jorns" sollte in dieser Situation das Programm füllen. Aus nicht näher erklärten Gründen verpasste er jedoch den richtigen Produktionszeitpunkt und sollte nun, 1967, endlich gedreht werden. Nun gälten, so Bruk, jedoch bereits wieder höhere Maßstäbe für Spielfilm-Produktionen.[38] Dafür habe man nun den Vorteil, so formulierte Bruk etwas verklausuliert, dass der Film nicht allein für die DEFA-Produktion stehe, sondern genremäßig eingruppiert werde – dass er mit anderen Worten als Kriminalgeschichte oder Gerichtsdrama weniger Aufmerksamkeit erfuhr. Dennoch hatte der Film für die DEFA einen gewissen Wert:

> Am Beispiel des zumeist nur faktenmäßig bekannten Mordes an den beiden deutschen Arbeiterführern werden hier das Wesen und die Methoden der reaktionären deutschen Klassenherrschaft, der militanten Konterrevolution sichtbar gemacht. Der Film erzählt, welcher Mittel sich die deutsche Bourgeoisie bediente, um ihre Klassendiktatur aufrecht zu erhalten. Er überführt zugleich die Vertreter der rechten SPD-Führung des Verrats an der Arbeiterklasse und der großen Verschwörung im individuellen Terror gegen ihre Führer. Wir erhalten einen tiefen und überzeugenden Einblick in den Mechanismus der bürgerlichen Klassenjustiz, ihre Durchsetzung mit den reaktionärsten Vertretern der herrschenden Klasse, in die mehr oder minder offene Rechtsbeugung in ihrem Dienste. In der Rückblen-

[37] BArch, N 2503/1419: Aenne Keller am 26. Juli 1966 an Bruck.

[38] Vgl. BArch, N 2503/1419: Aenne Keller am 26. Juli 1966 an Bruck.

> den- wie in der Gerichtshandlung drängen sich dabei die aktuellen Bezüge und Analogien zur westdeutschen Nachkriegsentwicklung und Klassenjustiz auf[39]

– so Bruk. Die Schwächen des Films lägen also nicht im politisch-inhaltlichen Bereich, sondern im kinospezifischen, dramaturgischen und künstlerischen. Aber, so Bruks Resultat, obwohl er ihm nur die Note „befriedigend" gebe, sei der Film dennoch sehr gut geeignet, eine wichtige Funktion zu übernehmen.

6 Fazit

Nicht alle Pitavale haben eine so gut belegte und über längere Zeit nachvollziehbare Produktionsgeschichte. Der Fall Jorns bildet in dieser Hinsicht eine Ausnahme. Er steht jedoch nicht allein da, wenn es darum geht, autobiographische Elemente in Kauls Pitavalen zu finden. In mehreren Produktionen finden sich Bezüge zu Kauls Erfahrungen. Veröffentlichte er anfangs Gerichtsdramen aus seiner eigenen anwaltlichen Praxis, bediente er mit den Pitavalen bewusst eine literarische Form, die ihm Freiheiten gab, den Stoff mit fiktionalen Elementen auszuschmücken und ihn zu emotionalisieren, wobei die reale Rahmenhandlung beibehalten wurde. Dass er sich zunächst auf die Epoche der Weimarer Republik konzentrierte, spiegelt das Anliegen des Remigranten, an Erlebtes anzuknüpfen, das vor dem erzwungenen Exil sein Leben bestimmte. Darin die Ursache für den Bruch in seiner Biographie zu finden, war für ihn wie auch für seine Hörer- und Leserschaft Heilung und Hinwendung zum antifaschistischen Kurs der DDR-Führung gleichermaßen. Die literarische Massenproduktion zur politischen Justiz der Weimarer Zeit half nicht nur bei der Bewältigung des individuellen Traumas Kauls, die Überbrückung der Zeit des Exils. Sie verschaffte ihm auch einen glaubwürdigen biographischen Hintergrund und machte eine umarmende Geste in Richtung der Mehrheit der DDR-Gesellschaft, die nicht emigriert war. Denn sie fing die Erfahrungen vieler Deutscher auf, die sich als eine Gemeinschaft der von Politik, Justiz und Wirtschaft Verratenen verstehen sollten und verstanden. So half die Unterhaltungsliteratur für ein Massenpublikum bei der Formierung eines antifaschistischen Narrativs.

Literaturverzeichnis

DRA. 2006. Frühe Kriminalfilme des Deutschen Fernsehfunks. Fernsehpitaval 1957–1978. Eine Bestandsübersicht mit einem Anhang ‚Pitaval im Hörfunk'. *Deutsches Rundfunkarchiv Spezial*, Nr. 9.

Fischer, Jörg-Uwe. 2005. Historische Justizdramen. Der Fernseh-Pitaval des DDR- Fernsehens. *Info 7* [Potsdam] 20: S. 46–48.

Haun, Horst. 1996. *Der Geschichtsbeschluß der SED 1955. Programmdokument für die „volle Durchsetzung des Marxismus-Leninismus" in der DDR-Geschichtswissenschaft*. Dresden: Hannah-Arendt-Institut für Totalitarismusforschung.

Kaul, Friedrich Karl. 1953a. Einführung. In *Justiz wird zum Verbrechen. Der Pitaval der Weimarer Republik*. Berlin (O.): Das Neue Berlin, S. 5–10.

[39] BArch, N 2503/1419: Aenne Keller am 26. Juli 1966 an Bruck.

Kaul, Friedrich Karl. 1953b. *Ein feiner Untersuchungsrichter. Das Verfahren um Reichsanwalt Jörns 18. bis 27. April 1929.* In *Justiz wird zum Verbrechen. Der Pitaval der Weimarer Republik.* Berlin (O.): Das Neue Berlin, S. 239–282.

Kaul, Friedrich Karl. 1961. *Es knistert im Gebälk. Der Pitaval der Weimarer Republik.* Bd. 3. Berlin (O.): Das Neue Berlin.

Kaul, Friedrich Karl. 1966. *„Ich fordere Freispruch...". Westberliner Prozesse 1949–1959* . Berlin (O.): Das Neue Berlin.

Keßler, Mario. 2019. *Westemigranten. Deutsche Kommunisten zwischen USA-Exil und DDR*, Wien/Köln/Weimar: Böhlau Verlag.

Saupe, Achim. 2009. *Der Historiker als Detektiv – der Detektiv als Historiker, Historik, Kriminalistik und Nationalsozialismus als Kriminalroman.* Bielefeld: Transkript.

Schaur, Sandra. 2009. „Die Verbindung Militarismus und Kapital wird offenkundig" – Zum Geschichtsrekurs in Friedrich Karl Kauls DDR-Kriminalroman Mord im Grunwald (1953). In: *Geschichte im Krimi. Beiträge aus den Kulturwissenschaften*, Hrsg. Barbara Korte und Sylvia Paletschek, S. 205–226. Köln/Weimar/Wien: Böhlau.

Scheuffler, Gottlieb. 1959. Nachwort. In: *Die gute Kriminalgeschichte. Eine Sammlung*, Hrsg. Gottlieb Scheuffler, S. 381–392. Rudolfstadt: Greifenverlag.

Scholle, Thilo. 2017. Rezension von Paul Levi, Ohne einen Tropfen Lakaienblut. Schriften, Rede, Briefe Bd. II/1 und Bd. II/2, hrsg. von Jörn Schütrumpf, Berlin 2016. *Kritische Justiz* 2017(3): S. 380–388.

Schoß, Lisa. 2023. *Von verschiedenen Standpunkten. Die Darstellung jüdischer Erfahrung im Film der DDR.* Berlin: Bertz und Fischer.

Staadt, Jochen. 2017. Unersättliches Bedürfnis nach Gerechtigkeit. Paul Levis Schriften. *Zeitschrift des Forschungsverbundes SED-Staat* (ZdF) 41: S. 41–48.

Ulbricht, Walter. 1966. *Geschichte der deutschen Arbeiterbewegung.* Band 3: Von 1917 bis 1923, Berlin (O.): Dietz Verlag.

Wilke, Thomas. 2007. „Es ist die Wirklichkeit, die wir Ihnen vorführen..." Friedrich Karl Kaul und die Sendereihe Weimarer Pitaval im Deutschen Fernsehfunk von 1958 bis 1962. In *Zwischen Experiment und Etablierung. Die Programmentwicklung des DDR-Fernsehens 1958 bis 1963*, Hrsg. Claudia Dittmar und Susanne Vollberg, S. 409–463. Leipzig: Leipziger Universitätsverlag.

Witter, Ben. 1979. „Sie als Staranwalt der DDR..." Mit Professor Friedrich Karl Kaul rund um den Alexanderplatz, *Die ZEIT*, Nr. 45/1979 vom 2. November 1979, https://www.zeit.de/1979/45/sie-als-staranwalt-der-ddr (13.10.2018).

DDR-Strafrecht und Pitaval

Moritz Vormbaum

1 Einleitung

Der Beitrag analysiert den DDR-Pitaval vor dem Hintergrund des Strafrechtsverständnisses der DDR. Freilich erfuhr in der DDR das Strafrecht immer wieder grundlegende Veränderungen und Neuausrichtungen, die häufig auf Vorgaben aus Moskau zurückgingen. So unterschied sich etwa das DDR-Strafrecht zu Stalins Lebzeiten in vielerlei Hinsicht von jenem während der Amtszeit Gorbatschows. Von ‚dem' DDR-Strafrecht zu sprechen, ist mithin unpräzise. Der Beitrag trägt diesem Befund Rechnung, indem er zunächst Entwicklungslinien und zentrale Strafgesetze überblicksartig darstellt. Sodann erfolgt eine Einordnung des DDR-Pitavals in den strafrechtlichen Kontext.

2 Das Strafrecht der DDR – Entwicklungslinien und Inhalte

Eine grobe Einteilung der Entwicklung des DDR-Strafrechts kann anhand der Personen an der Spitze der politischen Führung vorgenommen werden. Man kann insoweit von einer ‚Ulbricht-Phase' und einer ‚Honecker-Phase' des DDR-Strafrechts sprechen. Diese Unterteilung liegt nicht nur bei einer historisch-politischen Betrachtung nahe.[1] So sticht als deutlichste Zäsur in der Strafrechtsentwicklung das Jahr 1968 ins Auge, in dem nach jahrelangen Bemühungen das DDR-Strafgesetzbuch, eine neue Strafprozessordnung sowie zahlreiche weitere Gesetze mit Bedeutung für das Strafrecht in Kraft traten. Diese Neukodifikation des gesamten

[1] Nach Friedrich-Christian Schroeder (1983, S. 25) müssen eine Periodisierung der Strafrechtsentwicklung und der historisch-politischen Entwicklung nicht zwingend deckungsgleich sein, da bei einer Periodisierung des Strafrechts weitere Faktoren als die Entwicklung des Herrschaftssystems heranzuziehen seien.

M. Foik und S. Speth (Hrsg.), *Pitaval im Sozialismus*, Literatur und Recht 20,
https://doi.org/10.1007/978-3-662-72431-6_3

Strafrechts fällt aber auch mit dem Beginn der Entmachtung Ulbrichts zusammen, die 1971 in die Übernahme des Postens des Ersten Sekretärs des Zentralkomitees der SED durch Honecker mündete. Es besteht somit eine Koinzidenz zwischen dem wichtigsten Umbruch an der Spitze der politischen Führung der DDR und dem Abschluss der einschneidendsten Entwicklung im Strafrecht.

2.1 Ulbricht-Phase

2.1.1 Prolog (1945 bis 1949)

Die Besatzungszeit[2] lieferte mit dem Inkraftsetzen des durch die Alliierten „bereinigten" Reichsstrafgesetzbuchs die Grundlage des DDR-Strafrechts. Die kriminalpolitischen Entwicklungen in der Sowjetischen Besatzungszone basierten im Wesentlichen auf zwei Säulen – dem Wirtschaftsstrafrecht sowie der Strafverfolgung von NS-Unrecht. Mit Blick auf das materielle Strafrecht ist als wichtiger Entwicklungsschritt in dieser Phase der Erlass der Wirtschaftsstrafverordnung von 1948 zu nennen. Zu den Elementen der Verordnung, die für das Strafrecht nicht nur jener Zeit charakteristisch waren, gehörten die Einführung von Blankettnormen und weitreichenden Einziehungsmaßnahmen sowie die Möglichkeit der Aburteilung Beschuldigter im Wege eines verwaltungsrechtlichen „Wirtschaftsstrafverfahrens". Im Bereich der zweiten Säule der Kriminalpolitik, der Strafverfolgung von NS-Unrecht, etablierten sich Entnazifizierungsvorschriften des Besatzungsrechts, die auch nach der Staatsgründung zunächst ihre Gültigkeit behielten und immer mehr der Bekämpfung politischer Oppositioneller dienten. In diesem Kontext wurden auf prozessualer Ebene strukturändernde Maßnahmen ergriffen, die einen ungehinderten Zugriff der Staatsführung auf politische Gegner mithilfe der Justiz ermöglichten. Zu nennen sind insbesondere die Kassationsgesetzgebung sowie die Einrichtung gerichtlicher Sonderkammern und polizeilich-geheimdienstlicher Spezialeinheiten bei der Verfolgung politischer Gegner.

2.1.2 Unvollendete Entwicklung eines stalinistischen Strafrechts (1949 bis 1953)

In den ersten Jahren nach der Staatsgründung entwickelte sich das Strafrecht geradezu explosionsartig: In den kriminalpolitischen Schwerpunktbereichen des Wirtschaftsstrafrechts und des politischen Strafrechts wurden mit Art. 6 der neuen DDR-Verfassung als Generalklausel, flankiert von propagandistischen Kampfgesetzen wie dem Friedensschutzgesetz, dem Handelsschutzgesetz (jeweils 1950) und dem Volkseigentumsschutzgesetz (1952), die Grundlagen für ein stalinistisches Strafrecht zur Bekämpfung ideologischer Feinde geschaffen. Gesetzgebung und Rechtsprechung standen unter dem Diktum der „Verschärfung des Klassenkampfes", das besagte, dass die kapitalistischen Kräfte sich nach der Umwälzung der Systemgrundlagen im Angesicht ihres nahenden Endes noch einmal aufbäumen würden und mit drastischen Maßnahmen niedergerungen werden müssten (vgl. Sta-

[2] Zu einzelnen Entwicklungsphasen innerhalb der Besatzungszeit s. zusammenfassend Wentker 2001, S. 573–584.

lin 1954, S. 33f.; zusammenfassend Mahlmann 2002, S. 12; Schuller 1980, S. 381). Diese Sichtweise erhielt durch die 2. Parteikonferenz der SED 1952 den Rang einer offiziellen Staatsdoktrin und beeinflusste die Entwicklung des Strafrechts maßgeblich (vgl. Kröger 1952, S. 337, 339). Die Verhängung unverhältnismäßig hoher Strafen gegen politische „Untergrundorganisationen“ sowie der Absolutheitsanspruch bei der Bestrafung von Taten gegen das Volkseigentum („Volkseigentum ist unantastbar!“ [H. Benjamin 1953, S. 61]) sind zwei charakteristische Merkmale dieser Phase, in der der Stalinismus das gesamte DDR-Strafrecht durchdrang. Diese Entwicklung stand mit der Fertigstellung des Strafgesetzbuch-Entwurfs von 1953 unmittelbar vor einem Abschluss. Sie wurde aber nach Stalins Tod und den Geschehnissen des 17. Juni 1953 abrupt beendet.

2.1.3 Stagnation und Schwankungen (1953 bis 1957)

Nach Stalins Tod stagnierte die Entwicklung des DDR-Strafrechts zunächst. Charakteristisch für diese Zeit waren starke Schwankungen in Rechtsprechung und Kriminalpolitik. Nachdem im Zuge des alsbald nach Stalins Tod ausgerufenen „Neuen Kurses“ eine Liberalisierung des Strafsektors proklamiert worden war, die vor allem auf eine stärkere Differenzierung bei der Bewertung politischer Fälle gezielt hatte, verschärfte sich bereits kurze Zeit später das Klima wieder. Die nach dem Krisenjahr 1953 „wieder sicher gewordene Partei“ (Schuller 1980, S. 385) verfiel erneut in das stalinistische Schema des „verschärften Klassenkampfes“. Aber auch diese Phase war nicht von langer Dauer, sondern wurde durch die politische Kehrtwende auf dem 20. Parteitag der KPdSU beendet, die eine erneute Entspannung im Bereich der Strafjustiz mit sich brachte. Diese Entwicklung fand ihrerseits unter dem Einfluss der Aufstände in Ungarn 1956 ein jähes Ende. „Liberalismus“ und „Revisionismus“ galt es nun wieder entschieden zu bekämpfen (vgl. Beschluss des V. Parteitages der SED 1958, S. 28f.; Meuschel 1992, S. 164).

Trotz der Schwankungen sind Mitte der 1950er-Jahre kriminalpolitische Ansätze auszumachen, die sich in der Folgezeit etablieren und zu Grundlagen des DDR-Strafrechts werden sollten.[3] Dazu zählt die Lehre der Gesellschaftsgefährlichkeit als ungeschriebene Voraussetzung für jegliche Bestrafung, die insbesondere zur Entschärfung des Volkseigentumsschutzgesetzes herangezogen wurde.

2.1.4 Konsolidierung (1957 bis 1963)

Ab 1957 setzte eine Entwicklung ein, die schließlich zu einer Konsolidierung des Strafrechts führte. Mit dem sogenannten Strafrechtsergänzungsgesetz wurde ein sozialistisches Kernstrafrecht kodifiziert.

In kriminalpolitischer Hinsicht wurde diese Entwicklungsphase durch die Suche der Parteiführung nach einer ausgeglichenen Linie bestimmt. „Liberalismus“ (d. h.

[3] Nach der Darstellung von Hilde Benjamin et al. (1969a, S. 1112, 1130), war diese Etappe „nicht durch neue Strafgesetze gekennzeichnet“, es sei aber ein Beitrag „zur Ausbildung der Rechtsanschauung“ geleistet worden, die „unmittelbar zur Gesetzgebung der nächsten Jahre“ hinübergeführt habe.

ein zu mildes Strafrecht) galt es ebenso zu vermeiden wie „Dogmatismus“[4] (d. h. ein schematisch angewendetes und allzu scharfes Strafrecht à la Stalin).[5] Im Zuge des Mauerbaus verfiel die Justiz freilich noch einmal in die altbekannten Unterdrückungsmethoden, bevor die Partei Mitte der 1960er-Jahre auf den Mittelweg zurückdrängte und, so Brunner (1995, S. 293f.), „die ‚liberalste‘ Phase der DDR-Geschichte“ einläutete.

Eine echte Stabilisierung erfuhr die Entwicklung des Strafrechts indes erst mit dem sogenannten Rechtspflegeerlass von 1963. Zwar waren materiell-rechtliche Neuerungen von dieser Entwicklung ausgeschlossen, der Rechtspflegeerlass gab aber die Richtung vor, der das DDR-Strafrecht in dieser wichtigen Phase der Schaffung des Strafgesetzbuchs folgen sollte (vgl. H. Benjamin et al. 1969b, S. 1835, 1841). Der Fokus lag auf der ‚Erziehung des Bürgers‘ und seiner Integration in die Justiztätigkeit. Beide Aspekte kamen besonders im Bereich der durch den Rechtspflegeerlass geförderten sogenannten Gesellschaftsgerichte – also Laiengerichte, bei denen Bürgerinnen und Bürger die Rolle von Richterinnen und Richtern übernahmen – zum Ausdruck.

2.1.5 Abschluss der Entwicklung (1963 bis 1968)

Das Strafgesetzbuch führte die zuvor beschriebenen Entwicklungen zu einem Abschluss. Zentrale Elemente der vorangegangenen Phasen – u. a. das Prinzip der Gesellschaftsgefährlichkeit, die Einbeziehung von Bürgerinnen und Bürgern in den Justizapparat, die Ausweitung der Sanktionsmaßnahmen, ein gesinnungsabhängiges politisches Strafrecht – finden sich im Strafgesetzbuch wieder. Das Strafrecht der Ulbricht-Phase wurde durch eine neue (allerdings nicht grundlegend veränderte) Strafprozessordnung und weitere flankierende Gesetze abgerundet.

2.2 Honecker-Phase

2.2.1 Übergang (1968 bis 1974)

Das Strafrecht der Honecker-Phase war bis Mitte der 1980er-Jahre geprägt durch eine sich verschärfende Repression. Die autoritären Züge des Strafrechts verstärkten sich stetig. Vorboten dieser Entwicklung finden sich bereits zum Ende der Ulbricht-Phase. So standen alsbald nach Erlass des Strafgesetzbuchs, das im Vergleich zu früheren Phasen insgesamt eine vergleichsweise liberale Haltung der politischen Führung widerspiegelte, die Zeichen in der Politik wieder auf Verschärfung. Hierbei wurden sogar alte Formeln wie das Credo der „Diktatur des Proletariats“ reaktiviert (vgl. Ulbricht 1968, S. 1735, 1739). Nach der Machtübernahme durch Honecker

[4]Programmatisch in diesem Sinne ist der Titel eines Beitrags von Michael Benjamin et al. (1962, S. 1198–1221): „Die weitere Entwicklung der sozialistischen Strafrechtspflege erfordert die Ausmerzung des Dogmatismus in der Strafrechtswissenschaft!“

[5]Vgl. H. Benjamin (1958, S. 437), wonach „Revisionismus“, „Liberalismus“, „Dogmatismus“ und „Formalismus“ den Grundsatz der parteilichen Anwendung des Rechts verletzten und deshalb streng zu vermeiden seien. Ähnlich Strohbach und Rohde (1958, S. 689–694) mit dem Titel: „Sorgfältiges Studium der Parteibeschlüsse verhindert Dogmatismus und Formalismus“.

wurde der Richtungswechsel zu einer repressiveren Strafpolitik schließlich vollzogen (vgl. Brunner 1995, S. 293, 311).

2.2.2 Unvollendete Verschärfung (1974 bis 1985)

Die Weiterentwicklung des Strafrechts in der Honecker-Phase begann mit dem 1. Strafrechtsänderungsgesetz (1974) und setzte sich mit den folgenden beiden Änderungsgesetzen (1977 sowie 1979) fort. Einschneidende Zäsuren sind kaum feststellbar; die Entwicklung zeichnete sich vielmehr durch eine andauernde, schrittweise Verschärfung aus. Diese richtete sich zwar schwerpunktmäßig gegen politische Opponenten und „Asoziale", eine Beschränkung auf bestimmte Bereiche ist indes nicht festzustellen. Die Reformgesetze wurden vom inneren Zirkel der politischen Führung beschlossen; die Aufgabe der Wissenschaft, die unter Ulbricht bei der Schaffung neuer Gesetze noch eng mit der politischen Führung zusammengearbeitet hatte, beschränkte sich auf „systemstabilisierende Tätigkeit [...] in Lehre und Propaganda" (Brunner 1995, S. 293, 313).

Insofern finden sich im Honecker-Strafrecht Charakteristika wieder, die das Strafrecht auch zu Beginn der 1950er-Jahre besessen hatte (vgl. Mahlmann 2002, S. 146). Ein Unterschied bestand aber insoweit, als im Gegensatz zur politischen Justizpraxis der frühen Ulbricht-Phase eine Einflussnahme auf die Ergebnisse politischer Strafprozesse unter Honecker kaum noch stattfand, was man freilich dahingehend interpretieren kann, dass die jahrelange Indoktrinierung der Justiz ihre Früchte trug.[6] Charakteristisch für das Honecker-Strafrecht war zudem, dass neben das förmliche Strafrecht und Strafprozessrecht zunehmend eine „lautlose Unterdrückung" (Knabe 2000, S. 91f.) durch das Ministerium für Staatssicherheit trat. Im Einklang damit fanden in den 1970er und 1980er-Jahren, im Kontrast zu den Schauprozessen unter Ulbricht, politische Verfahren zunehmend unter Ausschluss der Öffentlichkeit statt, angeblich weil Sicherheitsinteressen dies erforderlich machten (vgl. Beckert 1995, S. 37).

Reformarbeiten im Bereich der Wirtschaftsdelikte, die zu einer weiteren Verschärfung geführt und damit die Entwicklung des Honecker-Strafrechts komplettiert hätten, standen 1983 kurz vor dem Abschluss. Allerdings wurde spätestens Anfang 1985 endgültig davon Abstand genommen, die Reform in der geplanten Weise umzusetzen – die finanzielle Abhängigkeit von der Bundesrepublik erforderte politische Konzessionen. Das Honecker-Strafrecht blieb damit letztlich unvollendet.

2.2.3 Unvollständiger Abbau (1985 bis 1989)

Ebenso unvollendet wie die verschärfende blieb auch die entschärfende Entwicklungslinie im Honecker-Strafrecht, die durch den Mauerfall unterbrochen wurde (vgl. Lehmann 1990, S. 242f.). Einige der Reformmaßnahmen der zweiten Hälfte der 1980er-Jahre – u.a. Abschaffung der Todesstrafe, Erweiterung des Instanzenzugs in Strafsachen, Entschärfung der Vorschriften gegen Rückfalltäter – bedeuteten

---

[6]Nach Raschka (2000, S. 10) ergab eine Untersuchung von 406 unter Honecker durchgeführten politischen Strafverfahren, dass eine „Verbiegung" der Justiz in dieser Phase nicht mehr erforderlich gewesen sei, da die Gerichte in ihre Rolle als Stabilisator des Systems hineingewachsen gewesen seien. Zur „Willfährigkeit" der DDR-Richter gegenüber dem Ministerium für Staatssicherheit s. Fricke (1991, S. 63f.).

zwar einen Abbau der staatlichen Repression im Strafrecht, können indes höchstens als Anfang einer den veränderten politischen Umständen geschuldeten Entwicklung betrachtet werden. Zumindest unter Honecker waren noch keine Schritte ergriffen worden, um jene Bereiche des Strafrechts, die politisch-ideologisch am stärksten aufgeladen waren, grundlegend zu reformieren. Die Konzessionen an den Westen auf der einen und die Aufrechterhaltung des politischen Strafrechts auf der anderen Seite führten nicht selten zu Widersprüchen und praktischen Problemen, etwa wenn man bedenkt, dass „Republikflüchtlinge" weiterhin nach § 213 bestraft wurden, gleichzeitig aber immer mehr Ausreisen bewilligt wurden bzw. immer mehr verurteilte Personen in den Westen abgeschoben wurden.[7]

Die mitunter angedeutete Auffassung, die DDR hätte sich bei weiterem Bestehen wahrscheinlich automatisch in Richtung von mehr Rechtsstaatlichkeit bewegt (vgl. Buchholz 1995, S. 273, 336), erscheint mit Blick auf die starre Aufrechterhaltung des politischen Strafrechts mithin zweifelhaft. Die unter Krenz entstandenen ersten Entwürfe zur Entschärfung des politischen Strafrechts können nur als verzweifelter Versuch gedeutet werden, den in Massen protestierenden DDR-Bürgerinnen und -Bürgern entgegenzukommen.

Nach dem Mauerfall wurde das DDR-Strafrecht zunächst in weiten Teilen an das Strafgesetzbuch der Bundesrepublik angeglichen. Mit dem Inkrafttreten des Einigungsvertrags trat das DDR-Strafrecht im Wesentlichen außer Kraft und wurde durch das bundesdeutsche Strafrecht ersetzt.

3 Der DDR-Pitaval im Kontext des DDR-Strafrechts

Die beiden von Friedrich Karl Kaul[8] verfassten Pitaval-Bände (Kaul 1966), auf die sich der vorliegende Beitrag bezieht, treffen keine direkten Aussagen zum DDR-Strafrecht. Die *Kriminalfälle und Prozeßberichte* stammen aus der wilhelminischen Ära, der Weimarer Republik, dem NS-Staat sowie der Bundesrepublik. Gleichwohl lassen sich die in den Bänden dargestellten Fälle in das DDR-Strafrechtsverständnis einordnen.

3.1 Gründe für das Entstehen von Kriminalität

Die Pitaval-Fälle können im Lichte der in der DDR gängigen Theorien zur Kriminalität gedeutet werden. Die Erklärungen der Ursachen von Kriminalität waren in der DDR zwar dynamisch. Grob vereinfacht lassen sich aber drei Theorien erkennen.

Wie oben erwähnt, herrschte in der vom Stalinismus geprägten Phase der frühen 1950er-Jahre die Darstellung vor, Verbrechen seien Ausdruck des „verschärften Klassenkampfes". Die in der unmittelbaren Nachkriegszeit von der politischen Führung mit Gewalt durchgesetzten gesellschaftlich-politischen Umwälzungen hätten

[7] So einer der Kritikpunkte der Erklärung des Rates der Vorsitzenden der Kollegien der Rechtsanwälte in der DDR vom 25. Oktober 1989, S. 480f.

[8] Zu Kaul vgl. Rauschenberger 2021, S. 385–406; Rosskopf 2002.

zwar, so das Narrativ, die Grundlagen für das Entstehen von Kriminalität beseitigt. Der faktisch besiegte Klassenfeind sei in dieser Phase des Übergangs aber besonders gefährlich. Wie ein von seinen Jägern schwer verletztes und in die Enge getriebenes Raubtier, bäume er sich ein letztes Mal auf und sei unberechenbar, was sich etwa in perfiden Angriffen auf das den Grundbestand des Staates bildenden Volkseigentum zeige. Hieraus wurde die Legitimation für besonders scharfe strafrechtliche Maßnahmen abgeleitet.

Während diese Theorie, jedenfalls in ihrer Reinform, nach dem Tod Stalins aus der Diskussion verschwand, hielten sich zwei weitere Ansätze während der gesamten Zeit der DDR. Diese überlappten sich und wurden häufig in einem Atemzug genannt.

Nach dem ersten dieser beiden Ansätze wurden Straftaten vom ‚feindlichen Ausland' aus orchestriert. So diente laut Präambel des DDR-Strafgesetzbuchs von 1968 das sozialistische Strafrecht „dem entschiedenen Kampf gegen die verbrecherischen Anschläge auf den Frieden und die Deutsche Demokratische Republik, die vom westdeutschen Imperialismus und seinen Verbündeten ausgehen und die Lebensgrundlagen unseres Volkes bedrohen". Während mit diesem Ansatz vor allem der Bereich der Staatsschutzdelikte erklärt wurde, entstanden Straftaten nach einem parallel hierzu entwickelten Ansatz aus dem hartnäckigen Fortwirken der Überreste des Kapitalismus in der Bevölkerung und würden durch den westlichen Imperialismus (zum Beispiel durch Radio- und Fernsehsender, die in der DDR illegal empfangen wurden) genährt. Nach dieser „Relikte-" bzw. „Rudimententhese" (Buchholz et al. 1971, S. 130; Korzilius 2005, S. 478f.; Schroeder 1983, S. 55; Streit 1967, S. 34f.) spielten vor allem „subjektive Fehlhaltungen und negative bzw. ungefestigte Einstellungen [...] [e]ine wichtige Rolle beim Zustandekommen von Straftaten" (Lekschas 1998, S. 110).

Wie passt die Darstellung von Kriminalfällen, die sich nicht in der DDR ereigneten, hierzu? Eine Gemeinsamkeit der drei Theorien besteht darin, dass hiernach Verbrechen ihren Ursprung in der kapitalistisch-bürgerlichen Gesellschaft haben, während sie der sozialistischen Gesellschaft grundsätzlich fremd seien.[9] Der womöglich auf den ersten Blick überraschende Verzicht auf Darstellungen von Fällen aus der DDR oder anderen sozialistischen Staaten in Kauls Pitaval-Bänden ist vor diesem Hintergrund stimmig. Die Fälle überzeichnen geradezu das mit allen Theorien einhergehende Bild der ‚kapitalistisch-bürgerlichen' Gesellschaft als Urquelle der Kriminalität. Jene Gesellschaft erscheint als dekadent, betrügerisch und hoffnungslos korrupt. So legt beispielsweise der Fall *Die amerikanische Methode, reich und glücklich zu werden* anhand eines ausgeklügelten Anlagebetrugs dar, wie „sich die Betrüger alle Elemente der sogenannten freien Wirtschaft in glänzend berechneter Form zunutze gemacht hatten" (Kaul 1966, Bd. 2, S. 117). Die „Message" zu den Ursprüngen der Kriminalität wurde der Leserschaft damit nur allzu deutlich vermittelt: Das dem kapitalistischen System immanente rücksichtlose Bestreben nach Bereicherung führte nach dem in der DDR propagierten Verständnis zur Begehung von Straftaten. Dies galt insbesondere für Wirtschaftsdelikte, wie sie in dem Fall

[9] Allerdings existierten auch andere Spielarten der Theorien zur Kriminalitätsentwicklung. So wurde etwa im Bereich „asozialen" Verhaltens auf krankhafte Defekte der Täterinnen und Täter abgestellt (vgl. Korzilius 2005, S. 481–505).

Die amerikanische Methode, reich und glücklich zu werden beschrieben wurden. Der Egoismus, den das System nach der Darstellung der politischen Führung förderte, lasse aber auch andere Kriminalitätsformen entstehen. In den Gesetzgebungsunterlagen zum Strafgesetzbuch der DDR hieß es etwa zu den „Straftaten gegen die Persönlichkeit" (also Tötungs-, Körperverletzungs- oder Nötigungsdelikten), diese seien „so alt wie die Ausbeuterepoche selbst ist und erschienen den Menschen schon als unabänderliche Attribute ihres Lebens". Die sozialistische Gesellschaft habe aber „den Beweis erbracht, dass man die Gesellschaft und jeden Einzelnen von dieser Vergangenheit befreien kann" (Nachweis bei Vormbaum 2015, S. 372).

3.2 Prävention

Im DDR-Pitaval kann man zudem einen unterstützenden Beitrag zu den Anstrengungen von politischer Führung und Justiz zur Verbrechensprävention in der DDR erkennen. Maßnahmen zur Verhinderung von Kriminalität, die in der DDR diskutiert wurden, standen in direkter Verbindung zu den zuvor skizzierten Theorien zur Kriminalitätsentstehung. Der Gedanke der Prävention war eine tragende Säule des Strafrechtssystems der DDR. So galten als „Strafzwecke" – der klassischen Umschreibung für Legitimierungsansätze für die Verhängung von Strafe durch einen Strafprozess – laut Art. 2 Abs. 1 S. 4 DDR-StGB ein Dreiklang aus den Präventionsspielarten „Schutz", „Vorbeugung" und „Erziehung":

> Zweck der strafrechtlichen Verantwortlichkeit ist es, die sozialistische Staats- und Gesellschaftsordnung, die Bürger und ihre Rechte vor kriminellen Handlungen zu schützen, Straftaten vorzubeugen und den Gesetzesverletzer wirksam zu sozialistischer Staatsdisziplin und verantwortungsbewusstem Verhalten im gesellschaftlichen und persönlichen Leben zu erziehen.

Auch das Ministerium für Staatssicherheit – laut § 88 Abs. 2 der DDR-Strafprozessordnung von 1968 neben Staatsanwaltschaft und Polizei ebenfalls ein Organ der Strafverfolgung – verortete seine Rolle im Strafrechtssystem und gerade bei der *Verhinderung* jener Delikte, die im Strafgesetzbuch geregelt waren. Es galt der „Primat der Vorbeugung" (MfS-Hochschule Potsdam 1985, S. 132f.).

Insbesondere der Erziehungsgedanke ist bei der Darstellung der von Kaul aufgenommenen Fälle erkennbar. Die düstere Beschreibung der kapitalistisch-bürgerlichen Gesellschaft sollte fraglos abschreckend auf die Leserschaft wirken und ihr die Augen öffnen. Die Fälle suggerieren letztlich, dass eine Hinwendung zum westlich-kapitalistischen Lebensstil oder gar ein Versuch, die DDR gen Westen zu verlassen, nicht gut enden würde und somit im eigenen Interesse zu unterlassen sei.

3.3 Überlegenheit der sozialistischen Strafjustiz

Die vielleicht deutlichste Aussage, die sich aus den in Kauls Pitavalen gesammelten Fällen ableiten lässt, betrifft die von der politischen Führung der DDR allzeit betonte Überlegenheit des sozialistischen Justizsystems. In einem Strafrechtslehrbuch von 1957 hieß es, der zuvor erwähnte Erziehungseffekt bei den Bürgerinnen und Bürgern sei lediglich ein „unmittelbares" Ziel des Strafprozesses, neben das stets das „weitergehende Ziel" trete,

> allen Bürgern den konsequent demokratischen Charakter und die Überlegenheit der demokratischen Staats- und Rechtsordnung überzeugend bewusst zu machen, das sozialistische Staats- und Rechtsbewusstsein und die sozialistische Moral der werktätigen Massen zu heben und unmittelbar damit deren schöpferische Aktivität zu fördern. (Gerats et al. 1957, S. 552, 555)

Zwar finden sich in den von Kaul geschilderten Fällen hinsichtlich der *Überlegenheit der DDR-Strafjustiz* keine expliziten Aussagen. Es erfolgt aber eine eindeutige *Abwertung der Justiz des Klassenfeindes*, bei der die eigene Überlegenheit jederzeit mitschwingt.

Exemplarisch sollen dafür einige Beispiele angeführt werden:

> Das war die Begründung des Urteils, das sogar der sonst recht zahme „Vorwärts" [...] einen „öffentlichen Skandal und einen Justizskandal obendrein" nannte. (*Der schießwütige Gutsbesitzer*, Kaul 1966, Bd. 2, S. 88)
> Das Urteil lautete auf zehntausend Mark Geldstrafe [...], die Herr Kommerzienrat nach dem Schnitt, den er mit seinen Lindcar-Aktien gemacht hatte, aus der linken Westentasche beglich. (*Die Börsenmanöver des Kommerzienrats*, Kaul 1966, Bd. 2, S. 98)
> Gerade diese Mitwisserschaft des Justizapparates an den Massenmorden [...] hatte den westdeutschen Strafverfolgungsbehörden besondere Sorge bereitet. Unter allen Umständen mußte verhindert werden, daß dies im Gerichtssaal zur Sprache kam. (*Dr. Sawade macht Karriere*, Kaul 1966, Bd. 2, S. 363f.)

Zur Demonstration der Unterlegenheit des ‚Klassenfeindes' gehörte auch das Abstreiten richterlicher Unabhängigkeit in der ‚bürgerlich-kapitalistischen' Gesellschaft. So heißt es etwa in *Der Kaiser und seine Getreuen* (Kaul 1966, Bd. 1, S. 106):

> Der vor Selbstgefälligkeit und Karrieresucht platzende Oberstaatsanwalt Isenbiel apportierte wie ein Jagdhund auf den Wink des Herrn in jeder gefälligen Richtung hin. Daneben der nur die Autorität seiner Richterrobe kennende Landgerichtsdirektor Lehmann, eitel und überheblich im Bewußtsein seiner – nur fingierten – Unabhängigkeit.

In seinem Vorwort behauptet Kaul, ganz auf derselben Linie, echte richterliche Unabhängigkeit könne es in der ‚Klassengesellschaft' auf Grund der dort herrschenden Abhängigkeit der Justiz von den gesellschaftlichen Verhältnissen überhaupt nicht geben. Zum Ausdruck gebracht wird damit aber gleichzeitig, dass es eine solche Unabhängigkeit nur in der DDR und anderen sozialistischen Staaten auf Grund der hier erfolgten gesellschaftlichen Umwälzung gebe.

3.4 Offenlegung gesellschaftlicher Dimensionen durch Strafjustiz

Schließlich kann man im DDR-Pitaval auch einen Beitrag zur Vermittlung von Zusammenhängen zwischen gesellschaftlichen Verhältnissen und Kriminalität erkennen. Eine immer wieder formulierte Forderung der politischen Führung der DDR an die eigene Gesetzgebung und Justiz lautete, den Bürgerinnen und Bürgern müssten die Rolle der gesellschaftlichen Verhältnisse bei der Verbrechensbegehung sowie die gesellschaftliche Funktion von Gesetzgebung und Justiz bei der Verbrechensbekämpfung klar kommuniziert werden. Dies stand im Einklang mit der gesellschaftlich-politischen ‚Hebelfunktion', die Recht und Justiz insbesondere im Bereich des Strafrechts in der DDR zugesprochen wurde. Dementsprechend erfolgten Appelle der obersten Parteigremien an Gesetzgebungskommissionen und Gerichte, den Bürgerinnen und Bürgern Gesetze und Justizentscheidungen nie abgekoppelt von gesellschaftlichen Dimensionen zu vermitteln.

Freilich ließ die Umsetzung dieser Forderung aus Sicht der politischen Führung häufig zu wünschen übrig. So scheiterte etwa zu Beginn der 1960er-Jahre eine Gesetzgebungskommission mit ihrem Entwurf eines neuen Strafgesetzbuchs am Veto der politischen Führung, die die gesellschaftliche Dimension des Strafrechts darin nicht ausreichend abgebildet sah. Die einzelnen Vorschriften seien für sich betrachtet zwar korrekt. Es werde aber nicht die „Hinwendung zur progressiven schöpferischen Rolle der Strafrechtsprechung zur Erweckung der gesellschaftlich-positiven Kräfte" deutlich (zit. nach Vormbaum 2015, S. 238–244).

Insofern lassen sich die Pitaval-Bände auch als Anschauungsmaterial für die DDR-Institutionen deuten. Dies wird ersichtlich, wenn Kaul (1966, Bd. 1, S. 5) etwa in seinem Vorwort schreibt, es gehe nicht allein um die Darstellung individueller Fälle, sondern auch darum, „die in Preußen und später im kapitalistischen Deutschland hinter jeder strafrechtlichen Schuld und Sühne wirkenden gesellschaftlichen Kräfte zu enthüllen."

4 Fazit

Das Strafrecht der DDR war in seiner Entwicklung extremen Schwankungen unterworfen, weist aber auch einige Konstanten auf. Dazu gehört die Bindung der Deutung von Kriminalität, der Strafgesetzgebung sowie der Praxis der Strafverfolgung an die sozialistische Ideologie. Für den von Kaul verfassten DDR-Pitaval gilt dasselbe. Er nimmt zwar keinen direkten Bezug auf die Situation in der DDR. Einige der Funktionen, die ein Pitaval im Lichte des Strafrechtsverständnisses in der DDR hätte erfüllen können – etwa die Erziehung der DDR-Bürger, das Fördern von ‚Wachsamkeit' oder das Veranschaulichen von gesellschaftlichen Hintergründen in Gesetzgebung und Justiz – bleiben damit blass. Der DDR-Bezug wurde erst in späteren Formaten hergestellt. Der Beitrag hat aber gezeigt, dass auch die Darstellung anhand von Fällen aus der Welt des ‚Klassenfeindes' durchaus im Einklang mit den Grundsätzen des DDR-Strafrechts stand.

Literaturverzeichnis

Beckert, Rudi. 1995. *Die erste und letzte Instanz. Schau- und Geheimprozesse vor dem Obersten Gericht der DDR*. Goldbach: Keip.

Benjamin, Hilde. 1953. Volkseigentum ist unantastbar! *Neue Justiz*: S. 61–63.

Benjamin, Hilde. 1958. Vom IV. zum V. Parteitag der Sozialistischen Einheitspartei Deutschlands. *Neue Justiz*: S. 437–439.

Benjamin, Hilde, Max Becker, Kurt Görner und Wolfgang Schriewer. 1969a. Zwanzig Jahre DDR. Von der Entstehung der Macht des werktägigen Volkes. Die Entwicklungsphasen zum sozialistischen Strafrecht in der DDR. *Staat und Recht*: S. 1112–1132.

Benjamin, Hilde, Max Becker, Kurt Görner, und Wolfgang Schriewer. 1969b. Zur Herausbildung des sozialistischen Strafrechts in der Deutschen Demokratischen Republik (3). Die Periode von 1963–1968. *Staat und Recht*: S. 1835–1854.

Benjamin, Michael, John Lekschas, Joachim Renneberg und Hans Weber. 1962. Die weitere Entwicklung der sozialistischen Strafrechtspflege erfordert die Ausmerzung des Dogmatismus in der Strafrechtswissenschaft! *Staat und Recht*: S. 1198–1221.

Brunner, Georg. 1995. Das Rechtsverständnis der SED (1961–1989). In *Materialien der Enquete-Kommission „Aufarbeitung von Geschichte und Folgen der SED-Diktatur in Deutschland" (12. Wahlperiode des Deutschen Bundestages)*, Bd. IV, Hrsg. Deutscher Bundestag, S. 293–336. Baden-Baden: Nomos.

Buchholz, Erich, Richard Hartmann, John Lekschas und Gerhard Stiller. 1971. *Sozialistische Kriminologie*. 2. Auflage, Berlin (O.): Staatsverlag der Deutschen Demokratischen Republik.

Buchholz, Erich. 1995. Strafrecht. In *Die Rechtsordnung der DDR. Anspruch und Wirklichkeit*, Hrsg. Uwe-Jens Heuer, S. 273–339. Baden-Baden: Nomos.

Fricke, Karl Wilhelm. 1991. *MfS intern. Macht, Strukturen, Auflösung der DDR-Staatsicherheit*. Köln: Wissenschaft und Politik.

Gerats, Hans, John Lekschas und Joachim Renneberg, Redaktion. 1957. *Lehrbuch des Strafrechts der Deutschen Demokratischen Republik, Allgemeiner Teil*. Berlin (O.): VEB Deutscher Zentralverlag.

Kaul, Friedrich Karl. 1966. *Ein Pitaval*. Bd. 1. *Zehn Kriminalfälle und Prozeßberichte von 1894 bis 1925*. Berlin (O.): Das Neue Berlin.

Kaul, Friedrich Karl. 1966. *Ein Pitaval*. Bd. 2: *Zehn Kriminalfälle und Prozeßberichte von 1926 bis 1964*. Berlin (O.): Das Neue Berlin.

Knabe, Hubertus. 2000. Strafen ohne Strafrecht. Zum Wandel repressiver Strategien in der Ära Honecker. In *Die DDR. Recht und Justiz als politisches Instrument*, Hrsg. Heiner Timmermann, S. 91–109. Berlin: Duncker und Humblot.

Korzilius, Sven. 2005. *„Asoziale" und „Parasiten" im Recht der SBZ/DDR. Randgruppen im Sozialismus zwischen Repression und Ausgrenzung*, Köln, Weimar und Wien: Böhlau.

Kröger, Herbert. 1952. Die II. Parteikonferenz der Sozialistischen Einheitspartei Deutschlands. Der Beginn einer neuen Etappe in der Entwicklung von Staat und Recht in der Deutschen Demokratischen Republik. *Neue Justiz*: S. 337–340.

Lehmann, Hans-Dietrich. 1990. Ist „Neues Denken" auch für das Strafrecht? *Staat und Recht*: S. 242–244.

Lekschas, John, Leiter des Autorenkollektivs. 1988. *Strafrecht der DDR. Lehrbuch*. Berlin (O.): Staatsverlag der Deutschen Demokratischen Republik.

Mahlmann, Christian. 2002. *Die Strafrechtswissenschaft der DDR, Klassenkampftheorie und Verbrechenslehre*. Frankfurt a. M. u. a.: Peter Lang.

Meuschel, Sigrid. 1992. *Legitimation und Planherrschaft in der DDR*. Frankfurt a.M.: Suhrkamp.

MfS-Hochschule Potsdam. 1985. *Strafrechtslehrbuch. Besonderer Teil*, Bd. 1. Verfügbar im Stasi-Unterlagen-Archiv: BStU MfS/JHS/40/86/I.

Raschka, Johannes. 2000. *Justizpolitik im SED-Staat. Anpassung und Wandel des Strafrechts während der Amtszeit Honeckers*, Köln, Weimar und Wien: Böhlau.

Rat der Vorsitzenden der Kollegien der Rechtsanwälte in der DDR. 1989. Vorschläge zum Ausbau und zur Erhöhung der Rechtssicherheit in der DDR. *Neue Justiz*: S. 480–481.

Rauschenberger, Katharina. 2021. Friedrich Karl Kaul. Ein DDR-Anwalt in westdeutschen „Euthanasie"-Prozessen. In *„Euthanasie" und „Holocaust". Kontinuitäten, Kausalitäten, Parallelitäten*, Hrsg. Jörg Österloh, und Jan Schulte, S. 385-406. Paderborn: Brill Schöningh.

Rosskopf, Annette. 2002. *Friedrich Karl Kaul: Anwalt im geteilten Deutschland (1906–1981)*. Berlin: Spitz und [Baden-Baden:] Nomos.

Schroeder, Friedrich-Christian. 1983. *Das Strafrecht des realen Sozialismus. Eine Einführung am Beispiel der DDR*. Opladen: Verlag für Sozialwissenschaften.

Schuller, Wolfgang. 1980. *Geschichte und Struktur des politischen Strafrechts der DDR bis 1969*. Elbersbach: Rolf Gremer.

Sozialistische Einheitspartei Deutschlands. 1958. *Beschluss des V. Parteitages der SED über den Kampf um den Frieden, für den Sieg des Sozialismus, für die nationale Wiedergeburt Deutschlands als friedliebender, demokratischer Staat*. Berlin (O.).

Stalin, Josef. 1954. *Werke*, Bd. 12. *April 1929–Juni 1930*. Berlin (O.): Dietz.

Strafgesetzbuch der Deutschen Demokratischen Republik, Gesetzblatt der DDR 1968 I, S. 1–48.

Streit, Josef. 1967. Wirksamere Bekämpfung der Kriminalität, *Neue Justiz*: S. 34–36.

Strohbach, Heinz, und Günter Rohde. 1958. Sorgfältiges Studium der Parteibeschlüsse verhindern Dogmatismus und Formalismus, *Neue Justiz*: S. 689–694.

Ulbricht, Walter. 1968. Die Rolle des sozialistischen Staates bei der Gestaltung des entwickelten gesellschaftlichen Systems des Sozialismus. *Staat und Recht*: S. 1735–1759.

Vormbaum, Moritz. 2015. *Das Strafrecht der Deutschen Demokratischen Republik*. Tübingen: Mohr Siebeck.

Wentker, Hermann. 2001. *Justiz in der SBZ/DDR 1945–1953. Transformation und Rolle ihrer zentralen Institutionen*. München: R. Oldenbourg.

Sozialistischer Pitaval. Tendenzen der Gattungsrezeption in der DDR

Sebastian Speth

Als ‚Pitaval' bezeichne man eine Sammlung von Kriminalfällen, die gleich in zweifacher Weise der Erinnerung wert sind: Nicht nur ließen sich anhand der dokumentierten Fälle ökonomische, politische und kulturelle Verhältnisse als Ursache kriminellen Verhaltens erkennen, sondern darüber hinaus erscheine hier Justiz als ein Instrument im Klassenkampf (vgl. Kräupl 1984, S. 353). Dieses dezidiert sozialistische Verständnis der Gattung legt Günther Kräupl an den Tag, ein Professor für Kriminologie und zu dieser Zeit Direktor der Sektion Staats- und Rechtswissenschaft der Friedrich-Schiller-Universität Jena. Sein Jubiläumsbeitrag *Des Merkens würdige Kriminalfälle – 250 Jahre Pitaval* erschien 1984 im Publikationsorgan des DDR-Justizministeriums *Neue Justiz. Zeitschrift für sozialistisches Recht und Gesetzlichkeit*. Auch noch zu diesem späten Zeitpunkt innerhalb der Republikgeschichte erfüllte das Periodikum sowohl ideologisch-propagandistische als auch legitimatorische und wissenschaftsnormierende Funktionen.

Kräupl ordnet die Entstehung der originalen Sammlung von Prozessgeschichten im Sinne des historischen Materialismus geschichtsphilosophisch ein. Das Ancien Régime, in dem der namengebende François Gayot de Pitaval als Anwalt und Literat wirkte, zeichnet Kräupl (1984, S. 353) als feudalabsolutistischen Staat in Umbruch und Niedergang. Die Prunksucht des Herrschers und horrende Kriegskosten zerrütteten demnach die ökonomische Basis der Staatsfinanzen und bedingten den wirtschaftlichen wie politischen Aufstieg des Bürgertums. Schon damals habe sich die Idee, dass alle Menschen gleich sind, durchgesetzt (vgl. Kräupl 1984, S. 353). Aus diesem Grund schildere Gayot de Pitaval „die Straftaten der Armen ebenso wie die der reichen Bürger und der Adligen" (Kräupl 1984, S. 353). Nun kommen tatsächlich immer wieder mehr oder weniger Arme – wie der Bauer Martin Guerre oder der Schiffssoldat Pierre Mêge – in einigen Prozessen des Ursprungskorpus vor, doch liegt der Fokus – gerade wenn man die gattungsbedingte Prominenz der Anwälte und Richter bedenkt – eher auf der vornehmeren Gesellschaft. So ist für die Sammlung ein „der Parlamentsideologie verpflichtete[r] Konservatismus" (Lü-

M. Foik und S. Speth (Hrsg.), *Pitaval im Sozialismus*, Literatur und Recht 20,
https://doi.org/10.1007/978-3-662-72431-6_4

sebrink 1983, S. 172) zu verzeichnen, der von einem ausgeprägten advokatischen Standesbewusstsein, der *noblesse du robe*, getragen wird (vgl. Achermann 2025). Kräupl dagegen setzt andere Akzente und vereinnahmt den ‚Alten Pitaval' dadurch ideologisch.

Von Gayot de Pitaval aus (*Causes célèbres*, 1734–1743) zeichnet Kräupl eine Traditionslinie, die über Friedrich Schiller (*Merkwürdige Rechtsfälle*, 1792–1795), Paul Johann Anselm von Feuerbach (*Merkwürdige Criminal-Rechtsfälle*, 1808–1811) und Willibald Alexis (*Der neue Pitaval*, 1842–1865) bis zu Egon Erwin Kisch (*Prager Pitaval*, 1931) und Friedrich Karl Kaul (u. a. *Pitaval der Weimarer Republik*, 1953–1961) reicht. Mit dieser Rezeptions- und Adaptionsgeschichte (vgl. dazu Achermann et al. 2022) verdeutlicht Kräupl (1984, S. 353), dass die Sammlung von einer spezifischen Form von Prozessgeschichten mittlerweile zum kulturellen Erbe gehört. Bereits in der Schiller'schen Auswahlübersetzung sieht Kräupl (1984, S. 354) „eine deutlichere Angriffsrichtung als im originalen ‚Pitaval'", die gleichermaßen „gegen die Doppelbödigkeit der adligen und gegen die Borniertheit der bürgerlichen Moral" gerichtet sei. So macht Kräupl den Namensgeber seiner Universität zu einem Vordenker des vierten Standes *avant la lettre*. Damit übereinstimmend hebt er an Feuerbachs Ausführungen gerade eine soziale Empathie hervor, die vor dem Hintergrund sozioökonomischer Ursachen um Verständnis für die Verbrechen einfacher Leute werbe (vgl. Kräupl 1984, S. 354). Die Bände des *Neuen Pitavals*, die zunächst von Willibald Alexis und Julius Eduard Hitzig, ab 1860 von Anton Vollert herausgegeben wurden, wertet Kräupl dagegen ab. Sie seien „weniger bekannt", da hier an die Stelle des „sozialkritische[n] Moment[s]" eine psychologische Verbrechensdarstellung getreten sei (Kräupl 1984, S. 354). Die 60 Bände, die in knapp 50 Jahren in mehreren Auflagen erschienen, von diversen Auswahlausgaben flankiert und auch in der DDR neu aufgelegt wurden, mögen gegenüber Feuerbachs Pitaval weniger passfertig für Kräupls Indienstnahme sein. Doch rein quantitativ besehen, ist seine Hierarchisierung nicht zu halten. Darüber hinaus rückt er den *Neuen Pitaval* in die Nähe einer als bürgerlich apostrophierten Detektivgeschichte, der Kräupl (1984, S. 354) die „klassenbewußte[ ] Parteilichkeit" eines Egon Erwin Kisch entgegensetzt. Erst Kisch erkenne in den Besitzverhältnissen wieder die wahre Ursache von Kriminalität.

Ausgehend von Gayot de Pitaval bis zum *Prager Pitaval* liege nach dem Jenaer Juristen also eine „Tradition sozialistischer Kriminalpublizistik" vor, die in Friedrich Karl Kaul[1] ihren „Nestor" gefunden habe (Kräupl 1984, S. 354). Mit seinen Pitavalen werde „de[r] Klassencharakter von Strafrecht und Justiz durchschaubar" (Kräupl 1984, S. 354). Angesichts der thematischen Breite (angefangen mit einem erheblichen Anteil zivilrechtlicher Prozesse im originalen Korpus) zeichnet sich im Hinblick auf die Funktionalisierung des dezidiert ‚sozialistischen Pitavals' eine bemerkenswerte Verengung ab. Die fortbestehende Nachfrage des Publikums nach (auch historisch ausgerichteten) Darstellungen von Kriminalfällen aus Dresden, Leipzig oder Brandenburgisch-Preußen zeige indes ein Interesse an, das Phänomen ‚Verbrechen' (ideologisch eingehegt) zu erschließen. Hier benennt Kräupl (1984, S. 354) ein Betätigungsfeld für seine rechtswissenschaftlichen Kollegen.

[1]Zu Kaul vgl. die Beiträge von Kathrin Löhr, Katharina Rauschenberger und Moritz Vormbaum im vorliegenden Band.

Wie dieses Feld in der rechtswissenschaftlich prominenten Debatte über Rechtserziehung und Rechtspropaganda in der DDR beschaffen war, vermisst der vorliegende Beitrag zunächst anhand einschlägiger Artikel in juristischen Fachzeitschriften. Dabei stellt sich die Frage nach einer möglichen Systemstelle für sozialistische Pitavale im Spannungsfeld von Gerichtsberichten und Kriminalliteratur. Nach der Darlegung des Spektrums entsprechender Sammlungen auf dem Buchmarkt der DDR widme ich mich mit Willy Forners *Dresdner Pitaval* einem konkreten Beispiel. Am Ende steht die Frage nach der Möglichkeit einer Gattungsadaption nach dem Ende des deutschen Staatssozialismus.

1 Rechtspropaganda und die Rechtswissenschaft der DDR

1.1 Kriminalität im Sozialismus

Nach marxistisch-leninistischer Überzeugung sollten die Abschaffung von Privateigentum und der Wegfall der Klassenunterschiede dazu führen, dass es im Kommunismus keine Kriminalität mehr geben würde. Denn „Kommunismus und Kriminalität [...] schließen einander aus" (Hennig und Lekschas 1977, S. 1149). Es handelte sich nach der vorherrschenden Lehrmeinung um eine historisch-gesetzmäßige und damit notwendige Entwicklung im menschlichen Zusammenleben. Dieser Zielpunkt konnte jedoch erst dann erreicht werden, wenn Gesellschaft, Lebensweise und Persönlichkeiten über die Übergangsphase des Sozialismus und der Diktatur des Proletariats hinaus sein würden. Die Kriminalität in der DDR sei dagegen das unliebsame ‚Erbe' der kapitalistischen ‚Ausbeutergesellschaft' (vgl. Hennig und Lekschas 1977, S. 1151; Buchholz 1974, S. 854f.). Mit der fortschreitenden Entwicklung des Sozialismus werde deren Einfluss nach und nach überwunden. Aufgrund dieser Überzeugung spricht man von der sogenannten ‚Relikttheorie' (vgl. Viehoff 2006, S. 164).

Zum gesamtdeutschen Erbe kommt jedoch noch der Fortbestand des Kapitalismus in der BRD und vor allem in Westberlin hinzu. Dieser wird in der DDR als Bedrohung für die sozialistische Entwicklung wahrgenommen. In den juristischen Fachzeitschriften ist von einer fortwährenden „imperialistische[n] Infiltration" die Rede, durch die Kriminalität in die DDR importiert werde (Buchholz 1974, S. 854; vgl. Viehoff 2006, S. 163f.). Insbesondere die Verfügbarkeit von westlichen Massenmedien verzögere den Aufbau der sozialistischen Gesellschaft und muss nach dem Verständnis des Parteiapparats durch eine gezielte Lenkung der eigenen Medien kompensiert werden. Nach Art. 90 Abs. 2 der DDR-Verfassung (von 1968/1974) sind Verhütung und Bekämpfung der Kriminalität „gemeinsames Anliegen der sozialistischen Gesellschaft, ihres Staates und aller Bürger". Die Ausrottung der Kriminalität ist also eine gesamtgesellschaftliche Aufgabe, die nur auf Basis des Marxismus-Leninismus gelöst werden könne (vgl. Buchholz 1974, S. 853). Damit ist jeder Einzelne gerade im Bereich der Prävention in der Pflicht und muss seiner Verantwortung für den Nutzen des Ganzen nachkommen. Neben einer weiteren Verbesserung der materiellen Lebensumstände – gerade im Vergleich mit kapitalistischen Staaten – gerät dafür die Entwicklung des sozialistischen Selbstbewusstseins und eines entsprechenden Denkens ins Zentrum der Aufmerksamkeit (vgl. Hennig und Lekschas 1977, S. 1153–1155). Die sozialistische Erziehung der Jugend und ggf. die Umerziehung der Werktätigen ist dabei entscheidend (vgl. Buchholz 1974, S. 855; Hennig und Lekschas 1977, S. 1148), wobei die Aufmerksamkeit insbesondere der Vorbeugung von Verbrechen gegen das sozialistische Gemeineigentum gilt (vgl. Przybylski 1985, S. 21). Jene Fälle, die trotz allen Bemühens nicht verhindert werden konnten, sollen ihrerseits strafpolitisch genutzt und für Erziehungszwecke aufbereitet werden. Ein Gerichtsverfahren, das sich nur auf den Straftäter auswirke, ist aus Sicht einer sozialistisch engagierten Staatsanwaltschaft verschenkte „ideologische[ ] Potenz" (Przybylski 1980, S. 55). Denn von einem Gerichtsprozess könne immer auch sozialistische Öffentlichkeitsarbeit ausgehen (vgl. Przybylski 1985, S. 21).

1.2 Rechtserziehung und Rechtspropaganda: Öffentlichkeitsarbeit im Dienste des Sozialismus

Nach dem Prinzip des demokratischen Zentralismus kam dem Politbüro im Zentralkomitee der SED die Aufgabe zu, die marxistisch-leninistische Ideologie in konkrete und bindende Anweisungen an die gesellschaftlichen Akteure umzuwandeln. Die Beschlüsse haben dabei einen objektiven Geltungsanspruch. Der DDR-Wissenschaft stand es daher nicht zu, die übertragenen Pflichten zu hinterfragen, sondern lediglich die technischen Probleme bei der Umsetzung zu lösen bzw. das Erreichen der gesteckten Ziele zu erleichtern. Im Untersuchungszusammenhang hat der Beschluss vom 7. Mai 1974 *Über die nächsten Aufgaben zur Erläuterung des sozialistischen Rechts sowie zur Festigung und weiteren Entwicklung des Rechtsbewußtseins der Werktätigen* zentrale Bedeutung. Ziel war die Initiierung einer massenwirksamen Erläuterung des sozialistischen Rechts. Die Verantwortung zur gesellschaftlichen Koordination wurde dabei dem Justizministerium übertragen. Rechenschaft über den jeweils geleisteten Beitrag zum sozialistischen Fortschritt musste dann im Vorfeld des nächsten Parteitags erbracht werden – in diesem Fall im Rahmen des IX. Parteitags der SED vom 18. bis zum 22. Mai 1976. Auf den Parteitag folgten dann wiederum *Die weiteren Aufgaben der politischen Massenarbeit der Partei* als Beschluss des Politbüros des SED-Zentralkomitees vom 18. Mai 1977 an.[2]

In der Fachzeitschrift *Neue Justiz* gab es eine eigene Rubrik für ‚Rechtserziehung und Rechtspropaganda'. Unter anderem beteiligten sich an Austausch und Diskussion Karl-Heinz Christoph, Leiter der Abteilung Rechtspropaganda im Ministerium der Justiz, Karl A. Mollnau, Professor am Institut für Theorie des Staates und des Rechts der Akademie der Wissenschaften der DDR, und Peter Przybylski, Staatsanwalt beim Generalstaatsanwalt der DDR und Moderator der Fernsehserie *Der Staatsanwalt hat das Wort.*[3] Deren Beiträge sind für das Folgende zentral, wenn

[2] Am Rande sei darauf hingewiesen, dass die Vorgaben seitens der SED ihrerseits von den Erlassen der sowjetischen Schwesterpartei abhängen. Zu nennen ist hier etwa der Beschluss des Zentralkomitees der KPdSU *Über Maßnahmen zur Verbesserung der Rechtserziehung der Werktätigen* vom 15. September 1970.

[3] Ich danke dem Haus der Geschichte Bonn für die Ermöglichung einer intensiven Durchsicht.

ich darlege, wie die Vermittlung von Rechtskenntnissen, die Erläuterung des sozialistischen Rechts sowie die Rechtspropaganda zur Herausbildung eines ,neuen Menschen' beitragen sollten. Am Ende steht die Diskussion, inwiefern die juristische Textsorte des Gerichtsberichts geeignet ist, die ,Werktätigen' massenmedial zu aktivieren.

Einigkeit bestand unter den oben Genannten darüber, dass den Bürgerinnen und Bürgern Kenntnisse über die geltenden Rechtsnormen zu vermitteln sind. Dabei lag der Fokus auf Rechtsfragen und gerichtlichen Entscheidungen mit Alltagsrelevanz für die Rezipienten. So fällt es in den Aufgabenbereich der Staatsanwälte, rechtliche Fragen sowohl gegenüber Journalisten als auch Werktätigen zu erläutern (vgl. Hämmerlein et al. 1972, S. 630f.). Doch dürfe die staatliche Öffentlichkeitsarbeit nach allgemeinem Konsens nicht bei einer bloßen Weitergabe von Informationen stehenbleiben. Dettenborn und Mollnau (1976, S. 283) betonen zum einen, dass die Erläuterung von Rechtsnormen auch den Vorgang der Rechtsbildung vermitteln müsse: „Rechtsnormenerläuterung darf sich nicht darauf beschränken, darzulegen, *daß* Rechtsnormen gelten, sondern muß zugleich Klarheit darüber verschaffen, *warum* sie gelten.“[4] Eine wirkmächtige Vermittlung bedinge daher zum anderen eine *sozialistisch* angemessene Erläuterung, d. h., dass die Rechtsnormen ideologisch-weltanschaulich innerhalb des marxistisch-leninistischen Überbaus verortet werden müssen (vgl. Dettenborn und Mollnau 1976, S. 283). Es geht um die Vermittlung der (nach dem Verständnis der Parteielite) ,richtigen' Einstellung zum sozialistischen Recht, um die Förderung eines sozialistischen Rechts- und Unrechtsbewusstseins. Das individuelle Rechtsbewusstsein habe sich auf Grundlage des gesellschaftlichen Rechtsbewusstseins und somit in Übereinstimmung mit diesem zu entwickeln; das gesellschaftliche Rechtsbewusstsein stelle dann seinerseits eine bloße Teilmenge des sozialistischen Klassenbewusstseins dar (vgl. Dettenborn und Mollnau 1976, S. 281; vgl. dazu Schüßler 1976, S. 7–9).

Es wäre aus sozialistischer Perspektive also ungenügend, wenn lediglich juristische Informationen in isolierter Form vermittelt würden. Nach Mollnau (1976, S. 32) wirken „Normen, Urteilsentscheidungen, kriminalstatistische Angaben [...] für sich genommen, ideologisch-weltanschaulich wenig“. Wenn daher beispielsweise über einen Kriminalfall berichtet wird, so erfordern es die Erwartungen an die sozialistische Rechtserziehung, dass der Einzelfall nicht nur in einen historischen Zusammenhang hinsichtlich der geschichtsphilosophischen Entwicklung gestellt wird, sondern auch dass dieser im Hinblick auf die Verantwortung des Bürgers für das gesellschaftliche Zusammenleben im Staat ausgewertet und benutzt wird, um die Geltung und Gerechtigkeit des sozialistischen Rechts im Allgemeinen zu bestätigen (vgl. Mollnau 1976, S. 32). Rechtserziehung geht insofern Hand in Hand mit Rechtspropaganda. Diese wird verstanden als „die populärwissenschaftliche, überzeugende, gegnerische Argumente zerschlagende Vermittlung von Grundpositionen der marxistisch-leninistischen Staats- und Rechtslehre“ (Christoph und Mollnau 1981, S. 391).[5] So wichtig die Berichterstattung über Rechtsfälle und die Vermitt-

[4] Von nicht bedeutungstragenden Veränderungen abgesehen wiederabgedruckt als Mollnau 1976, hier S. 33.

[5] Zur Unterscheidung alltagspraktischer ,Agitation' und ideologischer ,Propaganda' vgl. Gibas 1997, S. 243f.

lung von Rechtskenntnissen, ja selbst die individuelle Rechtserziehung unter einer sozialistischen Erläuterung des Rechts an und für sich sind, so bleiben all diese Aspekte in letzter Konsequenz der sozialistischen Rechtspropaganda und damit der klassenkämpferischen Bewusstseinsbildung untergeordnet.

Praktische Ratschläge, wie über Verbrechen zu berichten und von ihnen zu erzählen sei, dienten stets dazu, die rechtspropagandistischen Effekte zu verbessern. Christoph (1977b, S. 399) fordert etwa bei der Themenwahl eine Konzentration auf besonders dienliche Gegenstände wie den Schutz sozialistischen Eigentums, die Verwirklichung des Zivilrechts oder die demokratische Mitbestimmung. Als Teil der politischen Massenarbeit müsse die Rechtspropaganda im Besonderen auf die jeweiligen „Vorkenntnisse und Bedürfnisse" der intendierten Rezipienten abgestimmt sein und im Allgemeinen den Beweis der Überlegenheit des Sozialismus über den Imperialismus führen (Christoph 1977b, S. 400).

Die systematische Erziehung der Werktätigen führe nach dem Verständnis der DDR-Ideologen zur Herausbildung sozialistischer Persönlichkeiten (vgl. Schmidt-Recla 2022, S. 126–128).[6] Bereits der Beschluss des V. Parteitags der SED vom 15. Juli 1958 skizzierte, wie durch sozialistische Erziehung ein neuer Menschentyp geformt werden solle, und noch das Protokoll zum IX. Parteitag 1976 enthält einen entsprechenden Erziehungsauftrag (vgl. Gibas 1997, S. 253f. u. 259). Als Mitglied des Politbüros bezeichnete Erich Honecker (1971, S. 70) „*[d]ie Herausbildung der sozialistischen Persönlichkeit*" denn auch als „*eine Hauptaufgabe der Partei*". Für diese Aufgabe wurde konsequenterweise auch die Justiz in die Pflicht genommen. Das sozialistische Recht selbst, aber auch jeder Staatsanwalt, Richter oder an der Wiedereingliederung Straffälliger beteiligte Bürger hatte beizutragen, um den ‚neuen Menschen' hervorzubringen. Dieser ist auf der Grundlage seiner sozialistischen Disziplin in der Lage, sich künftig freiwillig dem Willen der Arbeiterklasse zu fügen und in die Gesellschaft einzubringen (vgl. Dettenborn und Mollnau 1976, S. 281). Und wer selbst gar kein Gesetz gebrochen hatte, konnte über die öffentliche Berichterstattung ‚Prinziplösungen' für etwaige Gewissenskonflikte und Verhaltensunsicherheiten erhalten, damit im Fall der Fälle eine klassenkämpferisch richtige Entscheidung getroffen werde (vgl. Mühlmann 1976, S. 63).

Ebenfalls vermag es die öffentliche Berichterstattung, das Vertrauen in juristische Institutionen und Verfahrenswege zu stärken. So erhöhe die Verurteilung von ‚Rechtsbrechern' zum einen das Sicherheitsgefühl der Bürger, zum anderen ermögliche die Rechtserziehung den Nachvollzug der jeweiligen Entscheidungsgründe (vgl. Schüßler 1976, S. 19f.). „Gerechtigkeit und Rechtssicherheit" erscheinen so „als reale Errungenschaften des sozialistischen Staates" (Christoph 1983, S. 155). Somit sollen und können Rechtserziehung und Rechtspropaganda mittelbar auch der Förderung eines sozialistischen Staatsbewusstseins dienen (vgl. Dettenborn und Mollnau 1976, S. 285). Mehr noch: Recht und Justiz waren in der DDR vornehmlich heteronome Instrumente der politischen Elite zur Verwirklichung ideologischer Ziele (vgl. Schöneburg 1997, S. 379–382). Die Vorgaben und Beschlüsse des Politbüros erreichten insofern auch den Status von ‚Rechtsquellen', die im Zweifel Vorrang gegenüber dem kodifizierten Recht genossen (vgl. Schöneburg 1997, S. 388;

[6] Zum ideologischen Gehalt dieses Erziehungsprozesses, also die historische Entwicklung hin zum Kommunismus durch den Sieg der Arbeiterklasse im Klassenkampf, vgl. Gibas 1997, S. 241–243.

Schmidt-Recla 2022, S. 121). Entscheidend war nur, ob ein Urteil, eine Regelung oder Lösung hilfreich erschien, den historischen Auftrag der ‚gesetzlich' (im Sinne von: ‚naturgesetzlich') notwendigen Verwirklichung des Kommunismus zu erfüllen. Adrian Schmidt-Recla (2022, S. 135) schlägt daher vor, ‚Recht' stets durch ‚Gesetzlichkeit' zu ersetzen, wenn von der DDR die Rede ist.

Umgekehrt ist der sozialistische Staat auf die Teilhabe aller einzelnen ‚Werktätigen' bzw. der ‚neuen Menschen' angewiesen, um ein homogenes Ganzes zu sein oder zumindest künftig zu werden. In allen gesellschaftsrelevanten Bereichen sind die Bürger daher zu ‚schöpferischer Mitarbeit' zu aktivieren (vgl. Schüßler 1976, S. 19). Im Bereich von Recht und Justiz ist dabei ebenso an die Gewinnung von Schöffen und Mitgliedern für die ‚gesellschaftlichen Gerichte' zu denken wie an die Organisation und Durchführung öffentlicher Beratungen über Gesetzesentwürfe (vgl. Honecker 1971, S. 67; Schüßler 1976, S. 14f.). Nach offizieller Zählung nahmen so allein an den Diskussionen über das neue Jugendgesetz von 1974 etwa 5,4 Millionen DDR-Bürger teil. Auch in den Betrieben und Arbeitskollektiven sollte die Rechtserziehung „eine Atmosphäre von Ordnung und Disziplin, Gesetzlichkeit und Sicherheit" im Arbeitsalltag schaffen (Christoph 1977a, S. 103; vgl. Schüßler 1976, S. 18), auf dass Unfälle vermieden, das sozialistische Eigentum geschützt und die Initiativen der ‚Neuerer' gefördert werden. „Verhütung und Bekämpfung von Rechtsverletzungen" sind nach Przybylski (1985, S. 20) nicht nur Aufgabe der staatlichen Institutionen, sondern der gesamten Öffentlichkeit.

Daher ist es wichtig, dass Journalisten und Juristen mithilfe der Massenmedien – von der Tagespresse bis zum Fernsehen – gemeinsam erläutern, was sozialistische Gesetzlichkeit im Alltag bedeute und dies lebensnah und verständlich darstellen. Nach dem von der SED initiierten Selbstverständnis sei die Rechtspropaganda die „*wesenseigene Aufgabe der Massenmedien*" (Krause 1973, S. 410; vgl. Hämmerlein et al. 1972, S. 629f.; Thiel und Ullmann 1979, S. 497; Läuter 1982, S. 177). Wieder und wieder insistierten die Autoren in den juristischen Fachzeitschriften darauf, dass medial „eine Atmosphäre der Unduldsamkeit gegenüber Verletzungen des sozialistischen Rechts" zu schaffen sei (Fischer und Schröder 1982, S. 709; vgl. Krause 1973, S. 411; Schüßler 1976, S. 8 u. 10; Thiel und Ullmann 1979, S. 498). Der Werktätige hat das Recht und Gesetz damit nicht nur zu kennen und im gesellschaftlichen wie historisch-gesetzmäßigen Zusammenhang zu verstehen, sondern er hat sich seine Durchsetzung zu einem täglichen Bedürfnis zu machen.

1.3 Gerichtsberichte und andere Medien der Rechtspropaganda

Da diese Idealvorstellung jedoch zu keinem Zeitpunkt der DDR-Geschichte verwirklicht wurde, kritisierten sowohl aktive Juristen als auch Parteifunktionäre und Journalisten wie der Chefreporter von *Radio DDR* Udo Krause die Öffentlichkeitsarbeit in den Medien, darunter insbesondere die klassische Form des Gerichtsberichts. Weder Information (genaue Sachverhaltsschilderungen und wörtliches Zitat des Urteilsspruchs) noch Unterhaltung allein reichen nach einem rechtspropagandistischen Standpunkt hin (vgl. Hämmerlein et al. 1972, S. 631). Auch bloße Belehrung hat keine Aussicht auf sozialistische Wirkmächtigkeit (Christoph 1983,

S. 154). In der verbreiteten Ausformung fehlten dem Gerichtsbericht überzeugende Erläuterungen, eine gesellschaftspolitische Einordnung des Einzelfalls und eine ideologische Grundlegung, um die Rezipienten zu aktivieren und einen Beitrag zur Prävention zu leisten.

Um diesen Missstand zu beheben, sei es notwendig, dass die journalistischen Vertreter der Massenmedien vertrauensvoll mit den Justiz- und Sicherheitsorganen zusammenarbeiten (vgl. Krause 1973, S. 410f.). Denn während diese Organe rechtspolitische Kompetenzen haben, liegen die publizistischen auf Seiten der Journalisten, die daher über die jeweilige Form der Umsetzung befinden sollten. Gefordert wird eine Symbiose von „journalistische[m] Können und juristische[r] Exaktheit" (Thiel und Ullmann 1979, S. 498). Der Leiter der Abteilung für Rechtspropaganda im Justizministerium weist in diesem Zusammenhang auf die Dienstpflicht der Juristen hin, das sozialistische Recht aktiv öffentlichkeitswirksam zu erläutern (vgl. Christoph 1983, S. 154). Wichtig ist eine Differenzierung der Formen und Inhalte mit Blick auf die intendierten Rezipienten, also auf die Fragen ihres alltäglichen Lebens und die Besonderheiten der jeweiligen Berufsgruppen und die lokalen Unterschiede in den Bezirken (vgl. Thiel und Ullmann 1979, S. 497). Dabei sollten die Werktätigen durch die Öffentlichkeitsarbeit gleichermaßen rational wie auch emotional angesprochen werden, damit sie sowohl mitdenken als auch mitfühlen können (vgl. Fischer und Schröder 1982, S. 710).

Eine adressatenspezifische Diversifizierung bedingt dabei eine notwendige Formenvielfalt jenseits des Gerichtsberichts wie „Porträt, Antwort auf Leserfragen, Veröffentlichung von Leserbriefen" oder auch „die Behandlung von Rechtsfällen in ‚Lesergerichten' [...] mit Preisausschreiben zu Rechtsfragen" (Christoph 1983, S. 154; vgl. Krause 1976, S. 94f.). Ebenso warnen die Experten davor, ausschließlich über schwere, da vermeintlich interessante Verbrechen zu berichten. Zum einen fehlt diesen kriminellen Ausnahmeerscheinungen der Alltagsbezug, zum anderen steht in solchen Prozessen die Bestrafung des Täters im Zentrum. Dagegen ziele das sozialistische Recht, wie Staatsanwalt Przybylski (1985, S. 22) betont, in der Mehrzahl seiner Bestimmungen eher auf Bewährung und darauf, auch den Rechtsbrecher zu einem neuen Menschen zu erziehen.

Krause indes argumentiert *für* einen rechtspropagandistischen Einsatz von Gerichtsberichten. Es sei lediglich ein Vorurteil, wenn man der Darstellung von Rechtskonflikten vor dem Hintergrund des sozialistischen Rechts nur eine begrenzte „operative Wirksamkeit" zuerkenne (Krause 1976, S. 95). Die Erfahrungen bei *Radio DDR* zeigten vielmehr, dass rechtserzieherische Sendeformate, die von einem Rechtsfall ihren Ausgang nehmen, gerade zu den *„massenwirksamsten* Waffen" zählen (Krause 1976, S. 95). Gerichtsprozesse eigneten sich für eine emotionale Aufbereitung, die induktiv vom Einzelfall abstrahierend allgemeine Schlussfolgerungen ermögliche (vgl. Krause 1973, S. 412; Redaktion 1978, S. 437f.). Außerdem beschränke sich die Textform nicht auf die Strafgerichtsbarkeit. Gerichtsberichte sollten auch Zivil-, Familien-, Arbeits- und LPG-Recht sowie die Verfahren an gesellschaftlichen Gerichten dokumentieren sowie Fragen des Gesundheitsschutzes und der Unfallvorbeugung ansprechen, um von hier aus gemäß den ideologischen Anforderungen Ursachen, Bedingungen und Folgen des Falls breit auszuführen (vgl. Krause 1973, S. 412f.; Krause 1976, S. 95). So gewendet sei der eigentliche

Gegenstand eines Gerichtsberichts nicht länger der Rechtskonflikt mit der Bestrafung eines Einzeltäters, sondern die Vorbeugung und Überwindung von Konflikten im gesellschaftlichen Gesamtzusammenhang (vgl. Krause 1973, S. 412; Krause 1976, S. 95).

Ein anderes populäres Format, das ganz ähnlich ansetzte, dabei aber die Möglichkeiten des Mediums *Fernsehen* nutzte, war *Der Staatsanwalt hat das Wort* (1965–1991) (vgl. Wrage 2006, S. 197–201). Das Besondere an der Sendereihe war, dass hier Przybylski selbst als Moderator auftrat und der Justiz und der sozialistischen Gesetzlichkeit sein Gesicht verlieh. Auch deshalb, da Przybylski als Staatsanwalt genauso wie Gayot de Pitaval aufgrund seiner Tätigkeit am Parlement de Paris über verbürgte Fachkompetenz verfügte, stellt Reinhold Viehoff (2006, S. 170) die Sendung in die „klassische[ ] Pitaval-Tradition". Der Fokus lag dabei nicht auf den Taten und ihrer Bestrafung, sondern auf der Entstehung und damit auf der Frage, wie trotz der voranschreitenden Entwicklung des Sozialismus Kriminalität in der DDR immer noch möglich war (vgl. Riemann 1978, S. 538). Die Folgen zeigen DDR-Bürger, in denen die Rudimente der Vergangenheit fortwirken und aus denen daher noch keine ‚sozialistischen Persönlichkeiten' geworden sind (vgl. Wrage 2006, S. 199f.). Statt schwere Straftaten werden Beispiele für Alltagskriminalität in der DDR ausgestrahlt. Die Dramaturgin der Sendung Käthe Riemann erläuterte in einem Interview für die *Neue Justiz*, dass die Fallauswahl in Übereinstimmung mit den Akten der Staatsanwaltschaft und den Schwerpunkten der wirklichen Kriminalitätsbekämpfung erfolgte (vgl. Riemann 1978, S. 538). Auch wenn kein Fall eins zu eins dokumentiert wurde, bleibt der ‚Wirklichkeitsgehalt' damit im Sinne des Formalismusstreits gewahrt (vgl. Riemann 1978, S. 538; Winkler 1997, S. 392–394). Und so dient die Praxis als authentische Grundlage künstlerischer Verdichtung (vgl. Riemann 1978, S. 539). Zugleich ermöglicht die Nähe zum Erfahrungshorizont der Rezipienten eine direkte Aktivierung im Hinblick auf einen persönlichen Beitrag zur Verbrechensprävention. Um das rechtspropagandistische Potential zu multiplizieren, wurden darüber hinaus kollektive Besprechungen einzelner Episoden unter der Anwesenheit fachlich kompetenter Juristen organisiert (vgl. Christoph und Rubitzsch 1978, S. 74f.).

Ein anderer Volljurist arbeitete ebenfalls nebenberuflich als Fernsehmoderator: Friedrich Karl Kaul widmete sich mit dem Ratgeberformat *Fragen Sie Prof. Kaul* den Rechtsfragen des sozialistischen Alltags (vgl. Wrage 2006, S. 190f.). Gerade auch zivilrechtliche Probleme wurden hier mit einer gehörigen Portion Humor behandelt (vgl. Leuschel 1976, S. 96f.). Von besonderer Wichtigkeit ist im vorliegenden Zusammenhang sein *Fernsehpitaval*, für den Kaul zwischen 1958 und 1978 Kriminalfälle aus dem deutschen Kaiserreich, der Weimarer und Bonner Republik und in einem Fall aus den Vereinigten Staaten von Amerika erläuterte (vgl. Wrage 2006, S. 192–197; Wilke 2007; Speth 2023).

Hauptanliegen war es, die Überlegenheit des eigenen gegenüber dem kapitalistischen Rechtssystems mit einer Geschichte der ‚Klassenjustiz' zu demonstrieren, die nach Überzeugung der sozialistischen Justiz in der BRD noch immer für Fehlurteile sorgte. Wenn hier und im Folgenden von ‚Klassenjustiz' die Rede ist, so wird der Begriff in seinem marxistischen Herkunftsverständnis gefasst. Gemeint ist also die Funktionalisierung geltenden Rechts zur systematischen und strukturellen Benachteiligung der Angehörigen beherrschter Schichten, insbesondere der werktätigen Klasse (vgl. Schröder 2012, Abs. 3). Gerade die im Vergleich zur DDR nachlässig betriebene Entnazifizierung diente regelmäßig als Angriffspunkt. Gestalterisch leistet das Format einen rechtspropagandistischen Dreisprung, wenn Kaul für maximale juristische Authentizität einsteht (vgl. Rosskopf 2002), die Spielszenen mit renommierten Schauspielern es den Zuschauern ermöglichen, historische Rechtsbeugungen mitzuerleben, und die folgenbegleitenden wie -abschließenden Kommentare die jeweilige Rechtsthematik ‚sozialistisch' erläutern.

2 Spektrum der DDR-Pitavale als Medien der Rechtspropaganda

Kräupl (1984) benennt aus sozialistischer Perspektive die wichtigsten Etappen der Gattungsentwicklung der Pitavale. Weitet man den Aufmerksamkeitsfokus, so liegen diese Texte in einem Übergangsspektrum von der juristisch-journalistischen Mischgattung des Gerichtsberichts zur dokumentarischen Kriminalliteratur. Im Hinblick auf die Rechtspropaganda unterscheiden sich die systemischen Anforderungen dabei nicht (vgl. Gelbhaar 1986, S. 100 u. 105). Auch aufgrund ihrer äquivalenten Funktion innerhalb des deutschdemokratischen Staatssozialismus fällt eine Abgrenzung von Pitavalen zu Vertretern anderer verwandter Gattungen schwer. Versuchsweise habe ich für den vorliegenden Beitrag die Bibliographie *Die Kriminalliteratur der DDR 1949–1990* von Reinhard Hillich und Wolfgang Mittmann (1991) durch eine Recherche in Bibliothekskatalogen sowie im antiquarischen Buchhandel ergänzt (vgl. Tabelle 1). Ich beschränke mich auf Sammlungen, die explizit als ‚Pitaval' bezeichnet werden oder die Geschichten enthalten, die entweder dem ‚Alten' (A) oder dem *Neuen Pitaval* (B) zugeschrieben sind. Das Gros der Sammlungen (C) folgt Kischs Ansatz und nimmt Erzählungen aus einer bestimmten Stadt (oder Region) auf oder betont zumindest den zeitlichen Rahmen, in den die zugrundeliegenden Rechtsfälle zu verorten sind. Daneben gibt es primär thematisch motivierte Zusammenstellungen (D).

Tab. 1 In der DDR gedruckte Pitavale

(A) Auswahlausgaben aus dem ‚Alten Pitaval':	
1	Helmuth Eggert: *Die wahrhaftigen Geschichten des alten Pitaval. Merkwürdige Rechtsfälle als ein Beitrag zur Geschichte der Menschheit.* Erfurt: Richter 1950.
2	Gottlieb Scheuffler: *Die gute Kriminalgeschichte. Eine Sammlung.* Rudolstadt: Greifenverlag 1959.
3	Rudolf Marx: François Gayot de Pitaval: *Unerhörte Kriminalfälle.* Leipzig: Dieterich 1980.
(B) Auswahlausgaben aus dem *Neuen Pitaval*:	
1	Hans Pfeiffer: *Mordfälle aus dem neuen Pitaval.* Rudolstadt: Greifenverlag 1962.
2	Werner Liersch: *Das Gelöbnis der drei Diebe. Kriminalfälle des Neuen Pitaval.* Berlin (O.): Das Neue Berlin 1981.

(C) (Regionale) Historische Pitavale	
1	Egon Erwin Kisch: *Prager Pitaval* [auch als Teil der Gesammelten Werke]. Leipzig: Aufbau 1952.
2	Friedrich Karl Kaul: *Der Pitaval der Weimarer Republik* (Bd. 1: *Justiz wird zum Verbrechen*; Bd. 2: *Verdienen wird groß geschrieben*; Bd. 3: *Es knistert im Gebälk*) [dazu: *Kleiner Weimarer Pitaval*]. Berlin (O.): Das Neue Berlin 1953; 1954; 1961 [1959].
3	Friedrich Karl Kaul: *Vornehme Leute. Der Bonner Pitaval.* Berlin (O.): Das Neue Berlin 1964.
4	Friedrich Karl Kaul: *Von der Stadtvogtei bis Moabit. Ein Berliner Pitaval.* Berlin (O.): Das Neue Berlin 1965.
5	Friedrich Karl Kaul: *Ein Pitaval. Zehn Kriminalfälle und Prozeßberichte* (Bd. 1: *von 1894 bis 1925*; Bd. 2: *von 1926 bis 1964*). Berlin (O.): Das Neue Berlin 1966.
6	Friedrich Karl Kaul: *So wahr mir Gott helfe. Pitaval der Kaiserzeit.* Eine Gerichtsdokumentation. Berlin (O.): Das Neue Berlin 1968.
7	Willy Forner: *Dresdner Pitaval. Kriminalfälle aus vier Jahrhunderten.* Berlin (O.): Militärverlag 1975.
8	Walter Fellmann: *Leipziger Pitaval.* Berlin (O.): Militärverlag 1978.
9	Peter Kaiser, Norbert Moc und Heinz-Peter Zierholz: *Das Richtschwert traf den falschen Hals. Ein brandenburgisch-preuß. Pitaval.* Berlin (O.): Militärverlag 1979.
10	Peter Kaiser, Norbert Moc und Heinz-Peter Zierholz: *Das Loch im Hut der Königin. Ein preußisch-deutscher Pitaval.* Berlin (O.): Militärverlag 1980.
11	Friedrich Karl Kaul: *Menschen vor Gericht. Ein Pitaval aus unseren Tagen.* Berlin (O.): Das Neue Berlin 1981.
12	Peter Kaiser, Norbert Moc und Heinz-Peter Zierholz: *Nach Spandow bis zur Beßerung. Gegen König, Spinnherr und Bankier, ein Pitaval aus 200 Jahren deutscher Geschichte.* Leipzig: Tribüne 1983.
13	Peter Kaiser, Norbert Moc und Heinz-Peter Zierholz: *Der Mörder war sein bester Mann. Pitaval.* Berlin (O.): Militärverlag 1983.
14	Harald Korall: [vers. Zusammenstellungen von Kriminalfällen mit dem Untertitel *Pitaval*] *Die Tote an der Waisenhausmauer*; *Die Millionenlady*; *Die Stunde vor Mitternacht.* Halle/Leipzig: MDV 1984; 1986; 1988.
15	Heinz Glade: *Karriere eines Staatsanwalts* [Pitaval von 1844 bis 1945 aus dem Magdeburger Raum[7]]. Berlin (O.): Militärverlag 1985.
16	Peter Kaiser, Norbert Moc und Heinz-Peter Zierholz: *Ein schöner Sarg und keine Leiche. Berliner Pitaval.* Berlin (O.): Tribüne 1987.
17	Friedrich Karl Kaul: *Prozesse, die Geschichte machten. Deutscher Pitaval 1887–1933* [posthume Neuzusammenstellung]. Berlin (O.): Das Neue Berlin 1988.
18	Georg Piltz: *Tödliche Freundschaft. Kriminalfälle aus sechs Jahrhunderten. Pitaval.* Berlin (O.): DNB 1988.
19	Hans-Dieter Speck: *Ein Schock Groschen für den Henker. Alt-Naumburger Pitaval.* Naumburg: Kreisbetrieb Erholungswesen 1989.

[7] Angabe nach Hillich und Mittmann 1991, S. 56.

(D) Thematisch motivierte Pitavale	
1	Peter Kaiser, Norbert Moc und Heinz-Peter Zierholz: *Der Henker in der Staatskarosse. Pitaval.* Berlin (O.): Militärverlag 1981.[8]
2	Klaus Ullrich: *Attentate gegen Olympia. Ein Pitaval.* Berlin (O.): Militärverlag 1986.
3	Wolfgang Dürwald: *Ein gerichtsmedizinischer Pitaval aus dem 19. Jahrhundert* (3 Bde.). Leipzig: Zentralantiquariat 1988–1990.

Ein Beispiel aus der Kategorie (A) verlegt die Arbeitsgemeinschaft Thüringer Verleger: 1950 erschienen *Die wahrhaften Geschichten des alten Pitaval*, wobei Helmuth Eggerts Neubearbeitung den Übersetzungen Franz' bzw. Schillers folgt. Der Name ‚Pitaval' ist auf dem Schutzumschlag wie auch auf dem Titelblatt prominent mit der größten Type ausgezeichnet. Der Umschlag enthält darüber hinaus einen biographischen Abriss „Pitaval – Wer ist das?". Dieser umfasst neben den Lebensdaten jedoch allein den Hinweis auf Gayots juristische Tätigkeit. Der Rest ist seinem Werk gewidmet. Der verlegerische Paratext setzt die berühmten Rechtsfälle, Gayots *Causes célèbres*, und den zeitgenössischen Gattungsbegriff ‚Kriminalgeschichte' synonym (vgl. Eggert 1950). Der französische Advokat ist hier ein Autor, der mit seinen Geschichten ein Zeitbild des französischen Barocks vermittle. Die Einführung des Herausgebers, mit welcher der Band eröffnet wird, abstrahiert dahingehend, dass ‚Pitaval' mittlerweile zu einem Gattungsbegriff für die Sammlung von Rechtsfallgeschichten geworden sei (vgl. Eggert 1950, S. 5). Explizit werden Alexis' *Neuer Pitaval* und Kischs *Prager Pitaval* genannt. Von der ‚Kriminalgeschichte' grenzt Eggert (1950, S. 5) den Pitaval als „ein echtes Dokument" menschlicher Irrtümer ab, das fiktiven Geschichten überlegen sei, die nur nach der Maßgabe „poetische[r] Gerechtigkeit" gearbeitet sind. Nur insofern Gayot unverfälschte Tatsachen schildere, eröffnen die Erzählungen Einblicke in die historischen Verhältnisse und damit die Möglichkeit, die wahren Gründe der späteren Französischen Revolution einzusehen. Die mehrfache Schichtung poetischer Bearbeitung durch Gayot, Richer, Franz bzw. Schiller und dann Eggert selbst bleibt zunächst außer Betracht. Aufgegriffen wird sie erst im Nachwort, bleibt für das einleitend geäußerte Postulat jedoch folgenlos (vgl. Eggert 1950, S. 408–410). Umfänglich zitiert wird hier Richers Rechtfertigung für seine inhaltlichen Eingriffe in Gayots Geschichten. Auch dass für die Schiller'sche Ausgabe Richers Geschichten nochmals überarbeitet wurden, ist angesprochen. Dieser Übersetzung folge die vorliegende Ausgabe „im wesentlichen", jedoch greift Eggert (1950, S. 409) auch auf Franz zurück und ordnet die ausgewählten Geschichten chronologisch.

Was die angestrebte Faktur der Geschichten anbetrifft, so gibt Eggert (1950, S. 410) einige Hinweise. Gayot de Pitaval habe als Jurist „für Juristen" geschrieben, weswegen das Werk „niemals ganz volkstümlich wurde". Auch noch bei Richer und Schiller sei „die eigentliche Handlung" von „rechtsgelehrten Erörterungen, Abschweifungen, Anmerkungen und Zitaten [...] überwuchert" gewesen. Das ‚Eigentliche' des Pitavals ist damit für Eggert nicht das Prozessgeschehen, das ja durch die im Original zitierten bzw. in Bearbeitung vergegenständlichten Plädoyers,

[8] Nach Angabe der verlegerischen Klappentextes auf dem Schutzumschlag zu Kaiser et al. 1991 handle es sich um einen „Pitaval um Zauberei und Hexerei".

Gutachten und Urteile dokumentiert ist, sondern die kriminelle Handlung. Er habe sich für die aktuellen Leser bemüht, allen „rechtsgelehrten Ballast“ abzuwerfen (Eggert 1950, S. 410). Damit erhebt Eggert denselben Anspruch, den Richer bereits im 18. Jahrhundert für seine eigene Bearbeitung angemeldet hatte. Durch die Kürzungen sieht Eggert (1950, S. 411) den Wert der Sammlung „als menschliches Dokument“ sogar gesteigert an. Wo Schiller den anthropologischen Erkenntnisgewinn gerade in der Analogie von Kriminalprozess und Pitavalgeschichte erkenne, wird der Pitaval für Eggert erst da zu einem Dokument des Menschlichen, wo alles Rechtliche ausgeschieden wird. Darüber hinaus mache die chronologische Sortierung das Buch als eine Entwicklungsgeschichte am Vorabend der Französischen Revolution lesbar.

Eine solche Referenz auf die wirkliche Historie ist notwendig, wenn es möglich werden soll, Rückschlüsse auf gesellschaftliche Entwicklungen zu ziehen. *Mordfälle aus dem Neuen Pitaval* gab Hans Pfeiffer 1962 im Rudolstädter Greifenverlag heraus. Der *Neue Pitaval* ist für ihn eine Sammlung von Kriminalfällen, die gegenüber dem ‚Alten Pitaval‘ negativ absteche. Ist Gayots Werk für Pfeiffer (1962a, S. 331) „ein oft gesellschaftskritisches Breitwandgemälde des vorrevolutionären Frankreich“, so sei der ideologische Standpunkt von Hitzig und Häring (Alexis) im *Neuen Pitaval* „bürgerlich beschränkt, romantisch unklar“. Sie könnten nicht erkennen, dass die Verbrecher nur Opfer der gesellschaftlichen Umstände seien. Ihre Taten sieht Pfeiffer (1962a, S. 13f.) als den zum Scheitern verurteilten Versuch an, gegen die bürgerliche Gesellschaftsordnung und die Einrichtung des Privateigentums zu rebellieren. Ihre Schuld bestehe darin, als Einzelne zu agieren, wo sie unter Führung der marxistischen Partei in den Klassenkampf hätten eintreten müssen. Seine Position entspricht damit der Funktionalisierung von Literatur, wie sie seit dem Formalismusstreit in der DDR offiziell vertreten wurde. Für Pfeiffers Rezipienten sollten diese dokumentarischen ‚Tatsachenberichte‘ dazu dienen, das bis in die Gegenwart unveränderte Wesen der kapitalistischen Gesellschaft zu durchschauen. Abgehoben werden sie von Detektivgeschichten nach dem Muster des Whodunit. Im Mittelpunkt steht der Täter (vgl. Pfeiffer 1962a, S. 8), dies aber weder psychologisch wie bei Feuerbach noch anthropologisch wie bei Schiller, sondern marxistisch im eben erläuterten Sinne. So lasse sich zeigen, dass man die Umstände (also hier: die bürgerliche Gesellschaft) ändern muss, um die Motive und damit die Taten zu verhindern. Gerade mit den Vertretern der Justiz in den Geschichten kann sich Pfeiffer (1962a, S. 13) nicht identifizieren, da sie in ihrer Funktion nur dem Kapitalismus dienten. Zwei der Geschichten habe er explizit ausgewählt, um mit ihnen den Klassencharakter der Verbrechensverfolgung deutlich zu machen.

An einem Beispiel lässt sich im Vergleich mit der ursprünglichen Fassung Pfeiffers Bearbeitungstendenz herausarbeiten. Ich beziehe mich dafür auf *Mörder zum Ruhme Gottes* (bzw. im *Neuen Pitaval*: *Der Pfarrer Riembauer*). Der Hauptunterschied besteht im Verhältnis des Erzählers zum finalen Geständnis des Kirchenvertreters. Häring und Hitzig (1843, S. 124–145) zeichnen die Strategie des den Zölibat brechenden und seine Geliebte ermordenden Pfarrers im Detail nach. Er gibt zu, was nicht zu leugnen ist, verdreht aber die Tatsachen, rudert zurück, beruft sich auf zeitweiligen Wahnsinn und auf eine von der langen Untersuchungshaft ausgelöste Melancholie. Er ist ein ausgebildeter Dialektiker und die Erzählung gibt Proben, wie er diese Kunst im Verhör zu seinem eigenen Vorteil nutzen möchte. Vor sich selbst habe Riembauer versucht, die Taten zu rechtfertigen, indem er durch den Geschlechtsverkehr nur die Schar der Gotteskinder vergrößern wollte. Gemordet habe er, damit sein Fall nicht öffentlich werde, wodurch seine Gemeindeglieder in ihrem Glauben hätten erschüttert werden können. Pfeiffer (1962b) dagegen geht seiner Programmatik entsprechend einen Schritt weiter. Er zeigt die Parallelen zur Kasuistik, zum Probabilismus und zu jesuitischen Lehrmeinungen, die einen Mord rechtfertigen, im Allgemeinen auf und dekonstruiert auf diese Weise, dass Riembauer damit nur der herkömmlichen Praxis katholischer Autoritäten entsprochen habe, um Schaden vom Ansehen des Klerus abzuwenden. Der besondere Einzelfall wird damit zum Symptom gesellschaftlicher Missstände, die es zu überwinden gelte.

Ebenfalls im Greifenverlag erschien 1959 die Sammlung *Die gute Kriminalgeschichte*. Gottlieb Scheuffler nimmt darin u. a. Erzählungen von Gottfried Keller, Edgar Allan Poe, Leo Tolstoi, Anton Tschechow, Charles Dickens und Günter Prodöhl auf. Am Anfang stehen drei Geschichten, die mit dem Vermerk ‚Aus dem alten Pitaval' (*Martin Guerre*, *Ziegelbrenner Vallet*) bzw. ‚Aus dem neuen Pitaval' (*Der Marquis von Anglade*) gekennzeichnet sind. In seinen Nachbemerkungen führt Scheuffler aus, was seines Erachtens die Qualität einer ‚guten' Kriminalgeschichte ausmache: Dafür unterscheidet er einerseits zwischen bürgerlicher und sozialistischer Kriminalliteratur sowie andererseits zwischen „dokumentarisch gebundene[r] und frei gestaltete[r] Literatur" (Scheuffler 1959, S. 388). Theoretisch sind daher vier Kombinationsmöglichkeiten denkbar. Doch zeichne bürgerliche wie sozialistische Werke ihr *jeweiliger* ‚Klassencharakter' aus: Während die Vertreter der bürgerlichen Variante gar kein Interesse daran hätten, die „objektive[ ] Realität" unverfälscht wiederzugeben, sei die sozialistische dagegen gerade „von der konkreten Prozeß-Wirklichkeit" angeregt (Scheuffler 1959, S. 387). Daher sei das Dokumentarische bei bürgerlichen Autoren zum „Zeitungsfeuilleton verkümmert" und ihre frei erzählenden Texte kämen in der Regel ganz ohne Wirklichkeitsbezug aus (Scheuffler 1959, S. 388). Die ‚guten' Werke der Kriminalliteratur sind also allein die dokumentarischen und damit die sozialistischen. Es ist deutlich zu erkennen, dass Scheuffler mit seinem Plädoyer für literarischen Dokumentarismus der offiziellen Leitlinie des ‚Bitterfelder Weges' (vgl. Winkler 1997, S. 396f.) folgt.

Was nun die drei Pitavalgeschichten anbetrifft, so verwendet Scheuffler für die beiden erstgenannten die Auswahlausgabe von Eggert. Obwohl er weiß, dass auch der dritte Text auf Gayots *Causes célèbres* zurückgeht, verwendet er aus nicht näher dargelegten Gründen die Bearbeitung im *Neuen Pitaval*. Diese Erzählungen verbinde – und deshalb mag er gerade diese ausgewählt haben –, dass die jeweils historischen Zeitumstände kritisiert werden, namentlich eine Justiz, die „der herrschenden Klasse" nutzte (Scheuffler 1959, S. 383). In diesem Punkt stimme der Pitaval mit der modernen Kriminalliteratur überein, die „im Zeitalter des Imperialismus" der Entlarvung der kapitalistischen Justiz diene. Straftaten und ihre gerichtliche Verfolgung sind nach Scheufflers (1959, S. 384) Überzeugung von „antikapitalistische[n] und sozialistische[n] Autoren" dokumentarisch zu erfassen. Es handelt sich somit um genuin politische bzw. rechtspropagandistische Literatur. Und ‚politisch' ist Kriminalliteratur für Scheuffler (1959, S. 390) immer dann, wenn sie die „enge[ ] Verflechtung von Politik und kriminellen Verbrechen in der kapitalistischen Gesellschaft“ spiegelt, d.h. wenn sie zeigt, dass die vermeintlich subjektiven Motive für ein Verbrechen gesellschaftlich bedingt seien. Im Folgenden verwendet Scheuffler ‚Pitaval‘ als Bezeichnung für zahlreiche weitere Texte, die in vergleichbarer Weise ebenfalls politische Funktionen erfüllen, wobei er Theodor Duimchen, also den Schriftsteller und nicht sein Werk, sogar selbst als „ein[en] ‚Pitaval‘“ tituliert.

Über die gesamte Zeit des Bestehens der DDR hinweg wurde Egon Erwin Kischs *Prager Pitaval* immer wieder aufs Neue aufgelegt, sei es separat (Kisch [1931] 1952), sei es als Teil der Werkausgabe jeweils im Aufbau-Verlag oder auch in Auswahl bei Reclam in Leipzig. Die Sammlung aus dem Jahre 1931 enthält rund dreißig Verbrechensgeschichten aus einem Zeitraum von 1415 bis 1914 und damit 500 Jahre Prager Kriminalgeschichte. Rund die Hälfte der Fälle datiert ins 19. Jahrhundert. Auf das 16., 17. und 18. Jahrhundert entfallen je drei bis vier Erzählungen. Dabei sind die meisten mit sieben bis elf Seiten äußerst kurz, lediglich *Der Fall des Generalstabschefs Redl* fällt mit 46 Seiten aus dem Rahmen. Kisch vereinigt hier ganz verschiedenartige Kriminalfälle mit Prager Lokalkolorit, was seinem Verständnis von Pitavalen als ‚Kriminalanthologien‘ geschuldet ist (vgl. Kisch [1926] 1993, S. 161). Er prägt damit eine Regionalisierungstendenz, die in der Folge, sowohl in der BRD, als auch in der DDR und der Volksrepublik Polen nachzuweisen ist (vgl. Foik und Löhr 2023, S. 225). Prozessgeschichten in einer enger verstandenen Pitaval-Tradition sucht man bei Kisch indessen vergebens. Anders als bei Gayot sind nicht die Anwälte die Protagonisten, sondern die Gauner, Diebe, Räuber und andere Straftäter.

In die Tradition einer regional begrenzten, zeitlich aber umfassenden Kriminalanthologie (s. Tabelle 1, C) schreiben sich Werke wie Walter Fellmanns *Leipziger Pitaval* ein, der 1978 in der Reihe ‚Das Taschenbuch‘ des Militärverlags erschien. Dem Klappentext nach vereinigt das Buch sowohl merkwürdige Kriminalfälle als auch interessante Gerichtsverfahren von politischer Relevanz (vgl. Fellmann 1978a). Der Rückbezug auf die *Causes célèbres* ist damit deutlich. Doch schon die erste Geschichte, *Ein Frauenschicksal der Carpzow-Zeit*, wird auf die Gegenwart der Rezipienten hin aktualisiert, um einen rechtspropagandistischen Nutzen zu erzielen. So wird an dem historisch zugrundeliegenden Hexereiprozess nicht allein der Einsatz der Tortur als gescheiterter Versuch von Wahrheitserzwingung kritisiert. Abschließend erfolgt vielmehr ein Hinweis darauf, dass nicht nur die Nationalsozialisten auch noch im 20. Jahrhundert folterten, sondern dass auch die USA in Vietnam und das Pinochet-Regime im Chile der zeitgenössischen Gegenwart noch immer an deren Einsatz festhielten (vgl. Fellmann 1978b, S. 9). Hexenverfolger, Nationalsozialisten, Kapitalisten und Militaristen erscheinen im Unrecht verbunden und damit als Gegenpol zu Recht und Gesetzlichkeit der sozialistischen Welt, womit die Überlegenheit des eigenen Systems demonstriert zu sein scheint.

Es folgen im Weiteren u.a. ein Kindsmordsprozess, das Verbot der *Leiden des jungen Werthers* durch die Leipziger Bücherkommission, die außergerichtliche Einigung zwischen dem Verleger Ernst Rowohlt und Frank Wedekind wegen gestohlener Manuskripte sowie der Reichstagsbrandprozess, der 1933 in Leipzig stattfand. Die Geschichten umfassen in der Regel die Tat, ihre juristische Aufarbeitung, das Urteil und an der Stelle der Gayot'schen Urteilsbegründung die Darstellung der historischen Artikulation von Protest gegen dieses Urteil. Auch wenn es sich um fremde Gegenstände handelt, die den Alltag im Arbeiter-und-Bauern-Staat nicht direkt betreffen, versteht es Fellmann, Wirklichkeitsnähe mit Parteilichkeit zu verbinden, sodass sein Werk mit den offiziellen Ansprüchen an ‚sozialistische Literatur' (vgl. Honecker 1971, S. 75f.) übereinstimmt.

Die *Mordsache Woyzeck* (Fellmann 1978c) etwa setzt mit einer knappen Beschreibung der Hinrichtung des Verurteilten ein. Auf die Narration der Vorgeschichte der Tat, die Woyzecks Charakterentwicklung einsichtig macht, entfallen vier der elf Buchseiten. Die Tat wird wiederum knapp erzählt. Und ganz ‚pitavalisch' geht es dann um das Clarus-Gutachten, dessen Anfechtung, den Gerichtsentscheid, dass ein zweites Gutachten erstellt werden muss, und um das Skandalon, dass damit erneut der Stadtphysikus, Hofrat und Professor Dr. Clarus beauftragt wurde. Mit der auf dieser Grundlage erfolgten Hinrichtung ist weder der Fall erledigt noch Fellmanns Geschichte zu Ende. Nochmals drei Buchseiten verwendet er auf die teils durchaus ablehnende Rezeption von Clarus' Gutachten nach Woyzecks Tod, was letztlich auf die moderne Unterscheidung von Unzurechnungsfähigkeit und verminderter Zurechnungsfähigkeit hinausläuft, die Clarus aber noch nicht zur Verfügung stand. Am Ende geht Fellmann dabei auf Büchners Umgang mit dem Fall Woyzeck ein, der diesen von einem Kriminal- zu einem sozialen Fall gemacht habe. Der dokumentarische Anspruch solcher Texte ist nicht mit einem Streben nach historischer Genauigkeit zu verwechseln, insofern die Maßstäbe, mit denen das Verhalten oder die Denkweise historischer Personen beurteilt wird, invariant und daher mitunter inadäquat sind. Es zählt allein die sozialistische Gesetzlichkeit. Ein Literatur- und Quellenverzeichnis mit dem Nachweis von Archivalien und Fachliteratur unterstreicht das wissenschaftliche Selbstverständnis von Fellmanns Pitaval.

Am Ende meines Überblicks über die Vielzahl regionaler historischer Pitavale, die in der DDR entstanden sind (s. Tabelle 1, C), stehen die Sammlungen des Autorenkollektivs Kaiser, Moc und Zierholz. *Am Fallbeil führt kein Weg vorbei* ist der erste Band des *Pitavals des gewöhnlichen Faschismus*, der 1991, also direkt nach der Wende im Berliner Dietz-Verlag erschien. Der Werbetext auf dem Schutzumschlag weist das Buch als bereits „zwölften Pitavalband" dieser Verfasser aus (vgl. Kaiser et al. 1991). Noch 1987 und damit innerhalb des Untersuchungszeitraums ist ihr *Berliner Pitaval* im Tribüne-Verlag erschienen. Das Buch trägt den Haupttitel *Ein schöner Sarg und keine Leiche*, was der Titelformulierung von einer der dreizehn enthaltenen Geschichten entspricht, in welcher der versuchte Versicherungsbetrug der Brüder Anton und Franz Tomascheck aus der Mitte des 19. Jahrhunderts beschrieben wird (Kaiser et al. 1987b). Der Prozess spielt hier nur am Rande eine Rolle, vielmehr geht es um die Motive der Täter und die Ermittlungsarbeit der Kriminalpolizei, wobei die Sympathien klar bei den verhinderten Betrügern liegen und nicht bei den Versicherungen, die nur ihren Gewinn maximieren möchten.

Insgesamt umspannt die Sammlung das 14. bis 20. Jahrhundert, ist regional auf Berlin begrenzt und folgt auch hinsichtlich der Faktur der Geschichten dem Modell des *Prager Pitavals*. Fünf der Fälle datieren dabei ins 20. Jahrhundert, drei ereignen sich in der Zeit des Nationalsozialismus. Der prominenteste Fall der Sammlung betrifft den Händler Hans Kohlhase aus dem brandenburgischen Cölln. Unter dem Titel *Eine märkische Tragödie* erzählen Kaiser, Moc und Zierholz, wie Kohlhase 1534 durch den Krautjunker von Zaschwitz um sein Kapital gebracht wird. Von Gott, Justiz und Landesherr verlassen, versucht er sich raubend und brandschatzend Gehör und damit Recht zu verschaffen. Kritisiert wird dies vom Erzähler nicht. Es handelt sich eher um einen zum Scheitern verurteilten Versuch, bei dem ein Besitzloser versucht, das Seine zu erhalten, wo die Mächtigen jeden Vertrag brechen. Erkennbar und explizit wird hier nicht nach Kleists Novelle erzählt, sondern nach „der einzigen durch Akten belegten und historisch echten Darstellung" von Kurt Neheimer (Kaiser et al. 1987c, S. 62). Nicht-ideologischen Kriterien hält dessen Darstellung im Übrigen nicht stand. Mirjam Reitmayer (2021, S. 101) spricht Neheimers Buch eine wissenschaftliche Grundlage ab. Aber darum geht es den Autoren auch gar nicht, es reicht, dass Neheimers Darstellung rechtspropagandistisch anschlussfähig ist. Nach dem Werbetext auf dem Umschlag rufen sie „die Betroffenen", also die Angeklagten und Verurteilten, von denen erzählt wird, „erneut in den Zeugenstand" und zwar, um die Unrechtmäßigkeit der historischen Prozesse zu bezeugen (Kaiser et al. 1987a). Die Verfasser selbst urteilen daraufhin ein zweites Mal und zwar „aus heutiger Erfahrung", und das wiederum heißt ‚sozialistisch gerecht'. Es geht also weniger um die Zeitgeschichte Berlins als um eine Stimulierung des Rechts- bzw. Unrechtsgefühls der Rezipienten und somit um ihre ‚Aktivierung'.

Ein Pitaval mit einer thematischen Fallauswahl (D) liegt mit Klaus Ullrichs *Attentate gegen Olympia* vor. In einer Vorbemerkung nennt er das Werk „de[n] Versuch eines kleinen politischen ‚Pitavals' der Olympischen Spiele" (Ullrich 1986, S. 3). Ullrich beschränkt sich nach eigener Angabe auf wirkliche Begebenheiten, verändert jedoch die Namen einiger historischer Persönlichkeiten. Es geht in dieser Sammlung nicht nur um München 1972, sondern darüber hinaus auch um die Spiele von 1936. Wann immer die olympische Idee des Friedens und der Völkerverständigung gestört werde, liegt für Ullrich ein ‚Attentat' gegen Olympia vor. Pitavalgeschichten im Sinne von Prozessgeschichten liegen hier nicht vor; versammelt sind dagegen konspirative Gespräche von Sportfunktionären. Das kann allerdings nicht verwundern, handelt es sich bei ‚Klaus Ullrich' doch um das Pseudonym des Sportfunktionärs und Sportjournalisten Klaus Huhn (s. Kapitel 5).

3 Beweise für die ‚Klassenjustiz' am Beispiel des *Dresdner Pitavals*

> Vor rund 240 Jahren veröffentlichte der Pariser Jurist de Pitaval eine Sammlung merkwürdiger Kriminalfälle und begründete damit ein neues Genre in der Literatur: die authentische Darstellung von Kriminalfällen, ihrer Vorgeschichte und ihrer Hintergründe. An diese Tradition hat der Dresdner Journalist Willy Forner angeknüpft. In seinem Pitaval werden Kriminalfälle aus vier Jahrhunderten sächsischer Kriminalgeschichte erzählt. Die dargestellten Fälle reichen von den grausamen Verfolgungen des Mittelalters bis zu den furchtbaren Verbrechen des deutschen Faschismus, die oft bis in die Nachkriegszeit hineinreichen. Forner beweist eindeutig an Hand hieb- und stichfester Fakten und Belege, wie die Klassenjustiz vergangener Zeiten, ob im Feudalismus oder Kapitalismus bis hin zu ihren übelsten Auswüchsen in der Zeit des Faschismus, stets und ständig ein Instrument der herrschenden Klasse gegen die unterdrückte Mehrheit des Volkes war. (Forner 1975a, U4)

Dieser verlegerische Klappentext zu Willy Forners *Dresdner Pitaval* (erschienen zuerst 1975 als Taschenbuch im Militärverlag) kompensiert funktional das Fehlen jeglichen Vor- oder Nachworts. Er ordnet die Sammlung von 17 sächsischen Kriminalfällen in die Tradition des Pitavals ein und hebt den Wahrheitsanspruch der Gattung hervor. Außerdem wird die historische Breite des Projekts deutlich: Sie reiche vom Mittelalter bis zum Nationalsozialismus. Die Folgen einzelner Verbrechen sind in der Tat auch noch nach 1945 spür- und nachweisbar. Anders als es die weitere Formulierung des Klappentextes suggeriert, enthält die Erstausgabe der Sammlung jedoch noch keinen einzigen Fall aus der Nachkriegszeit.

Die These – oder vielmehr das Versprechen – des Bandes lautet, dass sich an der Zusammenstellung historischer Fälle ‚Klassenjustiz' als eine transhistorische Invariante erweise. In einem staatlich gelenkten Literaturmarkt ist damit zum einen die offizielle Werkintention markiert, zum anderen liegt ein Hinweis darauf vor, welche Systemstelle dieser Pitaval im real existierenden Sozialismus der DDR einnehmen kann.

Eines der frühesten von Forner (1975b, S. 13–22) vorgestellten Beispiele ist die Inhaftierung und Hinrichtung des sächsischen Kanzlers Nikolaus Krell (um 1553–1601). Unter dem Titel *Ein Adelskomplott* nimmt sich Forner (1975b, S. 13) dieses „Ränkespiel[s] des sächsischen Adels" an und zeichnet nach, wie ein verdienstvoller Bürger in Ungnade fällt und unter Beugung des Rechts getötet wird. Nach Forners Darstellung gerät Krell als sächsischer Kanzler unverschuldet unter den Verdacht, Calvinist zu sein. Sobald sein Gönner, Kurfürst Christian I., 1591 jung und überraschend verstirbt, rächen die Landjunker die Herabsetzung ihres Standes unter Vorspiegelung religiöser Motive. Für Forner (1975b, S. 17) liegt der Fall klar zu Tage: „[D]ie Anklage gegen Dr. Krell war vom Klassenhaß" des Feudaladels auf den Bürgersohn „diktiert". Damit vereindeutigt der Verfasser die Version seiner Vorlage. Denn bereits in der Fortsetzung der Sammlung *Der Neue Pitaval* ist im zwölften Band der neuen Serie die deutlich umfangreichere Geschichte *Der Proceß wider den kursächsischen Kanzler Dr. Nikolaus Krell* zu finden (Vollert 1877, S. 292–335). Anton Vollert (1877, S. 293) stimmt mit der aktuellen Forschung überein, wenn er aus Krells fehlender Orthodoxie kein Geheimnis macht. So gilt es als erwiesen, dass Krell durchaus zu Philippismus und Krypto-Calvinismus neigte, deren Vertreter in Frankreich und in der Pfalz auf sein Geheiß hin unterstützt wurden (vgl. Jaumann 2004, S. 202). Mit dem Projekt der sogenannten ‚Krell-Bibel' betrieb der Kanzler die Entmachtung der Stände zugunsten eines landesherrlichen Absolutismus (vgl. Holzem 2015, S. 151). Forner (1975b, S. 14) tut die konfessionellen wie konfessionspolitischen Vorwürfe dagegen als bloße Stimmungsmache ab.

Vollert (1877, S. 295 u. 299f.) konkretisiert im *Neuen Pitaval* insbesondere die Vorgeschichte, die Forner (1975b, S. 15f.) lediglich zum Anlass für eine Pointe nimmt: Krell beklage sich nach der Darstellung seiner Gegner über die Haftbedingungen auf der Festung Königstein, für die er in seiner Funktion als Kanzler jedoch selbst die Voraussetzungen geschaffen habe. Im *Neuen Pitaval* wird ausführlicher erzählt, dass Krell die Inhaftierung des Hofpredigers Mirus veranlasst habe, um dessen Kampf gegen den Calvinismus zu beenden. Auch ist die Sorge um die Bewahrung der Reinheit des lutherischen Bekenntnisses in Forners Vorlage weniger ein politisches Manöver des Adels als ein Anliegen der breiten Masse (vgl. Vollert 1877, S. 296f.). Vollerts Krell steht damit sowohl mit dem sächsischen

Landadel als auch dem einfachen Volk im Konflikt. Krells Aufstiegsbiographie ist dabei exzeptionell und alles andere als exemplarisch. Aus dem Groß- und Bildungsbürgertum entstammend studiert der Sohn eines Leipziger Ratsherren Jura, wird 1580 kursächsischer Hofrat. Er berät den Kurfürsten, wird dessen Geheimer Rat und 1589 schließlich Kanzler. Als solcher verfügte der historische Krell über „fast uneingeschränkte[ ] Vollmachten“ (Jaumann 2004, S. 202).

Forner (1975b, S. 18) ist sich dessen bewusst, wenn er Karl Marx – wörtlich, aber ohne Angabe der Quelle – wie folgt zitiert: „Der einzelne kann sich über die Interessen seiner Klasse erheben, die Klasse als Ganzes kann es nicht.“ Dadurch soll die Unmöglichkeit bürgerlicher Herrschaft im Feudalismus ebenso belegt sein, wie „die wahre klassenmäßig bedingte Ursache der Justizfarce“ (Forner 1975b, S. 20). Geschichtsklitternd wird Forners Pitavalgeschichte, insofern er nicht nur Krells privilegierte Stellung ignoriert, sondern auch die Parteinahme des Hochadels für den Bürger Krell völlig invisibilisiert. So führt Vollert (1877, S. 301 u. 313) die vergeblichen Interventionsversuche des Landgrafen Wilhelm von Hessen-Kassel, des Landgrafen Moritz von Hessen, des Pfalzgrafen Philipp sowie des französischen Königs Heinrich IV. an.

Wie Forner lässt Vollert (1877, S. 323) keinen Zweifel daran aufkommen, dass das Todesurteil „ungerecht und nichtig“ war. Aber in seiner Fassung geht es vor allem um die Anerkennung der von Krell namhaft gemachten Verfahrensfehler. Insbesondere wurde Krell kein Rechtsbeistand gewährt, sei das angerufene kaiserliche Hofgericht zu Prag nicht zuständig gewesen und könne ein Urteil nicht über die ursprüngliche Anklage hinausgehen, in der von Landfriedensbruch gar keine Rede war (vgl. Vollert 1877, S. 309, 314f., 323–325 u. 331f.). Das alles interessiert Forner nur am Rande. Die Umstände, die zu einer extrem verlängerten Verfahrensdauer führten (vgl. Vollert 1877, S. 307 u. 310f.), lässt Forner (1975b, S. 18f.) beispielsweise weg, um so den Eindruck der Unrechtmäßigkeit zu maximieren. Die „Adelsclique“ habe das Verfahren vor „ein ausländisches katholisches Gericht“, das Prager Hofgericht, gebracht, das Krell „in [...] Abwesenheit, ohne Zeugen zu hören und ihm gegenüberzustellen, nur aufgrund der schriftlich vorliegenden Zeugenaussagen“ verurteilte (Forner 1975b, S. 19f.). Ist die Verlagerung des Prozesses unter Umgehung des Reichskammergerichts nach Prag in der Tat problematisch, so handelt es sich bei der schriftlichen Form der Verhandlung, die Forner als vermeintliches Skandalon markiert, um die herrschende Praxis der Zeit. Man spricht hier von der sogenannten ‚Aktenversendung‘ (vgl. Oestmann 2008; Vollert 1877, S. 307f.).

Im Prinzip fasst Forner mit dieser Geschichte lediglich Vollerts Text teils wörtlich plagiierend zusammen. Er vereindeutigt dabei die Gemengelage (45 geistliche und 25 politische Inquisitorialartikel; vgl. Vollert 1877, S. 312), die zu Krells Verurteilung führten, und deutet die Motivation des Adels als Klassenhass (vgl. Forner 1975b, S. 14). Erst dadurch wird der Prozess zu einem Beispiel für Klassenjustiz und der konfessionelle Gehalt zur bloßen Bemäntlung der eigentlichen Absichten (vgl. Forner 1975b, S. 13). Im *Neuen Pitaval* geht es dagegen gerade um die Verschränkung von Religion und Politik, wodurch Krells Krypto-Calvinismus zum eigentlichen Problem wird. Krell nutzt seinen persönlichen Einfluss auf den Kurfürsten (konfessions-)politisch aus. Der Vorwurf des Landfriedensbruchs erscheint dabei vorgeschoben, doch spielt die von Forner konstatierte Klassenproblematik bei Vollert überhaupt keine Rolle.

Nur kurz seien noch zwei weitere von Forners Beispielen für Klassenjustiz angesprochen. August Bebel wurde 1872 gemeinsam mit Wilhelm Liebknecht wegen Hochverrats zur Festungshaft verurteilt. Diesem Ereignis ist die Geschichte *August Bebel auf dem Königstein* gewidmet (Forner 1975c, S. 67–77). Im Wesentlichen übernimmt Forner Passagen aus Bebels Autobiografie *Aus meinem Leben* (1910–1914). Vieles ist als wörtliches Zitat ausgewiesen, manches bleibt unmarkiert. Forner stellt klar, dass auch hier ein Fall von Klassenjustiz vorliege, insofern „sechs Kaufleute, ein Rittergutsbesitzer, ein Oberförster und ein paar Gutsbesitzer" dem Leipziger Geschworenengericht angehörten (Forner 1975c, S. 68). Der Präsident des Schwurgerichts sei „ein Schwachkopf" gewesen, unfähig zur philosophischen Auseinandersetzung mit dem Sozialismus (Forner 1975c, S. 70). „Für ihn war die Verurteilung der Angeklagten ein Auftrag der herrschenden Klassen" (Forner 1975c, S. 70). Damit spricht Forner zum einen ein rechtssoziologisches Problem an: Schichtenspezifische Vorurteile der Richter führen demnach dazu, dass sie die Angehörigen anderer Schichten benachteiligen (vgl. Schröder 2012, Abs. 7). Zum anderen entsprechen seine Ausführungen der marxistischen Position zur Klassenjustiz, nach der bürgerliche Richter kein Verständnis für die wirtschaftlichen Zusammenhänge aufbringen könnten (vgl. Schröder 2012, Abs. 7). Aus der Perspektive des historischen Materialismus erscheint Bezirksgerichtsdirektor von Mücke insofern uneinsichtig. Für die auktoriale Erzählinstanz ist die Anklage wegen Hochverrats daher „völlig unbegründet" (Forner 1975c, S. 71).

Der Prozess ist für Forner nun nicht nur Anlass, über frühere Insassen der Festung, Johann Friedrich Böttger und Michail Alexandrowitsch Bakunin, zu schreiben, sondern er geht auch verhältnismäßig umfangreich auf Kronprinz Albert ein, der während Bebels Haft sächsischer König wurde. Dieser habe sich u. a. durch „Ausweisungen von Arbeiterfunktionären" hervorgetan (Forner 1975c, S. 73). Wichtiger für Forner und den vorliegenden Zusammenhang sind seine Ergänzungen, welche die Zeit nach Bebels Entlassung betreffen und mit Fall und Prozess eigentlich gar nichts mehr zu tun haben. So reagierte Albert von Sachsen auf die sozialdemokratischen Wahlerfolge von 1896 mit der Einführung des Dreiklassenwahlrechts (vgl. Forner 1975c, S. 75). Sachsen vollzieht damit einen Nachholprozess gegenüber Preußen, wo ein steueranteilbezogenes Wahlrecht bereits 1848/49 eingeführt wurde (vgl. Kotulla 2008, Abs. 2). Neben die juristische tritt damit eine politische Benachteiligung der Arbeiterklasse. Es zeigt sich, dass es dem Autor mitnichten um eine literarische Vergegenständlichung des Rechtsfalls geht. Dieser ist lediglich Assoziationen auslösendes Objekt, deren Ausführung die eigentliche Funktion der Geschichte ist. So habe Bebel – unabhängig vom Hochverratsprozess – die Notwendigkeit einer Internationalisierung der Arbeiterbewegung als Reaktion auf die länderübergreifende Ausbeutung der Arbeiterschaft durch den Kapitalismus als eine „historische Wahrheit" konstatiert (Forner 1975c, S. 76). Durch geschichtsphilosophische und gesellschaftspolitische Einbettung wird die Rechtsfallerzählung zur Rechtspropaganda.

Als die Erstausgabe des *Dresdner Pitavals* erschien, war der Autor knapp 70 Jahre alt. Anders als Gayot de Pitaval war Forner wie der ‚rasende Reporter' Kisch zu seiner aktiven Zeit Journalist.[9] Das *Neue Deutschland* (Ausgabe vom 7. Februar 1971, S. 2) würdigt ihn als „Journalist der Partei", dessen Artikel „von einem klaren Klassenstandpunkt geprägt" gewesen seien. Egal ob Roman, Pitaval oder Zeitungsartikel, Gütezeichen im real existierenden Sozialismus der DDR war stets die Übereinstimmung des eigenen Schreibens mit der marxistischen Lehre. Konsequenterweise zeichnete ihn der Ministerrat der DDR mit dem Vaterländischen Verdienstorden in Silber aus (*Neues Deutschland*, 27. Februar, S. 2).

Dieses Muster lässt sich auch an den anderen Erzählungen aufzeigen. Ich beschränke mich auf *Nicht die Mörder, die Ermordeten sind schuldig* (vgl. Forner 1975e, S. 139–150). Gegenstand ist die Polizeigewalt im Zusammenhang der verbotenen Berliner Maikundgebungen von 1929, die über 30 Menschenleben forderte und als ‚Blutmai' in die Geschichte einging. Forner übernimmt die kommunistische Position, nach der „die klassenbewußten Arbeiter" von den Schüssen „[e]ntmenschte[r] Polizisten" getötet wurden, da „die herrschende Klasse" unter der Leitung des sozialdemokratischen Polizeipräsidenten Karl Zörgiebel „einen Präzedenzfall schaffen" wollte (Forner 1975e, S. 143). Ein Untersuchungsausschuss mit Beteiligung von Heinrich Mann, Egon Erwin Kisch, Alfred Döblin u. a. war zu dem Ergebnis gekommen, dass die Arbeiter nur ihr Demonstrationsrecht ausübten, während der Polizeipräsident die angespannte Lage eskalieren ließ (vgl. Forner 1975e, S. 144–146). Wie Reichskanzler Hermann Müller, ebenfalls ein Sozialdemokrat, habe Zörgiebel die Arbeiterklasse zugunsten der „ökonomischen Klasseninteressen der Monopol- und Konzernherren" verraten (Forner 1975e, S. 141). Sie alle – und hier zitiert Forner (1975e, S. 142) aus Lenins *Was tun?* (Stuttgart 1902) – hätten sich damit als ‚Agenten der Bourgeoisie' erwiesen.

Ausgangs- und Schlusspunkt der Erzählung bildet der Prozess gegen den Redakteur der kommunistischen *Arbeiterstimme* aus Dresden, Bruno Goldhammer, vor dem Leipziger Reichsgericht. Am Anfang steht ein langes wörtliches Zitat aus der Beschlussfassung zur Konfiszierung der Ausgabe vom 2. Mai. Am Ende gibt Forner auf 100 Zeilen Goldhammers autobiographische Ausführungen zum Prozessverlauf direkt wieder. Insgesamt besteht über die Hälfte der Textmenge aus markierten Zitaten, was für eine Pitavalgeschichte alles andere als ungewöhnlich ist.

Charakteristisch für Forners Gattungsadaption sind zwei Aspekte: Zum einen betrifft dies die weitreichende zeitliche Kontextualisierung, die von 1902 (Lenins Schrift) bis 1933 reicht, da Forner (1975e, S. 145) in den Ereignissen um den ‚Blutmai' ein Vorspiel der nationalsozialistischen Machtergreifung erkennt. Besonders kennzeichnend für die sozialistische Rezeption des Pitavals ist zum anderen die Politisierung der Prozesse. Hierfür nutzt Forner (1975e, S. 147–150) das wörtliche Protokoll eines Gesprächs mit Goldhammer. Forners Angabe, es handle sich um mündliche Auskünfte, die ihm der Redakteur privat mitgeteilt habe, lässt sich nicht überprüfen. Eine schriftliche Quelle scheint er jedoch nicht verwendet zu haben. Goldhammer stellt den ganzen Prozess, der ihm eine Verurteilung zu einem Jahr Festungshaft einbrachte, als Paradefall „Weimarer Klassenjustiz" dar (Forner 1975e, S. 150). Aber

[9] Diese Verschiebung der Pitaval-Autorschaft von Juristen hin zu Journalisten erfolgte bereits im 19. Jahrhundert und hat damit zu tun, dass zwischenzeitig Tagesaktualität der Fälle ein wichtiges Kriterium war. Im 20. Jahrhundert liegt der Fokus dann auf der Historizität bzw. der Geschichtsphilosophie.

mehr noch: Der Dresdner Redakteur veranschaulicht den geschichtsphilosophischen Ansatz seiner Verteidigung. Doch sei das Argument, dass er „die historische Schuld der rechten SPD-Führer [...] an der Entmachtung der Arbeiterklasse und am Sieg der Bourgeoisie nach der Novemberrevolution 1918“ nachwies, nicht zum Reichsgerichtspräsidenten durchgedrungen (Forner 1975e, S. 148). Diesen interessierte nur die Kritik der Reichsregierung in der aktuellen Berichterstattung der *Arbeiterstimme* unabhängig von größeren geschichtlichen Zusammenhängen. Sowohl aus bundesrepublikanischer als auch aus der Sicht der Weimarer Rechtswirklichkeit verwundert dies kaum, doch ist es vor Forners *sozialistischem* Hintergrund durchaus bemerkenswert. Denn Gesetzlichkeit ist in der DDR immer kämpferisch und dem Marxismus-Leninismus verpflichtet (vgl. Schmidt-Recla 2022, S. 117f.), sie ist, wie Adrian Schmidt-Recla (2022, S. 120) ausführt, „eine Funktion des Klassenkampfes“. Recht und Gerechtigkeit sind nach sozialistischem Verständnis einer objektiven Gesetzlichkeit unterworfen, die ihren Ausdruck im historisch notwendigen Ablauf der kommunistischen Revolution findet (vgl. Schmidt-Recla 2022, S. 134). Goldhammers Ausführungen und Forners Kontextualisierungen sind so betrachtet nur konsequent. Der „Versuch, die Vertreter der bürgerlichen Klassenjustiz“ mit diesen Argumenten „zu überzeugen“ (Forner 1975e, S. 149), muss jedoch scheitern, da die Weimarer Richter die geschichtsphilosophischen Prämissen nicht teilen. Charakteristisch für diese Form der Pitaval-Adaption ist insofern der Umstand, dass nicht der Prozess an sich interessiert, sondern dessen (als defizitär wahrgenommene) Autonomie von der sozialistischen Gesetzlichkeit.

Insgesamt umfasst die 1975er Erstausgabe des *Dresdner Pitavals* 17 Geschichten. Die Hardcover-Ausgabe aus dem Jahr 1979 ist mit 33 Erzählungen fast doppelt so umfangreich. Demgegenüber wird in der Taschenbuch-Ausgabe von 1988 mit *Old Shatterhand als Verfolgter* eine Geschichte gestrichen, die zum ursprünglichen Kanon zählte (siehe Tabelle 2). Dem eigentlichen Prozessteil dieser Erzählung sind Ausführungen vorangestellt, die den Autor des *Old Shatterhand*, Karl May, in Misskredit bringen. Denn dieser mache eben jene Orte zu Schauplätzen seiner Romane, die aufgrund aktueller kriegerischer Auseinandersetzungen öffentliche Aufmerksamkeit finden. Der Krieg werde damit nicht nur zur Werbemaschinerie für seine Literatur, sondern diese zugleich zum Wegbereiter für Nationalismus, Militarismus und Imperialismus (vgl. Forner 1975d, S. 78–80). Die Jugend, deren Geist May vernebele, sei daraufhin nach Forner (1975d, S. 89) im Ersten Weltkrieg „verblutet“. Überhaupt fehle den Romanen jeglicher Gehalt marxistischer Philosophie und das politisch erzeugte Leid der Völker verkomme zur schauerromantischen Kulisse (vgl. Forner 1975d, S. 80f.). Wo etwa die amerikanischen Kolonisten die Ureinwohner ausrotten, erzähle May die Abenteuer von den *Helden des Westens*. Doch privat werde May selbst Opfer des „Wolfsgesetz[es] der kapitalistischen Welt“ (Forner 1975d, S. 83), die den gefeierten Autor fallen ließ, sobald seine prekäre Vergangenheit publik wurde. Forner (1975d, S. 83–89) zitiert in diesem Zusammenhang umfangreich (knapp 50 % des Gesamttextes) aus einem Urteil (und dessen Begründung) vom 13. April 1870. May wurde in mehreren Diebstahls- und Betrugsfällen schuldig gesprochen, in denen er sich u. a. als Geheimpolizist ausgab, um vermeintliches Falschgeld zu konfiszieren.

Im *Neuen Deutschland* erschien am 11./12. September 1982 eine Sammelrezension des späteren Karl May-Biographen Christian Heermann. Neben Forners *Dresd-*

ner Pitaval bespricht er Walter Fellmanns *Leipziger Pitaval* sowie drei Pitavale des Autorentrios Kaiser, Moc und Zierholz. Goldstandard hat für Heermann (1982) dabei Kischs *Prager Pitaval*. Diese Sammlung vereine zwei Voraussetzungen, die notwendig seien, um das „Pitavalprädikat" zu verleihen, namentlich „akribische Sorgfalt" bei der Wahrheitsfindung und ein „parteiliche[r] Klassenstandpunkt" als Grundlage, um „die klassenbedingten Wurzeln von Verbrechen und Justizaktionen in der Ausbeutergesellschaft" offenzulegen. Wohlgemerkt müssen beide Qualitätskriterien erfüllt sein, denn wer schlampig recherchiert, riskiere, dass der aufmerksame Leser auch hinsichtlich der geschichtsphilosophischen Wahrheit unnötig verunsichert werde. Gerade hier entzündet sich Heermanns Unwille gegenüber Forner. Dessen Angriff auf May sei zumindest in Teilen unbegründet: Denn warum sollte ein Roman, der in Persien spielt, auf die historisch im selben Zeitraum angesiedelte Kanonenbootpolitik Chinas eingehen (vgl. Forner 1975d, S. 81f.; Heermann 1982)? Diese Ausführungen wiederholt Heermann (1995, S. 111) im Rahmen einer monographischen Darstellung und erhebt dabei explizit einen Verfälschungsvorwurf.

Über ein Gattungsbewusstsein, das über Kisch hinaus bis zum ‚Alten Pitaval' zurückreicht, verfügt der Rezensent offensichtlich nicht, wenn er das „überlange[ ] Zitieren" generell als Verschwendung von Seitenraum ansieht. Denn gerade der Präsentation des authentischen Aktenmaterials kommt bei Gayot de Pitaval ein hoher Stellenwert zu (vgl. Achermann et al. 2022). Der Pariser Advokat wird damit zum Vorreiter eines Dokumentarismus, den sich der sozialistische Realismus zu eigen macht. Allerdings ist es mit dem Königlichen Bezirksgericht Mittweida eine Institution der Klassenjustiz, der Forner durch das Zitat breiten Raum gewährt. Dass May in erster Linie zum Justizopfer geworden ist, sei daher kaum zu erkennen (Heermann 1982). Stattdessen erwartet Heermann (1982) von „ein[em] sozialistische[n] Pitaval", dass dieser sich „am konkreten Fall" gegen die bundesrepublikanische Tendenz zur bürgerlichen „Geschichtsklitterung" zur Wehr setze, und dies könne eben nur dann gelingen, wenn man ebenso sorgfältig nachforsche wie ein Egon Erwin Kisch.

Tab. 2 Überblick über den Bestand der Geschichten in den verschiedenen Ausgaben von Willy Forners *Dresdner Pitaval*

	Historische Einordnung	**TB 1975**	**HC 1979**	**TB 1988**
Ein Hexenprozeß	1520	X	X	X
Ein Adelskomplott	1591	X	X	X
Das Ende einer Räuberbande	1623	X	X	X
August der Starke schiebt seine Mätresse ab	1716		X	X
Der „Narr" und der „Gerechte"	1790	X	X	X
Mordsache von Kügelgen	1820	X	X	X
Der Doppelmord auf der Festung Königstein	1831		X	X
Der Fall Röckel	1849	X	X	X
Old Shatterhand als Verfolgter	1870	X	X	
August Bebel auf dem Königstein	1874	X	X	X
Die Attacken des Rittmeisters von Tümpling	1885		X	X

Der Freiberger Sozialistenprozeß	1886		X	X
Der verschwundene Geheimbefehl Herzog Georgs	1892	X	X	X
Der „wilde Lehmann“	1899	X	X	X
Das Löbtauer Zuchthausurteil	1899	X	X	X
Die „Hochverräter“ aus dem „Roten Grund“	1917		X	X
Sieben Jahre unschuldig im Zuchthaus	1921	X	X	X
Der blutige Sonnabend in Freiberg	1923		X	X
Der Brezelmann und die „Bierleiche“	1927		X	X
Der Tod des Schlosserlehrlings Höhl	1928		X	X
Nicht die Mörder, die Ermordeten sind schuldig	1929	X	X	X
Die Rote Loge	1930	X	X	X
Ein Fememord	1932	X	X	X
Zwischenspiel im Forsthaus Rosenthal	1935	X	X	X
Das Verbrechen in der Schneise 31	1935		X	X
Pfau und Bluthund	1934	X	X	X
Wie der Kriminalfall Braunschweig zum Kriminalfall Preusker wurde	1944		X	X
Der Doppelmord im Schatten der Martin-Luther-Kirche	1946		X	X
Späte Sühne	1934		X	X
Die Todesfahrt der Anna Heinze	1948		X	X
„Herr Schulz“ und das „Mädchen mit Brief“	1950		X	X
Kriminalsekretär Beyerleins letzter Fall	1950		X	X
Das Mädchen und die Feldmütze mit dem roten Stern	1954		X	X

Insgesamt fällt innerhalb der Druckgeschichte des *Dresdner Pitavals* auf, dass in der zweiten Ausgabe von 1979 alle Zeiträume der Erstausgabe erweitert werden, wobei der Bestand an Fällen aus der Zwischenkriegszeit und aus der Zeit des Nationalsozialismus sogar verdoppelt wird (siehe Tabelle 3). Außerdem kommen erstmals Geschichten aus der Nachkriegszeit hinzu, die knapp ein Fünftel der Neuausgabe einnehmen. Was den prozentualen Anteil angeht, nimmt die Bedeutung der Zeit vor der Französischen Revolution, des Frühsozialismus bis 1848 sowie des

Tab. 3 Überblick über die historische Verteilung der Prozesse, die den Geschichten in Forners *Dresdner Pitaval* zugrunde liegen

Vor der Französischen Revolution	bis 1789	18%	12%	12,5%
Frühsozialismus	1790–1848	12%	9%	9%
Moderner Sozialismus bis zum Ersten Weltkrieg	1848–1914	35%	24,5%	22%
Erster Weltkrieg und Zwischenkriegszeit	1914–1933	23%	24,5%	25%
Nationalsozialismus und Zweiter Weltkrieg	1933–1945	12%	12%	12,5%
Nachkriegszeit	nach 1945	0%	18%	19%
		17	33	32

modernen Sozialismus vor dem Ersten Weltkrieg sogar etwas ab. Der Schwerpunkt der Sammlung verschiebt sich damit ins 20. Jahrhundert.

4 Sozialistischer Pitaval: zweckheteronome Adaption einer Gattung

Die vorausstehenden Ausführungen skizzieren zum einen die äußeren Bedingungen, unter denen Pitavale in der DDR entstehen und erscheinen konnten, und stellen zum anderen die besondere Faktur dieser Sammlungen als eine Voraussetzung einer rechtspropagandistischen Funktionalisierung der überkommenen Rechtsfälle dar. Dadurch gewinnt die genuin sozialistische Ausformung des Pitavals an Profil. Zusammenfassend ist festzuhalten, dass die Parteielite der DDR schnell das Selbstverständnis ausbildete, in einer sozialistischen Übergangsgesellschaft auf dem notwendigen Weg zum Kommunismus zu leben, in dem mit den Klassengegensätzen auch die Kriminalität überwunden sein sollte. Jeder einzelne Bürger habe zur Verwirklichung dieses geschichtlichen Auftrags einen schöpferischen Beitrag zu leisten; im Bereich des sozialistischen Rechtsbewusstseins betrifft dies insbesondere die Prävention von Verbrechen. Jene Rechtsbrüche, die sich trotz allem nicht verhindern ließen, verfügen über eine ideologisch nutzbare Potenz, wenn sie für ein breites Publikum rechtserzieherisch aufbereitet werden. Der besondere Einzelfall lässt sich massenwirksam emotionalisieren und wird zum Symptom gesellschaftlicher Missstände, die es unter Aktivierung der Rezipienten zu überwinden gelte. Dafür ist es nicht hinreichend, lediglich Kenntnisse über die geltenden Rechtsnormen zu vermitteln, diese müssen vielmehr erläutert und in die marxistisch-leninistische Weltanschauung verortet werden. Eine derart gestaltete Rechtspropaganda könne nach der herrschenden Lehrmeinung nicht nur die Überlegenheit des Sozialismus über Kapitalismus und Imperialismus beweisen, sondern auch zur Herausbildung eines neuen Menschentyps mit einem klassenkämpferischen Bewusstsein beitragen.

In zweiter Linie gilt dies auch für historische Kriminalfälle und ihre Sammlung in Pitavalen. Diese stehen in einem Übergangsbereich von der juristisch-journalistischen Mischgattung des Gerichtsberichts zur dokumentarischen Kriminalliteratur. Die Prozess- und Verbrechensgeschichten gelten als wahrheitsgetreu, was aber eine literarische Bearbeitung nicht ausschließt. Gayot de Pitaval erscheint in den Paratexten der in der DDR gedruckten Sammlungen als Vorreiter eines Dokumentarismus im Sinne des sozialistischen Realismus. Bei der Bearbeitung der Einzeltexte wird die Wirklichkeitsnähe jedoch der Parteilichkeit und Parteinahme untergeordnet. Einen für die Gattungsrezeption wichtigen Zwischenschritt stellt dabei Kischs *Prager Pitaval* dar, der nicht nur regional zugeschnitten ist, sondern die Sympathien der Leser ganz auf die Gauner lenkt. Die Pitavale der DDR weisen dementsprechend die sozioökonomischen, politischen und kulturellen Verhältnisse als eigentliche Ursachen kriminellen Verhaltens aus. Die politische Funktion besteht darin, ein Unrechtsgefühl im Rezipienten auszulösen, wodurch die Täter zunächst als Opfer der gesellschaftlichen Umstände und dann der jeweils herrschenden Justiz erscheinen. Ihre Schuld bestehe darin, als Einzelne zu agieren, wo sie unter Führung der marxistischen Partei in den Klassenkampf hätten eintreten müssen.

Sozialistische Pitavale ersetzen das bei Gayot juristische, später anthropologische und psychologische Interesse an Verbrechen durch ein ideologisches und erzählen eine Geschichte der Klassenjustiz als eine vorsozialistisch-transhistorische Invariante, wobei ein Schwerpunkt oft auf den Verbrechen im Nationalsozialismus liegt. Die kaiserzeitliche, Weimarer oder faschistische Justiz erscheinen im Unrecht verbunden und damit als Gegenpol zu Recht und Gesetzlichkeit der sozialistischen Welt. Diese alten Geschichten werden dabei auf die Gegenwart der Rezipienten hin aktualisiert, um einen rechtspropagandistischen Nutzen zu erzielen. Durch geschichtsphilosophische und gesellschaftspolitische Einbettung werden die Rechtsfallerzählungen zur Rechtspropaganda. Die Verfasser selbst fällen nach dem historischen ein zweites Urteil, das weder rechtshistorisch korrekt noch poetisch gerecht, sondern ‚sozialistisch gesetzlich' zu sein hat.

5 Ein „neufünfländisches" Nachspiel

Auch wenn mit dem Ende der DDR die staatlich fundierte Verbindlichkeit des Marxismus-Leninismus sowie die Notwendigkeit sozialistischer Rechtserziehung und Rechtspropaganda entfielen, besteht die Möglichkeit, einen ‚sozialistischen Pitaval' zu schreiben, freilich unverändert fort. Auf dem Vorsatzblatt eines Buches, mit dem der Verfasser einen solchen Versuch unternahm und das 2009 in der Bundesrepublik verlegt wurde, heißt es:

> Als die Bundesrepublik die DDR übernahm, änderte sich vieles: die Kaufhallen wurden voller, die Arbeitsplätze rarer, und wer noch konnte, konnte ans Mittelmeer reisen. Und es kam das bürgerliche Recht in Form des BGB. Das Bürgerliche Gesetzbuch ist, wie man im Osten nun erfahren konnte, deshalb so dick, weil es viel mehr Verbrechen kennt als, beispielsweise, das Zivilgesetzbuch der DDR. Der Autor dieses Buches beschreibt hier, ganz in der Manier seines Vorgängers Gayot de Pitaval, einige der ‚merkwürdigsten Rechtsfälle', die sich in Neufünfland ereigneten und die man hier ohne Wiedervereinigung vermutlich nicht hätte erdulden müssen. Es handelt sich um Verbrechen, wie sie in der kapitalistischen Welt an der Tagesordnung sind, Mord also und Korruption, Unterschleif, Veruntreuung, hanebüchene Finanzdeals. Hinzu kommen Fälle von physischer, psychischer, ökonomischer Existenzvernichtung, Verleumdung, Nazigewalt, Verschleuderung von Volksvermögen –, Fälle, wie sie sich hierzulande nur nach Niederwerfung des Sozialismus ereignen konnten. (Huhn 2009a, Vorsatzblatt)

Was der verlegerische Paratext des Buches *Einmarsch der Verbrecher. Wie die Kriminalität den Osten eroberte* stark macht, ist die ideologische Gewissheit, dass es in sozialistischen Staaten wie der DDR keines der aufgezählten Verbrechen gegeben habe, ja dass die Gesellschaftsform die Möglichkeit derartiger Straftaten ausgeschlossen habe. Damit fällt der Verfasser hinter den oben dargelegten Erkenntnisstand der Rechtwissenschaft in der DDR zurück. Außerdem hinkt der Vergleich von BGB und Zivilgesetzbuch beträchtlich: Quantitativ mag das eine Buch ja dicker sein als das andere, das ändert aber weder etwas daran, dass Mord und andere Straftaten in den jeweiligen StGBs behandelt werden. Noch lässt sich von einer detaillierteren

Regulierung auf der Normgebungsseite auf die Fallzahlen bei der Normanwendung schließen. Dem *Neufünfland-Pitaval* – so der Untertitel in Anspielung auf die fünf neuen Bundesländer – fehlt für eine Rechtserziehung, die wie gezeigt vor jeder ideologischen Indienstnahme zunächst Rechtskenntnisse zu vermitteln hat, somit die notwendige Sorgfalt und Expertise.

Um nachzuvollziehen, warum Huhn dennoch einen ‚Pitaval' schreibt, ist zunächst seine Vorstellung von Gayot de Pitaval zu rekonstruieren. Dass diese eine historisch falsche Vorstellung von der Rechtspraxis im Ancien Régime vermittelt, ist dabei unwichtig, passt jedoch zum geschichtsrevisionistischen Gesamteindruck, den das Werk nach der Rezeption hinterlässt. So heißt es im Vorwort, „Pitaval war mit der Schreibfeder durch die Gerichtssäle seiner Zeit gezogen" (Huhn 2009a, S. 11). Aus dem *advocat au parlement de Paris*, der auf der Grundlage von früheren Sammlungen, von Memoirenliteratur und aus dem Aktenwust des schriftlichen Inquisitionsprozesses seine *Causes célèbres et intéressantes* schreibt, wird ein fahrender – oder mit Egon Erwin Kisch: ein rasender – Gerichtsreporter. Gayot de Pitaval habe nach Huhn (2009a, S. 7) die Idee verfolgt, „die von ihm in Gerichtssälen notierten Fälle persönlicher Gewalttaten und sonstigen kriminellen Tuns als Buch herauszugeben". Gayot wird damit zu einem Chronisten der Kriminalität, deren Verhandlung vor Gericht er nur als Beobachter registriert, während der historische Gayot de Pitaval als Anwalt selbst in das Rechtssystem eingebunden war. Diese Außenperspektive ist wichtig, wenn es darum geht, dass Kriminalität durch das System nicht nur nicht verhindert, sondern vielmehr aktiv gefördert worden sei. Und sie ist wichtig, da sie Huhn auch für sich selbst reklamiert: Denn wie Gayot „notiere" er, „was sich nicht nur in den Autoläden verändert hatte" (Huhn 2009a, S. 11). Weiterhin zieht er die Konsequenzen aus der Relikttheorie, da den DDR-Bürgern Erfahrung mit Betrugsfällen fehlte, sodass sie unter den veränderten Umständen der Wende leicht zu Betrugsopfern werden konnten (vgl. Huhn 2009a, S. 10). Huhn (2009a, S. 7) geht sogar so weit, die Kriminalität in der DDR in Gänze als Erfindung westdeutscher Schriftsteller zu deklarieren.

Huhns Bezug auf die Pitaval-Gattung reicht jedoch noch etwas weiter. Zum einen stellt er seinem Band zusätzlich das Vorwort der Pitaval-Ausgabe Friedrich Schillers voran. Demnach enthüllt der in einem ‚Pitaval' wiedergegebene Kriminalprozess „das Innerste der Gedanken und bringt das versteckteste Gewebe der Bosheit an den Tag" (zit. nach Huhn 2009a, S. 9). Zum anderen nimmt Huhn jedoch auch in einzelnen Geschichten Bezug auf Gayot. So etwa in *Des Großinquisitors Auskünfte*: Huhn (2009b, S. 163) beginnt damit, Zweifel zu säen. Zweifel zum einen daran, ob das, was Gayot erzählt, wirklich passiert sei. Denn schließlich gestalte sich eine Überprüfung nach so langer Zeit schwierig. Und zum anderen erweckt er Zweifel daran, wie im Einzelfall ein gerechtes Urteil denn ausfallen müsse. Als Beispiel wählt Huhn den Fall des Urbain Grandier, dem als unbescholtener Geistlicher der Prozess wegen Zauberei und Paktierens mit dem Teufel gemacht wurde. Auf drei Buchseiten fasst Huhn zusammen, wofür Gayot 200 Seiten benötigte. Letztlich wird Grandier bei lebendigem Leibe verbrannt. „Er ward das Opfer grausamer Rachsucht und falschen Zeugnisses, aber man lebte fast noch im Mittelalter" (Huhn 2009b, S. 165).

Um Grandier geht es in Huhns Pitavalgeschichte jedoch gar nicht. Der Fall dient ihm nur als Blaupause für eine vergleichbare ‚Hexenjagd' in ‚Neufünfland'. Denn so wie Grandier sei es „politisch Andersdenkende[n]" nach der Wende in der BRD ebenfalls ergangen, und zwar jenen, die noch nach dem Untergang der DDR am Sozialismus festhielten (Huhn 2009b, S. 165). Konkret denkt er an den Rektor der Universität Jena, Gerhard Riege, der 1990 für die PDS in den ersten gesamtdeutschen Bundestag einzog. Als „geistiger Erbe der Großinquisitoren aus deren dunkelster Zeit" habe Joachim Gauck, damals noch nicht Bundespräsident, sondern Bundesbeauftragter für die Stasi-Unterlagen, einen „Rachefeldzug" angeführt, der Riege und andere in den Selbstmord getrieben habe (Huhn 2009b, S. 166). Völlig assoziativ setzt Huhn den einstigen Hexereiprozess und die Ereignisse seiner Gegenwart in eins, um jene Zweifel, die geschichtswissenschaftlich durchaus als berechtigt erwiesen sind (vgl. Siebenpfeiffer 2025), auf die Integrität „des Großinquisitors Gauck" (Huhn 2009b, S. 179) und der Bundesbehörde für die Stasi-Unterlagen zu übertragen.

Dieses Engagement ist dabei alles andere als zufällig, denn Huhn, den der Klappentext als DDR-Sportjournalist und Gründer des Spotless-Verlags ausweist, war selbst Inoffizieller Mitarbeiter. Die Aufarbeitung der Stasi-Vergangenheit diskreditiert der selbst betroffene Autor in seinem Pitaval daher als mittelalterliche Hexenjagd. Letztlich könne Gauck froh sein, in einer Zeit ohne Scheiterhaufen zu leben (vgl. Huhn 2009b, S. 179). Den Äußerungen, welche die Grenzen der Meinungsfreiheit weidlich auskosten, und die in einem Verlag erschienen, der als ‚Lob- und Jubelforum' für das Ministerium für Staatssicherheit und die Nationale Volksarmee gilt (vgl. Lühmann 2007), fehlt nach dem Ende des Staatssozialismus in den ostdeutschen Bundesländern jede rechtspropagandistische Vision. An die Stelle der Demonstration eigener Überlegenheit tritt die Verunglimpfung des politischen Gegners und an die der Erziehung des ‚neuen Menschen' die Entmenschlichung Andersdenkender. Huhns *Neufünfland-Pitaval* gerät zur persönlichen Abrechnung, das Werbeversprechen eines ‚sozialistischen Pitavals' löst das Buch damit nicht ein.

Literaturverzeichnis

Quellen

Buchholz, Irmgard. 1974. Beratung über Ursachen der Kriminalität und ihre Bekämpfung. *Staat und Recht* 23(5): S. 853–856.

Christoph, Karl-Heinz. 1977a. Erfahrungen auf dem Gebiet der Rechtserziehung und Rechtspropaganda. *Neue Justiz. Zeitschrift für Recht und Rechtswissenschaft* 31(4): S. 100–105.

Christoph, Karl-Heinz. 1977b. Rechtspropaganda – wirksames Instrument der politischen Massenarbeit. *Neue Justiz. Zeitschrift für Recht und Rechtswissenschaft* 31(13): S. 398–400.

Christoph, Karl-Heinz. 1983. Gerichte und Staatliche Notariate unterstützen die Rechtspropaganda in Massenmedien. *Neue Justiz. Zeitschrift für sozialistisches Recht und Gesetzlichkeit* 37(4): S. 154–155.

Christoph, Karl-Heinz, und Karl A. Mollnau. 1981. Aufgaben der Rechtspropaganda. *Neue Justiz. Zeitschrift für sozialistisches Recht und Gesetzlichkeit* 35(9): S. 391–395.

Christoph, Walter, und Klaus Rubitzsch. 1978. Auswertung der Fernsehreihe ‚Der Staatsanwalt hat das Wort' in Betrieben. *Neue Justiz. Zeitschrift für sozialistisches Recht und Gesetzlichkeit* 32(2): S. 74–75.

Dettenborn, Harry, Karl A. Mollnau. 1976. Überlegungen zum Inhalt der sozialistischen Rechtserziehung. *Neue Justiz. Zeitschrift für Recht und Rechtswissenschaft* 30(10): S. 281–285.

Eggert, Helmuth. 1950. *Die wahrhaften Geschichten des alten Pitaval. Merkwürdige Rechtsfälle als ein Beitrag zur Geschichte der Menschheit.* 2. Aufl. Erfurt: Richter.

Fellmann, Walter. 1978a. *Leipziger Pitaval.* Berlin (O.): Militärverlag der DDR.

Fellmann, Walter. 1978b. Ein Frauenschicksal der Carpzow-Zeit, In *Leipziger Pitaval*, S. 3–9. Berlin (O.): Militärverlag der DDR.

Fellmann, Walter. 1978c. Mordsache Woyzeck. In *Leipziger Pitaval*, S. 64–74. Berlin (O.): Militärverlag der DDR.

Fischer, Heiner, und Otto Schröder. 1982. Massenverbundene und massenwirksame staatliche Öffentlichkeitsarbeit im Geist und Stil des X. Parteitages der SED. *Staat und Recht* 31(8–9): S. 702–712.

Forner, Willy. 1975a. *Dresdner Pitaval. Kriminalfälle aus vier Jahrhunderten.* Berlin (O.): Militärverlag der Deutschen Demokratischen Republik.

Forner, Willy. 1975b. *Ein Adelskomplott.* In *Dresdner Pitaval. Kriminalfälle aus vier Jahrhunderten*, S. 13–22. Berlin (O.): Militärverlag der Deutschen Demokratischen Republik.

Forner, Willy. 1975c. *August Bebel auf dem Königstein.* In *Dresdner Pitaval. Kriminalfälle aus vier Jahrhunderten*, S. 67–77. Berlin (O.): Militärverlag der Deutschen Demokratischen Republik.

Forner, Willy. 1975d. *Old Shatterhand als Verfolgter.* In *Dresdner Pitaval. Kriminalfälle aus vier Jahrhunderten*, S. 78–90. Berlin (O.): Militärverlag der Deutschen Demokratischen Republik.

Forner, Willy. 1975e. *Nicht die Mörder, die Ermordeten sind schuldig.* In *Dresdner Pitaval. Kriminalfälle aus vier Jahrhunderten.* S. 139–150. Berlin (O.): Militärverlag der Deutschen Demokratischen Republik.

Forner, Willy. 1979. *Dresdner Pitaval. Kriminalfälle aus vier Jahrhunderten.* Berlin (O.): Militärverlag der Deutschen Demokratischen Republik.

Forner, Willy. 1988. *Dresdner Pitaval. Kriminalfälle aus vier Jahrhunderten.* Berlin (O.): Militärverlag der Deutschen Demokratischen Republik.

Gelbhaar, Dorle. 1986. Warum Kriminalliteratur erforschen? Versuch über Spezifik und Wirkungsmöglichkeiten unserer Kriminalliteratur. *Weimarer Beiträge* 32(1): S. 89–108.

Hämmerlein, Heinz, Karl-Heinz Prabutzki und Peter Przybylski. 1972. Probleme der Öffentlichkeitsarbeit in der Rechtspflege. *Neue Justiz. Zeitschrift für Recht und Rechtswissenschaft* 26(21): S. 627–632.

Häring, Wilhelm, und Julius Eduard Hitzig. 1843. Der Pfarrer Riembauer (1807–1813–1818). In *Der neue Pitaval. Eine Sammlung der interessantesten Criminalgeschichten aller Länder aus älterer und neuerer Zeit.* Bd. 4, S. 99–148. Leipzig: F. A. Brockhaus.

Heermann, Christian. 1982. Für den Pitaval – als Literaturgenre hat Egon Erwin Kisch Maßstäbe gesetzt. *Neues Deutschland*, 11./12. September 1982: S. 14.

Hennig, Walter, und John Lekschas. 1977. Das historisch bedingte Wesen der Kriminalität und Grundlinien kriminologischer Forschung in der DDR. *Staat und Recht* 26(11): S. 1147–1156.

Honecker, Erich. 1971. *Bericht des Zentralkomitees an den VIII. Parteitag der SED, Berlin, 15. bis 19. Juni 1971.* Berlin (O.): Dietz.

Huhn, Klaus (2009a): *Einmarsch der Verbrecher. Wie die Kriminalität den Osten eroberte. Ein Neufünfland-Pitaval.* Mit einem Vorwort von Friedrich Schiller. Berlin: edition ost.

Huhn, Klaus (2009b): Des Großinquisitors Auskünfte. In *Einmarsch der Verbrecher. Wie die Kriminalität den Osten eroberte. Ein Neufünfland-Pitaval.* Mit einem Vorwort von Friedrich Schiller, S. 163– 179. Berlin: edition ost

Kaiser, Peter, Norbert Moc und Heinz-Peter Zierholz. 1987a. *Ein schöner Sarg und keine Leiche. Berliner Pitaval.* Berlin (O.): Tribüne.

Kaiser, Peter, Norbert Moc und Heinz-Peter Zierholz. 1987b. *Ein schöner Sarg und keine Leiche.* In *Ein schöner Sarg und keine Leiche. Berliner Pitaval*, S. 147–179. Berlin (O.): Tribüne.

Kaiser, Peter, Norbert Moc und Heinz-Peter Zierholz. 1987c. *Eine märkische Tragödie*. In *Ein schöner Sarg und keine Leiche. Berliner Pitaval*, S. 38–62. Berlin (O.): Tribüne.

Kaiser, Peter, Norbert Moc und Heinz-Peter Zierholz. 1991. *Am Fallbeil führt kein Weg vorbei*. Berlin: Dietz.

Kisch, Egon Erwin. [1926] 1993. Zweihundert Jahre Pitaval. Jubiläum des Gründers des Kriminalschrifttums. In *Der freche Franz. Vom Blütenzweig der Jugend. Nachgelassenes und Verstreutes*, S. 159–163. Berlin/Weimar: Aufbau.

Kisch, Egon Erwin. [1931] 1952. *Prager Pitaval*. Berlin (O.): Aufbau.

Kräupl, Günther. 1984. Des Merkens würdige Kriminalfälle – 250 Jahre Pitaval. *Neue Justiz. Zeitschrift für sozialistisches Recht und Gesetzlichkeit* 38(9): S. 353–354.

Krause, Udo. 1973. Probleme der Rechtspropaganda aus der Sicht eines Journalisten. *Neue Justiz. Zeitschrift für Recht und Rechtswissenschaft* 27(14): S. 409–413.

Krause, Udo. 1976. Erfahrungen aus der rechtspropagandistischen Arbeit des Rundfunks der DDR. In *Sozialistisches Rechtsbewußtsein – Herausbildung und gesellschaftliche Wirkung. 4. Tagung des Rates für staats- und rechtswissenschaftliche Forschung der Akademie der Wissenschaften der DDR vom 28. November 1975*. Hrsg. Gerhard Schüßler, S. 92–95. Berlin: Akademie.

Läuter, Christa. 1982. Gemeinsame Verantwortung der Juristen und Journalisten für die wirksame Erläuterung des sozialistischen Rechts. *Neue Justiz. Zeitschrift für sozialistisches Recht und Gesetzlichkeit* 36(4): S. 177.

Leuschel, Rolf. 1976. Erfahrungen des Fernsehens der DDR für eine wirksame Rechtspropaganda. In *Sozialistisches Rechtsbewußtsein – Herausbildung und gesellschaftliche Wirkung. 4. Tagung des Rates für staats- und rechtswissenschaftliche Forschung der Akademie der Wissenschaften der DDR vom 28. November 1975*. Hrsg. Gerhard Schüßler, S. 96–97. Berlin: Akademie.

Mollnau, Karl A. 1976. Zur Bestimmung des Inhalts der sozialistischen Rechtserziehung. In *Sozialistisches Rechtsbewußtsein – Herausbildung und gesellschaftliche Wirkung. 4. Tagung des Rates für staats- und rechtswissenschaftliche Forschung der Akademie der Wissenschaften der DDR vom 28. November 1975*. Hrsg. Gerhard Schüßler, S. 31–34. Berlin: Akademie.

Mühlmann, Manfred. 1976. Zu Problemen der Rechtspropaganda und der Entwicklung des sozialistischen Rechtsbewußtseins aus der Sicht des Zivilrechts. In *Sozialistisches Rechtsbewußtsein – Herausbildung und gesellschaftliche Wirkung. 4. Tagung des Rates für staats- und rechtswissenschaftliche Forschung der Akademie der Wissenschaften der DDR vom 28. November 1975*. Hrsg. Gerhard Schüßler, S. 61–63. Berlin: Akademie.

Pfeiffer, Hans. 1962a. *Mordfälle aus dem neuen Pitaval*. Rudolstadt: Greifenverlag.

Pfeiffer, Hans. 1962b. Mörder zum Ruhme Gottes. In *Mordfälle aus dem neuen Pitaval*, S. 17–42. Rudolstadt: Greifenverlag.

Przybylski, Peter. 1980. Öffentlichkeitsarbeit – fester Bestandteil der Bekämpfung der Kriminalität. *Neue Justiz. Zeitschrift für sozialistisches Recht und Gesetzlichkeit* 34(2): S. 55–57.

Przybylski, Peter. 1985. Öffentlichkeitsarbeit der Staatsanwälte. *Neue Justiz. Zeitschrift für sozialistisches Recht und Gesetzlichkeit* 39(1): S. 20–22.

Redaktion, Die. 1978. Wirksamkeit des Gerichtsberichts erhöhen. *Neue Justiz. Zeitschrift für sozialistisches Recht und Gesetzlichkeit* 32 (10): S. 437–438.

Riemann, Käthe. 1978. Rechtspropaganda und Rechtserziehung. *Neue Justiz. Zeitschrift für sozialistisches Recht und Gesetzlichkeit* 32(12): S. 538–539.

Scheuffler, Gottlieb. 1959. *Die gute Kriminalgeschichte*. Rudolstadt: Greifenverlag.

Schüßler, Gerhard. 1976. Zur Entwicklung des sozialistischen Rechtsbewußtseins. In *Sozialistisches Rechtsbewußtsein – Herausbildung und gesellschaftliche Wirkung. 4. Tagung des Rates für staats- und rechtswissenschaftliche Forschung der Akademie der Wissenschaften der DDR vom 28. November 1975*. Hrsg. Gerhard Schüßler, S. 7–20. Berlin: Akademie.

Thiel, Horst, und Klaus Ullmann. 1979. Wirksame Rechtspropaganda in den Massenmedien. *Neue Justiz. Zeitschrift für sozialistisches Recht und Gesetzlichkeit* 33(11): S. 497–498.

Vollert, Anton. 1877. *Der neue Pitaval. Eine Sammlung der interessantesten Criminalgeschichten aller Länder aus älterer und neuerer Zeit*. Neue Serie, Bd. 12. Leipzig: F. A. Brockhaus.

Forschung

Achermann, Eric. 2025. Recht und Literatur im Wettstreit. Das Parlement de Paris als Hort beredter Billigkeit. In *In dubio. Zweifel vor Gericht im Pitaval.* Hrsg. Eric Achermann, Peter Oestmann und Sebastian Speth. Berlin: J. B. Metzler [im. Druck].

Achermann, Eric, Kathrin Löhr, Peter Oestmann und Sebastian Speth. 2022. Pitaval/*Causes célèbres*. In *Enzyklopädie Recht und Literatur*. Hrsg. Thomas Gutmann, Eberhard Ortland und Klaus Stierstorfer, URL: https://lawandliterature.eu/index.php/de/inhalt?view=article&id=37&catid=11 (zugegriffen am 21. Februar 2025).

Foik, Melanie, und Kathrin Löhr. 2023. Pitaval's Journeys. On the European Tradition of Literary Legal Case Collections. In *Europe in Law and Literature. Transdisciplinary Voices in Conversation*. Hrsg. Laura A. Zander und Nicola Kramp-Seidel, S. 211–225. Berlin/Boston: Walter de Gruyter.

Gibas, Monika. 1997. Ideologie und Propaganda. In *Die SED. Geschichte, Organisation, Politik. Ein Handbuch*. Hrsg. Andreas Herbst, Gerd-Rüdiger Stephan und Jürgen Winkler, S. 241–262. Berlin: Dietz.

Heermann, Christian. 1995. *Old Shatterhand ritt nicht im Auftrag der Arbeiterklasse. Warum war Karl May in SBZ und DDR „verboten"?* Dessau: Anhaltische Verlagsgesellschaft.

Hillich, Reinhard, und Wolfgang Mittmann. 1991. *Die Kriminalliteratur der DDR 1949–1990*. Bibliografie. Berlin: Akademie.

Holzem, Andreas. 2015. *Christentum in Deutschland, 1550–1850. Konfessionalisierung – Aufklärung – Pluralisierung*. Bd. 1. Paderborn: Ferdinand Schöningh.

Jaumann, Herbert. 2004. *Handbuch Gelehrtenkultur der Frühen Neuzeit*. Bd. 1: *Bio-bibliographisches Repertorium*. Berlin/New York: Walter de Gruyter.

Kotulla, Michael. 2008. Dreiklassenwahlrecht. In *Handwörterbuch zur deutschen Rechtsgeschichte*. Hrsg. Albrecht Cordes et al. 2., völlig überarb. u. erw. Aufl. Bd. 1, 1146–1149, zit. nach HRGdigital, URL: https://www.HRGdigital.de/HRG.dreiklassenwahlrecht (zugegriffen am 2. Februar 2025).

Lühmann, Michael. 2007. DDR-Aufarbeitung: Rosa-rote Scheinwelt. *Zeit online*, 17. August 2007 [https://www.zeit.de/online/2007/34/ddr-geschichte/komplettansicht (zugegriffen am 15. Mai 2025)].

Lüsebrink, Hans-Jürgen. 1983. *Kriminalität und Literatur im Frankreich des 18. Jahrhunderts. Literarische Formen, soziale Funktionen und Wissenskonstituenten von Kriminalitätsdarstellung im Zeitalter der Aufklärung*. München/Wien: R. Oldenbourg (= Ancien Régime. Aufklärung und Revolution, 8).

Oestmann, Peter. 2008. Aktenversendung. In *Handwörterbuch zur deutschen Rechtsgeschichte*. Hrsg. Albrecht Cordes et al. 2., völlig überarb. u. erw. Aufl. Bd. 1, 128–132, zit. nach HRGdigital, URL: https://www.HRGdigital.de/HRG.aktenversendung (zugegriffen am 24. Januar 2025).

Reitmayer, Mirjam. 2021. *Entführung und Gefangenschaft. Erfahrene Unfreiheit in gewaltsamen Konflikten im Spiegel spätmittelalterlicher Selbstzeugnisse*. Tübingen: UVK.

Rosskopf, Annette. 2002. *Friedrich Karl Kaul. Anwalt im geteilten Deutschland (1906–1981)*. Berlin: Berlin Verlag.

Schmidt-Recla, Adrian. 2022. Sozialistisches Recht, sozialistisches Rechtsverhältnis, sozialistische Person, sozialistische Gesetzlichkeit. In *Das Recht der DDR als Gegenstand der Rechtsgeschichte*. Hrsg. Adrian Schmidt-Recla und Achim Seifert, S. 115–138. Wien/Köln: Böhlau.

Schöneburg, Volkmar. 1997. Rechts- und Justizpolitik. In *Die SED. Geschichte, Organisation, Politik. Ein Handbuch*. Hrsg. Andreas Herbst, Gerd-Rüdiger Stephan und Jürgen Winkler, S. 378–388. Berlin: Dietz.

Schröder, Rainer. 2012. Klassenjustiz. In *Handwörterbuch zur deutschen Rechtsgeschichte*. Hrsg. Albrecht Cordes et al. 2., völlig überarb. u. erw. Aufl. Bd. 2, 1870–1872, zit. nach HRGdigital, URL: https://www.HRGdigital.de/HRG.klassenjustiz (zugegriffen am 24. Januar 2025).

Siebenpfeiffer, Hania. [voraussichtlich 2025.] Im Bann des Zweifels. Der ‚Fall' Urbain Grandier als Lehrstück dubioser Rechtlichkeit. In *In dubio. Zweifel vor Gericht im Pitaval*. Hrsg. Eric Achermann, Peter Oestmann und Sebastian Speth. Berlin: J. B. Metzler [im Druck].

Speth, Sebastian. 2023. True Crime. Inszenierte Gerichtsreportage im Fernsehpitaval der DDR. *Non Fiktion. Arsenal der anderen Gattungen* 18(1–2): S. 259–275.

Viehoff, Reinhold. 2006. Kontexte und Texte – Verbrechensdarstellung als Problem im Fernsehen der DDR. Versuch eines Aufrisses. In *Inszenierungen des Rechts: Schauprozesse, Medienprozesse und Prozessfilme in der DDR*. Hrsg. von Klaus Marxen und Annette Weinke, S. 151–173. Berlin: Berliner Wissenschafts-Verlag.

Wilke, Thomas. 2007. „Es ist die Wirklichkeit, die wir Ihnen vorführen ...". Friedrich Karl Kaul und die Sendereihe Weimarer Pitaval im Deutschen Fernsehfunk von 1958 bis 1962. In *Zwischen Experiment und Etablierung. Die Programmentwicklung des DDR-Fernsehens 1958 bis 1963*. Hrsg. Claudia Dittmar und Susanne Vollberg, S. 409–463. Leipzig: Leipziger Universitätsverlag.

Winkler, Jürgen. 1997. Kulturpolitik. In *Die SED. Geschichte, Organisation, Politik. Ein Handbuch*. Hrsg. Andreas Herbst, Gerd-Rüdiger Stephan und Jürgen Winkler, S. 389–404. Berlin: Dietz.

Wrage, Henning. 2006. Der Staatsanwalt hatte das Wort. Zur Repräsentation des Gerichts im Fernsehen der DDR. In *Inszenierungen des Rechts: Schauprozesse, Medienprozesse und Prozessfilme in der DDR*. Hrsg. von Klaus Marxen und Annette Weinke, S. 175–208. Berlin: Berliner Wissenschafts-Verlag.

Vom Ancien Régime über Schiller in die DDR. Friedrich Karl Kauls Sammlungen von Pitavalgeschichten in der Tradition der Gattung

Kathrin Löhr

Ein Taschentuch, das im Deutschen Kaiserreich zum republikanischen Abzeichen erklärt und damit illegal wird. Eine kleptomanische Gräfin in der Weimarer Republik. Die Watergate-Affäre und die von Beate und Serge Klarsfeld versuchte Entführung des ehemaligen SS-Sturmbannführers Kurt Lischka. – Vier Fälle, die auf den ersten Blick kaum Gemeinsamkeiten erkennen lassen. Und doch machte Friedrich Karl Kaul sie zum Gegenstand von Pitavalgeschichten, die er in der DDR einem großen Publikum sowohl in Buchform als auch im Fernsehen präsentierte.

Es mag zunächst verwundern, dass sich ein in einem sozialistischen Staat tätiger Jurist ausdrücklich in einer Texttradition verortet, deren Ursprung ausgerechnet im Frankreich des Ancien Régime liegt. Warum griff Kaul diese Gattungskonvention auf und welche Absichten verfolgte er mit dieser Art der Kriminalitätsdarstellung? Der Beitrag beleuchtet, in welche Tradition Friedrich Karl Kaul seine literarischen Rechtsfallsammlungen und die aus ebendiesem Formenkreis stammenden Fernsehsendungen stellte und was er damit bezweckte. Auf diese Weise wird eine literarhistorische Verbindung vom 18. bis ins 20. Jahrhundert sichtbar, die einen geographisch-chronologischen Bogen vom vorrevolutionären Frankreich in die DDR spannt. Nach einem kurzen biographischen Abriss der Personen Friedrich Karl Kauls und François Gayot de Pitavals geht es insbesondere darum, die gattungstypologischen Charakteristika einer Pitavalgeschichte herauszuarbeiten und die Spuren zu untersuchen, die die Gattung in der deutschsprachigen Literaturgeschichte bis ins späte 20. Jahrhundert hinein hinterlassen hat.

1 Kaul als remigrierter Jurist und Publizist

Im Kontext seiner Pitavalbände und -fernsehspiele erscheint der Umstand relevant, dass Friedrich Karl Kaul nach seinem Jurastudium 1933 auf der Grundlage des von

M. Foik und S. Speth (Hrsg.), *Pitaval im Sozialismus*, Literatur und Recht 20,
https://doi.org/10.1007/978-3-662-72431-6_5

den Nationalsozialisten soeben eingeführten „Gesetzes zur Wiederherstellung des Berufsbeamtentums“ der Antritt zur mündlichen Prüfung des zweiten Staatsexamens verwehrt wurde.[1] 1935 wurde er, obwohl er zu dieser Zeit keiner Partei angehörte und wohl nur lose Kontakte zur KPD gepflegt hatte, unter nicht vollständig aufgeklärten Umständen verhaftet und nach Dachau deportiert. Vermutlich war es sein ehemaliger Strafrechtsprofessor, der nach zwei Jahren Kauls Freilassung unter der Bedingung, dass er sofort ausreise, erwirkte. Kolumbien wurde das Aufnahmeland und der erste Ort seines Exils.[2]

Nach dem Ende der nationalsozialistischen Diktatur kehrte Kaul im Jahr 1946 nach Deutschland zurück, genauer gesagt in den sowjetisch besetzten Teil Berlins, wo ‚unbelastete‘ Juristinnen und Juristen gesucht wurden, die den kommunistischen Ideen nahestanden (vgl. Rosskopf 2009, S. 10–12).[3] Die Sowjetische Besatzungszone (SBZ) war für ihn aufgrund seiner politischen Überzeugungen attraktiv; wahrscheinlich war sie für ihn aber auch die einzige Möglichkeit, den fehlenden Teil seines Referendariats nachzuholen, um überhaupt als Jurist tätig werden zu können. Zur selben Zeit begann er seine vielgestaltige publizistische Tätigkeit und seine Arbeit für den Rundfunk, die durchweg juristische Themen zum Gegenstand hatten. Dass er in dieser Zeit eine Rechtsanwaltszulassung für alle Berliner Gerichte, d. h. in allen Besatzungszonen erhielt, sollte eine wichtige Voraussetzung werden, um an öffentlich wahrgenommenen Prozessen mitzuwirken. Dies betrifft vor allem Fälle, in denen NS-Täter vor Gericht gestellt wurden; Kaul fungierte dann als Anwalt der Nebenklage. Das prominenteste Beispiel hierfür sind sicherlich die Frankfurter Auschwitzprozesse, doch trat Kaul etwa auch beim Eichmannprozess in Israel als Prozessbeobachter für die DDR in Erscheinung.[4] Im Hinblick auf die Forschungslage ist von Interesse, dass die Untersuchungen zu den verschiedenen Gruppen der Remigranten vor allem Künstler und wissenschaftliche Eliten zum Gegenstand haben, was sich aus der lückenhaften Quellenlage ergibt. Nur eine gewisse herausgehobene Stellung macht einzelne Personen sichtbar. Doch Juristinnen und Juristen waren eine zahlenmäßig marginale und wenig herausgehobene Gruppe.[5] Im Falle Kauls bietet es sich an, auf die universitären Karrieren von Remigrierenden zu blicken, wobei sich deutlich zeigt, dass durch die NS-Zeit unterbrochene oder gänzlich verhinderte Karrieren vor allem in der SBZ neu begonnen oder fortgesetzt werden konnten (vgl. Krauss 2001, S. 87–90).

Auffällig ist, dass der Name Kaul in keiner der einschlägigen Studien zur Remigration nach dem Zweiten Weltkrieg auftaucht. Eine mögliche Erklärung könnte der ungewöhnliche Exilort sein. Vielleicht wurde Kaul aber auch schlicht nicht

---

[1] Ausführlicher zu Kauls Biographie: Katharina Rauschenberger im vorliegenden Band.

[2] Zur Verhaftung und Kauls KPD- und Rote Hilfe-Kontakten vgl. Rosskopf 2002, speziell zur Inhaftierung S. 24f. und zum Exil S. 27–30.

[3] Zur Rolle der Justiz bei der Errichtung der DDR vgl. Jessen 1998, S. 40f. Schon aus dem Plan, einen sozialistischen Staat aufzubauen, ergab sich ein notwendiger Bruch mit den alten Kontinuitäten.

[4] Zu seiner Rolle bei der Berichterstattung vgl. Keilbach und Zündorf 2001.

[5] Fritz Bauer ist in diesem Fall die alles überstrahlende Gestalt, er war jedoch schon vor seinem Exil als Amtsrichter tätig.

zu den „Intellektuellen" gezählt.[6] Auf mangelnde Bekanntheit in der Nachkriegszeit kann der Ausschluss Kauls aus dieser Untersuchung jedenfalls nicht zurückgeführt werden, da er in Ost- und Westdeutschland als bedeutende, singuläre und auch schillernde Gestalt wahrgenommen wurde.[7] In diesem Zusammenhang ist an einen Artikel im *Spiegel* aus dem Jahr 1961 zu erinnern, der anlässlich des Versuchs erschien, Kaul zukünftig von Prozessen in der BRD auszuschließen (vgl. ohne Verfasser 1961). Dort wird auch Kauls Auftreten außerhalb des Gerichts sowie unter anderem während des KPD-Verbotsprozesses beschrieben; es wird das Bild eines intelligenten und impertinenten Provokateurs im Dienst der DDR gezeichnet, der jedoch eher als ein großbürgerlicher Dandy erscheint, an dessen kommunistischer Überzeugung vor dem Krieg Zweifel gesät werden.[8]

2 Gayot de Pitaval und die Geschichte seiner Gattung

Sein juristischer Hintergrund verbindet Friedrich Karl Kaul mit François Gayot de Pitaval. Beide waren ausgebildete Juristen, die als Anwälte praktizierten und zugleich als Publizisten auftraten. Beide veröffentlichten Sammlungen von realen Prozessen, die sie für ein breites Publikum aufbereiteten, und profitierten dabei von ihrem Status als Anwalt und ihrer juristischen Expertise.

Gayot war *avocat* am Parlement de Paris, dem höchsten Gericht Frankreichs. Dort praktizierte er auch, war jedoch selbst nicht an spektakulären Fällen beteiligt, die ihn einer breiten Öffentlichkeit bekannt gemacht hätten. Einen Namen machte er sich mit der Veröffentlichung literarisch aufbereiteter Sammlungen von Gerichtsprozessen, den *Causes célèbres et intéressantes, avec les jugemens qui les ont décidées*. Diese verfolgten den doppelten Zweck, die Leserschaft einerseits über juristische Abläufe aufzuklären und sie andererseits mit realen Kriminalfällen zu unterhalten. Seine ursprüngliche Textsammlung umfasst zwanzig Bände, die alle dem gleichen Aufbau folgen (s. Gayot 1734–1743): Sie werden jeweils von einem Vorwort des Verfassers eingeleitet, worauf die einzelnen Geschichten folgen; am Schluss des Bandes befindet sich ein Inhaltsverzeichnis. So gewöhnlich dieser Aufbau ist, so bemerkenswert ist das Inhaltsverzeichnis (vgl. Speth 2023a, S. 289–297). Denn dort sind nicht nur die Titel der einzelnen Geschichten und ihre jeweiligen Seitenzahlen angegeben, sondern auch die innerhalb der Geschichten zitierten Dokumente. Das Inhaltsverzeichnis bietet den Lesern und Leserinnen – Gayot adressiert sein Werk ausdrücklich auch an Frauen (vgl. Gayot 1734b, S. ij), die sich

[6] So wird Kaul in Schuppeners Darstellung *Jüdischer Intellektueller in der DDR* und ihrer Probleme mit dem Staat nicht erwähnt. ‚Intellektuelle' werden in dieser Studie gerade dadurch definiert, dass sie sich einmischen (vgl. Pasternack und Schuppener 1999, S. 8 und 15). Auch in Keßlers (1999 und 2002) Darstellungen vertriebener Intellektueller fehlt jeglicher Hinweis auf Kaul.

[7] Keßler (2002, S. 33 und 35) bezieht auch Personen wie Hans Mayer, die unbekannt ins Exil gingen und erst in der Nachkriegszeit berühmt wurden, in seine Untersuchung mit ein.

[8] Gerade im Vergleich mit anderen jüdischen Remigranten wie Ernst Bloch und Hans Mayer wäre von Interesse, ob Kaul ähnliche Zweifel am Weg der DDR plagten oder umgekehrt die Partei Zweifel an dem jüdischen Westmigranten hatte. Solche Anzweifelungen mussten unter anderem Bloch und der promovierte Jurist Hans Mayer erleben (vgl. Keßler 2002, S. 43 und 35).

bilden möchten – somit einen Überblick, in welchen Geschichten Plädoyers, Gesuche, Gerichtsurteile, weitere Schriftstücke, Definitionen von Sachverhalten etc. zu finden sind. Dies ermöglicht es, die Geschichten nicht nur als Unterhaltung zu rezipieren, sondern auch gezielt Beispiele für bestimmte Prozesse oder einzelne Verfahrensschritte aufzufinden.

Diese ungewöhnliche Struktur lässt sich mit Blick auf die beiden bereits angesprochenen Adressatenkreise erklären, an die Gayot sich richtet. Er möchte zum einen angehenden Juristen eine Fallsammlung an die Hand geben, in der sich die verschiedensten Arten von Prozessen aus den vergangenen zweihundert Jahren bis in seine Gegenwart nachlesen lassen (vgl. Gayot 1734a, S. iv). Studenten der Rechtswissenschaften konnten darin zum Beispiel gezielt Fälle auffinden, in denen es um uneheliche Kinder ging, in denen ein Testament eine wichtige Rolle gespielt hat usw. Gleichzeitig wollte Gayot auch eine Leserschaft juristischer Laien erreichen und ihnen auf unterhaltsame Weise Kenntnisse über das Rechtswesen und spezifische juristische Schwierigkeiten vermitteln. Er legte Wert darauf, dass die Wissensvermittlung über die Jurisprudenz sein erstes Ziel sei, aber die Texte sollten auch der Einbildungskraft des Publikums gefallen. Aus diesem Grunde habe er die Erzählungen soweit möglich von allen überflüssigen Details des Verfahrens gereinigt (vgl. Gayot 1734a, S. iv). Dieses doppelte Ziel spiegelt sich auch in der Aufbereitung der einzelnen Fallgeschichten wider. Gayot nimmt die Akten realer Prozesse zum Ausgangspunkt, schildert den Sachverhalt und den Ablauf des Prozesses und integriert gleichzeitig die Aktenstücke in die jeweilige Erzählung. Darüber hinaus versieht er die Texte mit Fußnoten und Anmerkungen, die dem Leser Erläuterungen liefern, die meist dem Verständnis dienen, mitunter aber auch Kommentare zum Prozess sowie darin vorkommende Schwierigkeiten oder Besonderheiten darstellen.

Nun könnte es irritieren, dass gerade eine literarische Gattung aus der Zeit des Ancien Régime Kaul die Vorlage für einen großen Teil seines literarischen Schaffens liefert. Blickt man auf die Gattung der Pitavalliteratur und ihre Überlieferung in der deutschsprachigen Literaturgeschichte, so ist es jedoch weit weniger überraschend. Die erste und einflussreichste Bearbeitung in französischer Sprache erfolgte knapp dreißig Jahre nach Gayots Tod durch einen Juristen, der zuvor – wie der Titel der Ausgabe verkündet – ebenfalls *avocat* am Parlement de Paris gewesen war, nämlich François Richer (1771–1788).[9] Da seine Ausgabe das Original bald verdrängte und auch im europäischen Kontext eine viel größere Wirkung entfaltete, lohnt es sich, die Bearbeitung etwas näher zu betrachten. Schon auf den ersten Blick wird ein prägnanter Unterschied deutlich: Das Inhaltsverzeichnis ist nach vorne gerückt und nennt nur noch die Titel der Geschichten, hingegen nicht mehr die einzelnen Dokumente, die innerhalb der Fälle abgedruckt sind. Dies hat den einfachen Grund, dass die Dokumente in ihrer ursprünglichen Form nicht mehr in den Texten zu finden sind. Waren sie zuvor klar abgesetzt im Schriftbild zu erkennen, so sind sie in Richers Ausgabe entweder gar nicht mehr vorhanden oder – durch Anführungszeichen als direkte Zitate markiert – unmittelbar im Text untergebracht, wodurch sie nicht mehr auf Anhieb als eingefügte Dokumente zu erkennen sind.

---

[9] Eine Übersicht der Ausgaben in französischer Sprache findet sich bei Lüsebrink 1983, S. 104f.; zur Gattungsgeschichte vgl. auch Achermann et al. 2022.

Auf Richers Bearbeitung fußen zwei deutsche Pitavalsammlungen, die kurz hintereinander (1782–1792 bzw. 1792–1795) beide bei Cuno in Jena erschienen sind.[10] Die zweite von ihnen sollte die Pitavalrezeption in Deutschland maßgeblich prägen. Ihr großer Erfolg ist sicherlich darauf zurückzuführen, dass Friedrich Schiller hier die Vorrede lieferte.[11] Sein Name garantierte die Akzeptanz dieser im deutschsprachigen Raum neuen literarischen Gattung beim gebildeten Publikum. Schiller akzentuiert den Zweck der Sammlung bei dieser Gelegenheit etwas anders als die Juristen, die vor ihm Pitavalsammlungen herausgaben. Er kritisiert die „Ausführlichkeit" des „juristischen Theil[s]" der ersten Ausgabe (Schiller 1792, fol. *4r.), da er ein Publikum in den Blick nahm, das in erster Linie geistreich unterhalten werden wollte und dem etwas vermittelt werden sollte, allerdings nicht länger juristisches Fachwissen, sondern Kenntnisse über die Natur des Menschen. Schiller schwebte sicherlich vor, die zunehmende Alphabetisierung der breiten Bevölkerung zu nutzen, um die Menschen weiterzubilden. In diesem Zusammenhang empört er sich in seinem Vorwort über mittelmäßige Schriftsteller und geldgierige Verleger, die schlechte Literatur in Umlauf brächten und damit den Geschmack und die Sitten verdürben (vgl. Schiller 1792, fol. *2r.f.). Schillers Ansatz dagegen war es, das Vergnügen breiterer Teile der Bevölkerung an der Lektüre von Geschichten zur geistigen und moralischen Bildung zu nutzen. So habe der Mensch einen Hang zu „leidenschaftlichen und verwickelten Situationen" (Schiller 1792, fol. *2v.), man müsse die Menschen daher unterhalten, aber nicht mit schlechter Literatur. Bis der Geschmack des Publikums ausreichend gebildet sei, genüge es, wenn die Leserschaft bei der Lektüre zum Nachdenken angeregt werde. Das Publikum der Lesezirkel und Leihbibliotheken erwarte Unterhaltung und die solle es auch bekommen. Diese Ausgabe der Pitavaltexte, so Schiller weiter, bilde die Zielgruppe und verderbe ihren Geschmack nicht. Das sei die wichtigste Errungenschaft. Zugleich erlaubten diese Kriminalfälle „tiefere Blicke in das Menschen-Herz" (Schiller 1792, fol. *3v.) und die Lesenden könnten menschliches Handeln nachvollziehen, aber auch die Schwierigkeiten innerhalb der Prozesse und letztlich darüber hinaus sogar etwas über das Rechtssystem lernen.

Durch Unterhaltung Menschenkenntnis zu vermitteln ist also laut Schillers Vorwort das übergeordnete Ziel dieser Sammlung. Ein weiterer Vorzug sei, dass es sich um reale Fälle handele und gleichzeitig Rechtskenntnisse vermittelt würden. Die Leserinnen und Leser könnten zudem bei vielen Geschichten durch die Form der Darstellung den Zwiespalt der Richter und die Zweifelhaftigkeit der Entscheidungen verstehen, was einen weiteren Leseanreiz darstelle (vgl. Schiller 1792, fol. *3r.f.).

[10]Zwischen 1782 und 1792 erschien zunächst in vier Bänden: Gayot von Pitaval: *Sonderbare und merkwürdige Rechtsfälle*, umgearbeitet und vermehrt von Herrn Richer, Parlamentsadvocat in Paris, deutsch herausgegeben von Carl Wilhelm Franz, Regierungsadvocat zu Gera.

[11]Im Jahr 1792 erschien der erste, 1795 der letzte von vier Bänden bei Cuno in Jena unter dem Titel Merkwürdige Rechtsfälle als ein Beitrag zur Geschichte der Menschheit. Der Zusatz „als ein Beitrag zur Geschichte der Menschheit" war neu, vermutlich von Schiller, und zeigt, dass die Schwerpunkte sich vom juristischen Verfahren hin zu gesellschaftlichen oder frühen psychologischen Betrachtungen verschieben.

Schillers Ansatz wurde auch über das 18. Jahrhundert hinaus durch verschiedene Pitavaltextausgaben fortgeführt – etwa den *Neuen Pitaval* oder Egon Erwin Kischs *Prager Pitaval*. Dass er auch noch aktuell war, als Kaul begann, seine Pitavalgeschichten zu verfassen, mag man daran sehen, dass die Verlagsanstalt Gebrüder Richter in Erfurt 1950 schon in zweiter Auflage eine Sammlung von Schillers Pitaval samt der Vorrede herausgab. Auch in dieser Ausgabe sind die Texte für die eigenen Zwecke gekürzt und bearbeitet. Der Herausgeber beruft sich hier auf alle oben genannten Vorgänger,[12] ordnet die Texte jedoch chronologisch und kürzt stark, indem er sie ausgerechnet von ihren juristischen Erläuterungen befreit, denen Gayot einen hohen Stellenwert beimaß (vgl. Eggert 1950, S. 410).[13] Die chronologische Ordnung soll es der Leserschaft ermöglichen, eine Entwicklung durch die Geschichte zu verfolgen (vgl. Eggert 1950, S. 411). Während Gayot (1734a, S. xj) sich explizit gegen eine chronologische Reihung der Fälle entschieden hatte, liegt es nahe, dass es die marxistische Geschichtsauffassung war, die Eggert zu dieser Änderung antrieb.

3 Kauls Adaption unter den ideologischen Vorgaben des Sozialismus

Wenn Friedrich Karl Kaul seine Geschichten mit den Untertiteln *Pitaval der Kaiserzeit*, *Der Pitaval der Weimarer Republik*, *Der Bonner Pitaval* oder *Ein Berliner Pitaval* veröffentlichte, so stellte er sich in die nachgezeichnete Tradition. Die Lesenden konnten demnach erwarten, dass ihnen reale Rechtsfälle präsentiert werden, die so aufbereitet worden waren, dass sie unterhaltsam und lehrreich zugleich sind. Auch hier werden Fälle aus unterschiedlichen Rechtssystemen versammelt. Anders als bei Gayot, aber ähnlich wie bei Schiller und seinen Nachfolgern, fiel bei Kaul jedoch die Gruppe der angehenden Juristen als Zielpublikum weg. Kauls gesellschaftliches Umfeld war die SBZ/DDR, während die Fälle, die er veröffentlichte, überwiegend im Deutschen Kaiserreich, in der Weimarer Republik und in der BRD spielen, in Rechtssystemen also, die für die DDR keinen Vorbildcharakter hatten. Als historische Übersicht für angehende Juristen war ebenso kein praktischer Gewinn zu erwarten, was ein Verzeichnis der Aktenstücke obsolet machte. Trotzdem betont Kaul ([1981] 1987e), dass er die Fälle aktengetreu aufgezeichnet habe. Im Gegensatz zur Ausgabe der Pitavalsammlung mit Schillers Vorwort ließ Kaul in den Bänden des *Pitavals der Weimarer Republik* auch Aktenstücke, Zeitungsartikel, Gutachten und andere Dokumente wieder im Fließtext abdrucken und ergänzte Nachweise, Querverweise und Kommentierungen in Fußnoten. In dieser Hinsicht ging er wieder einen Schritt Richtung Gayot de Pitaval zurück.

Die von Gayot in seinem Vorwort deklarierte Absicht, die wichtigen *plaidoyers* der Anwälte bekanntzumachen, teilt Kaul indes nicht. Gayot lobt die Beredsamkeit und

[12] Zusätzlich wird die erste deutsche Ausgabe von Kiesewetter genannt (vgl. Eggert 1950, S. 408). Die Herausgeber waren offensichtlich umfassend über alle deutschsprachigen Ausgaben informiert.

[13] Nachdem schon Schiller die Texte von juristischen Erläuterungen befreit hatte, wurden jetzt auch noch die verbliebenen juristischen Ausführungen gestrichen.

das Engagement der Anwälte und erklärt sie zum Grund dafür, dass er die *plaidoyers* in seine Sammlung der Fälle aufnahm. Die meisten Fälle seien von den größten Anwälten ihrer Zeit vertreten worden, so Gayot, aber selbst zuvor unbekannte Anwälte, die möglicherweise nicht die berühmtesten und brillantesten ihrer Zeit waren, seien in diesen wichtigen Prozessen über sich hinausgewachsen und zu bewunderten Anwälten geworden (Gayot 1734a, S. iij). Aus Respekt davor drucke er ihre *plaidoyers* ab. Auch um die Urteile der Richter zu bewerten, seien die *mémoires* und *plaidoyers* für die Leser unverzichtbar. Nur in ihnen zeigten sich die Motive, welche die Richter zu ihrer Urteilsfindung führten (vgl. Gayot 1734a, S. xiij). Bei Kaul sind die Anwälte anders als bei Gayot nicht die Helden der Geschichten. Vielmehr ordnet er die Anklagen und Urteilsfindungen in den gesellschaftlichen und rechtlichen Rahmen ein, um daran zu demonstrieren, wie das Kaiserreich, die Weimarer Republik und die Bonner Republik – aus seiner Sicht – ‚Unrecht' herstellten. Nach seinem Dafürhalten erfüllen die Pitavalgeschichten eine ideologische Funktion. Seine Adaptionen sind jedoch keine soziologischen Abhandlungen, sondern sollen das Publikum unterhalten, während dieses am konkreten Fall aufgezeigt bekommt, wie eine Gesellschaft und ihre Justiz Unrecht produzieren. Indem Kaul die seinen Geschichten zugrundeliegenden Fälle sorgsam nach dem ‚Unrechts'-Kriterium auswählt, denunziert er freilich die Justiz, was ihn grundlegend von Gayot unterscheidet.

Wie jeder Pitavalautor vor ihm, so nutzt auch Kaul die Möglichkeit, durch reale Fälle das Interesse des Publikums zu erregen und es zu bilden. Auch dort gleicht er seinen Vorgängern, doch ist das Bildungsinteresse bei allen etwas anders gelagert. Gayot will über das Rechtssystem aufklären, Schiller die Natur des Menschen ergründen, darüber hinaus gibt es Auseinandersetzungen zwischen Justiz und Medizin,[14] während Kaul die Staatsform und Justiz des Deutschen Kaiserreichs, der Weimarer Republik und der Bundesrepublik Deutschland zu denunzieren und damit indirekt das sozialistische Gesellschaftssystem in ein positives Licht zu rücken versucht. Das Vorwort zum ersten Band des *Pitavals der Weimarer Republik* kann hierfür als programmatisch angesehen werden: Der Zusammenbruch des Kaiserreichs habe keine Änderung der gesellschaftlichen Verhältnisse herbeigeführt, und auch die SPD habe dazu beigetragen, die alte Gesellschaftsordnung zu erhalten. Hierbei habe die Justiz eine bedeutende Rolle gespielt. Die abgedruckten Prozessdarstellungen sollten dies zeigen. Die Auswahl fand also thematisch statt, um diesen Aspekt der Weimarer Republik anzuprangern. Der zweite Band des *Pitavals der Weimarer Republik* hat Prozesse, welche die Wirtschaftsordnung und die ungleiche Vermögensverteilung betreffen, zum Gegenstand.[15] Die im dritten Band des *Pitavals der Weimarer Republik* gesammelten Fälle lassen sich auf den ersten Blick hingegen nicht einfach auf einen Nenner bringen. Laut Vorwort sammelte Kaul (1961) dort Fälle, die zeigen, wie verhasst das politische System der Weimarer Republik innerhalb verschiedener Gesellschaftsschichten und auch der Justiz war, und welche Kräfte die Demokratie zu Fall brachten. Dem Publikum wird vorgeführt, dass die alten Eliten im Justizsystem weiterhin Recht sprachen und damit die Demokratie von innen destabilisierten.

[14] Vgl. Behrens und Zelle 2020, S. 244–247, anhand des *Neuen Pitavals*.

[15] Der programmatische Titel lautet *Verdienen wird großgeschrieben* und auch hier lässt das Vorwort keinen Zweifel an der ideologischen Ausrichtung (vgl. Kaul 1954).

Wenn bei Kaul die Anwälte und ihre Wortgewandtheit im Vergleich zu Gayot auch eine geringere Rolle spielen, so findet sich dort doch nicht nur eine Zusammenfassung der Prozesse, sondern auch Figurenrede und Auszüge aus Anträgen und Plädoyers. Dies lockert die Texte auf, macht sie leichter rezipierbar und überaus anschaulich. Je nach Quellenlage fällt die Ausgestaltung anders aus. Kaul zitiert wie Gayot ausgiebig aus Aktenstücken oder Artikeln und sogar Gutachten (vgl. Kaul 1953, S. 18).[16] Aussagen von Angeklagten oder Zeugen sowie Plädoyers gibt er in direkter Rede wieder, wobei er nicht kennzeichnet, was Zitat ist und was von ihm um- bzw. hinzugedichtet wurde. Hier gereicht es ihm zum Vorteil, dass er noch entschiedener als Gayot vor allem über Prozesse schreibt, die in ihrer Zeit große Aufmerksamkeit erregten. So standen ihm neben den Prozessakten weitere Quellen wie Presseartikel oder Äußerungen von Politikern etc. zur Verfügung.[17]

Noch nuancierter berichtet Kaul von Prozessen, an denen er selbst beteiligt war, und dort bedient er sich einer breiten Palette an Stilmitteln. Er beschreibt die Personen, ihre Blicke, was sie sich zuflüstern, die Art ihrer Artikulation – Details also, die sich üblicherweise nicht in Prozessakten finden und nur von einer beim Prozess anwesenden Person festgehalten werden können. Je näher die erzählte Zeit an seine eigene Gegenwart heranrückt, desto lebensechter wirken die Charaktere. Das geht so weit, dass Kaul im *Bonner Pitaval* aus der Perspektive des allwissenden Erzählers über Zusammenkünfte und Beratungen von Angeklagten in Hotels schreibt, von denen er kaum aus erster Hand wissen konnte und die er mit authentischen Auszügen aus den Protokollen und Zeitungsartikeln zu einer anschaulichen Pitavalgeschichte kombiniert (vgl. exemplarisch Kaul [1964] 1965). Es überrascht nicht, dass sich Kaul in Erzählungen von Prozessen, an denen er selbst als Anwalt beteiligt war, in ein gutes Licht rückt. So verweist er auch häufig und mit offensichtlicher Genugtuung auf den *Spiegel*, der ihn als „DDR-Staranwalt“ titulierte (Kaul [1981] 1987a, S. 205).[18] Er beschreibt zugleich, wie er genau abwägt, welche Mandate er zu übernehmen bereit war, so im Falle von Beate Klarsfeld nach der versuchten Entführung Kurt Lischkas. Verklausuliert schreibt Kaul von Klarsfelds „Ende der sechziger Jahre gegenüber ausschließlich innenpolitischen Vorgängen in der Volksrepublik Polen und der ČSSR verkündeten Stellungnahmen“ sowie der „nahezu im Bekenntnisstil geäußerten Identifikation mit der ultrazionistischen Haltung“ (Kaul [1981] 1987a, S. 202). Diese Haltung der Klarsfelds finde er selbstverständlich indiskutabel und habe deshalb gezögert, für sie als Anwalt tätig zu werden. Den Ausschlag gegeben zur Übernahme des Mandats habe dann die, „im übrigen von Genosse Honecker, dem Generalsekretär unserer Partei, für richtig befundene Erkenntnis, daß es nicht eine Frage politischer Gesinnung, sondern menschlicher Gesittung ist, die Sühne nazistischer Gewaltverbrechen zu fördern“ (Kaul [1981] 1987a, S. 205). Man sieht an dieser Erwähnung, dass Kaul sich politisch absicherte,

[16] In einem der Prozesse, die in der DDR stattfanden, verweist Kaul ([1981] 1987b, S. 25) sogar auf Protokolle der Staatssicherheit, die offensichtlich während des Prozesses zitiert wurden.

[17] So zieht Kaul ([1968] 1970a, S. 24) z. B. in *So wahr mir Gott helfe* einen Prozessbericht aus dem *Vorwärts* der SPD heran; in Kaul ([1968] 1970b, S. 73) spricht ein Prinz entsprechend mit Pressevertretern.

[18] Am Rande sei bemerkt, dass Kaul hier ungenau zitiert, da er tatsächlich „SED-Staranwalt“ genannt wurde (ohne Verfasser 1961).

bevor er Mandate in der BRD übernahm. Literarisch unterscheiden sich die Pitavalgeschichten, in denen Kaul selbst zum Protagonisten wird, von den anderen Pitavalgeschichten nur dadurch, dass es einen Ich-Erzähler gibt. Identisch geformt sind im Übrigen jene nicht unter dem Reihentitel *Pitaval*, aber in ähnlicher Art verfassten Berichte über Prozesse vor westdeutschen Gerichten – *In Robe und Krawatte* (Kaul [1972] 1973), *Ankläger auf der Anklagebank* (Kaul 1952a) und *Ich fordere Freispruch* (Kaul [1955] 1960) (vgl. exemplarisch Kaul 1952b, S. 9–17). Hier schildert Kaul einerseits den Fall und seinen persönlichen Auftritt vor Gericht, andererseits fügt er diesen Berichten Abdrucke der wichtigsten Dokumente hinzu, so dass auch hier alle Kriterien einer Pitavalgeschichte erfüllt werden. Während Kauls spätere Bücher im Berlin Verlag erschienen, sind die beiden letztgenannten jedoch im Dietz Verlag erschienen. Die Publikation im eigentlichen „Parteiverlag" der SED könnte darauf hindeuten, dass die Partei in den 1950er Jahren diesen Veröffentlichungen größere Bedeutung beim ideologischen Kampf gegen die BRD zumaß.

3.1 Menschen vor Gericht. Ein Pitaval aus unseren Tagen

Ein genauerer Blick auf *Menschen vor Gericht. Ein Pitaval aus unseren Tagen* zeigt beispielhaft die Vielfalt an Stilmitteln, die Kaul verwendet. Gerade hier, wo heterogene Fälle zusammengestellt sind und die Klammer einer Epoche und eines Rechtssystems wegfällt, unterscheidet sich die literarische Ausgestaltung der einzelnen Fälle stark voneinander. Auffälligerweise verschwindet im Vorwort die offensichtliche Ideologie, stattdessen scheint die Unterhaltung der Lesenden in den Vordergrund zu rücken. Hier ist davon die Rede, dass das menschliche Leben oft spannungsvoller und dramatischer verlaufe, als es erdichtet oder erdacht werden könne (Kaul [1981] 1987e). Diese Aufwertung der Realität im Vergleich zur Fiktion könnte so auch bei Gayot de Pitaval (1734a, S. jf.) stehen. Ob ihm selbst bewusst oder nicht, benennt Kaul damit auch eine zweite Eigenschaft der Pitaval-Gattung, die sich für ihn als vorteilhaft erweisen sollte. Die Texte sind zwar literarisch gestaltet, aber der Realität verpflichtet. Aus diesem Grund werden sie nicht von der Formalismusdebatte berührt – und da Kaul bis auf zwei Ausnahmen keine Prozesse aus der DDR behandelte, ging auch das für Literatur und Film wichtigere, berüchtigte 11. Plenum des ZK der SED ohne Konsequenzen an seinen Pitavaltexten und Filmen vorüber (vgl. Kötzing 2015, S. 38–44).

Im oben paraphrasierten Vorwort erklärt Kaul, dass er an vier der ausgewählten sechs Prozesse beteiligt war. Zwei der dargestellten Prozesse werden in der BRD, zwei in den Nachkriegswirren der Besatzungszonen, zwei in der DDR verhandelt. Dass die DDR als Schauplatz vorkommt, ist neu, im Fernsehpitaval (dazu unten) dagegen sollte es keinen Prozess aus der DDR geben. Hinzu kommt die Besonderheit, dass aus Gründen des Persönlichkeitsschutzes die Namen geändert worden sind; die Darstellung sei jedoch authentisch, versichert Kaul (vgl. Kaul [1981] 1987b, S. 8). Die Prozesse sind sehr heterogen, und so ist, wie angedeutet, auch ihre literarische Gestaltung. Im Textbild sind die Fußnoten verschwunden, dafür gibt es abgedruckte Bilder und Plakate. Kaul nutzt, was die jeweils aktuellen Medien als Quellen hergeben.

Selbst die beiden Prozesse in der DDR unterscheiden sich deutlich voneinander: Zum einen zeigt Kaul anhand eines Fluchthelferprozesses, wie unsinnig die Republikflucht sei, und dass arme Helfer betrogen, westliche Schleuser jedoch vom Staat geschützt würden (vgl. Kaul [1981] 1987b, S. 39). Hierbei setzt Kaul bevorzugt auf Figurenrede, formt die Darstellung stark dialogisch aus, ergänzt Details, wie zum Beispiel wer wo Zeitung liest und was die Personen zueinander sagen, so dass die Darstellung belletristisch anmutet (vgl. Kaul [1981] 1987b, S. 11–15).

Der ebenfalls literarisch ausgeformte zweite Prozess aus der DDR beginnt fast wie eine Kurzgeschichte mit einem Sprung in die Handlung, erst danach wird ersichtlich, dass es sich um eine Aussage vor Gericht handelt. Interessant in diesem Prozessbericht ist vor allem, dass Kaul als Person sichtbar wird. Er redet von sich selbst, reflektiert darüber, ob er die Verteidigung eines wegen Mordes an dessen Ehefrau Angeklagten übernehmen solle, während er sonst eigentlich gewohnt sei, dass er sich mit den Angeklagten identifizieren könne, da er zumeist weltanschauliche Gegner der BRD verteidige oder Opfer von NS-Verbrechen als Nebenkläger vertrete. Er legt dar, dass er die Verteidigung des wegen Mord Angeklagten annahm, da er als Anwalt ein Organ der Rechtspflege des Staates und es somit seine Aufgabe sei (vgl. Kaul [1981] 1987d, S. 154f.). An anderer Stelle blickt er auf ein ihn prägendes Erlebnis aus seiner Zeit als junger Referendar in der Weimarer Republik zurück; Er habe einen Freispruch für einen mittelständischen jungen Mann erreicht, der wegen ‚unsittlichen Verkehrs' mit der vierzehnjährigen Tochter des Hauswirts angeklagt worden sei. Dieser junge Mann habe ihm, Kaul, die Tat gestanden, trotzdem sei er sehr stolz auf den erreichten Freispruch gewesen, nachdem Kaul auf unschuldig plädiert habe. Der großbürgerliche jüdische Ehemann seiner Schwester sei darüber entsetzt gewesen. Man behaupte keine Unschuld, wenn die Tat erwiesen oder gestanden sei. Kaul zitiert im Anschluss seine Schwester, und durch einen einzigen lakonischen Kommentar scheint das Drama seiner Familie in der NS-Zeit auf: „‚das wird Ferdinand dir nie vergessen', sagte meine Schwester vorwurfsvoll zu mir. Wie lange das ‚nie' gedauert hat, vermag ich nicht zu ermessen. Als er 1937 starb, war er nicht mehr Anwalt und ich saß im KZ Dachau" (Kaul [1981] 1987d, S. 170).

Erstaunlich ist, dass Kaul hier mit einer familiären Anekdote aufwartet, in welcher der großbürgerliche jüdische Schwager, in der preußischen Gerichtstradition stehend, zur moralischen Autorität in Rechtsfragen wird. Mehr aus seiner Familiengeschichte, wie zum Beispiel die eigene jüdische Herkunft oder das Exil, thematisiert Kaul nicht. Es muss offen bleiben, ob er dies nicht zum öffentlichen Thema machen wollte oder ob es ihm politisch nicht opportun erschien – gerade im Hinblick auf die oft unsichere Stellung jüdischer Remigranten in der DDR (vgl. Pasternak und Schuppener 1999, S. 11f., sowie Keßler 1999, S. 22–26). Für den weiteren Verlauf der Handlung ist dieser Einschub irrelevant, so dass man einen persönlichen Impetus unterstellen kann, aus dem heraus Kaul sein Publikum an diesem für ihn prägenden Erlebnis teilhaben lässt. Dieser nicht literarisch motivierte Einschub sticht hervor, zumal der Schwager deutlich als kaisertreuer preußischer Jurist dargestellt wird und mithin zu einer Personengruppe gehört, die Kaul im *Pitaval des Kaiserreichs* und im *Pitaval der Weimarer Republik* für den deutschen Imperialismus und das Ende der Weimarer Republik verantwortlich macht. Trotzdem ist es dieser Schwager, der für Kaul die Grenze des ethisch Vertretbaren zieht. Und zwar auf Dauer, auch in einer sozialistischen Gesellschaft. Da an dieser Stelle auch kein vorgebliches Unrecht vor bundesdeutschen Gerichten, sondern ein an sich simpler Kriminalfall in der DDR dargestellt wird, scheint diese Reflexion Kaul ein persönliches Anliegen zu sein; nebenbei oder auch als eigentlicher Zweck setzt er seinem Schwager und seiner Schwester ein kleines literarisches Denkmal.

Die anderen beiden Fälle wurden in der BRD verhandelt und haben NS-Unrecht zum Gegenstand. Wie die beiden Fälle aus der DDR sind sie inhaltlich sehr verschieden und werden auch literarisch jeweils anders ausgestaltet. Der erste Fall ist der Prozess gegen Serge und Beate Klarsfeld, weil sie versucht hatten, den ehemaligen SS-Obersturmbannführer Lischka zu entführen. Kaul gibt der Geschichte den polemischen Untertitel *Ein Psychogramm der BRD-Justiz*. Der Fall ist darüber hinaus mit *Das Lischka-Syndrom* betitelt, und Kaul versäumt es nicht, seinen Leserinnen und Lesern zu erklären, dass Mediziner unter einem Syndrom einzelne Krankheitserscheinungen verstünden, die eine gemeinsame pathogene Ursache hätten. Spätestens jetzt wird klar, dass sein Ziel wieder die BRD und ihr Umgang mit NS-Verbrechen sowie deren Urheberinnen und Urhebern ist (vgl. Kaul [1981] 1987a, S. 178). Wie bei einem Theaterstück werden zunächst die handelnden Personen vorgestellt sowie die Personen hinter den Kulissen angeführt. Mit Zwischenüberschriften wird hernach der Gang der Ereignisse gegliedert, zusätzlich werden Bilder eingefügt. Die Darstellung ist sehr kleinteilig und umfangreich. Kaul tritt hier selbst in seiner Rolle als Anwalt auf und setzt genau auseinander, wie und warum er in den Prozess einsteigt, wie er agiert und wie ihm das Mandat entzogen wird; wobei er sich an dieser Stelle nicht selbst zu den Gründen äußert, sondern einen Artikel aus der *Frankfurter Rundschau* zitiert (vgl. Kaul [1981] 1987a, S. 220f.). Außerdem erklärt er detailliert juristische Probleme, die sich aus dem Zeitpunkt eines bilateralen Abkommens zwischen Frankreich und Deutschland ergeben, und was das für den Prozess bedeute. Kaul nimmt diesen Prozess, oder eigentlich zwei Prozesse, erst den gegen Beate Klarsfeld und dann den gegen Lischka, zum Anlass, seinen Konflikt mit aus der NS-Zeit ‚belasteten' Richtern darzustellen (z. B. Kaul [1981] 1987a, S. 221–225). Das Verfahren und seine Fallstricke nehmen einen großen Teil der Schilderung ein. Selten geht Kaul sonst so ins juristische Detail – der Ablauf des Verfahrens hat hier einen außerordentlich großen Stellenwert. In diesem Fall scheint der Bildungsaspekt jenen der Unterhaltung zu überwiegen, was auch der Thematik der NS-Verbrechen geschuldet sein mag. Der Umgang der BRD mit NS-Verbrechern stellt generell ein bevorzugtes Thema von Kaul dar; und dort verwendet er auf den Prozessablauf meistens mehr Aufmerksamkeit als in historisch weiter zurückliegenden Fällen. Was allerdings durchaus naheliegend ist, da es sein Anliegen war, personelle Kontinuitäten aus der NS-Zeit in die BRD hinein aufzuzeigen und an diesen Beispielen darzustellen, welche Folgen solche Kontinuitäten für die ausbleibende Verfolgung von NS-Verbrechern oder ihre Nicht-Verurteilung hätten. Dass Kaul immer wieder auf diese Themen zurückkommt, ist wenig verwunderlich, wenn man bedenkt, dass im Gegensatz zur DDR in der BRD nach dem Ende des Nationalsozialismus innerhalb der Justiz kein Bruch stattgefunden hatte (vgl. Kleßmann 1991, S. 79 und 83). Die Kontinuitäten existierten real und nicht nur in der Propaganda der DDR, und Kaul als Anwalt, der NS-Opfer vertrat, hatte häufig mit Justizmitarbeitenden in Westdeutschland zu tun, die unwillig waren, diese Art der Verbrechen zu verfolgen.

Der andere behandelte Fall ist der Majdanek-Prozess. Er hebt sich dadurch hervor, dass er als einziger der von Kaul behandelten Prozesse zum Zeitpunkt des Berichts noch nicht abgeschlossen war.[19] Das macht ihn als Pitavalgeschichte singulär. In Anbetracht dessen, dass Kaul darauf spezialisiert war, Opfer der NS-Zeit zu vertreten, kann man vermuten, dass es nicht nur der Zweck ist, die BRD zugunsten der DDR zu denunzieren, sondern dass ihm die Darstellung des Prozesses auch ein persönliches Anliegen war.[20] Wahrscheinlich brach Kaul deshalb mit den Gattungskonventionen. In guter Pitavaltradition fragt er sich, wie er Nicht-Juristen diesen langen Prozess näherbringen könne und entscheidet sich für einen Kunstgriff, der mit der Gattung bricht, in anderen seiner Pitavalgeschichten jedoch schon angelegt ist. So wählte er die Form eines Fernsehszenarios. Die Drehbuchform scheint ihm angemessen, weil sie einen verdichteten Bericht erlaube; ein fünfjähriger Prozess wird in einem Verhandlungstag dargestellt, wobei die einzelnen Ereignisse jedoch protokollgetreu wiedergegeben würden, wie Kaul ([1981] 1987c, S. 96) versichert. Hier bleibt er der Charakteristik der Gattung verpflichtet, kann jedoch trotzdem eindrücklich das Leid der Opfer, skrupellose Täter und Verteidiger sowie überzeugte Nazis und Neonazis in der BRD zeigen. Auch diese Prozessgeschichte wird mit Bildern von Opfern und Demonstranten im Wortsinne anschaulicher gemacht.

3.2 Pitavale als Fernsehspiele

Die Darstellung in Drehbuchform war für einen gedruckten Pitavaltext neu, für Kaul im Jahre 1980 allerdings längst vertraut. Schließlich hatte er die Pitavalgattung schon zuvor in ein neues, modernes Medium gebracht.[21] Was zuvor eine literarische Gattung war, wurde 1957 eine Reihe im Fernsehen der DDR, für die er mit Walter Jupé die Drehbücher verfasste. Die Literatur wurde zum Fernsehspiel. Zwischen 1958 und 1978 wurden unter wechselnden Reihentiteln 41 Folgen ausgestrahlt.[22] Völlig erstaunlich ist dieser Wechsel in ein neues Medium eigentlich nicht. Da viele von Kauls Pitavalgeschichten durch Dialoge und Figurenreden szenisch gestaltet werden, ist die Umsetzung für das Fernsehen nicht abwegig. Man könnte den Fernsehpitaval auch als eine frühe Form des Dokutainments betrachten (vgl. Speth 2023b, S. 274f.). Pitavaltexte beruhen auf realen Prozessen, sind also nicht fiktional,

[19] Die Frage, ob Kaul den Prozess nach seinem Abschluss an anderer Stelle noch einmal aufgenommen hätte muss offen bleiben, da Kaul kurz nach Erscheinen dieser Pitavalsammlung starb und es infolgedessen sein letztes Buch war.

[20] Dafür spricht auch das in dem Nachruf auf Kaul im *Neuen Deutschland* zitierte Plädoyer Kauls, in dem er zwar vor allem den Verfahrensablauf kritisiert, zuvor aber auch verdeutlicht, wie schwer es für ihn zu ertragen sei, dass der Mann, der seinen guten Freund Arthur Machke in Buchenwald umgebracht habe, jetzt in seiner Nähe und in Freiheit sei (vgl. Kaufhold 1981).

[21] Da Kaul im darauffolgenden Jahr starb, ist diese Pitavalsammlung seine letzte und es ist müßig darüber zu spekulieren, ob er noch einmal auf den Prozess zurückgekommen wäre und ihn als Drehbuch für das Fernsehen bearbeitet hätte. Da er auch die Auschwitzprozesse außerhalb der Pitavalreihe ins DDR-Fernsehen brachte, wäre eine filmische Verarbeitung zumindest denkbar gewesen.

[22] *Fernsehpitaval* scheint der eigentliche – und logische – Reihentitel zu sein, es werden jedoch auch Episoden unter den Obertiteln *Weimarer Pitaval*, *Pitaval des Kaiserreichs* und *Bonner Pitaval* geführt.

die Darstellung ist jedoch kein Dokumentarfilm. Der Fall selbst wird als Spielfilm dargestellt, zusätzlich jedoch eingeführt, zusammengefasst und durch eingeschobene Erklärungen unterbrochen – und zwar von Kaul selbst, der Zusammenhänge erläutert und das Gesehene kommentiert (vgl. Wilke 2007, S. 428–432). So, wie beim gedruckten Pitaval, bleibt Kaul die Autorität, die die Interpretation des Publikums lenkt bzw. im ersten Schritt den zur ideologischen Zielrichtung passenden Prozess auswählt. Neben den ideologischen Aspekten sollte man jedoch auch bei den Fernsehspielen den Unterhaltungsaspekt nicht vergessen – oder in diesem Medium vielleicht noch mehr betonen. Das Fernsehpublikum möchte unterhalten werden, und Kaul hatte ein Format an der Hand, das Unterhaltung, Belehrung und ideologische Schulung zugleich leisten konnte. Dass der Unterhaltungsaspekt vermutlich überwog, sieht man daran, dass diese kommentierte Reihe in der Fernsehgeschichte als Anfang der Krimi-Geschichte im DDR-Fernsehen gewertet wird (vgl. Behling 2016, S. 167f.).[23]

Sowohl literarisch als auch im Fernsehen beginnt Kaul in der Zeit der Weimarer Republik. Dieselben Fälle werden teilweise in beiden Formaten – Buch und Film – behandelt. Wobei auch hier die Epochen und die Rechtssysteme gemischt werden. Wie in den Büchern haben die Folgen des Fernsehpitavals häufig NS-Verbrechen und ihre (oft mangelhafte) Verfolgung vor bundesdeutschen Gerichten zum Gegenstand. Eindrücklich sind Folgen wie jene über den NS-Verbrecher Werner Heyde, der als Arzt für Tausende Ermordete verantwortlich war und lange unbehelligt als Fritz Sawade in der BRD lebte.[24] Kaul zeigte 1963, wie Opfern nicht geglaubt werde, wie sie auch in der BRD weiter Opfer blieben, während Täter gesellschaftlich anerkannt und unbehelligt lebten. 10 Jahre später machte er den Fall des Staatsanwalts Meerstrom zum Gegenstand einer Folge des Fernsehpitavals, in der er ausführlich (und historisch exakt) die Kontinuitäten in der Justiz der BRD ausbreitet. Dieser Fall ist jedoch ein Sonderfall, da er keine Klarnamen verwendet. Einleitend versichert Kaul, dass der Fall real sei, auch wenn der Name des Staatsanwalts in der Realität anders laute. Das Publikum darf also einen Wirklichkeitsbezug voraussetzen, der zudem auch aus der Gattung erfolgt, denn eine Pitavalgeschichte beruht immer auf wahren Fällen. Den Grund für diese Verwendung eines Pseudonyms erklärt Kaul nicht, er kann nur juristischer Art sein. Leider klärt der Jurist Kaul in diesem Fall nicht über die Hintergründe auf. Im Fernsehbild wird nur immer wieder die 1969 erschienene DDR-Broschüre *Mörder in der Richterrobe* gezeigt, in der 52 Staatsanwälte und Richter genannt werden, die an Freislers Volksgerichtshof tätig waren und dann unbehelligt in der BRD leben sollten. Meerstrom soll einer dieser Leute sein, der erst unter Anwendung des sogenannten „Blutschutzgesetzes" Unrecht gesprochen und Menschen zum Tode verurteilt habe und nach seiner vor-

[23] Viele bekannte Schauspieler der Zeit, wie Wolfgang Greese, Ezard Hausmann, Gerry Wolff oder Helga Göring wirkten beim Fernsehpitaval mit. Auch Lutz Riemann, der erst eine kleine Rolle in der Heyde-Sawade-Folge spielte, bevor er im Polizeiruf 110 zum Oberleutnant Zimmermann wurde, und Annekathrin Bürger, die nach der Wiedervereinigung dauerhaft im MDR-Tatort mit Peter Sodann zu sehen war, sind zu erwähnen.

[24] Erst als Fritz Bauer in Frankfurt die Täter der NS-Euthanasieprogramme vor Gericht bringen wollte, drohte auch Heyde der Prozess, dem er sich durch Suizid entzog.

zeitigen Pensionierung[25] mit der Beantragung von Wiedergutmachungen für NS-Opfer sein Geld verdiene. Die Darstellung des Unrechts erfolgt exemplarisch am Beispiel eines Jungen, dessen Eltern Meerstrom verurteilt hatte, und der später Wiedergutmachung beantragt und dabei ausgerechnet an Meerstrom gerät. Gerade in der Auswahl der Fälle, die ungesühnte NS-Verbrechen betreffen, und ihrer dramaturgischen Gestaltung beweist Kaul Geschick. Beim Publikum evoziert das offensichtliche Unrecht Empörung über mangelhafte Strafverfolgung. Wenn auch das ideologische Ziel, das Unrecht in der BRD und eine Kontinuität zur NS-Zeit darzustellen, offensichtlich ist, lässt sich festhalten, dass solche personellen Kontinuitäten existierten (siehe z. B. Rottleuthner 2010). In Anbetracht dieser Tatsache und des hohen darstellerischen Niveaus der Folge kann man sogar spekulieren, ob sie nicht vielleicht bei einem jüngeren, möglicherweise studentischen Publikum in der BRD, das anfing, der Elterngeneration Fragen zu stellen, auch erfolgreich hätte sein können.[26]

4 Kauls sozialistische Pitaval-Adaptionen – ein Fazit

Abschließend kann man die Frage stellen, inwieweit das, was Kaul unter der Gattungsbezeichnung ‚Pitaval' als Buch oder Film veröffentlichte, eigentlich noch ein Pitaval war. So divers sind die Themen, so unterschiedlich die Arten, wie die Fälle dargestellt werden. Doch ist dieser Facettenreichtum bereits in Gayots ‚causes' angelegt und wird durch Bearbeiter wie Richer und Franz noch verstärkt. Auch Kaul nutzt wie Gayot sehr verschiedene Mittel zur Darstellung der Fälle, in Abhängigkeit von den Dokumenten, die ihm zur Verfügung standen, und der Wirkung, die er erzielen wollte. Er baut Aktenstücke aller Arten, wie Aussagen aus den Prozessen, Gutachten, Artikel etc., in seine Texte ein und nutzt zusätzlich neue Medien, wie Fotos und Filme, die Gayot nicht zur Verfügung standen, mit dem Ziel, ein möglichst breites Publikum zu erreichen. Auf diese Art erläutert er juristische Probleme und Fragestellungen, wobei auch er sein Publikum bilden und unterhalten möchte. Trotz seiner politischen Agitation kommt Kaul Gayot erstaunlich nahe, vielleicht so nahe wie kaum ein anderer Publizist von Pitavalgeschichten vor ihm.

Wie Gayot war Kaul ein Anwalt, der sowohl ältere Rechtsfälle sammelte als auch zeitgenössische, an denen er zum Teil selbst als Anwalt beteiligt war. Wie Gayot schätzte Kaul reale Fälle höher als Produkte der Imagination und gegen beide wurden daher von ihren jeweiligen Zeitgenossen Vorwürfe mangelnder wirklicher

[25] Diese Möglichkeit gab es 1961 für „belastete" Richter nach § 116 des Deutschen Richtergesetztes.

[26] Das Deutsche Rundfunkarchiv stellt eine Übersicht der Folgen bereit, leider sind die Filme digital nicht zugänglich. Der Sonderforschungsbereich 1385 Recht und Literatur erlaubte es uns, einige Folgen für den wissenschaftlichen Gebrauch digitalisieren zu lassen. Die kommentierte Kinovorführung des *Falls Meerstrom* rief eine lebhafte Debatte hervor, da die Folge als filmisch gut gemacht wahrgenommen wurde und Ausgangspunkt für weitere Fragen im Umgang mit NS-Tätern war. Einzig Kauls Art sehr deutlich festzuhalten, was das Publikum zu lernen habe, schmälert heute die Wirkung. Ohne seine Polemik wäre die Rezeption vermutlich noch eindrücklicher.

Schöpfungskraft erhoben.[27] Einige seiner Gerichtsfälle, wie z. B. der Prozess gegen Klarsfeld und später Lischka, sind keine reinen „Verbrechensgeschichte[n]", wie sie von Richer, Kisch oder im *Neuen Pitaval* erzählt werden, sondern nähern sich einer eigentlichen „Verfahrensgeschichte" an, was Kaul näher an die originale Gattungsform rücken lässt (Behrens und Zelle 2020, S. 222).

Die Unterschiede zwischen dem Pitaval aus der Zeit des Ancien Régime und seinem Pendant aus der DDR lassen sich an anderer Stelle festmachen. Der Hauptunterschied besteht darin, dass Gayot vom Einzelfall ausging, juristische Fragestellungen und Probleme erläuterte und seinen Leserinnen und Lesern aufzeigte, was im jeweiligen Prozess gut funktionierte und wo sich Schwierigkeiten ergaben, sei es im Rahmen der Wahrheitsfindung, bei Verfahrensfragen oder Kompetenzstreitigkeiten. Fehler konnten dabei aus dem System selbst entstehen – man denke an Aussagen unter der Folter im Inquisitionsprozess oder das Recht des Landesherrn – oder es konnte zum Versagen einzelner Personen kommen. Am Anfang steht so jeweils der historische Fall; anschließend bewertet Gayot die Funktionsfähigkeit des Systems und das Handeln der Beteiligten im konkreten Prozess.

Kauls Blickwinkel hingegen ist von seinem Ziel bestimmt. Er ist bestrebt zu zeigen, dass es Kontinuitäten zwischen der Justiz des Deutschen Kaiserreichs, der Weimarer Republik und der BRD gab. Die herrschenden Schichten seien gleich geblieben, sie agierten immer gegen die politische Linke, die Antifaschisten, die Arbeiterklasse. Das führt er am Beispiel ausgewählter Prozesse vor. Die Diagnose steht schon zu Anfang fest, und die Auswahl der Fälle erfolgt mit Blick auf die politischen Agitationsmöglichkeiten. Die Form der Pitavalgeschichten ist dabei attraktiv, da die Unterhaltung im Vordergrund steht. Die erzählten Fälle sind authentisch und verleihen so der Lehre zusätzliche Legitimität. Kaul bürgte dabei als Experte für die Richtigkeit der Ausführungen. Er konstituierte ein spezifisches Bild der Geschichte und der Entwicklung des Rechts in der jeweiligen Gesellschaft und damit auch eine Legitimation für die DDR als antifaschistischen Staat, und das gerade in einer Zeit, als die DDR noch im Begriff war ihre Identität zu konstruieren.[28]

Literaturverzeichnis

Quellen

Eggert, Helmuth. 1950. Nachwort. In *Die wahrhaften Geschichten des alten Pitaval. Merkwürdige Rechtsfälle als ein Beitrag zur Geschichte der Menschheit.* Nach der 1782–92 von C. W. Franz und insbesondere auf Grund der 1792–94 von Friedrich Schiller herausgegebenen Übersetzung neu bearbeitet. 2. Aufl., S. 408–411. Erfurt: Gebr. Richters Verlagsanstalt.

Gayot de Pitaval, François. 1734–1743. *Causes célèbres et intéressantes, avec les jugemens qui les ont décidées*. 20 Bde. Paris [zeitgleich bei verschiedenen Verlegern].

[27] Im *Spiegel* hieß es über seine Pitavalbände: „Der ehrgeizige Autor gleicht bei dieser Sisyphus-Arbeit das absolute Fehlen schöpferischer Phantasie dadurch aus, daß seine Werke stets tatsächlichen, aktenkundig gewordenen Vorfällen nachgestaltet sind" (ohne Verfasser 1961).

[28] Wilke (2007, S. 445) kommt am Beispiel der Fernsehsendereihe *Weimarer Pitaval* zu einem ähnlichen Ergebnis, doch lässt sich dies auf alle Pitavale aus Kauls Feder übertragen.

Gayot de Pitaval, François. 1734a. Avertissement. In *Causes célèbres et intéressantes, avec les jugemens qui les ont décidées*. Bd. 1, S. j–xv. Paris: Cavelier.

Gayot de Pitaval, François. 1734b. Avertissement. In *Causes célèbres et intéressantes, avec les jugemens qui les ont décidées*. Bd. 3, S. j–xij. Paris: Cavelier.

Kaufhold, Marianne. 1981. Als Jurist und Künstler Anwalt des Fortschritts. Prof. Dr. Friedrich Karl Kaul zum Gedenken. *Neues Deutschland* (18./19. April 1981): S. 13.

Kaul, Friedrich Karl. 1952a. *Ankläger auf der Anklagebank. Erlebnisse und Erfahrungen mit Westberliner Gerichten*. Berlin (O.): Dietz.

Kaul, Friedrich Karl. 1952b. Gefährliche Kohle. Verwaltungsstreitverfahren Tiez gegen westliche Stadtverwaltung. In *Ankläger auf der Anklagebank. Erlebnisse und Erfahrungen mit Westberliner Gerichten*, S. 5–17. Berlin (O.): Dietz.

Kaul, Friedrich Karl. 1953. Der Lohnappell als Mordfalle. Das Verfahren gegen den Oberleutnant Marloh. 3. Dezember 1919 bis 9. Dezember 1919. In *Justiz wird zum Verbrechen. Der Pitaval der Weimarer Republik*, S. 11–50. Berlin (O.): Das Neue Berlin.

Kaul, Friedrich Karl. 1954. Einführung. In *Verdienen wird groß geschrieben. Der Pitaval der Weimarer Republik*. 2. Band, S. 5–7. Berlin (O.): Das Neue Berlin.

Kaul, Friedrich Karl. [1955] 1960. *Ich fordere Freispruch*. 2., erw. Aufl. Berlin (O.): Dietz.

Kaul, Friedrich Karl. 1961. Einführung. In *Es knistert im Gebälk. Der Pitaval der Weimarer Republik*. 3. Band., S. 5–6. Berlin (O.): Das Neue Berlin.

Kaul, Friedrich Karl. [1964] 1965. Vornehme Leute. Der Prozeß Adenauer-Schmeisser. In *Vornehme Leute. Der Bonner Pitaval*. 2. Aufl., S. 5–55. Berlin (O.): Das Neue Berlin.

Kaul, Friedrich Karl. [1968] 1970a. „... so wahr mir Gott helfe!". Der Essener Meineidsprozeß. In *So wahr mir Gott helfe. Pitaval der Kaiserzeit*. 3. Aufl., S. 5–60. Berlin (O.): Das Neue Berlin.

Kaul, Friedrich Karl. [1968] 1970b. Ein feudaler Mörder. Der Fall des Prinzen Arenberg. In *So wahr mir Gott helfe. Pitaval der Kaiserzeit*. 3. Aufl., S. 61–84. Berlin (O.): Das Neue Berlin.

Kaul, Friedrich Karl. [1972] 1973. *In Robe und Krawatte. Vor Gerichten der BRD*. 2. Aufl. Berlin (O.): Das Neue Berlin.

Kaul, Friedrich Karl. [1981] 1987a. Das Lischka-Syndrom. In *Menschen vor Gericht. Ein Pitaval aus unseren Tagen*. 4. Aufl., S. 177–235. Berlin (O.): Das Neue Berlin.

Kaul, Friedrich Karl. [1981] 1987b. Das Opfer des Schleusers. In *Menschen vor Gericht. Ein Pitaval aus unseren Tagen*. 4. Aufl., S. 7–41. Berlin (O.): Das Neue Berlin.

Kaul, Friedrich Karl. [1981] 1987c. Die Vorladung. In *Menschen vor Gericht. Ein Pitaval aus unseren Tagen*. 4. Aufl., S. 95–147. Berlin (O.): Das Neue Berlin.

Kaul, Friedrich Karl. [1981] 1987d. Eine „amerikanische Tragödie" in der DDR. In *Menschen vor Gericht. Ein Pitaval aus unseren Tagen*. 4. Aufl., S. 149–176. Berlin (O.): Das Neue Berlin.

Kaul, Friedrich Karl. [1981] 1987e. Einleitung. In *Menschen vor Gericht. Ein Pitaval aus unseren Tagen*. 4. Aufl., S. 5. Berlin (O.): Das Neue Berlin.

Richer, François. 1771–1788. *Causes célèbres et intéressantes, avec les jugemens qui les ont décidées*. 22 Bde. Amsterdam: Michel Rhey.

Schiller, Friedrich. 1792. Vorrede. In *Merkwürdige Rechtsfälle als ein Beitrag zur Geschichte der Menschheit*. Nach dem Französischen Werk des Pitaval durch mehrere Verfasser ausgearbeitet und mit einer Vorrede begleitet herausgegeben, fol. *2r.–*4v. Jena: Cuno's Erben.

Forschung

Achermann, Eric, Kathrin Löhr, Peter Oestmann und Sebastian Speth. 2022. Pitaval/*Causes célèbres*. In *Enzyklopädie Recht und Literatur*. Hrsg. Thomas Gutmann, Eberhard Ortland und Klaus Stierstorfer [URL: https://lawandliterature.eu/index.php/de/inhalt?view=article&id=37&catid=11]. Zugegriffen am 20. August 2025.

Behling, Klaus. 2016. *Fernsehen aus Adlershof. Das Fernsehen der DDR vom Start bis zum Sendeschluss*. Berlin: edition berolina.

Behrens, Rudolf, und Carsten Zelle. 2020. Französische und deutsche Causes célèbres im neunzehnten Jahrhundert: Gemeinsamkeiten, Unterschiede, Bedingungen und Funktionen. In Die

Causes célèbres des 19. Jahrhunderts in Frankreich und Deutschland. Narrative Formen und anthropologische Funktionen. Hrsg. Rudolf Behrens und Carsten Zelle, S. 207–325. Wiesbaden: Harrassowitz.

Jessen, Ralph. 1998. Partei, Staat und „Bündnispartner“: Die Herrschaftsmechanismen der SED-Diktatur. In *DDR-Geschichte in Dokumenten. Beschlüsse, Berichte, interne Materialien und Alltagszeugnisse*. Hrsg. Matthias Judt, S. 27–86. Bonn: BpB.

Keßler, Mario. 1999. Sozialisten jüdischer Herkunft zwischen Ost und West. Ernst Bloch, Hans Mayer, Alfred Kantorowicz, Leo Kofler, Josef Winternitz. In *Jüdische Intellektuelle in der DDR. Politische Strukturen und Biographien*. Hrsg. Georg Schuppener, S. 21–46. Leipzig: Arbeitskreis Hochschulpolitische Öffentlichkeit beim StuRA der Universität Leipzig.

Keßler, Mario. 2002. Zwischen Ost und West: Ernst Bloch, Hans Mayer, Leo Kofler und Alfred Kantorowicz. In*Exil und Nach-Exil. Vertriebene Intellektuelle im 20. Jahrhundert*, S. 33–54. Hamburg: vsa.

Keilbach, Judith, und Irmgard Zündorf (Hrsg.). 2001. *Eichmann im Kalten Krieg. Die deutsch-deutsche Berichterstattung über den Eichmann-Prozess*. Fridolfing: Absolut Medien.

Kleßmann, Christoph. 1991. Die doppelte Staatsgründung. Deutsche Geschichte 1945–1955. 5. Aufl. Bonn: Bundeszentrale für politische Bildung.

Kötzing, Andreas. 2015. Sturm und Zwang. Das 11. Plenum des ZK der SED in historischer Perspektive. In Verbotene Utopie. Die SED, die DEFA und das 11. Plenum. Hrsg. Andreas Kötzing und Ralf Schenk, S. 11–146. Berlin: Bertz + Fischer.

Krauss, Marita. 2001. *Heimkehr in ein fremdes Land. Geschichte der Remigration nach 1945*. München: Beck.

Lüsebrink, Hans-Jürgen. 1983. *Kriminalität und Literatur im Frankreich des 18. Jahrhunderts*. München/Wien: R. Oldenbourg.

Ohne Verfasser. 1961. Einer stand noch. *Der Spiegel* 14 (28. März 1961): S. 29–47 [hier nach dem digitalen Archiv: https://www.spiegel.de/politik/einer-stand-noch-a-f2a314b8-0002-0001-0000-000043160595, zugegriffen am 19. August 2025].

Pasternack, Peer, und Georg Schuppener. 1999. Jüdisch & intellektuell. Zu den verdoppelten Schwierigkeiten eines DDR-geschichtlichen Themas. In *Jüdische Intellektuelle in der DDR. Politische Strukturen und Biographien*. Hrsg. Georg Schuppener, S. 8–20. Leipzig: Arbeitskreis Hochschulpolitische Öffentlichkeit beim StuRA der Universität Leipzig.

Rosskopf, Annette. 2002. *Friedrich Karl Kaul. Anwalt im geteilten Deutschland (1906–1981)*. Berlin: Berlin Verlag.

Rosskopf, Annette. 2009. „Den Klassenkampf auf der justitiellen Ebene führen ...!“. Zum Leben und Wirken des Rechtsanwalts Friedrich Karl Kaul (1906–1981). In *Beiträge zur juristischen Zeitgeschichte der DDR*. 4., aktual. Aufl. Hrsg. Klaus Bästlein, Annette Rosskopf und Falco Werkentin, S. 4–31. Berlin: Der Landesbeauftragte für die Unterlagen des Staatssicherheitsdienstes der Ehemaligen DDR.

Rottleuther, Hubert. 2010. *Karrieren und Kontinuitäten deutscher Justizjuristen vor und nach 1945. Mit allen Grund- und Karrieredaten auf beiliegender CD-ROM*. Berlin: Berliner Wissenschaftsverlag.

Speth, Sebastian. 2023a. Materialisierte Gerichtsverfahren: Der Prozess der Vergegenständlichung historischer Akten in Pitavalgeschichten zwischen *law in literature* und *material philology*. In Literatur und Recht: Materialität. Hrsg. Eric Achermann et al., S. 285–311. Berlin: Metzler.

Speth, Sebastian. 2023b. True Crime. Inszenierte Gerichtsreportage im Fernsehpitaval der DDR. *Non Fiktion. Arsenal der anderen Gattungen* 18(1–2: S. 259–275.

Wilke, Thomas. 2007. „Es ist die Wirklichkeit, die wir ihnen vorführen …“. Friedrich Karl Kaul und die Sendereihe *Weimarer Pitaval* im Deutschen Fernsehfunk von 1958–1962. In *Zwischen Experiment und Etablierung. Die Programmentwicklung des DDR-Fernsehens 1958–1963*. Hrsg. Claudia Dittmar und Susanne Vollberg, S. 409–463. Leipzig: Leipziger Universitätsverlag.

Unsere kriminellen Vorfahren. Eine Untersuchung von Gattung und Stil der Pitavale am Beispiel ausgewählter Werke von Stanisław Szenic und ihre Bedeutung in der polnischen Literaturgeschichte

Karolina Dobrosława Korkosz

> *„Daher bestimmt die Funktion [eines literarischen Werkes] dessen Struktur, so wie – si licet comparare – der Zweck die Beschaffenheit eines Werkzeugs bestimmt, der durch dieses erfüllt werden soll."*
>
> *(Stefania Skwarczyńska 1987, S. 128)*

1 Einleitung

Angesichts fortschreitender Technologisierung und moderner Freizeitbeschäftigungen nimmt das Interesse an gedruckter Literatur in der polnischen Gesellschaft gegenwärtig immer weiter ab. Bemerkenswert ist jedoch, dass entgegen der rückläufigen Bedeutung literarischer Texte die Aufmerksamkeit für Krimis ungebrochen groß ist. Aus einer Veröffentlichung der Polnischen Nationalbibliothek zum Leseverhalten der polnischen Bevölkerung im Jahr 2020 geht hervor, dass „die Kriminalliteratur die ‚demokratischste', d. h. die am wenigsten von der sozialen Stellung abhängige Art von Literatur und somit die beliebteste Lektüre der Polinnen und Polen darstellt" (Chymkowski und Zasacka 2021, S. 17). In den darauffolgenden zwei Jahren bis 2022 hatte sich der Anteil der Befragten, der der Kriminalliteratur den Vorzug gegenüber allen anderen Gattungen gab, sogar noch weiter erhöht, und zwar von 24 auf 32 Prozent (vgl. Chymkowski und Zasacka 2023, S. 9).

Vor diesem Hintergrund ist es sinnvoll, die Geschichte und Entstehung dieser literarischen Gattung zu betrachten und der Frage nachzugehen, warum sie in der polnischen Gesellschaft derart populär ist. Mit den Worten der bereits im Motto zitierten Literaturwissenschaftlerin Stefania Skwarczyńska (1987, S. 130) ausge-

---

Aus dem Polnischen von Melanie Foik

M. Foik und S. Speth (Hrsg.), *Pitaval im Sozialismus*, Literatur und Recht 20,
https://doi.org/10.1007/978-3-662-72431-6_6

drückt, „erscheint es notwendig, im Interesse der Literaturwissenschaft die genologische Forschung zu rehabilitieren und eine möglichst große Zahl von Wissenschaftlern dafür zu gewinnen". Beim Pitaval – dem Gegenstand des vorliegenden Beitrags – dürfte es sich um ein Schlüsselelement in der Geschichte der Kriminalliteratur handeln. Vor allem im 20. Jahrhundert entwickelte sich in der polnischen Gesellschaft eine besondere Vorliebe für literarische Kriminalfallsammlungen, wie Stanisław Szenic über den namensgebenden und gattungsbildenden Ursprung – François Gayots de Pitaval *Causes célèbres* – lapidar konstatiert: „Das Interesse an dem Buch war enorm" (Szenic 1957, S. 5). Verwundern mag daher der Umstand, dass gegenwärtige Leserinnen und Leser oftmals gar nicht mehr wissen, was es mit derartigen Sammlungen literarischer Berichte über Strafprozesse oder Darstellungen aufsehenerregender Verbrechen überhaupt auf sich hat.[1] Die besonderen Merkmale von Pitavalen legen es jedenfalls nahe, sie in die Kategorie der Kriminalliteratur im weiteren Sinne einzuordnen.

Aus dem Ausland importierte Pitavale und ein wachsendes Interesse an ihnen waren bereits Ende des 18. Jahrhunderts ein spezifisches Phänomen auf dem polnischen Buchmarkt. Die ersten Übersetzungen solcher Textkompilationen waren den polnischen Eliten bereits ab 1765 zugänglich. Edgar Allan Poes *Doppelmord in der Rue Morgue*, der von Literaturhistorikern als die erste Kriminalnovelle angesehen wird, entstand wiederum erst 1841, und seine älteste polnische Übersetzung erschien sogar erst 1902. Hingegen konnte man bereits 1848, noch bevor Poes bahnbrechendes Werk auf dem polnischen Verlagsmarkt erschien, den ersten Pitaval in polnischer Sprache erstehen. Er wurde unter dem Titel *Czarna księga* (Schwarzbuch) von E. Feliks Górski herausgegeben (vgl. Szenic 1957, S. 6). Diese Sammlung beinhaltete Fälle aus dem *Neuen Pitaval*, die überwiegend deutscher Herkunft sind. Ablesen lässt sich an den hier angeführten Daten und dem sich mit ihnen verbindenden Umstand, dass Pitavale zu den ersten Titeln auf dem polnischen Buchmarkt gehörten und als Frühformen der populärsten literarischen Gattung in Polen anzusehen sind.

2 Konzeption und Form des Pitavals – oder: Wie, warum und wofür schrieb Szenic in der von ihm beschriebenen Weise Pitavale?

Stefan Sawicki (1987, S. 372) schreibt in seinem Aufsatz *Uwagi o analizie utworu literackiego* (Anmerkungen zur Analyse eines literarischen Werks), dass „die Konzeption die Form eines Werks bestimmt, über sein künstlerisches ‚Aussehen' entscheidet, ja wenn man so sagen darf, seine wesentliche Form ist". Das angeführte Zitat bildet das Fundament der vorliegenden Analyse: Ausgehend von Szenic' künstlerisch-gedanklicher Konzeption versuchen wir zu verstehen, was er mit der Wahl bestimmter Kompositionen und Formen, die er zur Verwirklichung seiner *Konzeption* einsetzte, beabsichtigte.

[1] Vgl. die *pitawal*-Explikation im Wörterbuch der polnischen Sprache (Doroszewski 1997).

Szenic begann seine Sammlungen stets mit einer „Notiz des Autors", die eine Art Einleitung zu den weiteren Teilen – den einzelnen Fällen und Kapiteln – darstellte. In der Einleitung jeder seiner Pitavalsammlungen finden sich thematisch einführende Worte, die der Erweiterung des Leserwissens über die Art des von ihm gewählten Textes dienen sollen. Im ersten Band seines *Pitaval warszawski* (Warschauer Pitaval) erklärt Szenic, dass die darin versammelten Texte, „den ersten Versuch darstell[en], alle aufsehenerregenden, mit dem Leben unserer Hauptstadt verbundenen Fälle darzustellen, die sich in Warschau ab dem ersten Viertel des 16. Jahrhunderts, als Masowien seine unabhängige Existenz verlor, bis zum Ende des 18. Jahrhunderts abspielten, als die Anfänge der Französischen Revolution den Sieg eines neuen und gerechten Systems ankündigten" (Szenic 1957, S. 8). Der erste Band enthält folglich Fälle aus der Zeit der polnisch-litauischen Adelsrepublik. Der zweite Band zielte – der im Vorwort enthaltenen Idee folgend – wiederum darauf ab, Fälle aus der Hauptstadt des damals auf den Landkarten nicht existenten polnischen Staates abzubilden. Die Konzeption des zweiten Bandes unterscheidet sich zudem bewusst von der des vorherigen, was der Autor erneut in einem Vorwort hervorhebt:

> Somit liegt dem zweiten Band ein neuer Ansatz zugrunde. [...] Dadurch, dass er im Grunde politische und Pressefälle sowie die großen zivilrechtlichen Fälle ausklammert [...], enthält der zweite Band überwiegend reine Kriminalfälle. Entscheidend für die Auswahl war auch, einen möglichst breiten sozialen Hintergrund abzubilden [...]. (Szenic 1959, S. 6)

Während dem ersten Band des *Warschauer Pitavals* eher ein historisch-politischer Charakter zugrunde liegt, stellt der zweite Band vielmehr einen analytischen Kommentar zu historisch-gesellschaftlichen Aspekten dar. Noch einmal eine gänzlich differente Konzeption liegt dem *Pitaval wielkopolski* (Großpolnischer Pitaval) zugrunde (Szenic 1977), zumal in diesem Fall ein einzelner Band für das Gebiet der gesamten Wojewodschaft gegenüber dem vorausgegangenen *Warschauer Pitaval* zunächst einmal unverhältnismäßig erscheinen mag. Den Sinn eines solchen Vorgehens erklärt der Autor ebenfalls wieder in einem Vorwort. Zwischen den Zeilen weist er darauf hin, dass er bei der Zusammenstellung des 1977 erschienenen Bandes jene Fälle darstellen wollte, die „ein beschämendes Geheimnis bergen, das, dem Vergessen entrissen, durch Tränen und Kummer ein getreues und wahres Bild der Vergangenheit vermittelt, gleich einem interessanten und lebendig geschriebenen Erinnerungsbuch" (Szenic 1977, S. 5). Es handelt sich also nicht nur um eine historisch-gesellschaftliche Konzeption, sondern es scheint auch ein gewisses sozialpsychologisches Interesse vorzuliegen, da sich sowohl soziologische Erkenntnis als auch literarische Sensibilität für den gesellschaftlichen Wandel offenbaren.

Die genannten Merkmale werden am deutlichsten in der Konzeption hervorgehoben, die den Kern des unikalen *Pitaval makabryczny czyli sprawy pijackie* (Makabrer Pitaval, oder: alkoholassoziierte Fälle) ausmacht (Szenic 1965). Sowohl der Herausgeber im Vorwort als auch Szenic in seiner Vorbemerkung weisen darauf hin, dass die Konzeption auf einem geradezu psychoanalytischen Einblick in die Geschichte sowie die Hintergründe nicht nur der vom Suchtkranken begangenen Straftat beruhe, sondern auch darauf, was zu den klinischen Merkmalen der Alkoholerkrankung geführt hat. Nach den Worten von Szenic' „Vorredner", Stanisław Antoszczuk (1965, S. 5), sollen „die sozialen, moralischen und erzieherischen

Untertöne, die diese Publikation enthält", die Leserinnen und Leser „in unausweichlicher Weise dazu bringen", über die Problematik des Alkoholismus nachzudenken. In seiner Vorbemerkung weist Szenic darauf hin, dass die Statistiken über den Alkoholismus in Polen zu jener Zeit besorgniserregende Signale in Bezug auf „das Verhalten der Polen nach dem Trinkgelage" aussenden. Es gehe ihm in seinem moralistischen, soziologisch aufschlussreichen Pitaval schließlich darum, den jeweiligen *alkoholassoziierten Hintergrund* zu beleuchten und das jeweilige Umfeld aufzuzeigen, in dem sich die beschriebenen Dramen abspielten. Dabei weist er darauf hin, dass dies der einzige Pitaval sei, in dem der Autor weniger auf juristische Fragen eingeht, sich stattdessen vielmehr auf die soeben genannten Aspekte konzentriert. Da die inhaltliche Andersartigkeit des *Makabren Pitavals* im Vergleich zu den übrigen hier behandelten Pitavalsammlungen auch einen abweichenden Aufbau der Kapitel und der in ihnen dargebotenen Geschichten mit sich bringt, erscheint es lohnend, diesen Band über die im Alkoholrausch begangenen Verbrechen in unsere Überlegungen miteinzubeziehen.

Der von Szenic gewählte Aufbau der Kapitel, d. h. die Schilderung der einzelnen Fälle, zielt nicht nur darauf ab, die literarische Form auf anspruchsvolle Weise an die dem Autor zugänglichen Quellen anzupassen, sondern auch darauf, den Ablauf und die Essenz des jeweiligen Falls so anschaulich und realistisch wie möglich darzustellen. Betrachtet man die jeweilige Charakteristik, so lässt sich feststellen, dass man vier Darstellungsarten der Fallstruktur unterscheiden kann:

1. *berichtend* – dieser Begriff ist eine sehr abstrakte, verallgemeinernde Bezeichnung für eine Struktur, bei der die Darstellung eines Falls überwiegend auf Zitaten (aus Zeitschriften, Gerichtsberichten usw.) beruht; dies sind jene Kapitel, in denen die zitierten Quellentexte etwa drei Viertel des gesamten Buchabschnitts einnehmen (so z. B. der *Prozess gegen die vierzehn Hexen von Doruchów* im *Großpolnischen Pitaval* [Szenic 1977, S. 9–18], der *Prozess gegen Dąbrowski wegen des Mordes an Żółtowski* im ersten Band des *Warschauer Pitavals* [Szenic 1957, S. 136–141] oder auch der *Prozess gegen das Dienstmädchen Rozmuszewska wegen des Mordes an ihrer Herrin* im zweiten Band des *Warschauer Pitavals* [Szenic 1959, S. 37–45]),
2. *beschreibend* – dabei handelt es sich um kürzere Kapitel, die hauptsächlich aus der Feder von Szenic selbst stammen und in geringem Maße durch das Zitieren oder Einfügen von Auszügen aus Quellentexten (Briefen, Gerichtsurteilen, Gedichten usw.) gekennzeichnet sind (bspw. das *Tragische Duell zwischen zwei Gymnasiasten* im *Großpolnischen Pitaval* [Szenic 1977, S. 19–24], der *Mord an Kazimierz Przewodyszewski* im ersten Band des *Warschauer Pitavals* [Szenic 1957, S. 130–135] oder der *Verkauf einer Ehefrau* im zweiten Band des *Warschauer Pitavals* [Szenic 1959, S. 79–87]),
3. *beschreibend-berichtend* – dies sind Kapitel, in denen lange, oftmals über mehrere Absätze reichende Zitate und Beschreibungen von Ereignissen, Personen, Handlungen oder Details eines Falls eingestreut sind, die in sich Literarizität mit juristischer Faktizität vereinen (z. B. *Das Verfahren gegen Kazimierz Łyszczyński* im ersten Band des *Warschauer Pitavals* [Szenic 1957, S. 115–127] oder *Der*

Fall der Doktoren Kosiński und Solman im zweiten Band des *Warschauer Pitavals* [Szenic 1959, S. 306–326]),
4. *gemischt* – dies stellt den interessantesten Darstellungsstil von Szenic dar, der in seiner Originalität an die literarischen Variationen der Romantiker erinnert: Er verbindet Merkmale aller drei literarischen Gattungen, ist durchdrungen von experimentellen Elementen, z. B. Verwebungen verschiedener Zitate, Dialoge oder Monologe sowie erzählerischer Aussagen zu einem Kapitel, wobei gerade diese ‚Inkonsistenz' als ein spezifisches Stilmittel betrachtet werden kann (so im *Mordfall an Ludwik Nitkowski aus Skąpe* im *Großpolnischen Pitaval* [Szenic 1977, S. 25–56], im *Giftskandal um die Majorsfrau Dogrumowa* im ersten Band des *Warschauer Pitavals* [Szenic 1957, S. 208–235] wie auch im *Mord an Professor Girsztowt* aus dem zweiten Band des *Warschauer Pitavals* [Szenic 1959, S. 107–138]); ausführlicher über die Besonderheiten dieser raffinierten Art der Fallbeschreibung im nachfolgenden dritten Abschnitt meines Beitrags (Zum Inhalt der Pitavale – ihre Literarizität und Ausdrucksformen sowie ihr Gehalt aus dem Bereich Recht und Gerichtswesen).

Ein fünfter Punkt könnte schließlich die Schilderung der alkoholassoziierten Fälle im *Makabren Pitaval* sein (Szenic 1965): Dort wird alles schematisch dargestellt: Nach der Einleitung (einem einführenden Absatz, der noch unterschiedlich beginnt, z. B. mit der Vorstellung des Verurteilten oder der Darstellung des Tatorts oder der Beschreibung der Ent- oder Aufdeckung der Tat) folgt der stets gleichförmig aufgebaute chronologische Verlauf der jeweiligen Familiengeschichte. Spannung wird hier in erster Linie durch die sukzessive Auffächerung jener Faktoren aufgebaut, die zu solch extremen psychischen Zuständen geführt haben, dass ein Mensch im Zustand des Alkoholrausches in der Lage war, einen anderen Menschen zu töten. In dieser Form kommen Zitate nur selten vor. Abwechslung im Bereich der Struktur wird erzielt durch: formale Elemente von Dialogen (*Schlägerei auf einer Feier*, Szenic 1965, S. 160–166) oder auch Monologen sowie Zeugenaussagen (*Der Fenstersto߸* S. 44–62; *Schlägerei auf einem Hochzeitsfest*, S. 167–183), dienstliche Notizen von Ermittlern (*Mord am Lebensgefährten*, S. 63–72) sowie Auszüge aus Gerichtsberichten (*Mord am Schwager*, S. 109–116).

Sind die objektiven Merkmale der verschiedenen Strukturierungsformen der Pitavalkapitel von Szenic erst einmal bekannt, so lässt sich mithin bestimmen, welche Funktion sie für die behandelten Fälle haben. Mit dem oben bereits zitierten Literaturwissenschaftler Sawicki (1987, S. 373) interessieren uns an dieser Stelle die „einzelnen Elemente und ihre Struktur insofern, als [...] schließlich bestimmte Eigenschaften (*cechy*) oder besser: Qualitäten (*jakości*) eines Textes mit ihnen verbunden sind". Die Qualitäten der vier behandelten Bände weichen jeweils ein wenig voneinander ab, so dass die Dichte der einzelnen Kapiteltypen in jedem der analysierten Bände verschieden erscheint. Am seltensten anzutreffen sind im *Großpolnischen Pitaval* und in den beiden Bänden des *Warschauer Pitavals* beschreibende Kapitel (im *Großpolnischen Pitaval* eines von fünf und im *Warschauer Pitaval*, Bd. 1, zwei von vierzehn Kapiteln, im Bd. 2 ein beschreibendes Kapitel von insgesamt vierzehn) sowie berichtende Kapitel (im *Großpolnischen Pitaval* eines von fünf, im *Warschauer Pitaval*, Bd. 1, zwei von vierzehn und drei von vierzehn

Kapiteln im Bd. 2). In der Struktur und Form der Darstellung zeigt sich, dass diese Abhängigkeit darauf zurückzuführen ist, dass komplexe Fälle, die größeres Aufsehen in der Öffentlichkeit erregt haben bzw. besonders prominente Personen oder Themen betreffen, hinsichtlich der zugehörigen Quellentexte zu vielschichtig und umfangreich sind, um sie durch eine einfache Beschreibung oder einen Pressebericht umfänglich wiederzugeben. Mitunter war der Autor jedoch auf eine dieser beiden Formen festgelegt, weil er aufgrund äußerer Umstände keine weiteren Fakten und Details finden konnte, die für die Leserschaft von Interesse sein und wesentlich zur Durchdringung der Fallgeschichte hätten beitragen können.

Aus diesem Grund wählte Szenic am häufigsten die unter Punkt vier genannte Form: die gemischte. Doch warum kann ausgerechnet diese unkonventionelle Form als die wichtigste Vertreterin im Entstehungsprozess von Kriminalfallsammlungen angesehen werden? Es ließe sich die These aufstellen, dass gerade diese Struktur es Szenic ermöglichte, die Komplexität der Gerichtsfälle, die sozialen und individuellen Probleme, das Wesen der Justiz sowie die Essenz von Verbrechen und Strafe so präzise wie möglich zum Ausdruck zu bringen. Schließlich genügt faktengesättigte Prosa nicht immer zur Darstellung der Verwickelt- und Verworrenheit von Gerichtsprozessen. Die Einflechtung von Dialogen zwischen Richter oder Staatsanwalt und dem Angeklagten – einer der dramatischen Tradition entlehnten Form – einschließlich entsprechender Didaskalien, wie etwa Bemerkungen über das Lachen oder Staunen im Gerichtssaal, verdeutlichen den theatralischen Charakter aufsehenerregender Fälle. Die Einbindung von Auszügen aus Akten und Beweismaterial bewirkt eine realistischere Darstellung von Kolorit und Problematik, die den Leserinnen und Lesern den Fall nicht nur gedanklich näherbringt, sondern darüber hinaus die Atmosphäre des Prozesses spürbar macht. Die genannten Formelemente und ihre Funktionen verweisen folglich darauf, dass das hinter den hier betrachteten Texten stehende Konzept sowie deren programmatische Qualitäten, wie sie aus den Vorworten und Notizen des Autors hervorgehen, sich in einer akribisch geplanten Konstruktion verwirklichen, obwohl sie an die romantische Tradition und ihr „kontrolliertes Chaos" der Komposition anknüpft.

Mit diesem Verfahren gelang es Szenic, alle Facetten der komplexen Gerichtsfälle eingängig, akkurat und unterhaltsam darzustellen, und zwar gleichermaßen für den Richter und die Anwältin wie auch für den Vertreter der öffentlichen Meinung ohne juristischen Hintergrund. Die obigen Ausführungen zeigen, dass die Form, in die Szenic den Inhalt seiner Sammlungen fasst, von erheblicher Bedeutung ist und dazu dient, bestimmte Tatsachen und Beobachtungen hervorzuheben. Wie die Literaturwissenschaftlerin Dorota Korwin-Piotrowska (2001, S. 169) konstatiert, kann nämlich „selbst ein banales Beschreibungsschema eine Form der Interpretation von Beobachtungen sein". Die kunstvolle Verbindung von literarischer Sublimierung und lakonischer Sachlichkeit stellt Stanisław Szenic in seinen Pitavalen jedenfalls exzellent unter Beweis.

3 Zum Inhalt der Pitavale – ihre Literarizität und deren Ausdrucksformen sowie ihr Gehalt aus dem Bereich Recht und Gerichtswesen

Der Grad der Literarizität der Pitavale wird im vorliegenden Beitrag anhand jener Prämissen bestimmt, die Stanisław Dąbrowski (1987) in seinem Aufsatz *Zagadnienie określeń i wyznaczników literackości* (Das Problem der literarischen Begriffe und Maßstäbe) formuliert. Dąbrowski (1987, S. 6) arbeitet darin ein „inhaltliches Schema" zur Interpretation und Bestimmung der literarischen Dimension eines Textes aus, das drei Bereiche berücksichtigt:

1. den schöpferischen Prozess und die Person der Autorin bzw. des Autors,
2. die Art der Rezeption und die Person des Rezipienten bzw. der Rezipientin,
3. den Text als solchen sowie seine Eigenschaften und Funktionen.

Im Folgenden sollen einige Texte von Stanisław Szenic unter jedem dieser Gesichtspunkte beleuchtet werden.

Der erste Punkt bei der Analyse der Literarizität ist die Verortung des Textes im Erkenntnisraum seiner Autorin bzw. seines Autors. Im vorliegenden Fall werden Kriminalfälle von einer Person mit nicht unbedeutender Ausbildung und Berufserfahrung dargestellt. Der 1904 in Pakość geborene Szenic absolvierte zunächst ein rechtswissenschaftliches Studium, um anschließend als Richter zu arbeiten, bevor er sich schließlich dem Schreiben zuwandte (Szenic 1990). Seine literarisch-publizistische Arbeit an den Pitavalen stellt daher einen „Akt des intellektuellen Lebens" dar (Dąbrowski 1987, S. 6), der seine verschiedenen beruflichen Interessen und Kompetenzen miteinander vereint.

Dąbrowski unterscheidet zwischen zwei Arten von Autoren: „objektive" und „subjektive". Als welchen Typus lässt sich nun Szenic beschreiben? Am ehesten ist er den *objektiven* Autoren zuzuordnen, worauf die eigenen Worte Szenic' in der Einleitung zum ersten Band des *Warschauer Pitavals* schließen lassen:

> Der Leitgedanke des Pitavals sollte sein, die Gerichtsprozesse vergangener Jahrhunderte in zeitgenössischem Wort und Dokument, in authentischem Kolorit und authentischer Atmosphäre wiederzugeben. (Szenic 1957, S. 11)

Der damit angesprochene Gedanke deutet auf die Absicht hin, eine „kollektivistische Variante der Subjektauffassung" zu verfolgen, die „Literatur als Ausdruck und Manifestation des Nationalcharakters" (Dąbrowski 1987, S. 6) behandelt – denn ist dies nicht im Grunde der Versuch, den staatlichen, allgemeinzugänglichen Fundus an Quellentexten, Thesen, Überzeugungen und juristischen Begründungen zu erweitern, die bei der Lösung atypischer Fälle aus dem Bereich (nicht nur!) des Strafrechts helfen können?

Das angeführte Zitat aus der Einleitung des ersten Bandes des *Warschauer Pitavals* ist für die hier angestellte Analyse von erheblicher Bedeutung, da es die Merkmale der Texte auch in Bezug auf die beiden übrigen Elemente der Interpretation der Literarizität zu bestimmen ermöglicht. Betrachten wir zunächst den „rezeptionsorientierten Ansatz“. Darin unterscheidet Dąbrowski (1987, S. 7) zwei mögliche Kategorien: die „populäre“ und die „elitäre“. Eine Einordnung von Szenic' Fallsammlungen ist in diesem Punkt allerdings nicht so einfach wie in jenen zuvor. Denn wie man sieht, sollten die Pitavale langfristig eine Wissensquelle darstellen und den Horizont im Zusammenhang mit der Analyse von Sachverhalten der dargestellten Verbrechen und Gerichtsprozesse erweitern. Einhergehend mit ihrer Popularisierung und dem allgemein-gesellschaftlichen Interesse begann die Gattung sich dynamisch zu entwickeln und entsprach damit gewissermaßen ihrer Bekanntheit. Vor diesem Hintergrund entstand der *Makabre Pitaval* (s. zu diesem Foik 2024). In der einleitenden Anmerkung erklärt Szenic (1965), er habe sich nach so vielen Veröffentlichungen in diesem Bereich nicht mehr mit Kriminalfällen befassen wollen; die Idee, über unter Alkoholeinfluss begangene Straftaten zu schreiben, habe ihn jedoch schließlich umgestimmt. Im entsprechenden Vorwort weist der Herausgeber selbst auf die zahlreichen Nutzanwendungen für die potenziellen Rezipienten des Bandes hin: Er könne „für eine bestimmte Kategorie von Lesern sogar von unmittelbarem therapeutischen Wert sein“ (Antoszczuk 1965, S. 4f.) und zur Reflexion wie auch zum Formulieren von Fragen und Argumenten anregen, wie man dem traurigen gesellschaftlichen Phänomen des Alkoholismus begegnen kann. Schaut man aus einer weiteren Perspektive auf Szenic' Texte, so kann man zweifelsohne konstatieren, dass sie die Bezeichnung ‚populär(wissenschaftlich)‘ verdienen.

Wie kann man nun das letzte Element der Literarizitätsinterpretation im Sinne von Dąbrowskis Untersuchungsinstrumentarium bestimmen? Die Funktionen und Eigenschaften des Textes selbst lassen sich in zwei Aspekte unterteilen: den Inhalt (transgressiv) sowie die Form (ergozentrisch). Die Literarizität im Hinblick auf den Inhalt werde ich im Folgenden darlegen, wohingegen die Analyse des zweiten Aspekts bereits im vorherigen Abschnitt des Beitrags erschöpft wurde.

Welche Ausdrucksformen inhaltlicher Literarizität finden sich nun in Szenic' Texten? In seinen Pitavalen bedient sich der polnische Jurist zweier Arten von Vokabular: Zum einen verwendet er eine im Hinblick auf das juristische Milieu authentische Sprache, die dem eigentlichen Hintergrund und dem Ort der Handlung der einzelnen Kapitel entspricht (Nomenklatur sowie Rechtssprache). Zum anderen dürfte sich die in seinen Pitavalen zum Einsatz kommende Sprache aber auch an einen Durchschnittsleser richten, der nicht in erster Linie an den mit der jeweiligen Rechtslage und Vorschriften an sich verbundenen Aspekten interessiert ist (journalistische Sprache). In den Texten lassen sich zahlreiche literarische Mittel ausmachen, die in der Summe eine auffallend vielseitige Sprache hervorbringen.

Bei der Betrachtung literarischer Texte spielt die Identifizierung des *Erzählers* eine wichtige Rolle. Der Erzähler ist bekanntlich ein bedeutendes Medium in der Ganzheit eines literarischen Werkes, von dessen Beschaffenheit die Sprache abhängt wie auch die Frage, mit welchen Worten sich die künstlerische Konzeption des Autors ausgestaltet.

Doch was wissen wir eigentlich über den Erzähler in Szenic' Pitavalen? Zuallererst lässt sich festhalten, dass er in Texten dieser Art *vorhanden* ist (zumindest in den meisten Kapiteln; lediglich in einigen „berichtenden“ Kapiteln kann seine Anwesenheit infrage gestellt werden), denn „der Erzähler stellt ein unabdingliches Element des Epischen dar, das es schließlich vom Dramatischen unterscheidet –

also die Mittelbarkeit der Darstellung, sprich das Erzählen“ (Jasińska 1987, S. 226). Pitavale gehören fraglos zur Epik, zur erzählenden Literatur, und besitzen alle Eigenschaften, die diese literarische Gattung charakterisieren.

Im Falle der Pitavale lässt sich eine „Ebene der stillen Anwesenheit des Erzählers“ feststellen, die der Literaturwissenschaftlerin Maria Jasińska (1987, S. 228) zufolge dann gegeben ist, wenn der Erzähler die *lauten Mittel* seiner Anwesenheit eliminiert. In Szenic' Texten ist der Erzähler nahezu durchsichtig, lässt den Leser aber dennoch gewisse Eigenheiten erahnen. Bisweilen kommt es sogar vor, dass er sich subjektiv wertend zu bestimmten Details oder Tatsachen äußert. Als kleines, aber bezeichnendes Beispiel kann hier angeführt werden, dass der Erzähler der Geschichte *Sprawa przeciwko czternastu czarownicom z Doruchowa* (Der Prozess gegen die vierzehn Hexen von Doruchów) aus dem *Großpolnischen Pitaval* die Kleidung des Pfarrers Serafin Gamalski als „allzu düster“ (Szenic 1977, S. 9) bezeichnet. Der Erzähler verfügt hier auch über die Fähigkeit, Schlussfolgerungen zu ziehen und sie dem Leser mitzuteilen, wie folgender Auszug aus der im ersten Band des *Warschauer Pitavals* enthaltenen Geschichte *Zgon dwóch* (Der Tod zweier) nahelegt: „Aus der Beschreibung dessen geht also hervor, dass neben den vom anonymen Chronisten genannten Personen noch viele weitere angeklagt und um ihr Leben gebracht wurden“ (Szenic 1957, S. 19).

Von der Literarizität der Pitavale zeugt unstrittig auch, dass Szenic in ihnen *stilistische* Mittel verwendet, die den Prozessakten und journalistischen Anmerkungen Kolorit verleihen. Jeder der Pitavale weist eine Vielzahl davon auf. Die Mehrheit von ihnen hat eine konkrete Genese, die ihre Existenz im Text begründet. Ein einschlägiges Beispiel ist hier der Einsatz umgangssprachlicher Ausdrücke, womit die Pitavale, wie oben bereits erwähnt, alle Gesellschaftsschichten ansprachen. Die Verwendung einer eingängigen Sprache machte einen erheblichen Teil ihrer allgemeinen Anziehungskraft aus. Der zweite Hauptgrund für die Verwendung solcher Ausdrucksweisen dürfte auch darin liegen, dass Szenic die Sprache und die Stimmung, das Kolorit einer bestimmten Gesellschaft oder Situation abzubilden versuchte. Es ist daher nicht verwunderlich, dass im Kapitel des *Großpolnischen Pitavals*, das vom Fall Ludwik Nitkowski erzählt, der Gerichtssaal „zum Ersticken vollgestopft“ (Szenic 1977, S. 28) war, und dass die in einer weiteren Geschichte vorkommenden Gymnasiasten die Älteren „nachäfften“ (Szenic 1977, S. 19). Die Sprache ist hier also nicht nur ein Mittel, um die verschiedenen sozialen Gruppen zu integrieren, sondern dient darüber hinaus auch dazu, die jeweiligen Orte, Situationen und Protagonisten zu illustrieren.

Eine ähnliche Funktion kommt dem Einsatz von *Idiolekten* bei der Wiedergabe von Dialogen oder Zeugenaussagen zu. An der Struktur und dem Inhalt seiner Texte kann man zudem ablesen, dass Szenic – seinen Idealen der rechtswissenschaftlichen Sachlichkeit und der redlichen Verwendung von Quellentexten entsprechend – sorgfältig darauf geachtet hat, Zeichen und Signale des Zitierens und Paraphrasierens der jeweiligen Quellen zu setzen, anstatt diese unzulässig umzuformulieren und als sein geistiges Eigentum auszugeben. Vor diesem Hintergrund empfiehlt es sich, die zu längeren, mit komplizierten, weitschweifigen Ausführungen verwobenen Dialoge aufmerksam zu betrachten, die teilweise denen eines Romans ähneln (z. B. durch die Verwendung von Gedankenstrichen sowie der Einhaltung der epischen

Konvention), mitunter aber auch Merkmale dramatischer Dialoge aufweisen (etwa in der Hervorhebung der Redner und ihrer Aussagen in einer Weise, die zweifelsohne der dramatischen Konvention zuzurechnen ist). Werfen wir diesbezüglich einen Blick auf die Aussage der Gräfin während des Prozesses gegen Bohdan Ronikier, die im zweiten Band des *Warschauer Pitavals* (Szenic 1959, S. 327–500) enthalten ist: „Was! Die Ermordung von Bronisław Chrzanowski? Ich höre zum ersten Mal davon... Das ist entsetzlich! – ruft sie aus, und in ihrer Stimme spürt man die Wahrheit" (Szenic 1959, S. 107). Ausrufe, rhetorische Fragen und Doppelpunkte stellen Stilmittel dar, die die emotionale Spannung in der angeführten Szene verstärken. Es wirkt sehr realistisch und plausibel, dass die überraschte Zeugin ihre Gedanken in jener Weise zum Ausdruck gebracht hat, wie Szenic es in der zitierten Textpassage schildert.

Das hier angedeutete, dem Realismus verpflichtete Kolorit ginge aus Szenic' Pitaval-Bänden weniger deutlich hervor ohne die den literarischen Text ergänzenden Zitate. Die Zitation zeugt auch von der Beziehung des Autors zu seinen Quellentexten, die die Basis der hier betrachteten Sammlungen darstellen. Bei der Lektüre kann man erkennen, welch bedeutende Rolle die verwendeten Akten und historischen Zeitungsberichte im Schreib- und Schaffensprozess des Autors sowie im Verständnis der Entwicklung des Gerichtswesens gespielt haben. Dies belegt etwa die Einleitung zum Kapitel *Sprawa o zabójstwo profesora Girsztowta* (Der Mordfall an Professor Girsztowt), das im zweiten Band des *Warschauer Pitavals* enthalten ist (Szenic 1959, S. 107–139). Darin bezeichnet Szenic seine Quellen als „vergilbte Gerichtsberichte und vergessene Zeitungsfeuilletons" (Szenic 1959, S. 107).

Ein wichtiges Mittel bei der realistischen Beschreibung ist des Weiteren der objektivierende Faktor, den Korwin-Piotrowska (2001, S. 10) wie folgt beschreibt:

> Die für realistische Beschreibungen typische Objektivierung bestand in der Verwendung sachlicher und wesentlicher, d. h. möglichst detaillierter Beschreibungen, die die wichtigsten Eigenschaften des jeweiligen Gegenstandes wiedergaben, zugleich aber auch darin, die Prinzipien der künstlerischen Auswahl durch Hinzugabe ‚überflüssiger' Informationen zu verdecken. Auf diese Weise wurde die Illusion einer unmittelbaren Wiedergabe der Wirklichkeit erzeugt. Die mimetische Motivation verband sich mit der ‚analogen Repräsentation', also der Bezugnahme auf Alltagserfahrungen.

Die von Korwin-Piotrowska genannten Merkmale realistischer Beschreibungen sind zweifelsfrei kompatibel mit der Art, wie Szenic die Realia der von ihm ausgewählten Fälle schildert. Sein Ziel ist es, eine Rechtswirklichkeit voller verschachtelter, langer Sätze und Normen abzubilden, die er mit einem „Bezug zur Alltagserfahrung" (Korwin-Piotrowska, S. 10) verbindet, mimetisch und essentiell, für jedermann verständlich.

Die Verquickung von literarischen Beschreibungen, Zitaten und dramatischen Variationen könnte zunächst chaotisch und inkohärent erscheinen. Beim Lesen ist dies jedoch nicht spürbar, da Szenic sowohl die Dynamik als auch die Klarheit und Kohärenz der Texte durch bestimmte grammatikalische Muster genauestens zu steuern wusste. Was die Aufmerksamkeit des Rezipienten besonders auf sich ziehen dürfte, ist die von Szenic vorgenommene Anordnung der Sätze sowie deren Syntax. Um dieses interessante literarische Verfahren zu illustrieren, sollen im Folgenden einige konkrete Fälle herangezogen werden. Hinsichtlich der Entwicklung einer Handlung lassen sich vier sprachliche Ausdrucksformen differenzieren: 1) *die Handlung vorantreibend*, 2) *beschreibend-informierend*, 3) *detailliert beschreibend* und 4) *integrierend*. Dialoge und spezifische Elemente, die für Dramen oder Zitate charakteristisch sind, werden an dieser Stelle freilich nicht berücksichtigt, da sie das Kriterium der hier erörterten Typologie nicht erfüllen. Betrachten wir zunächst einige Beispiele für die genannte Unterscheidung, die nicht aus dem *Makabren Pitaval*, sondern aus dem *Warschauer Pitaval* und dem *Großpolnischen Pitaval* stammen und die genannten Subtypen eingängig illustrieren.

Ausdrucksformen, die die Handlung vorantreiben (1), sind einfache Sätze, die sich auf eine simple, mitunter dürftige oder lakonische Formulierung beschränken. Sie enthalten ein Prädikat, das schlicht die Funktion erfüllen soll, anzuzeigen, dass etwas stattgefunden hat. Es kann durchaus mit adverbialen Bestimmungen oder weiteren Ergänzungen verbunden sein. Sätze dieser Art sind meist kurz und übersteigen selten ein Dutzend Wörter. Als Beispiele können angeführt werden: „Dieses grausame Urteil wurde bis aufs kleinste Detail vollstreckt" (Szenic 1957, S. 45), „Beide Seiten überhäuften das ganze Land mit Schriften und Pamphleten" (Szenic 1957, S. 226) oder auch „Das Gerichtsverfahren begann mit Ożarowski" (Szenic 1957, S. 275).

Beschreibend-informierende Aussagen (2) sind solche, die aus komplexen Sätzen bestehen, deren Zweck darin besteht, bestimmte Sachverhalte, Ereignisabläufe oder historische Zusammenhänge so zu beschreiben, dass der gesamte Gedanke bzw. das gesamte Ereignis in einem einzigen Satz beschrieben wird, und zwar selbst dann, wenn dieser übermäßig lang gerät. Ein Beispiel hierfür ist der folgende Satz:

> An diesem Tag meldete sich der Kronreferent als erster zu Wort und teilte dem Gericht mit, dass der flüchtige Frankemberg gefasst worden sei und nun um die Zuweisung eines Verteidigers gebeten habe, und dass sich Kazimierz Pułaski mit derselben Bitte in einem Schreiben an den Großmarschall der Krone, Stanisław Lubomirski, gewandt und eine umfangreiche Rechtfertigung beigefügt habe, in der er seine Mitschuld an dem Attentat bestritt. (Szenic 1957, S. 171)

In der Ausgabe des Verlags Czytelnik nimmt der Satz acht Textzeilen ein, was etwa 24 Prozent des Textumfangs einer Seite entspricht. Dies verdeutlicht den Umfang, den ein solcher beschreibend-informierender Satz annehmen kann.

Der zweite, ebenfalls deskriptive Typus (3) ist nun derjenige, der nicht Ereignisse und Fakten behandelt, sondern darauf abzielt, etwas zu veranschaulichen, einen Protagonisten vorzustellen, ihn verbal zu visualisieren, Orte zu beschreiben und Ähnliches. Es handelt sich dabei um Aussagen, die viele Beifügungen, Satzergänzungen und adverbiale Bestimmungen enthalten, die auf die Vorstellungskraft des Rezipienten einwirken. Der folgende Satz kann als Musterbeispiel angesehen werden: „Die Augen des jungen Mannes, mit dem starren Ausdruck schrecklicher Angst darin, waren halb geöffnet, wie auch sein Mund; seine Arme waren verschränkt und lagen auf seiner Brust" (Szenic 1959, S. 330).

Der letzte Typus, der integrierende (4), hat die Funktion eines kompositorischen Verbindungsglieds. Dabei handelt es sich um Sätze, die Zitate mit Prosa verbinden, für einen logischen Wechsel der literarischen Gattung (von der Epik zur Form des

Dramas) bzw. des Modus verantwortlich sind oder gewissermaßen die Funktion von Didaskalien übernehmen. Ein Beispiel dafür wären zwei aufeinanderfolgende Sätze, die einen einzigen, unscheinbaren Absatz ausmachen, was ebenfalls charakteristisch für diesen Typus ist: „Der ganze Saal bricht in Gelächter aus – der Vorsitzende läutet, es kehrt einigermaßen Ruhe ein" (Szenic 1959, S. 373).

Die hier abzulesende grammatische Sorgfalt zeugt von der sprachlichen Sensibilität des Autors und sein Bemühen um die bewusste Zielgerichtetheit seiner Aussagen bei deren Konstruktion. Betrachtet man die syntaktische Dynamik der einzelnen Sätze, aus denen sich die jeweiligen Absätze oder auch Kapitel zusammensetzen, so kann man erkennen, wie wichtig ihr grammatischer und syntaktischer Aspekt für den Aufbau von Spannung wie auch für die Darstellung eines fließenden Ereignisverlaufs ist.

Die oben vorgenommenen Schlussfolgerungen sprechen für einen eindeutigen literarischen Wert – doch was sagt dieser über den Stil der Pitavale aus? Hilfestellung in diesem Forschungsdilemma bietet der Literaturwissenschaftler Wiktor Weintraub (1987), der in seinem Aufsatz *Wyznaczniki stylu realistycznego* (Determinanten für den realistischen Stil) aufzeigt, welche Merkmale ein realistisches Werk kennzeichnen. Weintraub (1987, S. 278) konstatiert darin, realistische Literatur „maskiere" ihre Literarizität, indem sie nichtliterarische Elemente – Briefe, Dokumente usw. – in den Text einwebt. Er betont gar, dass die *Überarbeitung* bzw. *Retusche* „authentischer" Texte für die *Poetik des Realismus* von wesentlicher Bedeutung sei. Bei Szenic' Dialogen zwischen Angeklagten und anderen Prozessbeteiligten wie auch bei den eingeflochtenen, aus der jeweiligen Zeit stammenden Zeitungstexten handelt es sich genau um solche retuschierten Quellentexte. Dorota Korwin-Piotrowska (2001, S. 168) stellt außerdem fest, dass es in literarischen Texten, die das Leben nachzubilden versuchen, „gleichermaßen auf die Wahrheit der Tatsachen wie auf die Wahrheit des Ausdrucks, sowohl auf das authentische Detail als auch auf den globalen Effekt, auf das Ereignis in seinem zeitlich-räumlichen Verlauf sowie die ‚epistemische Tatsache', d.h. die Wiedergabe des ethischen, sozialen oder existentiellen Sinns der erzählten Geschichte" ankomme. Wie bereits im vorangegangenen Abschnitt erwähnt, verfolgte Szenic das Ziel, durch die besondere Form, die Inhalte *auszudrücken*, gesellschaftlich besonders relevante Elemente der von ihm ausgewählten Fälle herauszuarbeiten. Beide von Korwin-Piotrowska beschriebene Wahrheiten wurden somit von Szenic in seinem Schaffensprozess, in dem er den Realismus mit spezifischen literarischen Mitteln zu verstärken beabsichtigte, berücksichtigt.

Auch wenn man die Literarizität von Szenic' Pitavalen und ihren realistischen Charakter anerkennt, darf man nicht außer Acht lassen, dass sie angesichts von bloßen Zitaten oder Auszügen aus Gerichtsurteilen, Zeitungsberichten und Gerichtsprotokollen – in ihrer Sprache lakonisch und sachlich – vielfach auch wieder ihre Literarizität ablegen. Wie verhalten sich diese Elemente gegenüber den oben genannten Merkmalen der Literaturanalyse *per se*? Es sind gerade diese Elemente, die die Pitavale vom Roman, vom Realismus und von der Literarizität im Allgemeinen abgrenzen – sie geben dem Text den Charakter einer Reportage, eines Sachtextes.

Die Verbindung dieser beiden recht entgegengesetzten Enden einer Skala von Poetik und Literarizität stellt eine originelle Lösung auf der Ebene der Kriminalliteratur dar, die sie zwischen den poetischen Mäandern der Belletristik einerseits und der Sachlichkeit und Sensationslust der Berichterstattung bzw. der Sachlichkeit und Verpflichtung gegenüber authentischen Ereignissen andererseits balancieren lässt – was im Übrigen die Annahme bestätigt, dass sich die literarische Beschreibung „von anderen Spielarten [der Beschreibung] dadurch unterscheidet, dass sie eine Äußerung ist, die ‚irgendeinem Objekt' innerhalb der dargestellten Welt Eigenschaften zuschreibt" (Korwin-Piotrowska 2001, S. 100): Szenic nennt Fakten über das Objekt und schreibt ihm zugleich Eigenschaften zu.

Vor diesem Hintergrund kann man festhalten, dass Szenic' interdisziplinäre literarische Tätigkeit eine bereits bekannte Gattung um neue Ebenen und Formen ihrer Darstellungsformen bereichert hat.

4 Pitavale als wesentliches Element der Ausdifferenzierung kriminalliterarischer Gattungen

In der Einleitung des vorliegenden Beitrags wurde bereits die Genese der Kriminalliteratur angesprochen. Seit mittlerweile mehr als einem Jahrhundert erfreut sich diese Gattung an Beliebtheit und Interesse eines sich stets vergrößernden Lesepublikums, und sowohl auf dem internationalen als auch auf dem polnischen Buchmarkt findet sich jedes Jahr eine beachtliche Anzahl neuer Titel aus dieser Kategorie. Doch haben diese Texte noch etwas mit den in Vergessenheit geratenen Pitavalen gemeinsam?

Es wäre eine Binsenweisheit zu sagen, dass jedes literaturgeschichtliche Phänomen in späteren Texten die Spuren seiner Fortschrittlichkeit hinterlässt. Der Begriff und die Gattung des Pitavals selbst sind ein „archaischer" Ausdruck literarischer Kreativität, wobei jedoch sein Einfluss auf jene Titel, die gegenwärtig auf dem Buchmarkt an Popularität gewinnen, durchaus erkennbar ist. Die literarische Form der Sammlung von Kriminalfällen, die bedeutsame Ereignisse in einem bestimmten Raum, hier: die historischen polnischen Gebiete oder Polen in seinen heutigen Grenzen darstellen, finden weiterhin sowohl Urheber als auch Anhänger.

Die meistgelesene Autorin, die nicht nur Kriminalfälle beschreibt, sondern zugleich deren soziologische und psychologische Hintergründe beleuchtet, ist Katarzyna Bonda. Bonda hat neben ihren sehr erfolgreichen Kriminalromanen auch einige Titel verfasst, die Eigenschaften des Pitavals besitzen: Sie handeln von Straftaten und integrieren mittels literarischer Verfahren Auszüge aus Gesprächen bzw. Aussagen von mit dem Fall verbundenen Personen, wie auch Zitate aus einschlägigen Quellentexten. Zu Bondas Werken aus diesem Formenkreis gehören drei hier relevante Veröffentlichungen: *Polskie morderczynie* (Polnische Mörderinnen), *Zbrodnia niedoskonała* (Das unvollkommene Verbrechen) sowie *Motyw ukryty* (Das versteckte Motiv) (Bonda 2013; Bonda und Lach 2015; Bonda und Lach 2020). Jede dieser Sammlungen hat einen eigenen thematischen Schwerpunkt, der die Auswahl der Fälle für den jeweiligen Band bestimmt, was unverkennbar ein dem Pitaval analoges Muster darstellt. Der erste Band ist eine Sammlung von Geschichten über Frauenmörderinnen, von denen Bonda im Rahmen ihrer Arbeit als Feuilletonistin und Gerichtsreporterin für eine polnische Tageszeitung Kenntnis erlangt hatte; darüber hinaus brachte sie Informationen aus der Presse ein, was ihren Schreibprozess wiederum erneut mit Szenic' Arbeitsweise verbindet. Die beiden nachfolgenden Fallsammlungen verfasste sie schließlich gemeinsam mit dem Profiler Bogdan Lach. Ähnlich wie bei den zuvor besprochenen Pitavalen stellt die Kriminalliteratur auch hier ein Medium der Geschichte und des wissenschaftlichen Fortschritts dar.

Ein weiteres wesentliches Merkmal, das diese Bände mit dem Pitaval verbindet, ist ihre Funktion: In der Einleitung zu *Motyw ukryty* entfalten Bonda und Lach (2020, S. 11) zwei Gedanken über Idee und Zweck dieser Sammlung. Ziel ihres Buches sei es, den Rezipienten dabei zu helfen, „ihre eigenen Ängste zu bändigen und kognitive Kompetenzen zu entwickeln, da Kriminalität demokratisch ist und jeden treffen kann"; zudem sollen die Leserinnen und Leser erfahren, „wie sie sich verhalten sollen, wenn sie in eine pathologische Situation geraten".

Bonda hebt zudem hervor, dass es ihr durchaus auch darum gehe, das Gute zu zeigen, indem sie über das Böse schreibt. Dazu dienen die aktengestützte Schilderung (über die Verwendung von Akten berichten Bonda und Lach 2020, S. 10, in *Motyw ukryty*) und die aus der sorgfältigen Analyse der jeweiligen Straftat gewonnenen Schlussfolgerungen.

Und so stützen die angeführten Zitate die These, dass die Bezüge zwischen den gegenwärtig veröffentlichten Kriminalreportagen und den Pitavalen aus früherer Zeit nicht nur auf ideeller, funktionaler und konzeptioneller, sondern auch auf inhaltlicher Ebene zu finden sind: Da wie dort ist das literarische Wort mit dem vor Gericht gesprochenen Wort sowie der Sprache der Gesetze und Urteile, der Sprache der Akten und Pressenotizen verwoben.

Bedauerlicherweise gibt es derzeit auf dem polnischen Buchmarkt nur wenige weitere Sammlungen von Kriminalreportagen dieser Art (zu nennen wäre eventuell noch *Wokół zbrodni* von Mariola Kłodawska (2021), allerdings beinhaltet dieser Band keine polnischen Kriminalfälle). Dies bedeutet jedoch keineswegs, dass das durch die Pitavale entstandene Interesse an Kriminalfällen und deren literarischer Darstellung in der jüngsten Zeit nachgelassen hätte. Ganz im Gegenteil: Mit dem Aufkommen neuer Wissens- und Unterhaltungsmedien entstehen derzeit neue pitavalartige Formate, und zwar u. a. im Kino und als Podcasts. Über die Inszenierung von Straftaten und den dazugehörigen Gerichtsfällen ließe sich freilich ein eigener Beitrag schreiben. So entstehen gegenwärtig etwa zahllose Serien über die Aufklärung von Kriminalrätseln, von denen allerdings die polnischen jedoch nur wenig mit den Werten und Prämissen des Pitavals gemein haben. Am nächsten kommen ihnen noch die derzeit ungemein populären Podcasts, deren Themen von unabhängigen Produzenten festgelegt werden. Wie aus den Statistiken des in Polen populärsten kostenpflichtigen Streamingdienstes *Spotify* hervorgeht, drehen sich die am häufigsten gehörten Podcasts um Kriminalfälle.[2] Unter den 100 meistgeklickten Podcasts finden sich zehn Titel – darunter *Zbrodnia bez cenzury* (Verbrechen ohne Zensur), *Oczy szeroko otwarte* (Weit aufgerissene Augen), *Piąte: nie zabijaj* (Fünftens: Du sollst nicht töten) –, die sich analog zum Pitaval ausschließlich mit der Analyse von Kriminalfällen beschäftigen. Angeführt wird die Liste von Marcin Myszkas *Kryminatorium*, im Wesentlichen eine Analyse von Kriminalakten. Die Aufteilung von

[2] Vgl. die täglich aktualisierten Popularitätsstatistiken auf Spotify: https://podcastcharts.byspotify.com/pl (zugegriffen 15. August 2023).

Podcasts dieser Art in einzelne Folgen, die jeweils einen konkreten Fall zum Inhalt haben, erinnert an die Kapitel von Fallsammlungen in Buchform.

Kann man daraus schlussfolgern, dass die wenigen, aber eindringlichen Veröffentlichungen von Kriminalreportagen sowie die zahlreichen Podcasts über spektakuläre Kriminalfälle eine Fortsetzung dessen sind, was Szenic' Pitavale ein halbes Jahrhundert zuvor in der polnischen Gesellschaft darstellten? Die Antwort auf diese Frage lässt sich sicherlich nicht mehr in dieser geisteswissenschaftlichen Analyse finden, sondern hängt von den Präferenzen jedes Einzelnen und dessen Ansicht ab, ob die Genese der Gattung auch im Hinblick auf ihren Medienwechsel weiter zu verfolgen ist.

5 Schluss

Beim Pitaval handelt es sich um eine Gattung, der die Kriminalliteratur der Gegenwart viel zu verdanken hat: Er öffnete die Schleusen der gesellschaftlichen Akzeptanz für ein Genre, das aufgrund der Darstellung von Demoralisierung und Deviation noch im ausgehenden 19. Jahrhundert nach damals geltenden Konventionen und gesellschaftlichen Normen noch von großen Gesellschaftsteilen als verwerflich angesehen wurde. Die publizistische Darstellung von Verbrechen, die im Sinne gesellschaftlich anerkannter Moralvorstellungen wertet und anprangert und zugleich juristische Rhetorik und allgemeine Rechtskenntnisse einbezieht, hat jedoch zu einer wachsenden Faszination für diese Gattung beigetragen. Würden die dahingehenden Statistiken wohl ohne die Pitavalliteratur und die damit verbundene Normalisierung des Interesses an Kriminalfällen genauso aussehen? Eine Antwort auf diese Frage werden wir schuldig bleiben müssen; sicher hingegen ist, dass dieses fast vergessene Genre maßgeblichen Einfluss auf die literarischen Vorlieben vieler heutiger Leserinnen und Leser genommen hat.

Wichtig erscheint es an dieser Stelle mit Derek Attridge (2007, S. 46) hervorzuheben, dass Kreativität und „Originalität" im „Akt des Aufbrechens von Vertrautem, im Akt der Einbeziehung des Fremden" beginnen. Dieses Vorgehen manifestiert sich vollumfänglich in Szenic' Pitavalen, die sowohl buchstäblich als auch metaphorisch die Andersartigkeit einschließen: ein frisches genologisches Konzept aus Deutschland (*Neuer Pitaval*) sowie die originelle Art, bestimmte Ereignisse und Angelegenheiten von nationaler Bedeutung auszudrücken und festzuhalten. Er war einer der Wegbereiter der Kriminalliteratur, der Einfluss auf die Entwicklung der Gattung nahm, wie wir sie heute kennen. Zweifelsohne unterscheiden sich Form und Wahrnehmung der Kriminalliteratur stark von dem, was noch Szenic und seine Zeitgenossen dafür hielten, doch würden wir uns ohne seine Pitavale vermutlich weniger für das interessieren, was Remigiusz Mróz, Katarzyna Bonda und Wojciech Chmielarz derzeit hervorbringen.

Literaturverzeichnis

Antoszczuk, Stanisław. 1965. Przedmowa. In *Pitaval makabryczny, czyli sprawy pijacki. Alkoholizm a przestępczość*, Stanisław Szenic, S. 3–5. Warszawa: Państwowy Zakład Wydawnictw Lekarskich.

Attridge, Derek. 2007. *Jednostkowość literatury*. Kraków: Towarzystwo Autorów i Wydawców Prac Naukowych Universitas.

Bonda, Katarzyna. 2013. *Polskie morderczynie*. Warszawa: Wydawnictwo MUZA S.A.

Bonda, Katarzyna, und Bogdan Lach. 2015. *Zbrodnia niedoskonała*. Warszawa: Wydawnictwo MUZA S.A.

Bonda, Katarzyna, und Bogdan Lach. 2020. *Motyw ukryty*. Warszawa: Wydawnictwo MUZA S.A.

Chymkowski, Roman, und Zofia Zasacka. 2021. *Stan czytelnictwa w Polsce w 2020 roku*. Warszawa: Biblioteka Narodowa. https://www.bn.org.pl/download/document/1621420376.pdf. Zugegriffen: 23. September 2023.

Chymkowski, Roman, und Zofia Zasacka. 2023. *Stan czytelnictwa książek w Polsce w 2022 roku*. Warszawa: Biblioteka Narodowa. https://www.bn.org.pl/download/document/1682012775.pdf. Zugegriffen: 23. September 2023.

Dąbrowski, Stanisław. 1987. Zagadnienie określeń i wyznaczników literackości. In *Problemy teorii literatury, seria 2. Prace z lat 1947–1964*. 2., erw. Aufl., Hrsg. Henryk Markiewicz, S. 5–13, Wrocław: Zakład Narodowy im. Ossolińskich.

Doroszewski, W[itold]. 1997. Pitawal. In *Słowniki języka polskiego*. Warszawa: Wydawnictwo Naukowe PWN. https://sjp.pwn.pl/slowniki/pitawal.html. Zugegriffen: 15. August 2023.

Foik, Melanie. 2024. Alkohol und Kriminalität im sozialistischen Polen: Der „Makabre Pitaval“ von Stanisław Szenic vor dem Hintergrund der Anti-Alkohol-Kampagne in den 1960er Jahren. In *Gefährlicher Genuss? Getränke und Trinkpraktiken seit der Frühen Neuzeit*, Hrsg. Sina Fabian, Mareen Heying und Tobias Winnerling. Frankfurt a. M. 2024. S. 323–336.

Jasińska, Maria. 1987. Narrator a powieść. In *Problemy teorii literatury, seria 1. Prace z lat 1947–1964*. 2., erw. Aufl., Hrsg. Henryka Markiewicza, S. 222–242. Wrocław: Zakład Narodowy im. Ossolińskich.

Kłodawska, Mariola. 2021. *Wokół zbrodni*. Poznań: Grupa Wydawnicza Filia Sp. z o.o.

Korwin-Piotrowska, Dorota. 2001. *Problemy poetyki opisu prozatorskiego*. Kraków: Towarzystwo Autorów i Wydawców Prac Naukowych Universitas.

Sawicki, Stefan. 1987. Uwagi o analizie utworu literackiego. In *Problemy teorii literatury, seria 1. Prace z lat 1947–1964*. 2., erw. Aufl., Hrsg. Henryka Markiewicza, S. 366–384. Wrocław: Zakład Narodowy im. Ossolińskich.

Skwarczyńska, Stefania. 1987. Genologia literacka w świetle zadań nauki o literaturze. In *Problemy teorii literatury, seria 1. Prace z lat 1947–1964*. 2., erw. Aufl., Hrsg. Henryka Markiewicza, S. 119–130. Wrocław: Zakład Narodowy im. Ossolińskich.

Szenic, Stanisław. 1957. *Pitaval warszawski. Tom I (1524–1794)*. Warszawa: S. W. Czytelnik.

Szenic, Stanisław. 1959. *Pitaval warszawski. Tom II (1795–1914)*. Warszawa: S. W. Czytelnik.

Szenic, Stanisław. 1965. *Pitaval makabryczny, czyli sprawy pijacki. Alkoholizm a przestępczość*. Warszawa: Państwowy Zakład Wydawnictw Lekarskich.

Szenic, Stanisław. 1977. *Pitaval wielkopolski*. Poznań: Wydawnictwo Poznańskie.

Szenic, Stanisław. 1990. *Garść wspomnień*. Poznań: Wydawnictwo Poznańskie.

Weintraub, Wiktor. 1987. Wyznaczniki stylu realistycznego. In *Problemy teorii literatury, seria 1. Prace z lat 1947–1964*. 2., erw. Aufl., Hrsg. Henryka Markiewicza, S. 274–287. Wrocław: Zakład Narodowy im. Ossolińskich.

Betrachtungen zum strafrechtlichen Schutz der Ehre im sozialistischen Polen anhand des *Krakauer Pitavals* von 1962

Kamil Łakomy

„Le Palais de Justice est bien le théâtre de l'histoire"

(Charles Chenu, Motto der zweiten Ausgabe des Krakauer Pitavals*)*

1 Einleitung

Das Bild des Gerichtswesens war im sozialistischen Polen von offiziellem Charakter. Ewa Łętowska (2021, S. 109) konstatiert, dass die Zeit der Volksrepublik durch eine überhöhte Reserviertheit und Distanz zwischen Gericht und Gesellschaft gekennzeichnet war. Selbst basales Wissen über die Arbeitsweise der Gerichte war in der Ära des real existierenden Sozialismus nicht allgemein verfügbar. Die Gesellschaft wurde über die Tätigkeit der Justiz und deren Rechtsprechung nur in einem Umfang informiert, der jener vom politischen Apparat akribisch ausgearbeiteten und gefilterten Darstellung entsprach (vgl. Łętowska 2021, S. 109). Der thematisch einschlägigen Literatur ist zu entnehmen, dass die sparsame Dosierung von Informationen über die Arbeit der Gerichte zwar in erster Linie politisch motiviert, zugleich aber auch den Justizorganen selbst willkommen war: Die Beschränkung der Berichterstattung aus den Gerichtssälen wie auch der Übermittlung juristischer Aspekte des öffentlichen Lebens befreiten die Justizbehörden von der ‚Last' einer permanenten sozialen Kontrolle (vgl. Łętowska 2021, S. 110). Naheliegend ist, dass der Haupteffekt eines solchen Phänomens in der eingeschränkten Transparenz gerichtlicher Tätigkeit und darauf fußend in einem geringen Maß ihrer gesellschaftlichen Legitimierung bestand (vgl. Łętowska 2010, S. 30f.). Zugleich war dadurch – und dies ist bezeichnend für die hier betrachtete Epoche – die Umsetzung demokratischer Prozesse in rechtlich-politischer Hinsicht erheblich gefährdet.

Aus dem Polnischen von Melanie Foik

M. Foik und S. Speth (Hrsg.), *Pitaval im Sozialismus*, Literatur und Recht 20,
https://doi.org/10.1007/978-3-662-72431-6_7

Mit der zurückhaltenden Weitergabe von Informationen aus dem Justizbetrieb ging zudem einher, dass die Produktion belletristischer Kriminalliteratur erheblich eingeschränkt war. Die typischen Romanformen, die Gerichtsgeschehen traditionell wiedergaben, fanden schlichtweg keinen Platz im damals vorfindlichen politischen Rahmen (vgl. Łętowska 2021, S. 109). Gleichwohl führte dies dazu, dass sich in Polen ab 1955[1] die literarische Gattung des Pitavals fortzuentwickeln begann, die ihre Wurzeln im 18. Jahrhundert hat und auf Kriminalberichten über historische Prozesse beruht, die in den jeweiligen Regionen stattgefunden haben.[2] Das wohl bekannteste und inzwischen als klassisch anzusehende Beispiel für die polnische Spielart des Pitavals im 20. Jahrhundert ist der *Pitaval krakowski* (Krakauer Pitaval), der von drei späteren Professoren der Jagiellonen-Universität – Stanisław Salmonowicz, Janusz Szwaja und Stanisław Waltoś – verfasst wurde. Der *Krakauer Pitaval* erschien erstmals 1962 und liegt mittlerweile in sechs Auflagen vor; die bislang letzte Auflage erschien 2021.

Das seinerzeit junge Juristentrio Salmonowicz, Szwaja und Waltoś stellte in seiner Fallsammlung aufsehenerregende Strafprozesse dar, die sich allesamt *vor* dem Zweiten Weltkrieg in Krakau abgespielt hatten. In der ersten Auflage bestand der Pitaval aus 18 Erzählungen; die nachfolgenden Auflagen umfassen 29 Geschichten. Wie die Autoren im Vorwort zur sechsten Auflage erläutern, wählten sie einerseits Gerichts- bzw. Kriminalfälle aus, die in ihrer jeweiligen Epoche oder zu späterer Zeit besonderes Aufsehen erregten. Andererseits griffen sie auf solche zurück, die deutlich von den damaligen sozialen Beziehungen, der Mentalität und der Kultur zeugten, auch wenn sie bisweilen kein kompliziertes historisches oder kriminalistisches Rätsel abgaben (Salmonowicz, Szwaja und Waltoś 2021, S. 6). Gerade die Fälle der zweiten Kategorie erweisen sich bei der Analyse strafrechtlicher Aspekte als besonders interessant,[3] und zwar insbesondere in Anbetracht der historischen Situation, in der der Pitaval veröffentlicht wurde, nämlich im sozialistischen Polen. In besonderem Maße gilt dies für die Erzählungen über Fälle von Ehr- und Würdeverletzungen, die sich mit Blick auf den Prozessgegenstand von den übrigen Kriminalfällen in dieser Anthologie abheben. Die hier diskutierten Fälle betreffen im Wesentlichen die Grenzen zulässiger sozialer Kritik[4] sowie die Veröffentlichung potenziell diffamierender Informationen über andere Personen, die zwar unter Be-

[1] Als erster polnischer Pitaval im hier interessierenden Zeitraum wird die Fallsammlung *Pitaval warszawski* von Stanisław Szenic (1955) angesehen, die Warschauer Kriminalgeschichten aus der Zeit zwischen 1524 und 1794 aufgreift.

[2] Siehe u. a. auch Stanisław Szenic (1960): *Pitaval wielkopolski*; Klemens Krzyżagórski (1974): *Pitaval wrocławski*.

[3] Am Rande sei angemerkt, dass die überwiegende Mehrheit der im *Krakauer Pitaval* erzählten Geschichten strafrechtliche Angelegenheiten im engeren Sinn betreffen, und zwar insbesondere Mord- und Totschlagsfälle, unter Berücksichtigung der Motivation des Täters und der im Laufe des Strafverfahrens angewandten Ermittlungs- und kriminalistischen Techniken. Darüber hinaus behandelt die Sammlung den Fall Barbara Ubryk, der weit über das damalige Krakau hinaus bekanntgeworden war (siehe Salmonowicz 1968b); vgl. zur internationalen Wahrnehmung u. a. Jaworski 1869; Smith 1890; Budzyńska 2020).

[4] Der Fall der Verleumdung der Kotarbińskis wird im *Krakauer Pitaval* von Stanisław Salmonowicz (1968a) erzählt.

rufung auf den Schutz öffentlicher[5] oder privater Interessen, dennoch aber im Rahmen eines laufenden Gerichtsverfahrens erfolgte.[6]

Zeitgenössische Strafrechtler wiesen darauf hin, dass die Begrenzung rechtlich zulässiger Kritik eine spezifische Ausprägung sozialer, darunter auch behördlicher, Kontrolle darstellt. Daher kann sich, wenn die jeweilige Ausgestaltung eine weite Auslegung zulässt (vgl. Kulesza 1984, S. 47), ein gewisser Spielraum für Missbrauch – und zwar nicht zuletzt durch staatliche Behörden – eröffnen. In Anbetracht der Tatsache, dass es sich beim Gegenstand des vorliegenden Beitrags um eine Textsammlung handelt, die in stark von der Zensur geprägten gesellschaftlich-politischen Zusammenhängen veröffentlicht wurde,[7] erscheint eine Analyse jener Prozesse aufschlussreich, die eben genau das Problem der Grenzen zulässiger Kritik und der potentiellen Kriminalisierung in Fällen ihrer Verletzung aufgreifen (vgl. Popławski und Weiser 1962, S. 58f.). Besonders interessant ist dabei die Frage, wie der Wahrheitsgehalt von Kritik, der zuweilen den Ausschluss strafrechtlicher Verantwortung für den Tatbestand der Verleumdung nach sich zieht, nachgewiesen werden kann (vgl. Kulesza 1984, S. 43f.).

Der Beitrag nimmt daher den Themenkomplex des strafrechtlichen Schutzes von Ehre und gutem Ruf im polnischen Strafrecht der sozialistischen Ära in den Blick, wobei die im *Krakauer Pitaval* zu findenden Geschichten über Gerichtsfälle aus ebendiesem Bereich als Ausgangspunkt dienen. Ziel der Analyse ist es in erster Linie, den Rahmen zulässiger Kritik am Beispiel der im Pitaval beschriebenen Fälle unter Berücksichtigung der zeitgenössischen Rechtslage wie auch der Rechtswirklichkeit, in der die hier betrachtete Fallsammlung veröffentlicht wurde, zu erkunden.

2 Straftaten gegen Ehre und persönliche Würde im *Krakauer Pitaval*

Das für die weitere Analyse relevante Bild von Straftaten gegen Ehre und persönliche Würde im *Krakauer Pitaval* wird am Beispiel dreier Fallgeschichten vermittelt. Alle drei Erzählungen handeln von Prozessen aus den frühen Jahren des 20. Jahrhunderts. Hintergrund dieser Fälle waren verschiedene Sphären des öffentlichen Lebens und damit verschiedene Aspekte des rechtlichen Schutzes von Ehre und persönlicher Würde. Allen hier betrachteten Prozessen, die dem Pitaval als Stoff dienten, ist jedoch gemein, dass es ihnen um Kritik an bestimmten Verhaltensweisen ging, die mittels gedruckter Medien öffentlich geäußert wurde. Es empfiehlt sich daher, mit einer kurzen Darstellung der Fakten zu beginnen.

---

[5] Über den ersten der Prozesse gegen Janina Borowska siehe Stanisław Waltoś (1968).

[6] Der Fall betrifft die Klage gegen den im Prozess gegen Maria Ciunkiewiczowa als Ermittlungsrichter aufgetretenen Dr. Józef Wątor wegen Annahme eines finanziellen Vorteils zur Lenkung des Strafverfahrens in eine vorgegebene Richtung. – Siehe die Pitavalgeschichte von Janusz Szwaja (1968).

[7] Im Vorwort zur sechsten Auflage weisen die Autoren ausdrücklich darauf hin, dass „die vierte Auflage aus dem Jahr 1993 einige Ergänzungen enthielt, die aus dem Wegfall der kommunistischen Zensur resultierten“ (Salmonowicz, Szwaja und Waltoś 2021, S. 4).

Der erste Fall ereignete sich im Jahr 1904 und betraf die Heirat von Józef und Lucyna Kotarbiński. Józef Kotarbiński fungierte an der Wende vom 19. zum 20. Jahrhundert als Direktor des städtischen Juliusz-Słowacki-Theaters in Krakau, wo ihn seine Frau regelmäßig bei der Leitung des Theaters unterstützte. Ihre Tätigkeit wurde seinerzeit von Stanisław Lipiński, dem Chefredakteur des *Bocian*, einer scharfen Kritik unterzogen, der eine Schmähschrift auf die Theaterleitung in der von ihm verantworteten Zeitschrift veröffentlichte. Dass es sich dabei um eine Satire handelte, wurde nicht zuletzt durch die Textform – es handelt sich um ein Gedicht – sowie die beigefügte Karikatur offenbar, die Józef Kotarbiński als eine Art Zirkusbär zeigt, der von seiner Ehefrau gefüttert wird.

Eine weitere von Lipiński veröffentlichte Satire karikiert Lucyna Kotarbińska in Form einer Schweinssilhouette unter Verwendung ihres Kopfes. Die Veröffentlichungen führten zu zwei separaten Privatklagen des Ehepaars Kotarbiński, die Lipiński als Hauptschriftleiter der Zeitschrift beschuldigten, ihre Ehre verletzt zu haben.[8]

Die zweite hier interessierende Geschichte behandelt den Fall Janina Borowska. Auslöser war eine am 5. Mai 1908 in der Zeitschrift *Naprzód* veröffentlichte Liste von Spionen der zaristischen Polizei, in der neben anderen Personen der Name Borowskas verzeichnet war. Urheber des Beitrags war der Redakteur Emil Haecker, der daraufhin, wie der Pitavalgeschichte zu entnehmen ist, von Borowska einer sogenannten Verleumdung mittels Presseerzeugnisses beschuldigt wurde (vgl. Waltoś 1968, S. 285). Haecker erklärte hingegen, er habe Janina Borowska der Spionage bezichtigt, da ihr Name zuvor auf einer in der russischen Revolutionszeitschrift *Byloje* publizierten Spionageliste angeführt worden war. Folglich habe er lediglich eine Tatsache weiterverbreitet, die in einer anderen, damals nicht in Krakau veröffentlichten Zeitschrift bereits abgedruckt worden war.

Der dritte Prozess geht wiederum auf das Jahr 1937 zurück und ist die Folge eines anderen berühmten Krakauer Prozesses jener Zeit, nämlich des Prozesses gegen Maria Ciunkiewiczowa (Szwaja 1968). Ciunkiewiczowa wurde des Versicherungsbetrugs beschuldigt und daraufhin verurteilt; als Ermittlungsrichter trat in diesem Prozess Dr. Józef Wątor auf. Später, als der zuvor als Ermittlungsrichter tätige Wątor bereits im Ruhestand war, beschuldigten die Verteidiger Ciunkiewiczowas ihn, einen finanziellen Vorteil angenommen zu haben, um den Fall absichtlich in die Richtung einer Verurteilung zu lenken. In zwei verschiedenen Zeitschriften erschienen entsprechende Artikel über die mutmaßliche Vorteilsnahme.[9] Angeregt wurden die Zeitungsartikel vom Rechtsanwalt Zygmunt Hofmokl-Ostrowski, der als Verteidiger Ciunkiewiczowas die Wiederaufnahme des Strafverfahrens beantragt hatte. Anzunehmen ist demnach, dass Hofmokl-Ostrowski eine Privatanklage

[8] Erwähnenswert ist, dass die an Lucyna Kotarbińska gerichteten Satiren anonym veröffentlicht wurden, allerdings – wie den Informationen im *Krakauer Pitaval* zu entnehmen ist – die Vermutung besteht, dass Stanisław Lipiński selbst der Urheber war.

[9] In den oben angeführten Presseartikeln wurde darüber berichtet, dass der Verteidiger von Ciunkiewiczowa einen Antrag auf Wiederaufnahme des Strafverfahrens gestellt hatte, der sich im Wesentlichen auf den Vorwurf stützte, der Ermittlungsrichter habe während des Prozesses einen finanziellen Vorteil angenommen. Die erwähnten Veröffentlichungen erschienen am 17. September 1937 im Krakauer *Nowy Dziennik* und am 18. September 1937 im *Illustrowany Kurier Codzienny*.

gegen Wątor anstrebte, weil er angesichts der Beweislastverteilung in einem Verleumdungsprozess (wie weiter unten erörtert wird) im Rahmen des sogenannten Wahrheitsbeweises hätte darlegen können, dass der Ermittlungsrichter eine Straftat begangen hatte. Hofmokl regte folglich die beiden Presseartikel an, um Beweismaterial zu sammeln, das anschließend als Grundlage für weitere Verfahrensschritte zugunsten seiner Mandantin dienen sollte. Und er hatte Erfolg: Józef Wątor beschloss tatsächlich, eine Privatklage gegen die Herausgeber der beiden Zeitschriften, den Redakteur eines der beiden Blätter sowie den beteiligten Rechtsanwalt Hofmokl einzureichen, in der er jeden von ihnen beschuldigte, eine Straftat nach Artikel 255 des Strafgesetzbuches von 1932 begangen zu haben.[10]

Ohne die Nuancen der oben genannten Fälle hier im Einzelnen wiederzugeben, soll auf deren Gemeinsamkeiten eingegangen werden. In allen drei später vor Gericht verhandelten Fällen der Kritikäußerung wurden – *erstens* – potenziell verleumderische Informationen in gedruckter Form verbreitet. Angesichts der seinerzeit geltenden Rechtsvorschriften gebot es der öffentliche Charakter der mutmaßlichen Verleumdungen – heute würden wir diese Vorfälle als Verleumdung mittels Massenmedien bezeichnen – die Verhandlung des jeweiligen Falles vor einem höheren Gericht[11] oder vor einem Gericht unter Heranziehung von Geschworenen.[12]

Zweitens: In jedem der drei Fälle begründeten die Angeklagten die Kritik mit dem Schutz eines öffentlichen Interesses. Während im zweiten und dritten Fall das fragliche öffentliche Interesse klar ersichtlich ist, da sich die Verleumdungsvorwürfe auf angebliche Spionagetätigkeiten bzw. korrupte Verhaltensweisen eines Amtsträgers bezogen, erscheint dieser Punkt im Fall der Kotarbińskis nicht ganz so offensichtlich. Denn auffällig ist, dass der Verfasser der Kritik in gewisser Weise das Privatleben der Adressaten berührt, unter anderem durch die Art ihrer Porträtierung wie auch der unzweideutigen Darstellung der zwischen den Ehepartnern herrschenden Verhältnisse. Dennoch schildern die Autoren des Pitavals sehr anschaulich, wie die Verteidigung des Angeklagten Stanisław Lipiński die Argumentation erfolgreich zum Beweis führte, dass die vom Angeklagten öffentlich vorgetragene Kritik das unethische Verhalten der Theaterleitung betraf. Sofern davon die öffentliche Sphäre der Tätigkeit der Theaterleitung betroffen war, konnte sich der Angeklagte im Prozess folglich mittels des sogenannten Wahrheitsbeweises verteidigen. Dies ist von Bedeutung, da die Aufnahme dieser Art von Beweisen ausgeschlossen war, wenn die betreffende Kritik ausschließlich die Sphäre des Privatlebens betraf. Die Argumentation des Vertreters der Privatkläger ging freilich in die entgegengesetzte Richtung: Von dieser Seite versuchte man die Anklage so zu begrenzen, dass die im Verfahren untersuchten Umstände ausschließlich die Privatsphäre betrafen. Oder

---

[10] Nach dieser Bestimmung wurde mit einer Freiheitsstrafe von bis zu zwei Jahren und einer Geldstrafe bestraft, wer eine andere Person, eine Institution oder eine Vereinigung – ja selbst eine juristische Person – darstellte, wegen eines Verhaltens oder einer Eigenschaft derart diffamierte, dass sie in der öffentlichen Meinung in Verruf geraten oder einem für eine bestimmte Stellung, einen bestimmten Beruf oder eine bestimmte Art von Tätigkeit erforderlichen Vertrauensverlust ausgesetzt werden konnte; siehe Rozporządzenie Prezydenta Rzeczypospolitej z dnia 11 lipca 1932 r. [Verordnung des Präsidenten der Republik vom 11. Juli 1932] – Kodeks karny [Strafgesetzbuch] – in: Dziennik Ustaw [Gesetzesblatt] 1932, Nr. 60, Pos. 571.

[11] So in jenem Fall, in dem Józef Wątor als Staatsanwalt fungierte.

[12] So in den beiden übrigen Fällen.

einfacher ausgedrückt: Der Angeklagte sollte daran gehindert werden, vom Wahrheitsbeweis Gebrauch zu machen.

Drittens veranschaulichen die oben angesprochenen Aspekte, die im *Krakauer Pitaval* im Übrigen äußerst präzise ausgeführt werden, die Spezifika des strafrechtlichen Verfahrens hinsichtlich des Schutzes der Ehre in ihrem Kern: Die geschickte Lenkung des Verfahrens, das dem Privatkläger – dem Opfer also – zur Verfügung steht, kann zu einer gewissen Einschränkung möglicher Verteidigungslinien führen. Zugleich wird durch die Formulierung des Vorwurfs in der Weise, dass er sich nur auf die Sphäre der äußerlich wahrgenommenen Ehre einer Person und damit auf ihren guten Ruf bezieht, das Verfahren auf eine nach dem Kriterium der Wahrheit oder Unwahrheit überprüfbare Angelegenheit reduziert (im Gegensatz zu einem Verfahren wegen Beleidigung). Daher lieferte die Verlegung eines Prozesses auf die Schiene des Verleumdungsverfahrens der Verteidigung entscheidende prozessuale Argumente, um den Wahrheitsbeweis zu erbringen und sich von der Anklage zu entlasten. Zusammenfassend lässt sich festhalten, dass in zwei der drei oben beschriebenen Fälle der Wahrheitsbeweis zugunsten der Angeklagten ausfiel, denen es gelang, die Stichhaltigkeit und den Wahrheitsgehalt der gegen die Kläger vorgebrachten Vorwürfe zu beweisen. Nur im Fall Borowska hat das Gerichtsverfahren ergeben, dass der Angeklagte die von ihm in den entsprechenden Pressetexten formulierten Anschuldigungen nicht die Grenzen angemessener Kritik wahrte, wofür er schließlich verurteilt wurde. Gleichzeitig lässt sich am Beispiel des Kotarbiński-Falls noch einmal der Unterschied zwischen dem Vorwurf der Beleidigung und der Verleumdung verdeutlichen: Der Angeklagte Lipiński wurde mit Blick auf die karikierende Darstellung der Kotarbińska mit einem Schweinekörper wegen Beleidigung für schuldig befunden. In Bezug auf die übrigen in der Anklageschrift erhobenen Vorwürfe kamen die Geschworenen hingegen zu dem Schluss, Lipiński habe ein ethisch fragwürdiges Verhalten der Theaterleitung aufgedeckt, und sprachen ihn hierin frei.

3 Der Schutz der Ehre im polnischen Strafrecht zur Zeit der Entstehung des *Krakauer Pitavals*

Die Rechtslage, vor der die im Folgenden besprochenen Geschichten zu lesen sind, ist eine historisch andere. Angesichts der Tatsache, dass der *Krakauer Pitaval* erstmalig 1962 veröffentlicht wurde und die Neuauflage von 1968 um Fälle aus der Zwischenkriegszeit erweitert wurde, ist davon auszugehen, dass die Autoren die Fälle zum strafrechtlichen Schutz der Ehre aus dem frühen 20. Jahrhundert mit einer gewissen Distanz betrachtet haben. Jedenfalls waren zu diesem Zeitpunkt die Ansichten zeitgenössischer Strafrechtler über den Schutzbereich dieses Rechtsgutes wie auch die Einschätzung des Stands der seinerzeit geltenden Regelungen bereits gefestigt (vgl. Sawicki 1953, S. 33; Kulesza 1984, S. 28f., mit Literatur).

In den ersten beiden der drei hier betrachteten Fälle galt hingegen eine Rechtslage, die im österreichischen Rechtssystem wurzelte (vgl. Smyk 2013, S. 51; Kulesza 2016, S. 1119–1122). Das Strafrecht der Teilungsmächte war in Polen noch bis zum 1. September 1932, nämlich bis zur Etablierung des sogenannten ‚Makarewicz-Kodex' in Kraft (vgl. u. a. Redzik 2005, S. 23). Zuvor, d. h. auch bereits nach der Wiedererlangung der Unabhängigkeit Polens im Jahr 1918, gestalteten sich die strafrechtlichen Vorschriften im Land uneinheitlich und fragmentiert, und unterschieden sich in Abhängigkeit vom jeweiligen Gebiet, in dem eine Straftat begangen wurde.

Im ehemaligen österreichischen Teilungsgebiet, in dem die angesprochenen Geschichten des *Krakauer Pitavals* spielen, galt während der Teilungszeit und darüber hinaus bis 1932 das österreichische Strafgesetzbuch von 1852 (vgl. Kulesza 1984, S. 20; Przeworski 1924). Dieses sah den Straftatbestand der Ehrenbeleidigung vor, der darin lag, dass jemand unbegründet einer strafbaren oder unmoralischen Handlung beschuldigt wurde, was zur Herabwürdigung oder Verachtung dieser Person in der öffentlichen Meinung führen konnte.[13] Das Gesetz verlangte für das Vorliegen des Straftatbestands der Ehrenbeleidigung nicht zwingend, dass die Behauptung öffentlich vorgebracht wurde (vgl. Przeworski 1924, S. 290). Ebenfalls war nicht erforderlich, dass die ehrenrührige Handlung tatsächlich eine Rufschädigung zur Folge hatte. Vielmehr genügte es, dass die strafbare Handlung eine Herabwürdigung oder Verachtung der oder des Diffamierten zur Folge haben *konnte* (vgl. Przeworski 1924, S. 290). Wurde die verleumderische Handlung jedoch in gedruckter Form begangen, so machte sich der Täter bereits dadurch strafbar, dass er den Wahrheitsgehalt seiner Behauptungen nicht beweisen konnte. Daher ist in diesem Zusammenhang bedeutend, dass das österreichische Strafrecht den Wahrheitsbeweis in Bezug auf den Tatbestand der Verleumdung in öffentlicher Form durch die Verbreitung von Inhalten über die Medien zuließ (vgl. Krzymuski 1911, S. 162; Makowski 1924, S. 375). Darüber hinaus schloss der Gesetzgeber die Möglichkeit des Wahrheitsbeweises in Bezug auf öffentlich verbreitete Inhalte aus, die den Bereich des Privatlebens der verleumdeten Person betrafen (vgl. Przeworski 1924, S. 292f.). Wenn hingegen die Verleumdung nicht in gedruckter Form erfolgt war, verlangte der österreichische Gesetzgeber keinen vollständigen Wahrheitsbeweis. In einem solchen Fall war der Urheber der Verleumdung gemäß § 490 des österreichischen Strafgesetzbuches straffrei, wenn er die Wahrheit seiner Behauptung bewies oder zumindest Beweise vorlegte, aus denen sich hinreichende Gründe ergaben, die Behauptung als wahr anzusehen (vgl. Kulesza 2016, S. 1121; Wyrok Sądu Najwyższego z dnia 22 grudnia 1936 r. [Urteil des Obersten Gerichtshofs vom 22. Dezember 1936], in: Zbiór orzeczeń Sądu Najwyższego [Sammlung von Entscheidungen des Obersten Gerichtshofs]: Pos. 187).

Wiederum ist zum letzten der oben genannten Fälle aus dem *Krakauer Pitaval* anzumerken, dass die strafbare Handlung schon zu einer Zeit stattgefunden hat, als bereits das polnische Strafgesetzbuch von 1932 in Kraft getreten war. Bezugspunkt für die strafrechtliche Bewertung der Presseveröffentlichungen, die Anlass für die Erhebung der Privatklage durch Józef Wątor waren, war demnach Artikel 255 § 1 der Strafprozessordnung von 1932. In der einschlägigen Literatur wird darauf hingewiesen, dass die fragliche Verordnung eine ursprüngliche Formulierung des Straftatbestands der Verleumdung vorschlägt, die im Wesentlichen auf die Verleumdung

[13] Siehe § 488 des österreichischen Strafgesetzbuches von 1852. Als eigenständige Form der Ehrenbeleidigung behandelt das österreichische Strafrecht die Handlung desjenigen, der ohne Nennung bestimmter Tatsachen einem anderen öffentlich verächtliche Eigenschaften oder Denkweisen vorwirft oder ihn der öffentlichen Lächerlichkeit preisgibt (siehe Kulesza 2016, S. 1121).

von Verhaltensweisen oder Eigenschaften abzielt, die dazu führen können, dass der Verleumdete herabgewürdigt wird oder das für eine bestimmte Stellung, einen bestimmten Beruf oder eine bestimmte Art von Tätigkeit erforderliche Vertrauen verliert (vgl. Kulesza 2016, S. 1124). Anders als das österreichische Gesetz von 1852 bezog sich diese Regelung nicht auf den Vorwurf einer unmoralischen Handlung durch eine andere Person oder auf das Risiko, der öffentlichen Verachtung ausgesetzt zu werden (vgl. Kulesza 2016, S. 1124). Diese Konstruktion – gleichwohl sie auf den strafrechtlichen Regelungen der Teilungsmächte beruhte – war verhältnismäßig weiter gefasst, da sie sich nicht auf die moralische Bewertung der verleumdeten Person bezog (vgl. Smyk 2013, S. 57). Der Straftatbestand war erfüllt, sobald eine Person durch die Verleumdung Merkmale verlieren konnte, die nach der Außenwahrnehmung für das Bekleiden des Amtes, das Erfüllen ihrer Aufgaben etc. notwendig waren.[14] Bemerkenswerterweise hatte keines der vor 1932 geltenden Gesetzbücher eine verleumdete Person vor dem Verlust notwendigen Vertrauens vonseiten anderer geschützt. Das Strafgesetzbuch von 1932 unterschied zwischen zwei Formen der Verleumdung: erstens der Darstellung einer Person als Person mit bestimmten Makeln oder von der Allgemeinheit missbilligten Eigenschaften sowie, zweitens, der Wiedergabe bestimmter Tatsachen über das Verhalten einer Person, durch die die öffentliche Meinung negativ beeinflusst wird (Komisja Kodyfikacyjna Rzeczypospolitej Polskiej, Sekcja Prawa Karnego [Kodifizierungsausschuss der Republik Polen, Abteilung Strafrecht] 1930, S. 208).

Zugleich sah die polnische Gesetzgebung von 1932 in Artikel 255 § 2 der Strafprozessordnung einen die Rechtswidrigkeit des Vorwurfs der Verleumdung ausschließenden Umstand vor (vgl. Kulesza 1984, S. 24–27; Śliwiński 1946, S. 257; Kulesza 2016, S. 1122f.). Und zwar stellte eine Behauptung, die sich als wahr entpuppte, keine Straftat dar (vgl. Zoll 1974, S. 49). Dennoch war die Beweisaufnahme zur Verifizierung, sofern die Anschuldigung öffentlich erhoben worden war, davon abhängig, ob der Täter zur Verteidigung eines berechtigten öffentlichen Interesses oder eines seine eigene oder eine fremde Person betreffenden privaten Interesses gehandelt hatte. Sofern allerdings der Beweis das Privat- oder Familienleben betreffen sollte, war er unzulässig.

So ist auch hier erkennbar, dass das Wesen der Verleumdung auf der Grundlage des im *Krakauer Pitaval* behandelten Falles Wątor in der Verbreitung von Behauptungen bestand, die anhand ihres Gehalts an Wahrheit und Unwahrheit überprüfbar waren (vgl. Makowski 1933, S. 573f.; Kulesza 2016, S. 1123). So herabwürdigend und beschämend die gegen den Untersuchungsrichter erhobenen Vorwürfe auch gewesen sein mögen – sie konnten nicht nach den Vorschriften zum rechtlichen Schutz der Ehre unter Strafe gestellt werden. Denn ein solches Vorgehen wurde konsequent als Ausdruck von Urteilen und Meinungen, nicht jedoch als Behauptung von Tatsachen gewertet. Folglich lag es außerhalb des Anwendungsbereichs von Artikel 255 § 1 des Strafgesetzbuchs von 1932.

[14] Bezeichnenderweise hat der Gesetzgeber den Tatbestand der verbotenen Verleumdung auch auf Fälle ausgedehnt, in denen juristische Personen sowie Institutionen und Verbände ohne Rechtspersönlichkeit Opfer einer Straftat werden konnten, wenn der Inhalt der Verleumdung zu einem Vertrauensverlust in der Öffentlichkeit führen konnte.

In diesem Zusammenhang fällt ins Auge, dass es vor dem Hintergrund des Strafgesetzbuchs von 1932 schwierig gewesen sein dürfte, die im Fall des Ehepaars Kotarbiński veröffentlichten Inhalte satirischer Art als verleumderisch zu betrachten. Die karikierende Darstellung der Kotarbińskis hätte gewiss zu Schmach und Herabwürdigung führen können. Diese Umstände fielen jedoch nicht in den Anwendungsbereich der Rechtsvorschrift, welche die Strafbarkeit der Verleumdung im Rahmen der späteren Gesetzgebung vorsah. Die Feststellung, ob es zu einer Verleumdung gekommen war, wäre hingegen auf andere Weise erfolgt. Nämlich durch Überprüfung der Frage, ob die Darstellung den Adressaten der Satire bestimmte Eigenschaften zuschreibt, die zur Folge haben könnten, dass sie das für die Ausübung des fraglichen Amtes erforderliche Vertrauen verlieren. Und während die Feststellung, der Untersuchungsrichter habe in Ausübung seines Amtes einen finanziellen Vorteil angenommen, zweifellos den oben genannten Tatbestand der Verleumdung erfüllt (Wyrok Sądu Najwyższego z dnia 28 maja 1934 r. [Urteil des Obersten Gerichtshofs vom 28. Mai 1934], in: Zbiór orzeczeń Sądu Najwyższego [Sammlung von Entscheidungen des Obersten Gerichtshofs]: Pos. 5) (Fall Wątor), scheint diese Schlussfolgerung im Falle einer bloß karikierenden Darstellung des Bildes der betroffenen Personen (Fall Kotarbiński) zu weit zu gehen.

4 Der strafrechtliche Schutz der Ehre in der Volksrepublik Polen

Verleumdungsklagen betreffen in den meisten Fällen Bürgerinnen und Bürger, die sich zu der sie umgebenden Wirklichkeit äußern, mündliche oder schriftliche Anträge an Behörden richten und dabei gegebenenfalls auch die Medien nutzen. Darüber hinaus gibt es zahlreiche Verleumdungsklagen gegen Journalisten, die über Missstände bei Behörden oder Amtsträgern berichten. Geschichten dieser Art finden sich auch im *Krakauer Pitaval* wieder. Bezeichnenderweise nahmen seine Autoren die hier betrachteten Fälle allerdings erst in die zweite Auflage ihrer Fallsammlung auf. Dies ist zum einen – wie die Autoren selbst schreiben – durch den gebotenen zeitlichen Abstand zwischen den realen Prozessen und ihrer Darstellung im Pitaval begründet. Die zeitliche Distanz verleihe den Geschichten eher einen literarischen als einen publizistischen Wert (vgl. Salmonowicz, Szwaja und Waltoś 1968b, S. 8). Zum anderen wurde in ebenjener Zeit, in der die zweite Auflage des Buches und damit die für die vorliegende Betrachtung relevanten Geschichten erschienen, der Geltungsbereich des Schutzes des guten Rufs im Vorkriegsrecht aus strafrechtlicher Perspektive kritisiert (siehe Kulesza 1984, S. 28–32).

Volkspolnische Strafrechtler äußerten weitreichende Vorbehalte gegen den strafrechtlichen Schutz von Ehre und Ansehen in der Zwischenkriegszeit. Der Hauptvertreter dieser Kritik in den 1950er Jahren war Jerzy Sawicki (vgl. Kulesza 1984, S. 28–32), der davon ausging, die menschliche Ehre als gesetzlich geschütztes Gut habe in der Zweiten Polnischen Republik „Klassencharakter" gehabt. Seiner Ansicht nach wurden dadurch die Tatsachen der sozialistischen Doktrin verzerrt. Der Haupteinwand bezog sich darauf, wie Artikel 255 § 2 der Strafprozessordnung von 1932 die Frage des Ausschlusses der strafrechtlichen Verantwortung für öffentliche

Verleumdungen und das Verbot des Wahrheitsnachweises von Behauptungen über das Privat- und Familienleben definierte (vgl. Sawicki 1953, S. 33; Sawicki 1956, S. 98).

Eine Analyse der Vorschriften zum sogenannten Wahrheitsbeweis, der vom Täter erbracht werden konnte, um den Ausschluss seiner strafrechtlichen Verantwortlichkeit für eine Verleumdung zu erwirken, ergab, dass der absolute und objektive Wahrheitsgehalt der verbreiteten Anschuldigung nachgewiesen werden musste, um von dieser Regelung profitieren zu können. In der Literatur wurde darauf hingewiesen, dass die Außerachtlassung des guten Glaubens an den Wahrheitsgehalt eines Vorwurfs problematische Folgen zeitigte. Denn eine wesentliche Voraussetzung für die Entlastung des Urhebers von der Verantwortung hinsichtlich der Verleumdung bestand darin, dass er die objektive Wahrheit seiner Behauptungen bewies (vgl. Kulesza 2016, S. 1123). Mit anderen Worten: Selbst wenn der Urheber nachweislich in gutem Glauben gehandelt und mit seiner Behauptung ein berechtigtes Interesse verfolgte hatte, konnte er nicht von der strafrechtlichen Verantwortung befreit werden, indem sich die Behauptung als falsch erwies. Die Gesetzgebung der Zwischenkriegszeit führte daher im Prinzip zu einer strengen Behandlung des Wahrheitsbeweises als Ausschlusskriterium für die Strafbarkeit.

Gegen dieses Rechtskonstrukt erhob Jerzy Sawicki als sein Hauptgegner eine Reihe von Einwänden. Erstens betonte er aus historisch-ideologischer Sicht, dass eine Analyse des Straftatbestands der Verleumdung zu der Erkenntnis führe, dass diese Regelung stets ein Instrument in den Händen der herrschenden Klasse gewesen sei. Dank der Kriminalisierung kritischer, potenziell verleumderischer Äußerungen war die herrschende Klasse in der Lage, jedweden verbalen Widerspruch gegen ihr Tun zu unterdrücken. Auf diese Weise, so Sawicki, sollten die Vorschriften zum strafrechtlichen Schutz des guten Rufs in erster Linie die Interessen der ‚Bourgeoisie' schützen und verhindern, dass Informationen über die Korruption des Machtapparates an die Öffentlichkeit gelangten (vgl. Kulesza 1984, S. 28). Diese These findet einen sehr klaren Bezugspunkt im Fall Józef Wątor, in dem der Korruptionsvorwurf gegen einen Repräsentanten des Staates zur Einleitung eines Strafverfahrens geführt hat. In Anbetracht der Ausgestaltung des Strafrechts und der Verteilung der Beweislast musste die Verteidigung hier die objektive Berechtigung der gegen den Ermittlungsrichter erhobenen Vorwürfe zweifelsfrei nachweisen. Aufgrund dieser weitreichenden Beweispflicht konnte es bei den Kritikern der Staatsmacht und ihrer Behörden zum sogenannten *chilling effect* kommen, und zwar selbst dann, wenn ihre Kritik dem öffentlichen Interesse entsprach.

Zweitens wurde die Abschaffung des Grundsatzes von Treu und Glauben als mögliches Ausschlusskriterium strafrechtlicher Verantwortlichkeit missbilligt. Das Postulat lautete, dass der gute Glaube des Urhebers an die Wahrhaftigkeit seiner Behauptungen und seine Überzeugung, das öffentliche Interesse zu schützen, als hinreichende Rechtfertigung dafür gelten müsse, ihn von der Verantwortung der öffentlichen Verleumdung zu entbinden. Und zwar unabhängig davon, welchen Lebensbereich des Betroffenen der öffentlich geäußerte Vorwurf betraf (vgl. Kulesza 2016, S. 1126). Die gesetzliche Vorgabe, dass ein öffentlicher Angriff auf die Ehre auf der Wahrheit beruhen und zur Verteidigung eines öffentlichen oder privaten Interesses erfolgen muss, wurde von Jerzy Sawicki als Hindernis für gesellschaftlich erwünschte Kritik angesehen. Seiner Auffassung nach sollte die Entfaltung einer solchen Kritik als Instrument im Kampf gegen den Klassenfeind und die Fehler des Staatsapparates dienen (vgl. Sawicki 1953, S. 33; Sawicki 1956, S. 133). Führende Strafrechtler betonten, dass eine solche Haltung umfänglich dem Fundament der Volksrepublik Polen entspreche, die der Kritik einen hohen Stellenwert einräume und sie jedem Bürger zugänglich mache; sie lehne dabei die Rechtsprechung der Vorkriegszeit ab, die darauf abgezielt habe, Kritik zu unterbinden (vgl. Sawicki 1953, S. 49; Kulesza 2016, S. 1126; Wyrok Sądu Najwyższego z dnia 8 kwietnia 1952 r. [Urteil des Obersten Gerichtshofs vom 8. April 1952], in: Orzecznictwo Sądu Najwyższego Izby Karnej [Entscheidungen der Strafkammer des Obersten Gerichtshofs]: Nr. 5, Pos. 65; Wyrok Sądu Najwyższego z dnia 31 marca 1952 r. [vom 31. März 1952], in: Orzecznictwo Sądu Najwyższego Izby Karnej [Entscheidungen der Strafkammer des Obersten Gerichtshofs]: Nr. 1, Pos. 9). Die herrschende Meinung erkannte daher den guten Glauben als Bedingung zur strafrechtlichen Entlastung eines Beschuldigten an, der objektiv falsche Behauptungen öffentlich verbreitete.

Der dritte und letzte Einwand, der sich gegen die zum Zeitpunkt der Veröffentlichung der zweiten Auflage des *Krakauer Pitavals* geltende Rechtsvorschrift richtete, war das Argument der übermäßigen Verrechtlichung des Begriffs des guten Rufs. So herrschte unter maßgebenden polnischen Strafrechtlern während der sozialistischen Zeit die Auffassung vor, dass der bisherige wissenschaftliche Fundus wie auch die Rechtsprechung zum fraglichen Rechtsgut auf vagen und komplizierten juristischen Definitionen beruhe (vgl. Sawicki 1953, S. 87). Dieses Argument der Kritiker stützte sich wiederum auf die Ansicht, der Schutz des guten Rufs sei klassenbezogen – und zwar im engeren Sinne. Anders ausgedrückt: Das Konzept des guten Rufs als Rechtsgut berücksichtige nicht die Regeln des sozialistischen Miteinanders. Sie beschränke sich im Gegenteil nur auf den vagen Begriff der „Ehre", der offenbar ein Relikt aus der vorsozialistischen Zeit sein sollte (vgl. Sawicki 1953, S. 87).

5 Sichtweisen auf den Schutz der Ehre im *Krakauer Pitaval*

Die oben aufgeführten Ansichten der Strafrechtslehre hatten unterschiedliche Charakteristika. In einigen von ihnen ist ein rein ideologisches Narrativ zu erkennen, in dem eine klare Trennung zwischen der ‚Bourgeoisie' und der ‚unterdrückten Klasse' zum Ausdruck kommt (vgl. Sawicki 1953, S. 33).[15] Die juristische Polemik hingegen spiegelte sich in der späteren Rechtsprechung und in den rechtlichen Änderungen während der sozialistischen Zeit wider. Dies gilt insbesondere für die Frage eines erweiterten Ansatzes bei der Anwendung der Konstruktion des Wahrheitsbeweises unter Berücksichtigung des Grundsatzes von Treu und Glauben als einem die Rechtswidrigkeit ausschließenden Umstand.

[15] Interessanterweise wurden Vorwürfe dieser Art auch gegen die Justiz erhoben, wobei zuweilen darauf hingewiesen wurde, dass in der Rechtsprechung der Zwischenkriegszeit der Oberste Gerichtshof einen Ansatz vertreten hatte, der Großgrundbesitzern und dem Bürgertum erhöhten Schutz gewährte; siehe Sawicki 1953, S. 49; Kulesza 1984, S. 29.

Die erste dieser Änderungen fand ihren Niederschlag in einem Beschluss des Obersten Gerichtshofs aus dem Jahr 1965, der Gesetzeskraft erlangte. Demzufolge ist der Straftatbestand der Verleumdung nicht erfüllt, wenn der Urheber einer falschen Behauptung in dem Glauben gehandelt hat, dass diese wahr sei (Uchwała Sądu Najwyższego z dnia 17 grudnia 1965 r. [Beschluss des Obersten Gerichtshofs vom 17. Dezember 1965], in: Orzecznictwo Sądów Polskich i Komisji Arbitrażowych [Rechtsprechung der polnischen Gerichte und Schiedskommissionen]: Pos. 69). Handelte der Urheber hingegen öffentlich, so musste zum Ausschluss der Strafbarkeit die Voraussetzung erfüllt sein, dass er von der Wahrheit des Vorwurfs überzeugt ist und zur Verteidigung eines berechtigten gesellschaftlichen Interesses handelt. Die zweite dieser Änderungen bestand wiederum in der Einführung neuer Vorschriften im Strafgesetzbuch von 1969 (Ustawa z dnia 19 kwietnia 1969 r. Kodeks karny [Gesetz vom 19. April 1969 – Strafgesetzbuch], in: Dziennik Ustaw [Gesetzesblatt] 1969, Nr. 13, Pos. 94). Nach Artikel 179 des Strafgesetzbuchs von 1969 stellt die Gutgläubigkeit des der Verleumdung Beschuldigten einen die Rechtswidrigkeit ausschließenden Umstand dar, und zwar auch dann, wenn der Vorwurf die Sphäre des Privatlebens betrifft. Der Spielraum zulässiger, darunter auch unwahrer, Kritik wurde also stark erweitert, sofern der Urheber der vermeintlichen Verleumdung von der Wahrhaftigkeit seiner Behauptungen überzeugt war (vgl. Kulesza 1984, S. 32).

In den hier ausgewählten Fallgeschichten aus dem *Krakauer Pitaval* finden sich auch eigene Bewertungen der Autoren hinsichtlich des rechtlichen Schutzes des guten Rufs. So nehmen sie bei der Schilderung der herangezogenen Fälle affirmativ Bezug auf Rechtsvorschriften, die Kritik – darunter auch in der Presse veröffentlichte – in großem Umfang zulassen (Salmonowicz 1968a, S. 282). Dementsprechend vertreten sie in den Schlusspassagen der Geschichte über den Fall des Ehepaars Kotarbiński die These, dass die der Presse rechtlich eingeräumte Möglichkeit, selbst ethisch zweifelhafte Satire gegen Personen des öffentlichen Lebens zu äußern, durchaus erwünscht sei. Subtil argumentieren die Autoren hier, dass dies insbesondere für die an Polemik arme Presse zur Zeit der Veröffentlichung der zweiten Auflage des *Krakauer Pitavals* gelte (Salmonowicz 1968a, S. 282). Offenbar wollten sie damit in diskreter Weise zum Ausdruck bringen, dass sie einen Mangel an öffentlicher – gerade auch kritischer – Diskussion beobachten. Interessanterweise deckt sich diese Ansicht weitgehend mit der Auffassung von Vertreterinnen und Vertretern der Strafrechtslehre aus dem sozialistischen Polen über die Rechtmäßigkeit des Schutzes einer weitgefassten zulässigen Kritik durch die Presse. Während die Autoren des Pitavals diese Auffassung einerseits teilen, stellen sie jedoch andererseits fest, dass sie sich nicht in der Praxis des öffentlichen Lebens widerspiegele.

Ausgehend von den übrigen Geschichten nehmen die Autoren keine eindeutigen Bewertungen mehr über den Verlauf der geschilderten Fälle vor. Gleichwohl gehen aus der Akribie und Ausführlichkeit des Berichts über den Prozess gegen Józef Wątor Erwägungen über jene Risiken hervor, die einen möglichen Missbrauch von Anklagen im Kontext des Ehrschutzes betreffen. Wątor, der nicht in der Lage war, sich zu verteidigen, richtete seine Anschuldigung nämlich nicht nur gegen den Adressaten der angeblich ihn diffamierenden Äußerungen, sondern auch gegen Vertreter der Presse, die lediglich über die Tatsache berichtet hatten. Wie bereits erwähnt, war es der Anwalt Hofmokl-Ostrowski, der den Antrag auf Wiederaufnahme des Strafverfahrens im Fall seiner Mandantin stellte und sich dabei auf das korrupte Verhalten des Ermittlungsrichters in diesem Prozess berief. Informationen über den Antrag und seine Gründe wurden daraufhin in zwei Zeitungsartikeln veröffentlicht, für die die Herausgeber schließlich als Angeklagte vor Gericht stehen sollten. Der Bericht über diesen Prozess stellt daher ein einschlägiges Beispiel für den sogenannten *chilling effect* dar, den Vertreter von Behörden oder auch Amtsträger gegenüber der Presse zu erzeugen versuchen können. Und auch wenn die Autoren des *Krakauer Pitavals* diese Frage nicht explizit ansprechen, so kann man bei der Lektüre dieser Pitavalgeschichte doch zu dem Schluss kommen, dass eine übermäßige Verrechtlichung des Schutzes der Ehre, insbesondere in Bezug auf die Staatsmacht, zu einer Marginalisierung der sozialen Kontrolle über deren Organe und Institutionen führen kann. Denn wenn eine Behörde die Möglichkeit hat, auf eine gegen sie gerichtete Kritik mit der Einleitung eines Strafverfahrens zu reagieren, ist dies ein gefährliches Instrument zur Einschränkung öffentlicher Debatten. Die Konsequenz daraus kann eine gewisse Scheindemokratisierung des öffentlichen Lebens sein – und war es offenbar auch.

6 Der Schutz der Ehre und Kritik an den Staatsorganen in der Zeit des Sozialismus

Die oben angeführte Feststellung gilt umso mehr, wenn man die verschiedenen Auffassungen über den Schutz des guten Rufs im sozialistischen Polen parallel betrachtet. Wie schon erwähnt, wiesen führende Strafrechtler auf die Notwendigkeit hin, ein umfassendes Recht auf Kritik zuzulassen, auch wenn diese öffentlich geäußert wurde. Dieser Anspruch drückte sich darin aus, dass Strafbarkeit ausgeschlossen wurde, sofern sich die Kritik am öffentlichen und privaten Leben als wahrheitsgemäß erwies oder der Täter von ihrem Wahrheitsgehalt überzeugt war (vgl. Kulesza 1984, S. 32).

Zur selben Zeit jedoch entwickelte sich eine Rechtsprechung, die jedwede ehrenrührige – oder auch bloß scherzhafte, Respektlosigkeit gegenüber prominenten Vertretern des Regimes zum Ausdruck bringende – Äußerung als Straftatbestand der sogenannten Flüsterpropaganda wertete (vgl. Dekret z dnia 13 czerwca 1946 r. o przestępstwach szczególnie niebezpiecznych w okresie odbudowy Państwa [Dekret vom 13. Juni 1946 über besonders gefährliche Straftaten in der Zeit des nationalen Wiederaufbaus], in: Dziennik Ustaw [Gesetzesblatt] 1946, Nr. 30: Pos. 192, Art. 22; Kulesza 2016, S. 1126). In der Rechtsprechung wurde der Standpunkt vertreten, dass Äußerungen, die nach Inhalt und Absicht des Urhebers der fraglichen Kritik darauf abzielten, führende Persönlichkeiten der internationalen oder polnischen Revolutionsbewegung zu demütigen oder zu verhöhnen, als Beleidigung der staatlichen Ordnung zu qualifizieren seien. Bei einer solchen strafrechtlichen Qualifizierung konnten zur Verteidigung der oder des Angeklagten keinerlei Umstände – weder die in Artikel 255 § 2 der Strafprozessordnung von 1932 aufgeführten Gründe noch das Recht auf Kritik – geltend gemacht werden (vgl. Filar 1998, S. 82).

Die Behauptung, das Recht auf öffentliche Kritik sei in der sozialistischen Ära erheblich ausgeweitet worden, muss daher mit Vorsicht betrachtet werden. Zwar brachten die in der juristischen Literatur, der Rechtsprechung und den darauf folgenden Gesetzesänderungen vertretenen Ansichten eine Liberalisierung des Rechts auf Kritik auf dem Gebiet des Strafrechts zum Ausdruck, doch war diese Liberalisierung nicht von grundsätzlicher Natur (vgl. Kulesza 1984, S. 44f.). Die Lockerung der strafrechtlichen Anforderungen an die Kritik beschränkte sich in der Praxis nur auf Situationen, in denen sie sich nicht gegen die Tätigkeit von Behörden oder Amtsträgern richtete (vgl. Kulesza 2016, S. 1127).

Im Hinblick auf das oben beschriebene Problem zeigt sich, dass die Praxis der Rechtsanwendung sowie die nach der Veröffentlichung des *Krakauer Pitavals* in Kraft getretenen Vorschriften die rechtliche Bewertung von Kritik in erheblichem Maße differenzierten. Unter den damaligen gesellschaftspolitischen Gegebenheiten wurde das Feld zulässiger Kritik wesentlich eingeschränkt, wenn sie sich gegen die Herrschaftsstrukturen und ihre Amtsträger wandte (vgl. Kulesza 1984, S. 44f.). Dementsprechend wurde in der Rechtspraxis eine strenge Ahndung sogenannter feindlicher Propaganda eingeführt (vgl. Kulesza 1984, S. 45), die das Regime herabwürdigen und für den Staat schädliche Nachrichten verbreiten sollte. In vielen Fällen umfasste dieser Begriff jedoch auch kritische (selbst in gutem Glauben getätigte) Äußerungen, die sich gegen die Tätigkeit von Vertreterinnen und Vertretern der Staatsmacht richteten. Dies bedeutet, dass Kritik im weiteren Sinne als Verhöhnung, Beleidigung oder Erniedrigung der Volksrepublik Polen, ihres Systems oder ihrer höchsten Organe interpretiert wurde.[16] Denn die Rechtswissenschaft wie auch die Rechtsprechung jener Zeit vertraten eine Auslegung der Begriffe des Staatssystems und der höchsten Staatsorgane, die auch den Schutz der Vertreter dieser Organe umfasste (vgl. Kulesza 1984, S. 45, mit weiterführender Literatur). Vor diesem Hintergrund wurde der Schutz des Systems und seiner Organe mit einem qualifizierten Schutz derjenigen Personen gleichgesetzt, die Träger dieser Organe oder Vertreter des Regimes waren.

Im Licht der vorangegangenen Ausführungen wird deutlich, dass die These von der Zulässigkeit breiter öffentlicher Kritik lediglich ein politischer Slogan blieb. Da die strafrechtliche Verantwortung für die Rufschädigung von Bürgerinnen und Bürgern verringert wurde, wäre zu erwarten gewesen, dass dies zu einer Ausweitung gesellschaftlicher Kritik in all ihren Erscheinungsformen führen würde (vgl. Kulesza 1984, S. 50; Hoc 1977, S. 1236). Dies war jedoch nicht der Fall. Auf diesen Kontrast spielten die Autoren des *Krakauer Pitavals* offenbar mit ihrer Feststellung an, die öffentliche Debatte sei gewissermaßen verstümmelt worden. Und obwohl sie dieses Phänomen aus offensichtlichen Gründen nicht ausdrücklich benennen, liegt doch der Schluss nahe, dass das Ausbleiben von publizistischer Kritik am Regime zu den Folgen zählte, die sich mit der Bewertung dieses Regimes verbanden.

[16] Siehe zum Beispiel Art. 270 Abs. 1 des polnischen Strafgesetzbuchs von 1969.

7 Schlussbetrachtung

Die hier beleuchteten Prozesserzählungen zum strafrechtlichen Schutz des guten Rufs unterscheiden sich wesentlich von den übrigen Fallgeschichten im *Krakauer Pitaval*. Die überwiegende Mehrheit der darin beschriebenen Gerichtsverfahren bezieht sich nämlich auf emotionsgeladene Fälle, die in der Öffentlichkeit große Aufmerksamkeit fanden. In der Regel lagen ihnen schwere Verbrechen zugrunde. Demgegenüber kann man vor dem Hintergrund jener Fälle, in denen es um den Schutz des guten Rufs geht, einen gewissen gesellschaftlichen Kommentar ausmachen, der von den Verfassern des Pitavals subtil an die Leserschaft herangetragen wurde. Diese Geschichten bieten vielmehr einen Anhaltspunkt dafür, wie die damalige öffentliche Debatte hinsichtlich der durch das öffentliche Interesse legitimierte Kritik an verschiedenen Phänomenen des gesellschaftlichen Lebens aussah. Die Autoren des Pitavals bezeichnen diese Debatte als ‚verstümmelt' (vgl. Salmonowicz 1968a, S. 282). Mehr noch: Sie blicken regelrecht wehmütig auf solch kontroverse Praktiken wie jene des im Fall der Kotarbińskis verurteilten Chefredakteurs des *Bocian*.

Darüber hinaus können die betrachteten Geschichten zur Überprüfung jener rechtlich-politischen Annahmen dienen, die im Strafrecht der sozialistischen Ära enthalten sind. Wie die obigen Erörterungen ergeben, wurden die in der Zwischenkriegszeit, wie auch vor dem Ersten Weltkrieg, geltenden strafrechtlichen Regelungen zum Schutz des guten Rufes in der Literatur durchweg kritisiert – und zwar als zu weitreichend. Die Forderungen nach einer Ausweitung der Grenzen erlaubter Redefreiheit sowie des Rechts auf Pressekritik fanden wiederum schrittweise Niederschlag in der Rechtsprechung und in Gesetzesänderungen. Ungeachtet dieser liberalisierten Vorschriften führte jedoch die politisch-rechtliche Wirklichkeit zu einer erheblichen Einschränkung der öffentlichen Debatte. Die Autoren des *Krakauer Pitavals* illustrieren anschaulich, dass selbst in Zeiten von als streng und kasuistisch angesehenen Regelungen die Meinungs- und Pressefreiheit größer gewesen war, obwohl sie theoretisch mit einem größeren Risiko strafrechtlicher Konsequenzen hätte verbunden sein müssen. Als ein Paradoxon erweist sich hier die Tatsache, dass gerade in jener Zeit, in der liberalere Vorschriften galten, Kritik am Regime aufgrund der Gefahr strafrechtlicher Verfolgung stark zurückgehalten, wenn nicht gar eingestellt wurde.

Dem Motto der zweiten Ausgabe des *Krakauer Pitavals* folgend kann man zu dem Schluss kommen, das Theater der Geschichte lehre, dass Gerechtigkeit nicht von der liberalsten und freiheitlichsten Gesetzgebung abhängt. Oftmals hängt sie schlicht von bestimmten Ideen und politischen Intentionen ab. Anhand der hier angeführten Geschichten erscheint die Schlussfolgerung berechtigt, dass das Recht mitunter zu einem bloßen Instrument sozialer Kontrolle wird. Dies wird durch die für das sozialistische Polen charakteristische Offizialität von Informationen über die Justiz noch einmal verstärkt, woraus sich auch die Bedeutung des Pitavals in jener Zeit erschließt: Neben seinem zweifellos literarischen Wert beinhaltete der *Krakauer Pitaval* eben auch eine Art Kommentar, der die Prämissen der zeitgenössischen, politisch gesteuerten Strafrechtslehre mit der Praxis ihrer Anwendung kontrastierte.

Literaturverzeichnis

Budzyńska, Natalia. 2020. *Ja nie mam duszy. Sprawa Barbary Ubryk, uwięzionej zakonnicy, której historią żyła cała Polska*. Warszawa: Znak.

Dziennik Ustaw Rzeczypospolitej Polskiej [polnisches Gesetzesblatt] 1919ff. https://dziennikustaw.gov.pl/DU. Zugegriffen am 7. Februar 2025.

Filar, Marian. 1998. Ochrona jednostki w nowym kodeksie karnym. *Państwo i Prawo* 9–10: S. 65–82.

Hoc, Stanisław. 1977. Wroga propaganda w świetle polskiego prawa karnego. *Nowe Prawo* 1977, Nr. 9: S. 1226–1239.

Jaworski, Władysław. 1869. *Barbara Ubrykówna czyli Sprawa karmelitanek Bosych w Krakowie*. Kraków: Wydawnictwo Dzieł Katolickich.

Komisja Kodyfikacyjna Rzeczypospolitej Polskiej, Sekcja Prawa Karnego [Kodifizierungskommission der Republik Polen, Ableitung Strafrecht]. 1930. *Projekt Kodeksu Karnego. Uzasadnienie części szczególnej* [Entwurf des Strafgesetzbuches. Begründung des besonderen Teils]. Bd. 5, H. 4, Warszawa: Wydawnictwo urzędowe Komisji Kodyfikacyjnej R.P.

Krzymuski, Edmund. 1911. *Wykład prawa karnego ze stanowiska nauki i prawa austriackiego*. Kraków: Księgarnia Leona Frommena.

Krzyżagórski, Klemens. 1974. *Pitaval Wrocławski*. Wrocław: Ossolineum.

Kulesza, Witold. 1984. *Zniesławienie i zniewaga (Ochrona czci i godności osobistej człowieka w polskim prawie karnym – zagadnienia podstawowe)*. Warszawa: Wydawnictwo Prawnicze.

Kulesza, Witold. 2016. Przestępstwa przeciwko czci i nietykalności cielesnej. In *Przestępstwa przeciwko dobrom indywidualnym. System Prawa Karnego*. Tom 10, Hrsg. Jarosław Warylewski, S. 1073–1238. Warszawa: C. H. Beck.

Łętowska, Ewa. 2010. Niedomagająca legitymizacja trzeciej władzy. *Monitor Prawniczy* 3: S. 30–34.

Łętowska, Ewa. 2021. O prawie w literaturze kryminalno-sensacyjnej PRL. In *Prawo literatura i film w Polsce ludowej*, Hrsg. Jarosław Kuisz und Marek Wąsowicz, S. 99–120. Warszawa: Wydawnictwo Naukowe Scholar.

Makowski, Wacław. 1924. *Prawo karne. O przestępstwach w szczególności. Wykład porównawczy prawa karnego austriackiego, niemieckiego i rosyjskiego, obowiązującego w Polsce*. Warszawa: Nakład Księgarni F. Hoesicka.

Makowski, Wacław. 1933 *Komentarz KK*. Warszawa: Nakład Księgarni F. Hoesicka.

Orzecznictwo Sądów Polskich i Komisji Arbitrażowych [Rechtsprechung der polnischen Gerichte und Schiedskommissionen] 1966ff. Warszawa: Wydawnictwo Prawnicze.

Orzecznictwo Sądu Najwyższego Izby Karnej [Entscheidungen der Strafkammer des Obersten Gerichtshofs]. 1953ff. Warszawa: Wydawnictwo Prawnicze.

Popławski, Henryk, und Andrzej Weiser. 1962. Szeptana propaganda w świetle orzecznictwa. *Palestra* 8: S. 52–59.

Przeworski, Jan. 1924. *Ustawa Karna Austrjacka o zbrodniach, występkach i przekroczeniach z dnia 27 maja 1852 No 117 DPP., obowiązująca w okręgach Sądów Apelacyjnych w Krakowie i we Lwowie oraz Sądu Okręgowego w Cieszynie*. Warszawa: Nakład Księgarni F. Hoesicka.

Redzik, Adam. 2005. Profesor Juliusz Makarewicz – życie i dzieło. In *Prawo karne w poglądach profesora Juliusza Makarewicza*, Hrsg. Alicja Grześkowiak, S. 23–92. Lublin: Wydawnictwo KUL.

Salmonowicz, Stanisław, Janusz Szwaja und Stanisław Waltoś, Hrsg. 1962. *Pitaval Krakowski*. Kraków: Wydawnictwo Prawnicze.

Salmonowicz, Stanisław, Janusz Szwaja und Stanisław Waltoś, Hrsg. 1968a. *Pitaval Krakowski*. 2. Aufl. Kraków: Wydawnictwo Literackie.

Salmonowicz, Stanisław, Janusz Szwaja und Stanisław Waltoś, Hrsg. 2021. *Pitaval Krakowski*. 6., korr. Aufl. Kraków: Universitas.

Salmonowicz, Stanisław, Janusz Szwaja und Stanisław Waltoś. 1968b. Wstęp. In *Pitaval Krakowski*, Hrsg. Stanisław Salmonowicz, Janusz Szwaja und Stanisław Waltoś. 2. Aufl., S. 7–8. Kraków: Wydawnictwo Literackie.

Salmonowicz, Stanisław. 1968a. Melpomena w opałach. In *Pitaval Krakowski*, Hrsg. Stanisław Salmonowicz, Janusz Szwaja und Stanisław Waltoś. 2. Aufl., S. 266–282. Kraków: Wydawnictwo Literackie.

Salmonowicz, Stanisław. 1968b. Sprawa Barbary Ubryk. In *Pitaval Krakowski*, Hrsg. Stanisław Salmonowicz, Janusz Szwaja und Stanisław Waltoś. 2. Aufl., S. 194–216. Kraków: Wydawnictwo Literackie.

Sawicki, Jerzy. 1953. *Ochrona czci na tle krytyki i samokrytyki*. Warszawa: Wydawnictwo Prawnicze.

Sawicki, Jerzy. 1956. *Ochrona czci a wolność krytyki*. Warszawa: Wydawnictwo Prawnicze.

Smith, Sydney Fenn. 1890. *The True Story of Barbara Ubryk*. London: Catholic Truth Society.

Smyk, Grzegorz. 2013. Przestępstwa przeciwko czci i nietykalności osobistej w prawie karnym II Rzeczypospolitej. In *Przestępstwa przeciwko czci i nietykalności cielesnej*, Hrsg. Marek Mozgawa, S. 51–64. Warszawa: LEX.

Szenic, Stanisław. 1955. *Pitaval Warszawski*. T. I: *1524–1794*. Warszawa: Czytelnik.

Szenic, Stanisław. 1960. *Pitaval Wielkopolski*. Warszawa: Czytelnik.

Szwaja, Janusz. 1968. Były sędzia oskarża. In *Pitaval Krakowski*, Hrsg. Stanisław Salmonowicz, Janusz Szwaja und Stanisław Waltoś. 2. Aufl., S. 473–482. Kraków: Wydawnictwo Literackie.

Śliwiński, Stanisław. 1946. *Polskie prawo karne, cz. ogólna*. Warszawa: Gebethner i Wolff.

Waltoś, Stanisław. 1968. Procesy Janiny Borowskiej. In *Pitaval Krakowski*, Hrsg. Stanisław Salmonowicz, Janusz Szwaja und Stanisław Waltoś. 2. Aufl., S. 283–336. Kraków: Wydawnictwo Literackie.

Zbiór Orzeczeń Sądu Najwyższego [Sammlung von Entscheidungen des Obersten Gerichtshofs]. 1937ff. Warszawa: Wydawnictwo Ministerstwa Sprawiedliwości.

Zoll, Andrzej. 1974. Z problematyki odpowiedzialności karnej za pomówienie. *Palestra* 18/5: S. 46–56.

Verschachtelungen von Recht und Literatur. Der *Warschauer literarische Pitaval* von Olgierd Missuna

Melanie Foik

Den Pitavalen aus der sozialistischen Ära liegt, wie der vorliegende Band an zahlreichen Beispielen illustriert, in aller Regel *entweder* ein regionaler *oder* ein thematischer Schwerpunkt zugrunde. Kombinationen beider Perspektiven kommen durchaus vor, stellen aber Ausnahmen dar. Zu den seltenen, doppelt perspektivierten Fallsammlungen gehört der 1960 im Czytelnik-Verlag erschienene *Warschauer literarische Pitaval* (*Warszawski pitaval literacki*) von Olgierd Missuna. Dieser Pitaval verbindet, wie der Titel ankündigt, einen regionalen mit einem thematischen Fokus und handelt in vierzehn Geschichten Fälle aus der Welt der Literatur und des Journalismus ab, in denen in verschiedener Hinsicht mit Warschau verbundene Schriftsteller, Feuilletonisten, Kritiker oder Redakteure vor Gericht auftraten. Anders als es der landläufige Ruf von Pitavalsammlungen des 19. und 20. Jahrhunderts vortäuscht – und unter diesem Gesichtspunkt (allerdings auch *nur* diesem) als ‚sozialistischer Pitaval' dann eben doch wieder kein Sonderfall, erzählt Missuna nicht von blutig-spektakulären Kriminalfällen, sondern greift eher unscheinbare, mitunter aber durchaus öffentlichkeitswirksame Straf- und Zivilprozesse auf, in denen um literarische Texte (im weiteren Sinne) und deren Folgen gestritten wurde.

Mit der juristischen Fokussierung auf Gerichtsfälle mit Bezug zum Literatenmilieu stellt Missunas *Warschauer literarischer Pitaval* ein hervorragendes Studienobjekt für die Forschung zu Recht und Literatur dar. Mit meinem Beitrag möchte ich auf diesen besonderen Gegenstand aufmerksam machen und versuche unter den Vorzeichen von *law & literature* eine erste Annäherung. Zu diesem Zweck zeichne ich Aufbau und Duktus der Fallsammlung nach, skizziere eine historische wie (werk-)biographische Einordnung und gehe exemplarisch auf einige der von Missuna aufgenommenen Fälle ein, um an ihnen bestimmte Momente der polnischen Rechtsgeschichte zu beleuchten und deren Bewertung durch Missuna auf den Grund zu gehen. Dabei bewege ich mich – wie der *Warschauer literarische Pitaval* selbst – alternierend auf zwei historischen Ebenen: der Zeit des jeweiligen Falls einerseits, d. h. der späten Teilungszeit und der Zwischenkriegsjahre, sowie der Ent-

M. Foik und S. Speth (Hrsg.), *Pitaval im Sozialismus*, Literatur und Recht 20,
https://doi.org/10.1007/978-3-662-72431-6_8

stehungszeit von Missunas Pitaval andererseits, also der Epoche des sog. entwickelten Sozialismus in der Volksrepublik Polen.

1 Recht und Literatur in Polen – und ihre Interferenzen in Missunas Pitaval

Im Anschluss an die sich inzwischen stark ausdifferenzierende Kartierung des Forschungsfeldes von Recht und Literatur in den angelsächsischen und deutschsprachigen Ländern haben Kamila Budrowska, Elżbieta Dąbrowicz und Marcin Lul mit Blick auf Polen, wo das Verhältnis dieser beiden Disziplinen erst seit einigen Jahren intensiver erforscht wird, vier grundsätzlich relevante Teilbereiche benannt, nämlich:

1. Recht in der Literatur (*prawo w literaturze*),
2. Literatur im Recht (*literatura w prawie*),
3. Literatur vor Gericht (*literatura przed sądem*) sowie
4. Literatur gegenüber dem Recht (*literatura wobec prawa*) (Budrowska, Dąbrowicz, Lul 2013, S. 11f.).[1]

Während die ersten beiden Themenkomplexe sicherlich den Kern des internationalen *law & literature movement* ausmachen, mag der speziell auf polnische Bedürfnisse zugeschnittene Katalog insofern verwundern, als der Kategorie *Literatur vor Gericht* ein eigener von vier Ordnungspunkten zugewiesen wird. Budrowska, Dąbrowicz und Lul (2013, S. 12) nennen als Beispiele für potentielle Forschungsgegenstände etwa „Prozesse von und gegen Persönlichkeiten aus Literatur, Verlagswesen und Medien" und „die offizielle Regulierung des Literatur- und Medienbetriebs: Zensur, Tabuisierung, Schutz der Persönlichkeitsrechte sowie des geistigen Eigentums". Alle genannten, aber auch weiterführende Themen finden sich im *Warschauer literarischen Pitaval* in einer engen Verschachtelung wieder: Missuna gelingt eine komplexe Engführung zwischen juristischen und literarischen Sachverhalten; außerdem verschränkt er ingeniös die historische mit der Gegenwartsperspektive.

Die prominente Stellung der *Literatur vor Gericht* kommt im polnischen Kontext nicht von ungefähr, brachte doch die Zeit staatlicher Nichtexistenz seit 1795 eine ungeahnte, dem Freiheitskampf verpflichtete Blütezeit der Literatur sowie ein ausgeprägtes Schutzbedürfnis ihr gegenüber hervor, das auch im 20. Jahrhundert – auf die jeweiligen Unterdrücker und Besatzer zugeschnitten – weiterhin Bestand haben sollte. Wie der *Warschauer literarische Pitaval* veranschaulicht, fanden viele Auseinandersetzungen um literarische Texte allerdings auch innerhalb der polnischen Gesellschaft selbst statt, und zwar meist dann, wenn Urheber- oder Persönlichkeitsrechte (vermeintlich oder tatsächlich) verletzt wurden. Anders ausgedrückt, geht es in den von Missuna ausgewählten Fällen um zwei Fragen: Wieviel Schutz genießen Literatur und Autoren? Und wie und warum muss Literatur – der Text, der Autor oder beide – gegebenenfalls in ihre Schranken verwiesen werden?

[1] Die Übersetzungen aus dem Polnischen stammen hier und im Folgenden von der Verfasserin.

Missunas Fallsammlung ist somit nicht nur ein Anschauungs- und Studienobjekt für die gegenwärtige Recht-und-Literatur-Forschung; sie enthält und literarisiert *per se* schon das Verhältnis der beiden angesprochenen Disziplinen, womit wir wiederum zum Bereich *Recht in der Literatur* zurückkommen und gleichsam eine beiderseitige – man könnte auch sagen: konsekutive – Vergegenständlichung von Recht und Literatur beobachten können. Neben den beiden Hauptperspektiven *Literatur vor Gericht* (literaturassoziierte Gerichtsfälle) und *Recht in der Literatur* (Gerichtsfälle als literarischer Stoff) ließe sich – wie für die polnische Pitavalliteratur jener Zeit im Allgemeinen so auch für Missunas Fallsammlung im Speziellen – noch eine weitere Binnenperspektive eröffnen, nämlich jene von *Literatur im Recht*, und dies erneut im doppelten Sinne: erstens durch die in fast allen Geschichten veranschaulichten Gemeinsamkeiten von Gericht und Theater, sowie zweitens, durch die zitierten (seltener paraphrasierten) Gerichtsreden der beteiligten Anwälte, die insbesondere in der polnischen Zwischenkriegszeit oft den Ansprüchen an schöne Literatur genügten (oder zumindest zu genügen versuchten).[2]

2 Der *Warschauer literarische Pitaval*: Zum Entstehungskontext

Olgierd Missuna war nicht der erste, der Gerichtsfälle mit Bezug zur Literatur und zur Stadt Warschau nach dem Muster des Pitavals literarisierte. Der Autor Stanisław Szenic war ihm mit dem bereits 1957/58 erschienenen *Warschauer Pitaval* (*Warszawski pitaval*) prominent zuvorgekommen. Szenic schilderte darin einen im herkömmlichen Sinne spektakulären, da für einen der Beteiligten tödlich endenden Fall, nämlich den des glücklosen Schriftstellers Władysław Grajnert (Szenic 1958, S. 269–302). Der seinerzeit 30-jährige Grajnert hatte 1896 unter dem Titel *Zbrodniarz* (Der Verbrecher) einen frühen polnischen Kriminalroman geschrieben (Grajnert 1896), der von der zeitgenössischen Literaturkritik allerdings nicht gut aufgenommen worden war. Der junge Autor fühlte sich insbesondere von Władysław Buchner beleidigt und angegriffen, der in der Warschauer Satirezeitschrift *Mucha* in Versform (!) eine für Grajnert niederschmetternde Rezension veröffentlicht hatte. Da Buchner der Forderung Grajnerts, eine Replik auf das Schmähgedicht in der *Mucha* abzudrucken, nicht nachkam und eine juristische Auseinandersetzung vor einem Gericht der russischen Teilungsmacht nur aussichtlos erscheinen konnte, suchte Grajnert seinen Kontrahenten in dessen Wohnung auf und rückte ihm mit Schlägen zu Leibe. Buchner reagierte auf den Angriff, indem er den Krimiautor Grajnert mit einem Bauchschuss niederstreckte. Das Strafgericht, dessen Prozess Szenic in seinem *Warschauer Pitaval* detailliert nachzeichnet (Foik 2022, Rdnr. 14), befand, dass Buchner in Notwehr gehandelt habe, und sprach ihn letztlich von allen Anklagepunkten frei (Siewierski 1979, S. 136f.).

[2] Siehe zu den beiden letztgenannten Aspekten ein paar grundsätzliche Anmerkungen am Beispiel des *Pitaval warszawski* von Stanisław Szenic: Foik/Löhr 2023, S. 221; zum Verhältnis von Gericht und Theater allgemeiner z. B. Tokarczyk 2009/10, insb. 193f.; Łętowska 2018; Kaczmarek 2021.

Stanisław Szenic war durch diese Geschichte zunächst selbst auf den Geschmack an der Literarisierung ‚literarischer' Kriminal- und Gerichtsfälle gekommen. Allerdings zeigte er sich nach zwei Auflagen seines *Warschauer Pitavals* und seinem gerade fertiggestellten *Großpolnischen Pitaval* des „düsteren Themas" der Pitaval-Sammlungen überdrüssig und wollte der Gattung den Rücken kehren (Szenic 1965, S. 7). Angesichts eines Angebots zur Fortsetzung der bis dahin schon erfolgreich angelaufenen und auch für die Autoren einträglichen Pitaval-Reihe des Czytelnik-Verlags überließ Szenic das Thema seinem gleichaltrigen Kollegen Olgierd Missuna, der sich der Geschicke der Reihe dankbar annahm. Unterstützt wurde er dabei, wie aus dem Vorwort seines *Warschauer literarischen Pitavals* hervorgeht (Missuna 1960e, S. 9), von dem ebenfalls im literarischen Milieu tätigen Juristen Juliusz Wiktor Gomulicki, dem Sohn des Schriftstellers Wiktor Gomulicki, sowie Jan Brzechwa (auch: Jan Lesman). Brzechwa hatte sich seinerzeit nicht nur als Experte für Urheberrechte (Lesman 1935), unter anderem in der Funktion als Rechtsberater der polnischen Vereinigung der Bühnenautoren und -komponisten, einen Namen gemacht, sondern mehr noch als Schriftsteller.[3]

Der personelle Entstehungszusammenhang des *Warschauer literarischen Pitavals* veranschaulicht, in welchen Kreisen bürgerlich sozialisierter Juristen mit literarischer Bildung und eigenen literarischen Ambitionen Missuna sich bewegte. Mit seinen Kollegen Szenic, Gomulicki und Brzechwa befand sich Missuna in bester Recht-und-Literatur-Gesellschaft. Er selbst fühlte sich beiden Sphären – der Kultur im weiteren Sinne wie auch der Jurisprudenz – gleichermaßen verpflichtet. Neben seiner rechtswissenschaftlichen Ausbildung hatte er an der Akademie der Bildenden Künste studiert und dürfte der Warschauer *upper class* zudem als erfolgreicher Tangotänzer aufgefallen sein. Nach seinem Jurastudium in den 1920er Jahren war Missuna beruflich zunächst als Staatsanwalt, nach dem Zweiten Weltkrieg als Rechtsanwalt tätig (Biographisches: Nowogródzki 1977; Missuna 2009; Redzik 2018). Drei Jahre nachdem er mit dem *Warschauer literarischen Pitaval* 1960 einen Publikumserfolg gelandet hatte, veröffentlichte Missuna – ebenfalls als Pitaval der Czytelnik-Buchreihe – seine *Wspomnienia z sali sądowej* (Erinnerungen aus dem Gerichtssaal; Missuna 1963), für die er pitaval-ähnliche Geschichten über selbst erlebte Gerichtsprozesse aus der Sicht des Staatsanwalts schrieb. In den frühen 1970er Jahren betätigte sich Missuna außerdem als (Co-)Autor von Drehbüchern für das Polnische Fernsehtheater.

Ein weiteres Arbeitsfeld, in dem Missuna seine Hauptinteressen ‚Recht' und ‚Literatur' zu einer Synthese brachte, war die Rechtsrhetorik. Bekannt geworden war er für seine eigenen Gerichtsreden als Staatsanwalt schon in der Zwischenkriegszeit; er galt aber auch im sozialistischen Polen weiterhin als „Verfechter eines guten Polnisch im Gerichtssaal" und vertrat das Fach Rechtsrhetorik an der Universität Warschau bis zu seinem Tod (Nowogródzki 1977, S. 83). Gemeinsam mit seinem Kollegen Stanisław Szurlej hatte er schon in den 1930er Jahren ein Skript zu seinem Rhetorikkurs für angehende Juristen veröffentlicht (Missuna und Szurlej [1935]); das in den 1970er Jahren gemeinsam mit Roman Łyczywek verfasste Kompendium der „Kunst der Gerichtsrede" (Łyczywek und Missuna 1977) avancierte rasch

[3] Unter dem Titel *Brzechwa. Ein Dichter in Anwaltsrobe* beleuchtet diese Doppelrolle aus verschiedenen Perspektiven Polański 2022.

zum Standardlehrwerk. Ebenso wie dieses Kompendium wurden Missunas (unvollständige) Lebenserinnerungen posthum publiziert (Missuna 2009). Darüber hinaus stand Missuna der *Palestra*, der Zeitschrift der polnischen Anwaltschaft, langjährig als Autor zur Verfügung, und zwar ebenfalls vorwiegend zum Thema Rechtsrhetorik (Redzik 2018, S. 325).

2.1 Ein Pitaval als Ansporn der Literaten zur Fairness gegenüber den Juristen

Mit seinem *Warschauer literarischen Pitaval* betrat Missuna 1960 kein Gattungsneuland, lagen doch mittlerweile die beiden oben erwähnten Auflagen von Szenic' *Warschauer Pitaval* (1955 und 1957/8), die polnische Übersetzung von Kischs *Prager Pitaval* (Kisch 1957) sowie eine Neuauflage des 1848 erschienenen *Schwarzbuchs* (*Czarna Księga*) von Henryk Emanuel Glücksberg (alias Felix Górski) (Górski 1959) vor. Mit ausdrücklichem Verweis auf Szenic und Kisch vertraute Missuna daher auf hinreichende Bekanntheit des Pitaval-Begriffs und verzichtete auf jedwede Erläuterung – anders als seine Vorgänger, die noch ausführlich in Thematik und Tradition eingeführt hatten. Stattdessen begründete er wort- und aufschlussreich seine Motivation zu gerade *diesem* Pitaval. Seine Sammlung sollte in erster Linie Einspruch gegen das vorherrschende Verhältnis der Schriftsteller zur Justiz und ihren Vertretern erheben, ein Verhältnis, das – so Missunas Meinung – auf mangelnder Fairness beruhe:

> Seit jeher hat sich die schöne Literatur gerne mit dem Gericht als einem äußerst gehaltvollen und interessanten Thema beschäftigt. Allerdings ist sie dem Gericht und seinen Akteuren – den Richtern, Staatsanwälten und Rechtsanwälten – nicht besonders freundlich gesonnen. Das in der Literatur verhandelnde Gericht ist fast immer eine bösartige Karikatur, das Urteil meist ein Justizirrtum – ein Justizmord. Der Staatsanwalt wird als absolutes Arschloch dargestellt, das den Helden des Romans um jeden Preis anklagt, obwohl dieser für jeden offensichtlich unschuldig ist [...]. Die Anwälte als Schwachköpfe aus Dickens' „Pickwick Club". Und die Richter entweder als Idioten, die von den sich vor ihrem Angesicht streitenden Parteien hereingelegt werden, oder als hinterlistige, bestechliche Raffgeier [...]. Das Gericht wurde fast immer im Zerrspiegel der Karikaturen Daumiers gesehen, und Schriftsteller, die nicht die geringste Ahnung vom Gericht und dessen Arbeit hatten, quälten das Gericht und das Recht straffrei, erbarmungslos und unanfechtbar. Das Gericht hingegen konnte sich über die Literatur nur dann äußern, wenn die Schriftsteller sich mit den übelsten Invektiven und den wüstesten Beschimpfungen stritten und nun die sog. Gerechtigkeit vor dem Forum dieser zuvor verlachten und verspotteten Institution suchten. Und obwohl [der Schriftsteller Tadeusz] Boy[-Żeleński] behauptete, der Anwalt bei Gericht spreche über Literatur wie der Schlachter, kommt es mir im Lichte der hier versammelten Beschreibungen von Prozessen dennoch so vor, als würden Juristen deutlich vernünftiger über Literatur urteilen als Schriftsteller über das Gericht und das Recht. Und noch ein weiteres Merkmal der Gerichte möchte ich hervorheben: Bescheidenheit. In fast jeder Strafsache, die mit Literatur zu tun hatte, zog das Gericht Gutachter hinzu, und wenn es sich irrte, dann deswegen, weil die Gutachter sich geirrt hatten. Wie selten hingegen holen Schriftsteller den Rat von Juristen ein! (Missuna 1960e, S. 5f.).

Nach dieser freilich (auch) augenzwinkernd vorgetragenen Einleitung in das Thema des Pitavals, nämlich das wechselseitige Verhältnis zwischen den mit *Recht* und mit *Literatur* befassten Institutionen bzw. Berufsgruppen, folgt schließlich die für einen ‚sozialistischen' Pitaval und seine Legitimation essentielle chronologische Eingrenzung der Fallauswahl: In der alten Adelsrepublik, so Missuna (1960e, S. 6), habe man mit Konflikten im literarischen Feld kurzen, außergerichtlichen Prozess gemacht. Aus dem 19. Jahrhundert, das im Westen interessante literarische Gerichtsprozesse – Missuna führt Flaubert und Baudelaire an – hervorgebracht habe, seien für Polen schlichtweg keine Spuren ähnlicher Fälle vorhanden. Historisch sei dies leicht zu erklären: In Warschau, dem Schauplatz seines Pitavals, fungierte nach den Teilungen Polens und dem damit einhergehenden Verlust staatlicher Souveränität die russische Sprache für mehr als ein Jahrhundert als Amtssprache; Richterposten wurden üblicherweise mit russischen Beamten besetzt. Das bedeutete für polnische Literaten, dass „Auseinandersetzungen über polnische Literatur in einer fremden Sprache vor Richtern, für die die polnische Kultur eine große Unbekannte darstellte, weder zu den einfachen noch den angenehmen Dingen gehörten" (Missuna 1960e, S. 6). Zu den wenigen Ausnahmen von dieser zugleich banalen wie bedeutungsschweren Feststellung, und auch dies merkt Missuna selbst an, zählen der bereits von Szenic zur Pitavalgeschichte verarbeitete Fall ‚Grajnert-Buchner' sowie der Prozess um Gabriela Zapolska, den Missuna (1960d) mit über zwanzig Seiten zur längsten seiner literarischen Geschichten ausgearbeitet hat.

Dass in den Warschauer Gerichten während der Teilungszeit russisches Personal und die russische Sprache dominierten, bedeutete keineswegs, dass polnische Juristen sich seinerzeit nicht mit Fragen rund um Literatur, speziell mit dem Thema Urheberrecht, beschäftigt hätten.[4] So hielt etwa der Rechtsanwalt und Publizist Maksymilian Glücksberg 1875 einen Vortrag im Saal des Warschauer Rathauses über die Rechte von Autoren und Künstlern. Glücksberg gab darin einen historischen Überblick zu den Entwicklungen des Urheberrechts auf internationaler und nationaler, d. h. polnischer, Ebene und kommentierte das im sog. Kongresspolen geltende einschlägige Recht. Der Vortrag wurde im selben Jahr in vier Folgen in der *Gazeta Sądowa Warszawska* (Warschauer Gerichtszeitung) öffentlichkeitswirksam abgedruckt (Glücksberg 1875). Obwohl Glücksbergs Ausführungen wie auch andere zeitgenössische Publikationen zum Urheberrecht allgemeine Bekanntheit unter Fachleuten erlangten und zu einer regen theoretischen Debatte beitrugen, hatten sie keinen praktischen Einfluss auf die Situation von Schriftstellern und Journalisten, die sich von den russischen Gerichten wenig Verständnis für ihre Anliegen erhoffen konnten.

Daran änderte sich auch im frühen 20. Jahrhundert grundsätzlich nichts. Zwar seien Literaten, so Missuna, häufig wegen als antizaristisch rezipierter (und meist wohl auch so intendierter) Texte strafrechtlich verfolgt worden. Die Gründe dafür seien jedoch politischer, nicht literarischer Natur und daher nicht einschlägig für den *Warschauer literarischen Pitaval*. Auch die zahlreichen Prozesse über Vermögensstreitigkeiten von Autoren oder ihren Erben (s. dazu Gliściński 2014) sind für

[4]Zur Ideengeschichte des Urheberrechts bis zum Zweiten Weltkrieg siehe Górnicki 2013, darin speziell zu Polen: S. 235–274; über die Entwicklung dieses Rechtsbereichs bis 1926 siehe auch die deutschsprachige Zusammenfassung in Ferenc-Szydełko 2000, S. 261–278.

Missuna mit Blick auf seine Fallsammlung nicht relevant, da sie nicht die literarischen Texte oder deren soziale oder kulturelle Wirkungen *per se* betrafen. Erst mit der Wiedererlangung staatlicher Unabhängigkeit im Jahr 1918 und der Einrichtung eigener, d.h. polnischer, Gerichte habe eine Serie von – „im wahrsten Sinne des Wortes" – *literarischen* Prozessen begonnen (Missuna 1960e, S. 7). Diesen Prämissen folgend, umfasst Missunas Pitaval den Zeitraum von 1885 bis 1938, wobei der Schwerpunkt aus den oben genannten Gründen prägnant auf der Zwischenkriegszeit nach 1918 liegt.

Verständlicherweise erwähnt Missuna in seinem Vorwort nicht, warum er keine gegenwartsnäheren Fälle zum Thema in seine Sammlung aufgenommen hat: Dies hätte angesichts offizieller Zensur und vielfacher Instrumentalisierung der Literatur den gewagten Übertritt in ein heikles, aus politisch-ideologischen Gründen unsicheres Terrain bedeutet. In einer seiner Geschichten erwähnt er lediglich, die Fälle aus der volkspolnischen Zeit seien ihm noch „zu frisch", um darüber Pitavalgeschichten schreiben zu können (Missuna 1960a, S. 49). Kazimierz Larski hatte mit dieser ‚Frische' zur selben Zeit, ebenfalls im Jahr 1960, interessanterweise kein Problem: Er machte die Gegenwartsnähe sogar zum Programm seines Pitavals, wenngleich unter anderen Vorzeichen.[5] Näher liegt hier die Vermutung, dass Missuna es neben der politischen Brisanz zu vermeiden wusste, über prominente Personen – Literaten und Juristen – aus seinem direkten sozialen Umfeld zu schreiben, und damit potentiellen Konflikten aus dem Weg ging. Und so nimmt Missuna zwar gelegentlich Bezug auf aktuelle Debatten oder ähnlich gelagerte Fälle aus seiner Gegenwart, kommentiert sie aber nicht unmittelbar und schon gar nicht in regimekritischer Absicht. Dies zeigt ein Passus über Anatol Stern, einen bedeutenden Autor des polnischen Futurismus: Im Zusammenhang mit dem 1920 gegen Stern angestrengten Strafverfahren wegen literarischer ‚Blasphemie' erwähnt Missuna die Klage, die Stern seinerseits 1957 gegen seinen Kollegen Antoni Słonimski erhob, nachdem dieser den literarischen Futurismus in die Nähe des italienischen Faschismus gerückt hatte (Missuna 1960a, S. 48 f.). Doch führt er seine Gedanken dazu kaum aus und rettet sich bald schon zurück in die fernere Vergangenheit und die Justizwesen untergegangener politischer Systeme.

Während Missuna auf diese Weise stets Distanz zu aktuellen Gerichtsverfahren (und den sich damit verbindenden politisch-ideologischen Implikationen) hält, kritisiert er mit Blick auf seine Gegenwart einen anderen Themenkomplex, nämlich den Niedergang des *Literarischen im Juristischen*. Dazu zählt er zum einen die Absenz des traditionellen, detaillierten Prozessberichts[6] in der Presse sowie zum anderen das schwindende Interesse an wohlformulierten Gerichtsreden. Er selbst habe es in erster Linie den Prozessberichten und Anthologien von Gerichtsreden aus der Zwischenkriegszeit zu verdanken, dass er für seine Geschichten auf hinreichend viel Material zurückgreifen konnte; die Gerichtsakten seien schließlich überwiegend zerstört worden. Damit befinde er sich in „einer viel glücklicheren Lage als jemand, der in zwanzig oder dreißig Jahren die Prozesse seit der Befreiung rekonstruieren möchte" (Missuna 1960e, S. 8). Gegenwärtig, so Missuna weiter, sei

[5] Siehe dazu den Beitrag von Wolfgang Brylla sowie die Einleitung im vorliegenden Band.

[6] An seine Stelle rückte die ‚sozialistische' Gerichtsreportage, siehe dazu den Beitrag von Piotr M. Pilarczyk im vorliegenden Band.

das Interesse an der Kunst der Gerichtsrede völlig erloschen. Überhaupt finde man in der Presse keine Reden aus dem Gericht mehr, sondern nur kurze, trockene Informationen über den Gegenstand von Strafprozessen, über die wichtigsten Zeugen und über das Urteil. Fast schon ein wenig schwärmerisch berichtet Missuna von seiner Arbeit mit literarisch wie juristisch anspruchsvollen Gerichtsreportagen, die er als Quellen für seine Geschichten verwenden konnte, und verspricht dann, auch in seinen Pitaval zumindest einige der dokumentierten Anwaltsreden – etwa zum Fall ‚Zapolska' – *in extenso* einzuflechten (Missuna 1960, S. 9).

2.2 Der Fall ‚Gabriela Zapolska gegen Aleksander Świętochowski'

Missunas chronologisch angelegter Pitaval beginnt mit einer der bereits erwähnten Ausnahmen, die sich noch im 19. Jahrhundert abgespielt hatten: dem Prozess der Schriftstellerin Gabriela Zapolska gegen Aleksander Świętochowski (Missuna 1960d). Świętochowski war in diesen Jahren Chefredakteur der Warschauer *Prawda*, in der Jan Popławski (unter einem Kryptonym) einen Verriss von Zapolskas Novellensammlung *Akwarele* veröffentlicht hatte. Der Prozess fand 1885 statt, also zu jener Zeit, als es keinen polnischen Staat und damit keine eigene polnische Gerichtsbarkeit gab. Dennoch weitete er sich zu einem der größten Skandale der polnischen Literaturgeschichte aus und gilt als das erste ‚literarische' Gerichtsverfahren, das unter großem Aufsehen in Warschau stattfand. Seiner Bedeutung für das gewählte Thema entsprechend, räumt Missuna dem Fall deutlich mehr Raum ein als den übrigen Prozessen, nämlich über zehn Prozent des gesamten Buchumfangs.

Zum Inhalt des Falls: Popławski hatte sich in seinem Artikel – einer Art Rezension – nicht auf eine negative Bewertung von Zapolskas Novellensammlung beschränkt, sondern zahlreiche Parallelen zum persönlichen Leben der Autorin gezogen. Wörtlich schrieb er, Zapolska trete „in fast allen Texten [...] selbst als Protagonistin auf", sie sei eine „auf Liebesabenteuer fixierte Person von wilder Vorstellungskraft" (zit. nach Missuna 1960d, S. 12). Schriftstellernde Frauen beschuldigte er generell des Epigonentums; im Speziellen warf er Zapolska konkrete Plagiate vor: Eine ihrer Novellen sei die schlechte Nachahmung einer russischen Erzählung, eine andere wiederum komme einer französischen Erzählung allzu nah. Zapolska widersprach in einem offenen Brief und forderte die Verantwortlichen der *Prawda* auf, die vermeintlichen russischen und französischen Vorlagen beizubringen, um den gegen sie vorgebrachten Plagiatsvorwurf durch eine Expertenkommission unter dem Vorsitz Józef Ignacy Kraszewskis öffentlich überprüfen zu lassen. Da Świętochowski – der Name des Autors, also Popławskis, war zu diesem Zeitpunkt noch immer unbekannt – der Forderung nicht nachkam und keinerlei Beweise vorlegte, rief Zapolska über ihren Anwalt Antoni Pilecki das Bezirksgericht in Warschau an.

Die von Pilecki eingereichte Verleumdungsklage wird von Missuna im Wortlaut zitiert, die einzelnen Verfahrensschritte *en détail* beschrieben. Zudem erläutert er in einer Fußnote den herangezogenen Straftatbestand der *dyfamacja* (Verleumdung) nach dem vor 1900 geltenden russischen Strafgesetzbuch im Vergleich zur polnischen Terminologie der 1960er Jahre. Durch die Auslagerung solcher juristischer

Feinheiten in den Fußnotenapparat wahrt Missuna an dieser Stelle den populärliterarischen Duktus seiner Pitavalgeschichten, kommt aber zugleich auch den Erwartungen fachlich gebildeter Leser entgegen. Einmal mehr wird hier die Doppel-Adressierung des sozialistischen Pitavals illustriert, die ihm – mit listig dementierter Harmlosigkeit – einen Platz zwischen populärer Kriminalliteratur und juristischer Fallsammlung sichert.

Dass Popławski nach einer ersten, auf Einigung zwischen den Parteien zielenden Gerichtsverhandlung einen Artikel veröffentlichte, in dem er zwischen dem juristisch damals wie heute problematischen Begriff ‚Plagiat' und dem im polnischen Recht definierten „literarischen Diebstahl" (*kradzież literacka*) zu unterscheiden versuchte und seine in der ursprünglichen Rezension vorgetragenen Vorwürfe teilweise zurücknahm, erzählt Missuna wiederum im Haupttext und mutet dem Leser damit fast schon literaturwissenschaftliche Reflexionen zu. Er scheut es nicht einmal, eigene literaturkritische und literaturkritik-kritische Bewertungen in seine Geschichte einzuarbeiten: Neben einigen schwachen Texten habe Zapolska, so Missuna, viele ausgezeichnete Dramen und Romane veröffentlicht. Zapolska habe aber einfach nicht in ihre Zeit gepasst – eine Zeit, in der „für die polnische positivistische Literatur Prus, Sienkiewicz und Orzeszkowa die Regeln des Geschmacks diktierten" und „*solche Leute* wie T. Jeske-Choiński und W. Spasowicz" die Literaturkritik repräsentierten (Missuna 1960d, S. 11; Hervorh. von der Verf.):

> Niemand ist ein Prophet in seinem eigenen Land, und die Anerkennung wahrer Talente kommt manchmal sehr spät, nach langen Jahren des harten Kampfes mit den zeitgenössischen, als höchste Autorität anerkannten Kritikern. Dies war auch das Schicksal von Gabriela Zapolska (Missuna 1960d, S. 11).

Darüber hinaus lobt Missuna – und hier verfällt er dem offiziellen Jargon seiner Zeit – „den sozialen Hintergrund des Werkes von Zapolska, ihren tiefen Humanismus und die Liebe für die armen, unterdrückten und unglücklichen Menschen" (Missuna 1960d, S. 11). Im weiteren Verlauf der Geschichte stehen allerdings – wieder ganz der Pitaval-Tradition entsprechend – der Prozessverlauf und die an ihm beteiligten Juristen im Mittelpunkt. Zudem formuliert Missuna eigene rechtliche Bewertungen und kritisiert speziell den Freispruch der beiden Journalisten:

> Heute ist dieses Urteil für einen Juristen unverständlich. Der Wahrheitsbeweis wurde von den Angeklagten nicht erbracht; sie vermochten nicht einmal dem Gericht jene Werke vorzulegen, die Zapolska angeblich als Vorlage gedient hatten. Außerdem ist anzumerken, dass der Plagiatsvorwurf selbst nach damals geltendem Recht als Verleumdung zu werten war (Missuna 1960d, S. 27).

Missunas Darstellung endet jedoch weder mit dem Gerichtsurteil samt Urteilsbegründung noch mit seiner Kritik daran. Vielmehr schildert er anschließend die Reaktionen im Gerichtssaal sowie die auf den Prozess folgende öffentliche Debatte über die Legitimität journalistischer Arbeit und die Grenzen der Literaturkritik. Als zitierwürdig erscheint ihm unter anderem der Ausspruch des Vorsitzenden, das aufgebrachte Publikum möge sich beruhigen, „der Gerichtssaal" sei schließlich „kein Theater" (Missuna 1960d, S. 26). Noch interessanter ist jedoch, dass Missuna die auf den ‚Zapolska'-Fall folgende Diskussion in der Presse zum Anlass nimmt, um eine im sozialistischen Polen geführte Debatte aufzugreifen: In ihrem Kern gehe es, so Missuna, ebenfalls um die Frage, ob der ‚gute Glaube' eine hinreichende Legitimation journalistischer Arbeit sei oder ob der Literaturkritik weitergehende juristische Grenzen gesetzt seien bzw. gesetzt werden müssten (Missuna 1960d, S. 27f.).

Aus historischer Perspektive lässt sich eine solche Debatte, sofern sie in der Volksrepublik überhaupt in größerem Umfang geführt wurde, als bloße Randnotiz zu einem tatsächlich viel schwerer wiegenden Problem begreifen: Ebenso wie die Literatur selbst wurde auch die Literaturkritik in erheblichem Maße zur Durchsetzung politischer Ziele instrumentalisiert (dazu z. B. Tubielewicz Mattsson 1997). Während der stalinistischen Ära diente der Sozialistische Realismus als verordnete Messlatte für Inhalt und Stil aller als ‚Literatur' verbreiteten Texte. Zwar wurde die Doktrin des ‚Sozrealismus' im Zuge des politischen Tauwetters seit Mitte der 1950er Jahre erheblich aufgeweicht (Pietrzak 2008); die Literaturkritik wurde jedoch auch weiterhin dazu benutzt, Abweichungen von der Parteilinie zu unterbinden. Sie diente gewissermaßen als Instrument zur Ergänzung des Zensurapparats. Diskussionen um die Grenzen der Literaturkritik in Bezug zu Persönlichkeitsrechten, wie von Missuna suggeriert, hat es sicherlich immer wieder gegeben; sie dürften seinerzeit aber eher die Funktion des sprichwörtlichen Feigenblatts erfüllt haben.

2.3 Der Plagiarismus und seine Unschärfen (am Beispiel des Falls ‚Rzymowski')

Wie es von einem auf Literatur-Querelen spezialisierten Pitaval zu erwarten ist, geht es in mehreren von Missunas Erzählungen um Plagiatsvorwürfe. Erinnert sei noch einmal daran, dass das Plagiat zu keinem hier relevanten Zeitpunkt einen Rechtsbegriff darstellte, weswegen es auch fast nie im Zentrum der in den *Warschauer literarischen Pitaval* aufgenommenen Fälle steht. Plagiarismus wird daher, wie im Fall ‚Zapolska', meist als Auslöser für Verleumdungsklagen thematisiert. Nur in einer Geschichte rückt Missuna einen im engeren Sinn als Plagiatsfall zu bezeichnenden, allerdings wiederum nicht vor einem ordentlichen Gericht verhandelten Streit in den Mittelpunkt. Unter dem Titel *Co to jest plagiat?* (Was ist ein Plagiat?; Missuna 1960b) rekonstruiert er die gegen Wincenty Rzymowski vorgebrachten Plagiatsvorwürfe, die der staatlichen Literaturakademie der Zweiten Polnischen Republik zur Beurteilung angetragen worden waren. Bevor Missuna den Fall an sich in Augenschein nimmt, beschäftigt er sich mit der titelgebenden Frage, worum es sich eigentlich bei dem so häufig in seinen Geschichten vorkommenden Phänomen des Plagiats handelt. Zu diesem Zweck zieht er ein Fremdwörterbuch heran, übersetzt das Wort wissentlich unscharf mit „literarischem oder künstlerischem Diebstahl" und erläutert, dass der Begriff ‚Plagiat' im polnischen Urheberrecht schlichtweg nicht vorkomme (Missuna 1960b, S. 146).[7] Zudem, so Missuna, sei das Phänomen des Plagiarismus auch kaum von praktischer Relevanz für die offiziellen Gerichte:

[7] Innerhalb der Kodifikationskommission hatte es verschiedene Vorschläge zur Formulierung eines eigenen Straftatbestandes zum Plagiarismus gegeben, von denen jedoch keiner im Urheberrecht von 1926 umgesetzt wurde, siehe dazu: Szczepaniak 2021, S. 35–41.

> Die Praxis der polnischen Gerichte in sog. Plagiatsfällen ist sehr überschaubar; Prozesse um Plagiate im eigentlichen Sinne des Wortes hat es nicht gegeben [...]. Plagiatsverfahren waren deswegen so selten, weil sie nach geltendem Recht auf dem Wege der Privatklage durch den Autor verfolgt wurden, dem der Plagiator im Hinblick auf sein persönliches Verhältnis zum Werk Schaden zugefügt hatte. Am häufigsten begegnete man dem Wort Plagiat daher als Invektive zur Diffamierung eines Autors, der, wie wir im Prozess von Gabriela Zapolska gegen Aleksander Świętochowski gesehen haben, nicht als des Plagiats Beschuldigter, sondern als Kläger wegen Verleumdung auftritt (Missuna 1960b, S. 147).

Erst nach recht ausführlichen Erläuterungen zu Begriff und Wesen des Plagiats und dessen Bedeutung für die polnische Jurisdiktion kommt Missuna auf den Fall zu sprechen, der seiner Geschichte zugrundeliegt: 1936, im politisch unabhängigen Polen der Zwischenkriegszeit, entdeckte der Philosoph Jan Mosdorf (alias Andrzej Witkowski) frappierende Ähnlichkeiten zwischen Textpassagen aus Wincenty Rzymowskis Buch *Prawo do życia a powinność pracy* (Das Recht auf Leben und die Pflicht zur Arbeit; 1936) und Bertrand Russells *In Praise of Idleness* (1935; polnische Fassung: *Pochwała próżniactwa*, 1937). Pikant erschien an der Sache insbesondere der Umstand, dass Rzymowski zu den fünfzehn auf Lebenszeit eingesetzten Mitgliedern der damals noch jungen (und mit Beginn des Zweiten Weltkriegs aufgelösten) Polnischen Literaturakademie (Polska Akademia Literatury) gehörte. Mosdorf machte seine Anschuldigungen gegen Rzymowski in einem Artikel der Zeitschrift *Prosto z Mostu* publik. Der Artikel unter dem ironischen Titel *Bertrand Russell ist ein Plagiator* verlangte das umgehende Einschreiten der Akademie gegen Russell – und zielte unverkennbar auf das Akademiemitglied Rzymowski. Der so Angesprochene erklärte die textlichen Übereinstimmungen unter anderem damit, dass er Gebrauch von denselben Materialien wie Russell gemacht habe, die behauptete Übereinstimmung also nur aus der Nutzung derselben Quellen resultiere. Nachdem Rzymowski jedoch zusätzlich beschuldigt wurde, ohne entsprechenden Verweis auch bei Jean Prévost abgekupfert zu haben, bat er das Akademiekollegium um einen Dispens von seinen Pflichten und um ein Gutachten zur Klärung der gegen ihn gerichteten Vorwürfe.

Mosdorfs Artikel löste eine Welle von Reaktionen aus, die sich in zahllosen Äußerungen vor allem in der intellektuellen Presse niederschlugen. Ein Teil davon diskutierte die Grenze zwischen zulässiger, ja mitunter unvermeidbarer Intertextualität auf der einen Seite und dem unzulässigen Plagiat auf der anderen. Die Grenze dazwischen – je nach juristischer oder künstlerischer Sichtweise ohnehin unter anderen Prämissen stehend – konnte freilich niemand bestimmen. Neben vielen anderen prominenten Stimmen wagte sich jedoch beispielsweise der bereits an früherer Stelle in Erscheinung getretene Władysław Buchner, der einst den armen Krimiautor Grajnert ‚in Notwehr' erschossen hatte, an einen solchen Versuch. In der Zeitschrift *Mucha* reimte er in bekannt satirischer Manier eine „Verteidigungsrede" Rzymowskis, die er mit der Überschrift *W. Rzymowski vor dem Gericht der Polnischen Literaturakademie* versah. Darin heißt es unter anderem:

> Der berühmte Wood aus Edinburgh, der in aller Perfektion,
> Erfand die Spritze, die wir nennen: Injektion,
> Doch mit seinem Injektor, hat er nicht *plagiiert*?
> Denn seine Spritze ist im Kleinformat, womit man sonst klistiert.

Und unser Barde, der Mickiewicz? Der mit den „Sonetten"
Den „von der Krim", den geistvollen, adretten,
Schuf doch *Plagiate*, sagt ein jeder ohne Hohn,
Denn auch Sonette schrieb vor ihm Petrarca schon.
Drei Tage lang könnt' ich dazu plädieren,
Indes will ich den Richter hier nicht irritieren,
Und lass' – schon ganz in Fahrt – von diesem Thema ab.
Doch bitt' ich, wenn ich dann den Freispruch hab',
Dass man auch trockne meine Tränen, schicksalsschwer,
Denn Dieb genannt zu werden, schmerzt mich gar zu sehr.[8]
(Buchner 1936, S. 2)

In letzter Konsequenz positionierten sich die öffentlichen Stimmen zum Fall ‚Rzymowski' weniger nach inhaltlichen Argumenten als nach politischen Ansichten, d. h. links und rechts der Linie zwischen dem ursprünglich von Piłsudski angeführten *Sanacja*-Regime einerseits und der Nationalen Demokratie, dem *Endecja*-Lager unter Roman Dmowski, andererseits. Auch handelte es sich bei Mosdorf nicht etwa um einen politisch neutralen Literaturkritiker oder nerdigen Plagiatsjäger, sondern um ein Gründungsmitglied des Nationalradikalen Lagers (Obóz Narodowo-Radykalny), einer antikommunistischen und antisemitischen Partei der späten 1930er Jahre. Interessanterweise bezieht auch Missuna vor allen juristischen und literarischen Erwägungen erst einmal Stellung in ebendieser Hinsicht: Die „ultrarechte" Zeitschrift *Prosto z Mostu*, die in weiten Teilen tatsächlich einer national-konservativen, exponiert katholischen Ideologie folgte und den deutschen Nationalsozialismus ablehnte, aber dessen antisemitische Haltung guthieß, habe nach Ansicht Missunas den „exzellenten Publizisten, Übersetzer und Schriftsteller" Rzymowski mit Plagiatsvorwürfen „attackiert". Und weiter: Stanisław Piasecki als Chefredakteur von *Prosto z Mostu* lasse aufgrund „tiefsitzender Verletzungen in seiner Beziehung zur Literaturakademie" keine Gelegenheit aus, die Akademie und ihre Mitglieder anzugreifen und zu verhöhnen (Missuna 1960b, S. 147).

Um dem Publikum gegenüber dennoch so etwas wie Unvoreingenommenheit zu demonstrieren, opfert Missuna zwei volle Seiten seiner Pitavalgeschichte der Wiedergabe der inkriminierten Textstellen im jeweils direkten Vergleich zwischen Rus-

---

[8] Ich füge hier den polnischen Originaltext an, da der Nachvollzug des Reims einige Freiheiten bei der deutschen Übersetzung nötig machte:
Słynny Wood z Edinburga, co mając perfekcję,
Wynalazł wstrzykiwanie, zwiemy je iniekcje,
Czy nie był *Plagiatorem*? W iniektora szacie,
Co mamy? Lewatywę w zmniejszonym formacie.
A nasz Wieszcz, nasz Mickiewicz? Czy pisząc „Sonety"
Swe „Krymskie", te duchowe extra smaczne wety,
Nie był że *Plagiatorem*, choć nań nikt nie sarka,
Boć sonety już przed nim napisał Petrarka.
Mógłbym tak przez trzy doby wysnuwać przykłady,
Lecz widzę, iż już jeden z panów Sędziów blady,
Więc urywam w połowie, chociaż jestem w wenie,
I upraszam nie tylko o uniewinnienie,
Lecz również o otarcie mych łez, mej niedoli
Boć precie posądzenie o złodziejstwo boli.

sell und Rzymowski, damit sich die Leserschaft selbst ein Bild davon mache. Kaum zu übersehen ist dabei, dass es sich um inhaltlich und strukturell nahezu identische Passagen handelt, die sich nur dadurch unterscheiden, dass etwa jede zweite Vokabel durch ein Synonym ersetzt wird. Missuna lässt diesen offensichtlichen Umstand unkommentiert und fährt mit Zitaten aus dem Umfeld des Gerichtsverfahrens fort. Stärker noch als bei den übrigen Geschichten des *Warschauer literarischen Pitavals* entsteht auf diese Weise eine Collage aus unterschiedlichen Fragmenten: Neben der juristischen Einführung in das Thema, einer Begründung für die Aufnahme des Falls in den Pitaval sowie der eigentlichen Darstellung des Konflikts ließ Missuna das ‚Beweismaterial' in Gestalt der ungeklärten Passagen, Auszüge aus Zeitschriftenartikeln zur Gerichtsverhandlung und ihrem Nachspiel sowie das Gutachten der Polnischen Literaturakademie im Wortlaut abdrucken. Darüber hinaus finden wir in einer unverhältnismäßig langen Fußnote den Bericht über einen ähnlich gelagerten Fall aus dem Jahr 1925, in dem der Vorstand der Gesellschaft der Polnischen Literaten und Journalisten die seinerzeit gegen Edward Boyé erhobenen Plagiatsvorwürfe einer Prüfung unterzogen hatte. Auch hier zitiert Missuna das Gutachten *in extenso* (Missuna 1960b, S. 154 f.).

Anders als die entscheidungsfreudigere Gesellschaft der Polnischen Literaten und Journalisten in Sachen Boyé urteilte die Literaturakademie im Fall ‚Rzymowski' allerdings vage und ambivalent. Missuna spottet, man habe demjenigen, „der den Sinn des […] Gutachtens verstanden hätte", „ein Pferd mit Kutsche spendieren" können (Missuna 1960b, S. 155). Als gänzlich unbefriedigend stellt Missuna das Paradoxon dar, dass die Akademie Rzymowski einerseits von den Plagiatsvorwürfen losgesprochen, ihn aber andererseits mit dem „vollkommen neuartigen Konzept eines ‚unbeabsichtigten Plagiats'" konfrontiert habe (Missuna 1960b, S. 155). Als Reaktion habe Rzymowski jedenfalls um die endgültige Entlassung aus dem Akademiekollegium gebeten, was wiederum zu der „diesmal rein juristischen" Frage geführt habe, ob ein auf Lebenszeit eingesetztes Mitglied überhaupt von seinem Amt zurücktreten könne. Zwar konnte die Frage auch unter Heranziehung eines juristischen Vertreters der Académie française, die ihrem polnischen Pendant als Vorbild gedient hatte, nicht beantwortet werden; aber nach wenigen Monaten wurde Rzymowskis Posten neubesetzt.

Der Skandal um seine literarische Integrität und der Austritt aus der Akademie behinderten Rzymowski nach dem Ende des Zweiten Weltkriegs und der Machtübernahme durch die Kommunisten im Übrigen nicht in seiner politischen Karriere: Im jungen Volkspolen bekleidete er verschiedene hochrangige Ämter, darunter jene des Kulturministers sowie des Außenministers, bevor er 1950 starb. Der Plagiatsfall um ihn wird – wie seine Person selbst – bis in die Gegenwart kontrovers bewertet: Während seine wissenschaftliche Biographin Lucyna Chmielewska (2006, S. 249–266) einen eher apologetischen Ansatz vertritt, wird Rzymowski bei Krzysztof Kofin (2019, S. 478) dezidiert als „Autor von Plagiaten nach Texten von B. Russell und J. Prévost" bezeichnet. Zweimal mehr überwiegen hier, wie schon in der zeitgenössischen Diskussion selbst und in Missunas *Warschauer literarischem Pitaval*, weltanschauliche Aspekte. Im Ringen um die Frage „Ist es ein Plagiat?" bleiben juristische und literaturwissenschaftliche Erwägungen letztlich auf der Strecke.

2.4 Das spannungsreiche Verhältnis zwischen Autoren und Verlegern, und: Missunas Kritik am ‚kapitalistischen' Buchmarkt

Wie am ‚Rzymowski'-Fall ersichtlich, spielen nicht alle Geschichten des *Warschauer literarischen Pitavals* in einem staatlichen Gerichtssaal. Insbesondere vor der Wiedereinsetzung polnischer Gerichte ab 1918 wurden bei Streitigkeiten im literarischen Milieu auch Laiengerichte einberufen, um die russische Gerichtsbarkeit zu umschiffen. Wie dies konkret aussehen konnte, zeigt Missuna an einem Streit zwischen Schriftstellern und Verlegern aus dem frühen 20. Jahrhundert über die Nichteinhaltung vertraglich festgelegter Auflagenhöhen (Missuna 1960f).[9] Auch hier schickt Missuna der Darstellung des eigentlichen Falls eigene Reflexionen zum Thema voraus, nämlich zu der seiner Ansicht nach grundsätzlich strittigen Beziehung zwischen den beiden hier thematisierten Berufsgruppen. Mit dezidiert ‚sozialistischer' Emphase zeichnet er eine Art David-gegen-Goliath-Verhältnis, das sich (spätestens seit Erfindung der Druckmaschine) konstant durch die Menschheitsgeschichte zieht (und erst im Sozialismus ein Ende gefunden hat):

> Der Interessengegensatz zwischen Autoren und Verlegern ist so alt wie die Verlagsverträge selbst, und die wirtschaftlich stärkere Partei war zweifellos der Verleger. Die Autoren, vor allem die Debütanten unter ihnen, waren daher den Verlegern ausgeliefert und mussten sich in Ermangelung eines Gesetzes über die Höhe der zu zahlenden Tantiemen mit einer oft lächerlich niedrigen Vergütung begnügen. Dies war jedoch noch nicht einmal die Hauptsorge der Autoren. Denn häufig hatten sie keinerlei Möglichkeit zu überprüfen, ob der für sie ohnehin nachteilige Vertrag vom Verleger überhaupt eingehalten wurde (Missuna 1960f, S. 32f.).

Ohne dies explizit ausformulieren zu müssen, stellt Missuna diese – aus seiner Perspektive historische, weil überwunden geglaubte – Praxis des ‚kapitalistischen' Buchmarkts in Kontrast zur ‚sozialistischen' Bücherproduktion seiner Zeit, die sich durch planwirtschaftlich festgelegte Auflagenhöhen, einheitliche Autorenverträge, eng regulierte Entlohnungsmaßstäbe sowie Pflichtlizenzen auszeichnete (s. zu diesen Aspekten des Autorenrechts in der VR Polen: Jezioro 2021).

Noch unnachsichtiger als die Verlagswirtschaft der späten Teilungszeit beurteilt Missuna jene der Zwischenkriegszeit: Das Niveau der Verlage habe sich in dieser Zeit massiv verringert, da kaum mehr auf künstlerische Qualität geachtet wurde. Stattdessen sei es vielen Verlegern um das „schnelle Geld" gegangen (Missuna 1960f, S. 33). Auf diese Weise zollt Missuna nicht nur dem sozialistischen Regime und dessen Kulturpolitik Tribut, sondern verdeutlicht auch die Verteilung seiner Sympathien für die Prozessparteien. Zugleich wirft er Jan Lorentowicz, der sich in seinen Erinnerungen *Spojrzenie wstecz* (Der Blick zurück; Lorentowicz 1935) mit dem Fall beschäftigt, Parteilichkeit vor, da dieser nur die für ihn selbst günstigen Passagen aus dem Urteil des Ehrengerichts zitiere.

[9] In der Zwischenkriegszeit sollte das Problem des Drucks überzähliger Exemplare ohne vertragliche Grundlage schließlich eine wichtige Rolle im strafrechtlichen Teil der polnischen Gesetzgebung zum Urheberrecht einnehmen (Szczepaniak 2021: S. 33–35).

Der Fall an sich stellt sich in der Geschichte Missunas schließlich folgendermaßen dar: Der zu diesem Zeitpunkt bereits erfolg- und einflussreiche Schriftsteller Stefan Żeromski entwickelte 1908 sog. Autorenschutzmarken in eigener Sache: Um sicherzustellen, dass die vertraglich vereinbarte Auflagenhöhe seines neuesten Buchs vom Verleger eingehalten werde, ließ er jedes Exemplar mit einer nummerierten und signierten Vignette bekleben. Zugleich bat er den Publizisten Jan Lorentowicz, späteres Mitglied der Polnischen Literaturakademie, im Rahmen seiner neuen Strategie um eine öffentliche Erläuterung zur Bedeutung und Notwendigkeit der bislang unbekannten Vignetten. Lorentowicz kam dieser Bitte sogleich nach und begründete Nutzen und Notwendigkeit von Żeromskis Autorenschutzmarken mit dem ‚realen' Fall einer erheblichen Überauflage zulasten eines Autors – allerdings ohne Ross und Reiter zu benennen. Die Verleger wiederum ließen diesen generellen Vorwurf nicht auf sich sitzen und beschwerten sich in einem offenen Brief darüber, dass „man für die Verfehlung eines einzelnen nicht die ganze polnische Verlegerschaft verleumden" könne (zit. nach Missuna 1960f, S. 34).

Unter dem Motto „clara pacta claros faciunt amicos" forderten Żeromski, Lorentowicz und zwei weitere Zunftkollegen daraufhin weitreichende Reformen im Verlagsvertragswesen, und zwar: „beiderseitig gültige Verträge zwischen Autoren und Verlegern, ein ausdrückliches Kontrollrecht für erstere, die Abschaffung des Berufsgeheimnisses von Druckern und Verlegern, Anpassungen bei den Honoraren, und allgemein die Beschränkung des vermeintlichen Mäzenatentums der Verleger auf das eigentliche Maß einer reinen Vermittlungsleistung" (Missuna 1960f, S. 35). Zudem riefen Żeromski und Lorentowicz die Schriftsteller auf, sich zu organisieren und selbstbewusst für ihre Rechte einzustehen. Um die Prominenz dieser Forderungen schriftbildlich zu illustrieren, leistet sich Missuna den Einschub einer alphabetisch sortierten Aufzählung von siebenundachtzig Schriftstellern (von insgesamt 194), die den Aufruf unterzeichnet hatten. Indem er den Erzählfluss damit für mehr als eine halbe Seite unterbricht, stellt er erneut den dokumentarischen Charakter seines Pitavals heraus und verleiht seiner Geschichte eine Aura des Authentischen,[10] bevor er schließlich zu ihrem Kern durchdringt: der Einberufung des Ehrengerichts.

Die Kommission setzte sich paritätisch aus Vertretern beider Parteien zusammen und tagte in dreißig Sitzungen. Innerhalb eines Jahres vernahm sie „mehrere Dutzend Zeugen" und wertete „hunderte von Dokumenten aus" (Missuna 1960f, S. 37). Angesichts ihrer „herausragenden Gewissenhaftigkeit und Genauigkeit" betont Missuna insbesondere, dass die Mitglieder ihrer Aufgabe im Ehrengericht vollkommen unentgeltlich nachkamen. Das „außergewöhnlich sorgsam in schönem Polnisch" (Missuna 1960f, S. 37) verfasste Urteil füllt schließlich die letzten sieben Seiten der Pitavalgeschichte als wörtliches Zitat: Zwar konnte das Gericht zahlreiche Abweichungen von vertraglich festgelegten Auflagenhöhen feststellen. Diese seien jedoch quantitativ gering und beruhten in der Regel auf Missverständnissen

[10] Diese „Authentizität" wurde zeitgenössisch besonders hervorgehoben: „[Misssuna] bemüht sich um Präzision, möchte das Authentische wiedergeben: die Stimmung, die Atmosphäre, den Charakter von Menschen und Phänomenen. Und das gelingt ihm – er versetzt uns in jene Zeit zurück. Authentische Episoden, aufsehenerregende Ereignisse, getreue Beschreibungen von Personen und Geschehnissen, ein detailliertes Bild des literarischen und künstlerischen Milieus [...]: Das ist an diesem Buch gerade das, was am besten gelungen ist" (Ołomucki 1960: 77).

oder Unachtsamkeiten. Da die Autorenhonorare in solchen Fällen angepasst wurden, könne die Kommission die Vorwürfe Lorentowiczs nicht bestätigen: „Nicht in einem einzigen [Fall] konnte nachgewiesen werden, dass das Fehlverhalten auf den unrechtmäßigen Gewinn der Verleger zum Nachteil der Autoren abzielte" (zit. nach Missuna 1960f, S. 42). Abschließend konstatierte die Kommission, Lorentowicz habe zwar das Recht gehabt, in seinem Artikel allgemeine Urheberrechtsfragen zu diskutieren. Unrechtmäßig sei hingegen, dass er seine Vorwürfe ohne Überprüfung der behaupteten Fakten und pauschal gegen die gesamte Verlegerschaft gerichtet, öffentlich artikuliert habe. Während die Kommission in diesem Fall eindeutig entschied, bleibt Missunas eigene Einschätzung an dieser Stelle unausgesprochen. Lorentowicz wiederum hielt in seinen (von Missuna übrigens als Hauptquelle verwendeten) Erinnerungen fest, dass die ganze Aktion um die Autorenschutzmarken letztlich nicht die von Żeromski erhoffte Wirkung erzielt habe. Neben einem eindeutigen Vertrag und einer strengen Kontrolle über die Einhaltung der vereinbarten Auflagenhöhe bedürfte es, so Lorentowicz, auch noch einer Garantie über die Zahlungsfähigkeit des Verlegers. Żeromski selbst habe sich jedoch im Falle mehrerer seiner mit Marken versehenen Büchern selbst davon überzeugen müssen, dass Verlage einen Bankrott erleiden und dem Autor dessen Honorar eben auf diese Weise schuldig bleiben können (Lorentowicz 1935, S. 35f.).

2.5 Tadeusz Boy-Żeleński und seine ‚kastrierten' Texte in der Wochenzeitung *Czas*

Wie im obigen Streit zwischen Autoren und Verlegern stehen in Missunas Pitaval oft – ganz der Häufigkeit ihrer Austragung vor Gericht entsprechend – Urheberrechtskonflikte als Streit um Autorenhonorare im Zentrum des Interesses. Zu den in dieser Hinsicht anders gelagerten und daher sicherlich interessantesten Konflikten aus Missunas Sammlung zählt der Fall des Schriftstellers Tadeusz Boy-Żeleński, der wegen Autorenrechtsverletzungen gerichtlich gegen den Chefredakteur der Zeitung *Czas*, Antoni Beaupré, vorging. In diesem Prozess ging es um Literatur im engen Sinne, d. h. um das literarische Produkt und seine Eigenschaften sowie um die Rechte des Autors an diesen Eigenschaften. Auf dem Weg der Gleichstellung von geistigem und materiellem Eigentum sollte sich der Streit zwischen Boy und Beaupré als wichtiger Wendepunkt erweisen. Von besonderer Relevanz ist der Prozess insbesondere, weil hier nicht nur ein reiner Zivilprozess angestrebt wurde, sondern Boy-Żeleński auf die Anerkennung von Urheberrechtsverletzungen als Straftaten abzielte:

> Denn hier geht es nicht [...] um die „Wiedergutmachung von Schäden und Verlusten", hier geht es um den Grundsatz an sich, darum, dass die Verletzung von Urheberrechten als Straftat anerkannt und dass sie strafrechtlich gebrandmarkt wird. Ansonsten wird der Schutz des Urheberrechts zur selben Fiktion wie es bei uns der Schutz der bürgerlichen Ehre ist (Boy-Żeleński zit. nach Missuna 1960c, S. 92f.).

Boy-Żeleński hatte nach einer Frankreichreise Anfang 1927 einen Feuilletonzyklus über seine dort gesammelten Eindrücke für den Warschauer *Kurjer Poranny* verfasst; dessen erste Folge war im April 1927 abgedruckt worden. Die Krakauer Wochenzeitung *Czas* wiederum, mit der Boy-Żeleński nach jahrelanger Zusammenarbeit ein an sich freundschaftliches Verhältnis verband, vereinbarte daraufhin einen Nachdruck des ersten Artikels. Boy-Żeleńskis Bericht über Rosa Bailly und ihr Engagement für Polen machte sprachlich wie inhaltlich einen unverfänglichen Eindruck. Die weiteren Texte dieser Serie hielt Boy-Żeleński (1927b, S. 256) aus stilistischen Gründen hingegen für einen Abdruck in der *Czas* ungeeignet. Missuna begründet diese Entscheidung in seiner Pitavalgeschichte mit weltanschaulichen Argumenten, die sich entlang der Achsen *Warschau–Krakau*, *bourgeois–citoyen*, *rückständig–fortschrittlich* brechen:

> Boy war sich bewusst, dass die konservative „Czas“, die vom Krakauer Bürgertum und dem kleinpolnischen Landadel gelesen wurde, nicht die richtige Tribüne für die Verbreitung jener fortschrittlichen sozialen Ideen war, mit denen er sogar die Leser in der Hauptstadt, die weit weniger rückständig waren als die Krakauer, schon zu verstimmen riskierte. Er wusste auch, dass der prägnante und manchmal brutale, stets jedoch treffende Stil, der für ihn so charakteristisch war, nicht dem entsprach, was die Leser der „Czas“ gewohnt waren (Missuna 1960c, S. 82).

Ob es sich bei diesem stereotypen Blick auf die Krakauer Gesellschaft der Zwischenkriegszeit um Missunas eigene Meinung oder eher um eine Konzession an das ihn damals umgebende sozialistische System handelte, kann hier nicht ermittelt werden.

Tatsächlich jedoch warnte Boy-Żeleński – der Gefahr unerwünschter redaktioneller Eingriffe ganz offensichtlich gewahr – die *Czas*-Redaktion eindringlich davor, seine Texte „zu kastrieren“. Doch erreichte die Nachricht die Krakauer Redakteure erst nachträglich: „Telegramm leider zu spät“, schrieben sie zurück, „Operation durchgeführt“ (Missuna 1960c, S. 82; dazu auch Giza 2015, S. 47). Entgegen ihrer Vereinbarung mit Boy-Żeleński hatten die Redakteure der *Czas* inzwischen schon den dritten Artikel des Frankreich-Zyklus nach ihrem Dafürhalten abgeändert und drucken lassen. Während einige Passagen stillschweigend gestrichen wurden, hieß es in einem der Texte statt „dziwka“ (Flittchen) nun „kobieta“ (Frau); statt von „pederaści“ und „lesbijki“ (Schwuchteln und Lesben) war jetzt von „dziwne postacie“ (seltsamen Gestalten) die Rede.

Getilgt wurden damit – so Missunas Kommentar zu den seiner Ansicht nach indiskutabel unzulässigen Eingriffen – „alle Wörter, die die Prüderie und das Moralempfinden der Krakauer Bigotterie verletzen könnten“. Doch anders als es für eine Pitavalgeschichte aus der Feder eines Juristen erwartbar wäre, argumentiert Missuna im Weiteren nicht juristisch, sondern hebt ausschließlich auf die geringe literarische Qualität des neuen Textes ab: Der Artikel habe alle Finesse („smaczek“) verloren und sei teilweise in seinem Sinngehalt verfälscht worden (Missuna 1960c, S. 83). Damit folgt er im Wesentlichen Boy-Żeleński selbst, dem es grundsätzlich um „das Recht am eigenen Stil“ ging. Denn dieser sei „wichtig für einen Schriftsteller, der sich häufig des Scherzes bedient“; und: „Ein paar solcher ‚Retuschen‘ genügen, um eine amüsante Kolumne in einen salz- und geschmacklosen Brei“ zu verwandeln (Boy-Żeleński 1927b, S. 256).

Nachdem Boy-Żeleński den Chefredakteur der *Czas* vergebens um eine öffentliche Klarstellung des Sachverhalts gebeten und den Fall dann selbst publik gemacht hatte, erhob er schließlich Klage beim Krakauer Bezirksgericht. Die Entscheidung für ein gerichtliches Vorgehen war insofern besonders relevant, als erst im März 1926 das polnische Urheberrecht in Kraft getreten war und hier nun ein Präzedenzfall geschaffen wurde. Als zivilrechtliche Anspruchsgrundlage diente Boy-Żeleński und seinem Rechtsanwalt Gustaw Beylin (im Zweitberuf ebenfalls Schriftsteller) zunächst der Artikel 58, der als einen dem Autor persönlich zugefügten Schaden anerkannte, „wenn jemand […] Veränderungen, Hinzufügungen oder Kürzungen an der Veröffentlichung vornimmt, die den Inhalt verzerren oder die Würde und den Wert des Werkes mindern" (Ustawa z dnia 29 marca 1926; in Gołąb 1928, S. 23). Wichtiger noch erschien den Klägern in dieser Sache allerdings Artikel 61, der eine strafrechtliche Verfolgung von Urheberrechtsverletzungen ermöglichte. Die Vorschrift sah vor, dass „derjenige, der […] vorsätzlich in die ausschließlichen Rechte eines Urhebers […] eingreift" mit einer Geld- oder einer Freiheitstrafe (oder beidem) bestraft werde (Gołąb 1928, S. 24). Wie die Rechtspraxis zeigen sollte, erforderte diese weite Formulierung allerdings entsprechende Auslegungen in Abgleich mit zivilrechtlichen Bestimmungen und stellte die Gerichte der Zwischenkriegszeit vor erhebliche Herausforderungen (Szczepaniak 2018, S. 546–555).

Noch vor dem eigentlichen Prozessbeginn veröffentlichte Boy-Żeleński in den *Wiadomości Literackie* einen Artikel, der eine Vorstellung von der Sensibilität des Autors gegenüber dem Recht am eigenen Werk einerseits und von seinem Sinn für sprachliche Feinheiten andererseits geben sollte. Unter dem Titel *O święte prawo do przecinka* (Vom heiligen Recht auf das Komma) beklagt Boy-Żeleński (1927a), dass in der zeitgenössischen Gegenwart zwar viel über Rechtschreibung gesprochen werde – so etwa, ob der in Polen weitverbreitete weibliche Vorname Maria nun allgemeinverbindlich Maryja, Marya oder Marja geschrieben werden solle. Dabei handele es sich nach Boy-Żeleński jedoch schlichtweg um eine „Sache der Absprache und Gewöhnung". Viel wichtiger sei seiner Meinung nach hingegen die Frage der Interpunktion, da diese „tief in den Stil und die Sprache" eindringe (Boy-Żeleński 1927a). Das Problem „unlogischer und falscher Interpunktion" beschäftige ihn schon seit mehreren Jahren; auch Linguisten und fachverwandte Experten hätten ihm nicht helfen können: Sie seien sich schlicht nicht einig. In der Praxis wiederum sei er sich niemals sicher, wer für die vielen Interpunktionsfehler (-ungereimtheiten o. Ä.) eigentlich verantwortlich sei: „der Autor, der literarische Leiter des jeweiligen Verlags oder gar der Schriftsetzer". Er selbst habe in einer Druckerei nachgefragt und erfahren, dass es eben oft der Setzer sei, der in die Interpunktion eingreife; dies könne aber doch nur rein mechanisch geschehen, da der Setzer sich nicht in „das Denken und den Geist" des Textes vertiefe, wodurch Fehler entstehen *müssen*. Er, Boy-Żeleński (1927a), wolle nichts Schlechtes über Setzer sagen – er möge sie schließlich sehr. Jedoch überschritten sie hier eindeutig ihre Kompetenzen. Auf der Suche nach allgemeinverbindlichen Regeln zur Interpunktion im Polnischen, die gegebenenfalls dann doch auch der Setzer regelhaft zur Anwendung bringen *könnte*, wirft Boy-Żeleński schließlich einen Blick in Wiktor Wąsiks *Interpunktacja polska* (Die polnische Interpunktion; 1919), findet dort aber keine verbindlichen Regeln, sondern in erster Linie Beispiele berühmter polnischer Schriftsteller vor.

Was schlussfolgert Boy-Żeleński daraus? Erstens handele es sich wohl um eine höchst individuelle Sache, wenn Beispiele literarischer Autoritäten herangezogen würden. Und zweitens seien diese ohnehin keine Belege für die ‚richtige' Zeichensetzung, da ja auch im Falle von Sienkiewicz und Mickiewicz oder sonstiger Größen am Ende sehr wahrscheinlich ebenfalls der Setzer (oder eine andere ‚unbefugte' Instanz) am Werk gewesen sei (Boy-Żeleński 1927a). Doch „das Komma", so zitiert Boy-Żeleński sich aus einem früheren Text selbst, sei „keine Konvention: es ist Denken, es ist Leben, ein Partikel gar der Schriftstellerseele". Alle von ihm konsultierten Experten bestätigten seine Annahme, es handele sich um eine sehr persönliche Angelegenheit. Daher seien die sich im Umlauf befindlichen „Regelchen" – vor allem jene zur Kommasetzung – zwar durchaus hilfreich, um Schulkindern die „gröbsten Grundsätze" zur Gliederung von Sätzen beizubringen. Den Schriftsteller solle man damit, um Boy-Żeleński hier etwas überspitzt zu paraphrasieren, jedoch tunlichst nicht belästigen und ihm schon gar nicht nachträglich ins Handwerk pfuschen.

Mit einem Appell richtet sich Boy-Żeleński schließlich an seine eigene Zunft (und indirekt an alle, die seine Texte durch ‚falsch' gesetzte Kommata ‚verunstalten'):

> Wir sehen also, dass die an uns Schriftstellern begangene Gewalt keine Autorität hat, dass sie auf keinerlei grundsätzlichen Regeln beruht, da es (abgesehen von den gröbsten) keine solchen gibt: Diese Gewalt ist einzig und allein das Ergebnis von Routine und Aberglauben. Aus Gesprächen mit Schriftstellerkollegen weiß ich, dass ich nicht der Einzige bin, dem dieses Leiden zu schaffen macht: Nach meiner Überzeugung ist es also höchste Zeit, dass die Schriftsteller ihre Stimme erheben und etwas dagegen unternehmen. Holen wir diese Sache aus dem Dunkel der Setzstuben ans Licht: finden wir heraus, wer uns so quält und verkrüppelt, und zu welchem Ende?! (Boy-Żeleński 1927a).

Wenige Monate nach Veröffentlichung dieses charakteristischen Artikels – gleichsam einer Parenthese im Verfahrensablauf – fand im November 1927 die Gerichtsverhandlung gegen Beaupré statt. Der Tradition des Pitavals entsprechend, wenngleich für den Czytelnik-Leser etwas komprimiert, skizziert Missuna die Einzelheiten der Verhandlung, reißt die Reden der Beteiligten mindestens an und zitiert die Urteilsbegründung im Wortlaut. Zudem verdeutlicht er, was den Fall zu einem Pitavalfall qualifiziert: Die Gerichtsverhandlung sei zur Tagessensation avanciert, im Gerichtssaal habe sich „die ganze literarische und journalistische Welt Krakaus" versammelt (Missuna 1960c, S. 85). Gerade mit dieser Wirkung auf die Öffentlichkeit hatte Boy-Żeleński bereits eines seiner Hauptziele erreicht: Wie Marek Sołtysik überzeugend argumentiert, sei Boy-Żeleński „zu fünfzig Prozent aus gerechtfertigten und edlen Gründen" vor Gericht gezogen, „um die Würde des Autors und des Schriftstellerberufs überhaupt zu verteidigen". Die anderen fünfzig Prozent hingegen, so Sołtysik, dienten dazu „Aufsehen zu erregen", oder kurz: der „Reklame" (Sołtysik 2008, S. 174; dazu auch Giza 2015, S. 50). Auflagenstarke Blätter wie der *Ilustrowany Kurier Codzienny* und die *Wiadomości Literackie*, aber auch beispielsweise das Lemberger Juristenblatt *Głos Prawa* berichteten über einen Zeitraum von fast zwei Jahren wiederholt über das Verfahren (Giza 2015, S. 46.). Missuna wiederum stützt seine Geschichte – und auch dies ist typisch für den polnischen Pitaval der sozialistischen Zeit – weitgehend auf eine (kleine) Auswahl dieser Presseberichte sowie einige Schriften Boy-Żeleńskis.

Beaupré wurde in erster Instanz der Urheberrechtsverletzung schuldig gesprochen und zu einer Geldstrafe verurteilt; darüber hinaus sollte er Boy-Żeleński auf zivilrechtlicher Grundlage eine Entschädigung zahlen. Mit dem Gegenargument, Boy-Żeleński habe einst selbst in der *Czas*-Redaktion gearbeitet und kenne demnach die Gepflogenheiten hinsichtlich der Überarbeitung von Texten, nahm er das Urteil jedoch nicht an und ging beim Obersten Gericht in Warschau in Revision. Vorab organisierte die *Czas*-Redaktion eine Veranstaltung, auf der am Thema interessierte Personen, aber auch Fachleute sich über den Fall aussprachen. Besonders fiel hier die Einschätzung des renommierten Juristen Fryderyk Zoll ins Gewicht, der ideell hauptverantwortlich für das Urheberrecht von 1926 zeichnete, allerdings in erster Linie für die zivilrechtlichen Vorschriften (Szczepaniak 2018, S. 543). Zoll bewertete die Entscheidung des Krakauer Bezirksgerichts als falsch; sie beruhe auf einer Fehlinterpretation des Gesetzestextes: Boy-Żeleński habe der *Czas* seine Texte überlassen und Änderungen – bei persönlicher Kenntnis der gängigen Praxis – nicht explizit ausgeschlossen. Das Oberste Gericht hob das Krakauer Urteil schließlich auf und sprach Beaupré auch von allen strafrechtlichen Vorwürfen frei (Missuna 1960c, S. 91).

Missuna wiederum kommentiert den Fall kompromisslos zugunsten von Boy-Żeleński. Die Entscheidung des Obersten Gerichts, die redaktionellen Eingriffe seien mit Blick auf das Publikum der *Czas* berechtigt gewesen, findet er nur schwer nachvollziehbar; schließlich habe es einen einfachen Ausweg gegeben, nämlich den Text gar nicht abzudrucken: „Ist dies dem Herrn Redakteur Beaupré wirklich nicht in den Sinn gekommen?“ (Missuna 1960c, S. 92). Das Urteil, das auch im Laufe von dreißig Jahren keinen Juristen zu überzeugen vermochte, sei keine Sternstunde der polnischen Justiz gewesen. Bedenkt man noch einmal den Entstehungszeitraum des *Warschauer literarischen Pitavals*, so mag Missunas klar artikulierte Überzeugung, „Boys Standpunkt, das Recht des Autors an seinem Werk zu verteidigen, sei durch und durch richtig“, zumindest verwundern, setzt sie doch gleichsam die unbedingte Freiheit des Schriftstellers voraus, die in ihrer Konsequenz geistiges Eigentum am Text auch erst wirklich zu einem solchen macht. Denn was hätte ein vor Gericht durchsetzbares Urheberrecht überhaupt noch wert sein können in einem Staat, der sich mit seiner mehr oder weniger offen gepflegten Zensur permanent *selbst* zerstörerische Eingriffe an den literarischen Erzeugnissen ‚seiner‘ Schriftsteller herausnahm? Unklar bleibt daher in dieser Gemengelage von Affirmation und offenem Paradox, ob es sich bei Missunas Ausführungen um eine Propagandamasche oder doch eher um den subversiven Versuch einer sanften Kritik an den Widersprüchen des sozialistischen Regimes handelt.

3 Schluss

Missunas *Warschauer literarischer Pitaval* fügt sich weitgehend in die Reihe der ‚klassischen‘ Pitavale ein, die in den 1950er und 60er Jahren der Volksrepublik Polen erschienen sind.[11] Wie Stanisław Szenic' *Pitaval warszawski* (1955, Warschauer Pitaval) und der *Pitaval krakowski* (1968, Krakauer Pitaval) von Stanisław Salmonowicz, Janusz Szwaja und Stanisław Waltoś umfasst er ausschließlich bereits historisierte Fälle und bezieht sich selten auf die zeitgenössische Gegenwart. Dennoch zielt er neben der Publikumsunterhaltung auch auf Information und Bildung in den Bereichen *Recht* und *Literatur* ab. In dieser Traditionslinie stehend, konzentriert sich der *Warschauer literarische Pitaval* in erster Linie auf das Gerichtswesen und rückt neben den Klägern und Angeklagten die beteiligten Juristen in den Mittelpunkt. Die Geschichten sind zu großen Teilen aus wörtlichen Zitaten aus Klageschriften, Gerichtsreden und weiteren für den jeweiligen Fall relevanten Textfragmenten zusammengesetzt, wodurch sie immer wieder den Charakter von Collagen annehmen. Mit seiner doppelten Perspektivierung auf Regionalität und Thematik, nämlich *Warschau* und *Literatur*, ist dieser Pitaval hingegen als ein Sonderfall anzusehen: So stellt er mit seiner Festlegung auf ‚literarische' Fälle im weiteren Sinne nicht nur ein exzeptionelles Studienobjekt für die Recht-und-Literatur-Forschung dar, sondern beleuchtet auch *per se* schon das Verhältnis dieser beiden Disziplinen in vielfach verschachtelter Weise.

Literaturverzeichnis

Boy-Żeleński, Tadeusz. 1927a. O święte prawo do przecinka. *Wiadomości Literackie* 4(29): S. 1.

Boy-Żeleński, Tadeusz. [1927b] 1972. [Brief an die Redaktion des *Ilustrowany Kurier Codzienny* vom 8. Mai 1927]. In *Tadeusz Boy-Żeleński. Listy*. Hrsg. Barbara Winklowa, S. 256–257. Warszawa: Państwowy Instytut Wydawniczy.

Buchner, Władysław. 1936. W. Rzymowski przed Sądem Polskiej Akademii Literatury. *Mucha* 68(51): S. 2.

Budrowska, Kamila, Elżbieta Dąbrowicz und Marcin Lul. 2013. Słowo wstępne. In *Literatura w granicach prawa (XIX – XX w.)*. Hrsg. dies., S. 9–15. Warszawa: Instytut Badań Literackich PAN.

Chmielewska, Lucyna. 2006. *Wincenty Rzymowski (1883–1950). Biografia publicysty i polityka*. Toruń: Wydawnictwo Adam Marszałek.

Ferenc-Szydełko, Ewa. 2000. *Prawo autorskie na ziemiach polskich do 1926 roku*. Kraków: Uniwersytet Jagielloński.

Foik, Melanie. 2022. Der polnische Kriminalroman. In *Enzyklopädie Recht und Literatur*. Hrsg. Thomas Gutmann, Eberhard Ortland und Klaus Stierstorfer. [URL: https://lawandliterature.eu/index.php/en/content-en?view=article&id=25&catid=11, zugegriffen am 6. Oktober 2024].

Foik, Melanie, und Kathrin Löhr. 2023. Pitaval's Journeys. On the European Tradition of Literary Legal Case Collections. In *Europe in Law and Literature. Transdisciplinary Voices in Conversation*. Hrsg. Nicola Kramp-Seidel und Laura Zander, S. 211–226. Berlin/Boston: de Gruyter.

Giza, Dominika. 2015. Tadeusza Boya-Żeleńskiego proces z krakowskim „Czasem" o prawa autorskie. *Wielogłos* 26(4): S. 45–58.

Gliściński, Konrad. 2014. *Wszystkie prawa zastrzeżone. Historia sporów o autorskie prawa majątkowe, 1469–1928*. Warszawa: Fundacja Nowoczesna Polska.

Glücksberg, Maksymilian. 1875. Prawa autorów i artystów. *Gazeta Sądowa Warszawska* 33: S. 258–261; 34: S. 266–271; 35: S. 274–277; 36: S. 282–284.

Gołąb, Stanisław. 1928. *Ustawa o prawie autorskim z dnia 29 marca 1926 r. z materiałami*. Warszawa: Wydawnictwo Kasy im. J. Mianowskiego.

[11] Zur Unterscheidung zwischen tendenziell ‚klassischen' und eher ‚sozialistischen' Pitavalen aus der sozialistischen Ära siehe die Einleitung zum vorliegenden Band.

Górnicki, Leonard. 2013. *Rozwój idei praw autorskich: od starożytności do II wojny światowej*. Wrocław: Prawnicza i Ekonomiczna Biblioteka Cyfrowa – Wydział Prawa, Administracji i Ekonomii. Uniwersytet Wrocławski.

Górski, E. Feliks [d. i. Glücksberg, Henryk Emanuel]. 1959. *Czarna księga. Zbiór najciekawszych procesów kryminalnych dawniejszych i nowszych czasów*. Warszawa: Czytelnik.

Grajnert, Władysław. 1896. *Zbrodniarz. Romans z życia warszawskiego*. Warszawa: Centnerszwer.

Jezioro, Julian. 2021. Prawo cywilne PRL – wybrane zagadnienia prawa autorskiego. *Studia nad Autorytaryzmem i Totalitaryzmem* 43(3): S. 47–56.

Kaczmarek, Przemysław. 2021. Teatralność procesu sądowego: kilka uwag o profesjonalizmie. *Studia nad Autorytaryzmem i Totalitaryzmem* 43(2): S. 227–240.

Kisch, Egon Erwin. 1957. *Praski Pitaval*. Warszawa: Wydawnictwo Ministerstwa Obrony Narodowej.

Kofin, Krzysztof. 2019. Historia plagiatów Wincentego Rzymowskiego odkrytych na łamach tygodnika „Prosto z Mostu". *Z Badań nad Książką i Księgozbiorami Historycznymi*. Sonderheft „Dla Niepodległej": 461–481.

Lesman, Jan 1935. *Nowelizacja prawa autorskiego*. Warszawa: o. V.

Łętowska, Ewa. 2018. Teatr i prawo. *Zeszyty Naukowe Akademii Sztuk Teatralnych w Krakowie* 9: S. 106–120.

Lorentowicz, Jan. 1935. *Spojrzenie wstecz*. Warszawa: Leopold Wellisz.

Łyczywek, Roman, und Olgierd Missuna. 1977. *Sztuka wymowy sądowej*. Warszawa: Wydawnictwo Prawnicze.

Missuna, Olgierd. 1960a. Anatol Stern na ławie oskarżonych. In *Warszawski pitaval literacki*, S. 48–56. Warszawa: Czytelnik.

Missuna, Olgierd. 1960b. Co to jest plagiat? In *Warszawski pitaval literacki*, S. 146–157. Warszawa: Czytelnik.

Missuna, Olgierd. 1960c. „O święte prawo do przecinka". In *Warszawski pitaval literacki*, S. 81–93. Warszawa: Czytelnik.

Missuna, Olgierd. 1960d. Proces o Gabrieli Zapolskiej. In *Warszawski pitaval literacki*, S. 11–31. Warszawa: Czytelnik.

Missuna, Olgierd. 1960e. Przedmowa. In *Warszawski pitaval literacki*, S. 5–10. Warszawa: Czytelnik.

Missuna, Olgierd. 1960f. Spór autorów z księgarzami przed Sądem Honorowym. In *Warszawski pitaval literacki*, S. 32–44. Warszawa: Czytelnik.

Missuna, Olgierd. 1963. *Wspomnienia z sali sądowej*. Warszawa: Czytelnik.

Missuna, Olgierd 2009. *Wspomnienia*. Lublin: Wydawnictwo Drukarnia Bestprint.

Missuna, Olgierd, und Stanisław Szurlej. [non ante 1935.] Stenogramy z Wielkiego Kursu Mówców. Warszawa: Koło Prawników Studentów Uniw. J. Piłsudskiego.

Nowogródzki, Henryk. 1977. Adwokat Olgierd Missuna. *Palestra* 21(3–4): S. 83–84.

Ołomucki, Borys. 1960. Warszawski Pitawal Literacki [Rezension]. *Palestra* 29(4/5): S. 77–78.

Pietrzak, Marcin. 2008. Socrealistyczna krytyka literacka w ujęciu diachronicznym. *Acta Universitatis Lodziensis. Folia Litteraria Polonica* 10: S. 237–251.

Polański, Przemysław (Hrsg.). 2022. *Brzechwa. Poeta w adwokackiej todze*. Warszawa: C. H. Beck.

Redzik, Adam 2018. Olgierd Missuna. In *Słownik Biograficzny Adwokatów Polskich*, Bd. 3, Tbd. 1. Hrsg. ders. Warszawa: Naczelna Rada Adwokacka / Redakcja „Palestry". S. 323–325.

Siewierski, Jerzy. 1979. *Powieść kryminalna*. Warszawa: Krajowa Agencja Wydawnicza RSW „Prasa-Książka-Ruch".

Sołtysik, Marek. 2008. Boje Boya. *Palestra* 9–10: S. 171–176.

Szczepaniak, Damian. 2018. Przepisy karne ustawy o prawie autorskim z 1926 roku. Historia powstania – charakterystyka ogólna – art. 61 i jego znaczenie dla późniejszych regulacji. *Krakowskie Studia z Historii Państwa i Prawa* 11(4): S. 541–565.

Szczepaniak, Damian. 2021. Przepisy karne ustawy o prawie autorskim z 1926 roku w pracach ustawodawczych i praktyce sądowej. Naddruk – plagiat – strona podmiotowa – sankcje karne. *Krakowskie Studia z Historii Państwa i Prawa* 14(1): S. 31–57.

Szenic, Stanisław. 1957/58. *Pitaval warszawski*. 2 Bde. Warszawa: Czytelnik.

Szenic, Stanisław. 1958. Sprawa o zabójstwo Grajnerta, S. 269–302. In *Pitaval warszawski*. Bd. 2, Tbd. 1. Warszawa: Czytelnik.

Szenic, Stanisław. 1965. *Pitaval makabryczny*. Warszawa: Państwowy Zakład Wydawnictw Lekarskich.

Tokarczyk, Roman. 2009/10. Proksemika ogólna jako podstawa proksemiki sądowej i proksemiki prawniczej. *Annales Universitatis Mariae Curie-Skłodowska. Sectio G. Ius* 56/57: S. 181–200.

Tubielewicz Mattsson, Dorota. 1997. *Polska socrealistyczna krytyka literacka jako narzędzie władzy*. Uppsala: Uppsala University.

Kriminalität und Strafprozesse in der nichtfiktionalen Literatur Volkspolens

Piotr M. Pilarczyk

1 Einleitung

Der vorliegende Aufsatz geht der Frage nach, wie Kriminalität und Strafprozesse in der nichtfiktionalen Literatur Volkspolens dargestellt wurden. Im Sinne einer Annäherung erscheint es zunächst geboten, eine Typologie von Gattungen zu skizzieren, in denen Straftaten und die sich ihnen anschließenden Gerichtsverfahren thematisiert wurden. Dafür sollen im Folgenden Publikationen in den Blick genommen werden, die in den Jahren 1944 bis 1989 erschienen sind und Kriminalfälle aus ihrer eigenen Gegenwart behandeln. Lediglich gestreift wird hingegen die ‚historische' Prosa, die ausschließlich Fälle aus der Zeit *vor* 1944 beinhaltet. Ebenfalls unberücksichtigt bleibt die für Expertinnen und Experten verfasste Fachliteratur (aus der Kriminalistik und angrenzender Gebiete) sowie allgemein gehaltene Zeitungsinformationen über Straftaten und Verhaftungen von Täterinnen oder Tätern. Gleiches gilt für Prozessberichte, da Gerichtsbeobachterinnen und -beobachter – jedenfalls dem Anspruch nach – lediglich Fakten festhalten und bis zur Urteilsverkündung Kommentare zu unterlassen hatten. Die Notwendigkeit einer zumindest kursorischen Betrachtung der literarischen Gattungen ergibt sich aus der Tatsache, dass der klassische Pitaval im engeren Sinne im sozialistischen Polen eher selten in Erscheinung trat.[1] Die dem Pitaval originär zugrundeliegende Thematik findet sich im Untersuchungszeitraum jedoch vor allem in der Gerichtsreportage und ihr verwandten literarischen Formen wieder.

Aus dem Polnischen von Melanie Foik

[1] Zur quantitativen Verbreitung der Pitavale vgl. Foik/Löhr 2023, S. 211.

M. Foik und S. Speth (Hrsg.), *Pitaval im Sozialismus*, Literatur und Recht 20,
https://doi.org/10.1007/978-3-662-72431-6_9

2 Gattungen

Die – trotz einer gewissen Renaissance ab Mitte der 1950er Jahre – im quantitativen Vergleich zu anderen literarischen Gattungen wenigen Pitavale aus der polnischen Nachkriegszeit griffen hinsichtlich der dargestellten Fälle überwiegend auf weiter zurückliegende Zeiten zurück und behandelten insbesondere die Zwischenkriegszeit wie auch gelegentlich ältere Epochen. Gerade die frühen Pitavalsammlungen in der jungen Volksrepublik tauchten mitunter weit in die Vergangenheit ab – so etwa der *Krakauer Pitaval* von 1962, der Gerichtsfälle seit dem späten Mittelalter abbildete. Auch der einige Jahre zuvor veröffentlichte *Warschauer Pitaval* enthält ausschließlich zum Entstehungszeitpunkt bereits historisierte Prozesse und führt nicht bis in seine zeitgenössische Gegenwart. Wie in der Einführung zum vorliegenden Sammelband ausführlich dargelegt, gruppierten die Pitavale jener Zeit ihre Fälle nach zwei Konventionen, nämlich zum einen geographisch (Warschau, Krakau, Großpolen, Breslau, Rzeszów, Schlesien usw.) und zum anderen thematisch, d. h. je nach Art des Falls (literarisch, politisch, alkoholassoziiert, maritim usw.).

Deutlich stärker vertreten als der Pitaval, wenn auch eng mit diesem verwandt, war in der Volksrepublik Polen die Gerichtsreportage. Gerichtsreportagen wurden üblicherweise zunächst in Zeitschriften veröffentlicht und fanden anschließend vielfach Eingang in Textsammlungen, die dann in Buchform erneut publiziert wurden. Einige zeitgenössische Autorinnen und Autoren spezialisierten sich auf diese Textsorte; ihre Anthologien wurden nicht selten in mehreren Auflagen zu jeweils mehreren Zehntausend Exemplaren in Umlauf gebracht. Den Anfang machte hier Krzysztof Kąkolewski, später vertraten das Genre vor allem Journalistinnen wie Wanda Falkowska, Krystyna Golańska, Maria Osiadacz und Barbara Seidler. Ihre populären Kriminal- und Gerichtsreportagen findet man unter anderem in der Publikationsreihe „Ekspres Reporterów", die seit den späten 1970er Jahren herausgegeben wurde. Als Erstveröffentlichungsorte standen den Verfasserinnen und Verfassern von Gerichtsreportagen so unterschiedliche Zeitschriften wie *Życie Literackie* (in der Barbara Seidler ihre Texte veröffentlichte), *Polityka* wie auch die Wochenschrift der polnischen Volkspolizei (der Milicja Obywatelska) mit dem Titel *W Służbie Narodu* zur Verfügung. Nicht zuletzt schuf der von der Wochenzeitung *Prawo i życie* jährlich ausgelobte Schreibwettbewerb, der sich ganz auf dieses Genre konzentrierte, einen Anreiz zum Verfassen anspruchsvollerer Gerichtsreportagen.

In den 1970er Jahren wurden einige Bände mit Reportagen veröffentlicht, die zuvor in der erwähnten Zeitschrift *W Służbie Narodu* abgedruckt worden waren (z. B. Brytan et al., 1974; Brytan et al. 1976). Diese Texte unterscheiden sich von Gerichtsreportagen im engeren Sinne vor allem dahingehend, dass sie nicht das Gerichtsgeschehen, sondern die Tätigkeit der Strafverfolgungsbehörden fokussieren. Man könnte sie daher auch als ‚Milizreportage' bezeichnen, bei der nicht das Verbrechen und seine Bewertung, sondern die Ergreifung des Verdächtigen im Vordergrund steht. Eine weitere Spielart stellen die in den Jahren 1975 bis 1978 von Zenon Borkowski veröffentlichten Sammlungen von Reportagen dar, die die Arbeit der Staatsanwaltschaft in den Mittelpunkt rücken. Diesem Ansinnen folgend erklärt Borkowski (1975, S. 7) in seinem ersten Band, er interessiere sich in erster Linie für „den vorbereitenden Teil des Prozesses", also für jene Begebenheiten außerhalb des Gerichtssaals *vor* der Eröffnung des jeweiligen Falls. Unter diesem Gesichtspunkt stellt Borkowski (1976, S. 156–182) auch weithin bekannte und von anderen Autorinnen und Autoren beschriebene Kriminalfälle vor, etwa den Mord an dem prominenten Publizisten und Schriftsteller Jan Gerhard in Warschau im Jahr 1971. Später nahm Borkowski (1978) sich die sogenannten ‚Berufskriminellen' vor und überwand damit ein langgehegtes Tabu, da die Behörden zuvor die Existenz von berufsmäßigen Straftäterinnen und Straftätern ausdauernd geleugnet hatten. Borkowski verarbeitet in seinen Texten gleichermaßen Mord wie Wirtschaftskriminalität; interessant und einzigartig für diese Zeit ist, dass er dabei auch Fälle aufgreift, die nicht mit einem ‚Erfolg' der Ermittlungsbehörden endeten.

Aufsehenerregende Fälle dienten im hier interessierenden Zeitraum vielfach auch als Stoff für größere literarische Formen. Die Ermittlungen zum bereits erwähnten Mord an Jan Gerhard und der anschließende Prozess etwa wurden von Zbigniew Pudysz (1987), einem hochrangigen Funktionär des Staatssicherheitsdienstes, zu einem Buch verarbeitet. Der Schriftsteller und Publizist Aleksander Rowiński (1975) wiederum schrieb unter dem Titel *W lepszym towarzystwie* (In besserer Gesellschaft) ausführlich über den Prozess gegen den Hochstapler Marian Kargul, wobei dieser Text in die Kategorie des Enthüllungsjournalismus einzuordnen ist, da Rowiński in aufwendigen Recherchen verschiedene Thesen über die Vergangenheit des verurteilten Betrügers zu verifizieren versucht. Allerdings gab es im totalitären System, das eisern über jegliche Informationsfreigabe wachte, keinen Raum für die Offenlegung unbequemer Wahrheiten oder gar Versäumnisse der Strafverfolgungsbehörden. Als weitere Beispiele für Buchveröffentlichungen in diesem Bereich sind Tadeusz Wielgolawskis (1977) *Na tropach zabójcy* (Auf der Spur des Mörders), dem der Fall des ‚Vampirs von Zagłębie' in Form eines fiktionalisierten Dokumentarberichts zugrunde liegt, sowie der Roman *Walther 45771* von Jacek Wołowski (1956), der dafür die Geschichte des mehrfachen Mörders Józef Mazurkiewicz, verfremdet durch den fiktiven Namen Jan Żurkiewicz, aufgriff.

Als weitere Gattung im hier betrachteten Feld soll auch das Gerichtsfeuilleton – eine Kurzform, in der Personen und Orte anonymisiert werden –[2] nicht unerwähnt bleiben. Die realen Ereignisse, also das Verbrechen und der Prozess, können darin allerdings eher als Kulisse verstanden werden. In seiner Feuilletonsammlung *Obyczaje a prawo* (Sitten und Recht) teilte Andrzej Dobrzyński (1977, S. 5) seinen Leserinnen und Lesern bezeichnenderweise mit, er ziele darauf ab, „Rechtsvorschriften zu verbreiten", da gewöhnliche Zeitungsartikel, die Straftaten und Prozesse thematisieren, ohne „juristischen Kommentar daherkämen". Als Meister des Gerichtsfeuilletons gilt allerdings Jerzy Urban – obwohl gerade im Falle seiner Texte das Verhältnis von Fakt und Fiktion und damit ihre Zuordnung zur nichtfiktionalen Literatur dahingestellt sei. Bevor er als Sprecher der letzten Regierung der Volksrepublik Polen fungierte, veröffentlichte Urban von 1958 bis 1981 unter dem Pseudonym Jerzy Kibic vielgelesene Krimigeschichten in der Wochenzeitschrift *Kulisy*. Insgesamt kamen so mehr als tausend Texte zusammen, die sich mit Straftaten und deren juristischer Aufarbeitung befassen. Urban selbst konstatierte einmal, er habe mit Gerichtsberichterstattung begonnen, bald aber schon festgestellt, dass all die

[2] Am Rande sei erwähnt, dass auch Autorinnen und Autoren von Reportagen mitunter die realen Personalien der Protagonisten in ähnlicher Weise und Absicht verschleierten.

Strafprozesse einander ähneln und letztlich schematisch ablaufen, woraufhin er begann, die Fälle aus der Perspektive der Beteiligten zu schildern. Dies tat er mit Witz und Ironie, und obwohl er selbst die Ansicht vertrat, es handele sich bei seinen Texten um Literatur von geringem literarischem Wert, ja fast schon um Schundliteratur, wurden ihre Verdienste – insbesondere im Hinblick auf die Vermittlung von Rechtskultur – durchaus gewürdigt (vgl. Urban 1988, S. 1). Nur so lässt sich übrigens auch erklären, warum Urbans Textsammlungen von einem juristischen Fachverlag, dem Wydawnictwo Prawnicze (Juristischer Verlag), herausgegeben wurden (vgl. Urban 1988).

Gerichtsfeuilletons wurden zum einen von Juristinnen und Juristen verfasst. Der emeritierte Rechtsanwalt Henryk Nowogródzki (1988) etwa setzte sich in seinen feuilletonistischen Texten mit verschiedenen juristischen und ‚peri-juristischen' Fragen auseinander. Während einige die Form von Erinnerungen an Fälle und Prozesse annahmen, in denen der Autor als Verteidiger aufgetreten war, griffen andere zeitgenössische Gerichtsfälle auf und versahen sie mit einem Kommentar. Zum anderen nahmen sich aber auch Schriftstellerinnen und Schriftsteller in feuilletonistischem Stil dieser Thematik an. Die gesellschaftspolitischen Gegebenheiten im sozialistischen Polen ließen eine freie Diskussion und das Aufheizen der Gemüter – wie dies in der Zwischenkriegszeit unter anderem im Falle des Gorgonowa-Prozesses stattgefunden hatte – freilich nicht zu. Dennoch gelangten auch in der Volksrepublik einige spektakuläre Prozesse kommentiert an die Öffentlichkeit. In seiner Essaysammlung *Listy do Pani Z.* (Briefe an Frau Z.) stellt der populäre Romanautor Kazimierz Brandys (1965, S. 164–172), der von seiner Ausbildung her übrigens auch Jurist war, Reflexionen über drei zeitgenössische Indizienprozesse an, darunter über den aufsehenerregenden Fall des Professor Tarwid.

Kriminalität und Strafprozesse wurden im Untersuchungszeitraum auch nicht selten zum Gegenstand von Erinnerungsliteratur. Da es angesichts der Zensur allerdings nicht möglich war, die Wahrheit über die stalinistische Ära wiederzugeben und es daher einfacher erschien, über die Vorkriegszeit zu schreiben, stellt das Jahr 1939 oftmals eine Zäsur in den publizierten Memoiren dar. Ausnahmen bestätigen jedoch auch hier die Regel, und so finden sich zumindest vereinzelt Nachkriegserinnerungen von mit der Justiz verbundenen Personen, darunter von Staatsanwälten, Richtern und Rechtsanwälten (Diverse 1969a; Dobrzyński 1979; Nowogródzki 1986), aber auch von Gerichtsgutachtern (Markiewicz 1983) und Milizmitarbeitern (Diverse 1969b). Eine spezifische Form von Erinnerungsliteratur stellen die Texte der ‚Stützen der Volksmacht' dar, in der die Anfänge des Kampfes des kommunistischen Regimes gegen die sogenannte ‚Unterwelt' dargestellt wurde. Das Buch *Świadectwo tamtym dniom ...* (Ein Zeugnis jener Tage ...), das unter der Autorschaft des hochrangigen Sicherheitsdienstoffiziers Stanisław Wałach (1974) publiziert wurde, gibt – wenn auch fingiert – Einblick in damalige Fälle und Ermittlungsmethoden. Zwar fanden die drastischsten Formen staatlichen Unrechts – erzwungene Zusammenarbeit, illegale Verhaftungen und Inhaftierungen, physische Gewalt bis hin zu Morden – noch nicht einmal ansatzweise Eingang in Zeitdokumente dieser Art. Dennoch stellen solche Publikationen *de facto* einen Beweis für die vom Staatsapparat begangenen und von niemandem aufgearbeiteten Verbrechen dar.

Eine eigene Abhandlung wäre die Anthologie *Wybrane przypadki z praktyki sądowo-lekarskiej* (Ausgewählte Fälle aus der gerichtsmedizinischen Praxis) von Jan Stanisław Olbrycht (1964) wert. Sie enthält elf Kriminalfälle aus den Jahren 1926 bis 1959, bei denen der Autor als Gerichtsmediziner involviert gewesen war. Die dort beschriebenen geheimnisvollen Todesfälle und die sich mit ihnen verbindende Suche nach Wahrheit beschreibt Olbrycht auf der Grundlage von Gerichtsakten und ergänzt sie mit eigenen Bemerkungen und Kommentaren. Eine eindeutige Zuordnung und Definition dieser mit reichem Anschauungsmaterial versehenen Textsammlung fällt nicht leicht. Olbrycht selbst blieb bei seiner Zweckbestimmung vage: Er wolle das Interesse von Juristinnen und Juristen wie auch Ärztinnen und Ärzten wecken und einen Beitrag zur Verbesserung der Justiz leisten (vgl. Olbrycht 1964, S. 4). Um die Erinnerungen eines Gerichtsmediziners oder gar ein Lehr- oder Handbuch handelt es sich jedoch nicht. Am ehesten ließe sich diese Publikation vielleicht als ein eigentümlicher Pitaval kategorisieren.

All diese Versuche einer Gattungsdifferenzierung sind freilich weder trennscharf noch eindeutig. Selbst ein und dieselben Autoren bedienten sich mitunter verschiedener Formen gleichzeitig und taten dies auf der Grundlage derselben Stoffe. So verarbeitete etwa der bereits erwähnte Jurist Henryk Nowogródzki (1986, S. 151–154; 1988, S. 108–110) die von ihm aufgegriffenen Fälle sowohl in feuilletonistischen Texten als auch in seinen Erinnerungen. Die Grenzen zwischen den Gattungen – dem Pitaval und der Gerichtsreportage, aber auch der Gerichtsreportage und dem Gerichtsfeuilleton – sind daher oft fließend.

3 Zwischen Pitaval und Gerichtsreportage

Doch worin besteht überhaupt der Unterschied zwischen dem Pitaval und der Gerichtsreportage? Die Grenzziehung zwischen diesen beiden nahverwandten Gattungen fällt weder in der Theorie noch in der Praxis leicht, was unter anderem daran abzulesen ist, dass selbst ihre Autorinnen und Autoren mitunter nicht zu definieren in der Lage sind, welches Genres sie sich gerade bedienen. Edmund Żurek (1973, S. 5 u. 53) etwa konstatiert zu Beginn seines Textes über den Fall Gorgonowa, er schreibe eine „Reportage“, kommt am Ende jedoch zu dem Schluss, es handele sich um einen „Pitaval über einen großen Prozess“. Andere wiederum unterscheiden sehr klar zwischen beiden Formen: In seiner Einleitung zu Wanda Falkowskas Reportageband schreibt Mieczysław Szerer (1961, S. 12f.): „Zwischen der trockenen Gerichtschronik einerseits und dem Kriminalroman andererseits erstreckt sich in Nachbarschaft zum gediegenen ‚Pitaval‘ das Feld der Gerichtsreportage. Es handelt sich dabei um eine eigene journalistische Gattung.“

Zunächst können wir natürlich davon ausgehen, dass es sich bei einer Publikation, die den Begriff ‚Pitaval‘ im Titel trägt, auch um einen Pitaval handelt. Dasselbe gilt für die Gerichtsreportage. Erst bei näherem Hinsehen kommen Zweifel auf. Das Buch *Tak blisko życia. Pitaval morski* (Dem Leben so nah. Ein Meer-Pitaval) von Krzysztof Pohl (1988) konzentriert sich auf die Beschreibung verschiedener See(un)fälle, angereichert mit kurzen Informationen über deren Ausgang vor den in diesem Bereich zuständigen Seekammern, die nach polnischem Recht allerdings nur als quasi-gerichtliche Organe auftreten. Barbara Seidlers (1983e) Buch mit dem Untertitel *Reportaże sądowe* (Gerichtsreportagen) wiederum enthält neben Prozessberichten auch solche Texte, die eher dem Feuilleton zuzurechnen sind: Man findet dort Betrachtungen zum Thema Kriminalität und sogar etwas in der Art einer Filmkritik. Ein weiterer Band, in dem Seidler (1977a, S. 5) sich explizit als Gerichtsreporterin bezeichnet, enthält einen Text über Drogenabhängigkeit: Erwähnt wird darin kein einziger Gerichtsfall. Und schließlich gibt auch der Titel nicht immer Aufschluss über die Gattungszuordnung. Das Buch *Trzy wyroki* (Drei Urteile) von Andrzej Snopkowski (1982) handelt von drei aufsehenerregenden Mordfällen in Krakau. Diese detaillierte Darstellung, die ein ehemaliger Milizermittler auf der Grundlage von Akten zusammengestellt hat, erweist sich in der Tat als ein zeitgenössischer Pitaval – jedenfalls, wenn man dem französischen Vorbild folgend davon ausgeht, dass ein Pitaval aufsehenerregende, meist strittige, immer jedoch berühmte Fälle, kurz: *causes célèbres* behandelt.

Doch schafft in diesem Kontext auch die traditionelle Herangehensweise nicht immer Klarheit, da manche Reportagen Fälle aufgreifen, die in der Öffentlichkeit hinreichend bekannt sind, während Pitavale – so zum Beispiel der alkoholassoziierte Straftaten sammelnde *Pitaval makabryczny* von Stanisław Szenic (1965) – mitunter von Fällen handeln, die weitgehend unbekannt sind und aus rechtsgeschichtlicher Perspektive eher trivial erscheinen. Die polnische Literaturwissenschaft macht es uns in dieser Sache nicht unbedingt leichter, indem sie den Pitaval als Gattung innerhalb der polnischen Literatur nahezu ignoriert. Sogar an Lexikoneinträgen mangelt es, und wenn wir in Handbüchern doch einmal einen Eintrag finden, dann sind sie so knapp gehalten wie im *Słownik terminów literackich* von Stanisław Sierotwiński (1960, S. 88), wo es lapidar heißt: „Eine publizierte Sammlung von Strafprozessberichten“. Und dennoch möchte man sich an dieser Stelle dazu hinreißen lassen, den Pitaval und die Gerichtsreportage in der polnischen Literatur zu charakterisieren. Dazu im Folgenden ein Versuch:

In Pitavalen liegt der Schwerpunkt auf dem Verbrechen selbst, seiner Aufdeckung, der Rekonstruktion des Tathergangs, der Suche nach der Täterin oder dem Täter sowie ihrem bzw. seinem Verhalten nach der Ergreifung. Das Finale jedoch bildet immer der Gerichtsprozess. Bei Textsammlungen wie dem *Współczesny pitaval polski* (Polnischer Gegenwartspitaval), in denen die Prozesse nur oberflächlich gestreift, weder jedoch die Gerichtsreden noch die Prozessstrategien der beteiligten Seiten *en détail* wiedergegeben werden, kann somit die Gattungszugehörigkeit durchaus infrage gestellt werden. Im Pitaval gestaltet sich die Rekonstruktion der dargelegten Ereignisse an sich übrigens recht einfach, da diese den Ermittlungs- oder Gerichtsakten entnommen werden.

Und die Gerichtsreportage? Das Grundprinzip der Reportage ist die Augenzeugenschaft. Selbst wenn die Autorin oder der Autor zusätzlich auf Akten zurückgreift, so haben wir es dennoch mit einer Rekonstruktion zu tun, die in erster Linie auf visuelle und akustische Beobachtungen während der Gerichtsverhandlung beruht. Verfasserinnen und Verfasser von Gerichtsreportagen machten sich die Prozessmaxime der Öffentlichkeit von Gerichtsverhandlungen zunutze, die somit gewissermaßen den Ausgangspunkt der Gerichtsreportage darstellen. Cezary Łazarewicz (2017, S. 6 u. 9) legt Barbara Seidler, der Begründerin und Großmeisterin der polnischen Gerichtsreportage, folgende Ansicht in den Mund: „Wenn jemand nicht bei der Verhandlung dabei war, sollte er sie nicht beschreiben, denn nur im Gerichtssaal kann man sehen, wer lügt und wer die Wahrheit sagt, und kein Protokoll kann die Atmosphäre der Verhandlung wiedergeben". Die Gerichtsreporterin beobachte folglich „nicht nur den Prozess an sich, sondern alles, was sich mit diesem verbindet [...]. Sie blickt in die Augen des Mörders und der Zeugen". Der Jurist und Publizist Mieczysław Szerer (1961, S. 14f.) schrieb geradeheraus, dass der Gerichtsberichterstatter nach dem Urteil schließlich „seinem literarischen Talent freien Lauf lassen, vom Informieren zur Meinungsbildung übergehen" und sich „in einen Publizisten oder Feuilletonisten verwandeln" könne. Darüber hinaus charakterisieren die Reportage weitere Elemente. Zur Rekonstruktion der Ereignisse besuchten die Autorinnen und Autoren für den jeweiligen Fall bedeutsame Orte und beschrieben sie; sie trafen sich mit Nachbarn, Angehörigen, beteiligten Personen oder solchen, die Kommentare zur Sache beisteuern konnten. Zudem konnten Gerichtsreporterinnen und -reporter ihre eigenen Ansichten offen zum Ausdruck bringen – vielfach unternahmen sie nicht einmal den Versuch, unparteiisch oder objektiv aufzutreten. Krystyna Golańska (1971, S. 217 u. 374f.) schrieb unverblümt, dass der Gerichtsreporter schlichtweg seine eigene Meinung vertreten *müsse*, ja in der Reportage sein subjektives Urteil verewigen solle. So kommentiert sie sogar die Aussagen der Angeklagten und der Verteidiger – oftmals gar mit ironischem Unterton. Dazu ein Beispiel: Als es um die Verteidigung eines beschuldigten Direktors geht, stellt sie mokant fest, der Direktor sei „wahrscheinlich geistig zurückgeblieben", da er aussagte, er habe erst nach seiner Inhaftierung erfahren, dass es sich bei dem, was er von seinen ihm unterstellten Mitarbeitern erhalten hatte, um Bestechungsgelder handelte (Golańska 1971, S. 364). Barbara Seidler (1983g, S. 61), die über den Prozess eines Geldfälschers schrieb, verschonte selbst dessen Opfer nicht und beschuldigte sie, sie seien „gierig nach dem letzten Heller". Im Zusammenhang mit den Antworten eines Angeklagten in einem weiteren von ihr aufgegriffenen Prozess tauchen Formulierungen auf, die an die stalinistische Propaganda erinnern: „Genug. Längst haben wir alle genug von der Darstellung dieser Haltung. Dummheit? Oder Charakter?" (Seidler 1983d, S. 173).

Allein von ihrem Namen her verbindet sich die Gerichtsreportage mit der Presse, dem Journalismus. Auch inhaltlich trifft dies zu, wurden Pitavale doch hauptsächlich von Juristinnen und Juristen, Gerichtsreportagen jedoch mehrheitlich von Journalistinnen und Journalisten – wenn auch häufig mit juristischem Hintergrund (Barbara Seidler [1972, S. 124] etwa bekannte sich zu ihrem rechtswissenschaftlichen Magisterabschluss) – verfasst. Statt aufsehenerregender Prozesse behandeln die meisten Gerichtsreportagen eher Fälle, über die sich eine Botschaft oder Lehre vermitteln oder auf ein gesellschaftliches Problem hinweisen lässt. Man findet sogar Reportagen über Prozesse, in denen gar kein Urteil gefällt wurde (vgl. Seidler 1977b), und mitunter geben die präsentierten Kriminalfälle auch lediglich einen Vorwand für allgemeinere Reflexionen ab. So gelang es Barbara Seidler (1983a) in einer Reportage über einen Prozess wegen Zuhälterei und Kuppelei (*Cztery kłamstwa Mahmuda Greo*), ausführlich die Geschichte der Prostitution und verschiedene Modelle zu ihrer Eindämmung zu beleuchten. Solche Reportagen verfügten oftmals über einen didaktischen Wert und suchten das Rechtsbewusstsein der

Rezipientinnen und Rezipienten zu schärfen. In ihrer Reportage über den Mord an Gerhard B. thematisiert Seidler (1977d S. 21, 23 u. 37) den „heiligen" Offenheitsgrundsatz des Strafprozesses, das Recht des Angeklagten, sich zu verteidigen und vor Gericht zu lügen sowie das Recht der Angehörigen, die Aussage zu verweigern. In einem anderen Text bekommen wir eine Kurzvorlesung über strafrechtliche Vorschriften geboten (vgl. Seidler 1977c, S. 47f.). Bei Wanda Falkowska (1984) wiederum finden wir beispielsweise eine satirische Reportage über eine Scheidungsverhandlung. Die Gerichtsreportage geht folglich über den tendenziell starren Rahmen des Pitavals hinaus bzw. erweitert diesen um zusätzliche Elemente.

Nachdem nun die (fließenden) Grenzen zwischen Pitaval und Gerichtsreportage zumindest punktuell sondiert wurden, stellt sich die Frage, warum sich im sozialistischen Polen die Reportage zur dominierenden Gattung entwickelte, während der Pitaval zwar eine interessante, quantitativ jedoch zweifellos unterlegene Position einnahm? Zur Beantwortung dieser Frage sind drei Aspekte von Belang: *erstens,* die Spezifika des kommunistischen Systems und die Literatur der damaligen Zeit (Abschnitt 4), *zweitens,* die in dieser Zeit auftretende Kriminalität an sich (Abschnitt 5) und *drittens,* Form und Zweck des Strafprozesses im totalitären Staat (Abschnitt 6).

4 Zur Rolle der Reportage

Die ersten Nachkriegsjahre, d.h. die stalinistische Periode, wie auch ihre Literatur waren sehr spezifisch: das neue Gesellschaftssystem sollte sich unter anderem durch die Eliminierung von Kriminalität auszeichnen. Da Kriminalität, so die propagierte Annahme, klassenbedingt sei, bestand das offiziell formulierte Ziel des Strafrechts darin, „in der Gesellschaft eine Atmosphäre zu schaffen, die durch moralischen Boykott die Begehung von Verbrechen weitgehend ausschließt" (Schaff 1950, S. 191). Ein Mensch, der frei ist von der Notwendigkeit, um seine Existenz zu kämpfen, der nicht in Klassenkonflikte verwickelt ist, sollte eine andere, eine bessere Moral verkörpern. Die Literatur wiederum hatte nicht der Realität, sondern ideologischen Vorgaben zu entsprechen. Da sich der Umstand, dass es weiterhin Kriminalität gab, nicht gänzlich unter den Teppich kehren ließ, wurden Verbrechen als Überbleibsel dargestellt, das von Systemgegnerinnen und -gegnern, von ewig Gestrigen oder von imperialistischen Saboteuren und Spionen herrührte. Ganz in diesem Sinne hieß es in einem Strafrechtslehrbuch, dass „Verbrechen im sozialistischen Staat ein Ausdruck der Feindseligkeit von Individuen sind oder aus Relikten der Vergangenheit resultieren" (Andrejew, Lernell und Sawicki 1954, S. 10). Wenn über Prozesse geschrieben wurde, dann hauptsächlich über solche, in denen Kriegsverbrecherinnen und -verbrecher vor Gericht gestellt wurden. Manipulierte Prozesse hingegen, in denen unter verschiedenen Gesichtspunkten unbequeme und von den Behörden als Feinde des Vaterlandes angesehene Personen verurteilt wurden, fanden in der Regel hinter verschlossenen Türen statt. Nur selten wurden Schauprozesse geführt, die dann aber *en detail* inszeniert und an die Öffentlichkeit gebracht wurden. Die Publikationen aus dieser Zeit legen ein bitteres Zeugnis totalitärer Propaganda ab: Als abstoßende Verleumdungen muss man beispielsweise die Texte über den Prozess gegen Bischof Czesław Kaczmarek ansehen, die sich nicht nur gegen den zu Unrecht verurteilten Geistlichen, sondern generell gegen die katholische Kirche richteten. Allein die Titel dieser Werke – *Droga zdrady* (Der Weg des Verrats, Nowicki 1953), *Tak dłużej być nie mogło. Po procesie biskupa Kaczmarka* (So konnte es nicht weitergehen. Nachlese zum Prozess gegen Bischof Kaczmarek, Raczyński 1953) – lassen keinen Zweifel an ihrem Inhalt. Aus der stalinistischen Zeit finden wir daher weder Pitaval- noch Reportageliteratur. Selbst die aus der Zwischenkriegszeit stammende populäre Kriminalliteratur wurde aus den Bibliotheken als „gesellschaftlich schädlich" entfernt und neue Texte dieser Gattung konnten unter diesen Bedingungen gar nicht erst entstehen (vgl. Kamińska-Chełminiak 2019, S. 256). Die oben beschriebene Herangehensweise an das Thema Kriminalität in der sozialistischen Gesellschaft findet sich übrigens auch über die stalinistische Epoche hinaus – Kazimierz Larskis *Współczesny Pitaval Polski*[3] (Polnischer Pitaval der Gegenwart)[4] aus dem Jahr 1962 beschreibt eine Reihe von in den Jahren 1950 bis 1960 begangenen Straftaten. Und zwar von wem begangene Straftaten? Von Kriminellen aus der Vorkriegszeit, die ihre Tätigkeit nun wieder aufgenommen hatten, oder Personen, die während des Krieges demoralisiert worden waren. Wo Larski schließlich doch auch einen Fall aufnimmt, in dem sich als Täter ein junger Mann entpuppt, der bereits im sozialistischen Polen aufgewachsen ist, umschifft er die Frage nach seinem sozialen Hintergrund wie einen gefährlichen Eisberg.

Während des Tauwetters und auch in den Folgejahren griff die Literatur kaum auf die frühen Nachkriegsjahre zurück, über die man aus verschiedenen Gründen nicht schreiben konnte. Aufsehenerregende politische Prozesse, vor allem wenn die Opfer später rehabilitiert wurden, blieben ein beschämendes Thema aus der stalinistischen Ära, die euphemistisch als „Zeit der Fehler und Irrtümer" bezeichnet wurde, und über staatliches Unrecht breitete ohnehin die Zensur ihren Mantel des Schweigens aus. Doch sogar viel harmlosere Fälle fanden keinen Eingang in die Literatur: Wie sollte man zum Beispiel über die Verurteilung des Redemptoristen Pater Marian Pirożyński schreiben, der illegal – sprich: an der Zensur vorbei – katholische Flugblätter gedruckt hatte (vgl. Pelczarski 2007), wo doch die politisch Verantwortlichen sich nicht unbedingt mit ihren Zensurmaßnahmen brüsteten?

Die Installierung des neuen Systems stellt letztlich eine Zeit des allgegenwärtigen Machtmissbrauchs dar, der durch nichts zu rechtfertigen ist. Später – nach seiner Festigung in der stalinistischen Periode – standen die Dinge nicht besser, da es nun die erklärte Aufgabe des Strafrechts war, „den Widerstand des Klassenfeindes im Keim zu ersticken" (Andrejew, Lernell und Sawicki 1954, S. 12). Vor diesem Hintergrund konnte es sogar schwierig sein, Details bestimmter Lebensläufe aus dieser Zeit wiederzugeben: Als Barbara Seidler über die Ermordung des Redakteurs Jan Gerhard schrieb, war sie sehr sparsam mit Informationen über seine Aktivitäten

---

[3] Zu diesem Werk vgl. den Beitrag von Wolfgang Brylla im vorliegenden Band.

[4] Der Titel ist eigentlich irreführend, da diese Texte – was im Buch unerwähnt bleibt – auf zuvor im *Przekrój* veröffentlichten Reportagen beruhen. Vgl. Kazimierz Larski: Zginął człowiek. In: Przekrój nr. 860 (40/1961), S. 14–16; 22, ders.: Farmazoni. In: Przekrój nr. 864 (44/1961). S. 14–15, ders.: Tajemniczy pilot. In: Przekrój nr. 866 (46/1961). S. 14–15, ders.: Kryptonim „Pończocha". In: Przekrój nr. 869 (49/1961). S. 10–11.

in der Nachkriegszeit, die (wie zunächst vermutet) das Motiv für das Verbrechen gewesen sein könnten: Die Leserinnen und Leser erfahren daher nicht, warum er im Gefängnis gewesen war oder welche Rolle er in der anti-ukrainischen Aktion „Wisła“ gespielt hatte. Stattdessen lesen wir ohne weitere Erklärung, dass Gerhard die Tatwaffe in seiner Büroschublade aufbewahrt hatte (Seidler 1977d, S. 10f.).

Das Erbe der stalinistischen Ära war in vielerlei Hinsicht so beschämend, dass es literarisch schlichtweg nicht zu verarbeiten war. Was sollten Autorinnen und Autoren mit Urteilsbegründungen anfangen, die Mord im Affekt aus Eifersucht zum Relikt der ‚bourgeoisen Moral‘ erklärten und konstatierten, die ‚sozialistische Moral‘ führe dazu, dass „unter den Bedingungen Volkspolens Rache und Eifersucht, die aus dem Streben nach Macht des Menschen über den Menschen erwachsen, als niedrige Motive gelten und den Grundsätzen des Systems widersprechen“.[5] Aufgrund solcher Absurditäten im stalinistischen Polen greift die erste im hier betrachteten Zeitraum publizierte Sammlung von Gerichtsreportagen – Wanda Falkowskas *W imieniu prawa* (Im Namen des Rechts) aus dem Jahr 1961 – ausschließlich auf Fälle seit der zweiten Hälfte der 1950er Jahre zurück.

Nach der Abkehr vom Stalinismus explodierte in den späten 1950er Jahren die literarische Produktion zum Themenkomplex Kriminalität und Justiz regelrecht. Dies gilt nicht nur für faktual orientierte Texte, sondern auch für fiktionale Formen: Als Vorbote ist in diesem Zusammenhang Leopold Tyrmands Roman *Zły* von 1955 anzusehen. Zur selben Zeit kam das für die sozialistische Zeit charakteristische Genre des sogenannten ‚Milizromans‘ auf, das bis zum Untergang der Volksrepublik mehr als tausend Titel hervorbrachte. Verschiedene weitere fiktionale Untergattungen, insbesondere Comics, Kurzgeschichten und Fernsehserien, ergänzten das Repertoire kriminalistischen Erzählens. Doch darf trotz aller gesellschafts- und kulturpolitischer Lockerungen nicht vergessen werden, dass auch diese Texte unter der engmaschigen Kontrolle der Zensurbehörde entstanden und in der Realität des totalitären Staates von zweifacher Natur waren: Sie fungierten gleichermaßen als Unterhaltungsmedium wie auch als Propagandainstrument. Ihre Aufgabe bestand darin, ein positives Bild des Staatsapparates und seiner Behörden zu vermitteln und die Überzeugung zu festigen, dass sich Kriminalität nicht lohne und die Gerechtigkeit dank der Effizienz der Miliz siegen werde.

Auch die nicht-fiktionale Literatur blieb von diesen Zwängen nicht verschont. Prägnante ideologische ‚Inspirationen‘ lassen sich in den Texten von Krystyna Golańska finden. Golańska selbst schrieb, dass den Reporter im sozialistischen Polen und sein Pendant in Westeuropa „ein Ozean von Unterschieden“ trenne. Dort (im ‚Westen‘) gehe es um „billige Sensationshascherei“, in der Volksrepublik hingegen um „Wahrheit, um gesellschaftliche Dokumentation“ (Golańska 1971, S. 31). Die Aufgabe von Gerichtsreporterinnen und Gerichtsreportern bestehe darin, so Golańska (1971, S. 327) an anderer Stelle, „die Öffentlichkeit in dem Glauben zu bestärken, dass die Justiz funktioniert“. Auf derselben Linie argumentiert Maria Osiadacz (1971, S. 9) in der Einleitung zu ihrer Sammlung von Gerichtsreportagen mit dem Titel *Sąd orzekł* (Das Gericht hat sein Urteil gefällt): „Bei der Auswahl der Fälle habe ich mich nicht nur an ihrem Sensationspotential orientiert, sondern viel-

[5] Urteilsbegründung des Obersten Gerichtshofs vom 23. Januar 1952, in: *Zbiór Orzeczeń Sądu Najwyższego. Orzeczenia Izby Karnej*, 1952, z. 4, nr 51, S. 180–182.

mehr vom gesellschaftlichen Wert der in ihnen aufgeworfenen Probleme." In der Anthologie *Za barierą prawa* (Hinter der Barriere des Rechts) behauptet sie gar, nur wenige aufsehenerregende Prozesse aufzunehmen, da es das vornehmliche Ziel sei, die „Unausweichlichkeit der Strafe" und „die Mühen derer, die dafür sorgen, dass wir ruhig schlafen können", aufzuzeigen (Osiadacz 1974, S. 6). Im Übrigen stammen einige der degoutantesten, der Propaganda nach dem Mund geschriebenen Texte über politische Prozesse und Spionagefälle aus der Feder Osiadaczs.

Weit größere Schwierigkeiten bereiten im hier interessierenden Kontext jedoch die Publikationen Barbara Seidlers, die während ihrer sich nahezu über die gesamte kommunistische Zeit erstreckenden Karriere als Gerichtsreporterin über die großen Prozesse dieser Epoche schrieb: Vor einigen Jahren wurde Seidlers Tätigkeit als Mitarbeiterin der Sicherheitsbehörden unter dem Decknamen „Januszek" aufgedeckt. Nun ist dies nicht der richtige Ort, um die zumindest befleckte Vergangenheit der mittlerweile 94-jährigen Barbara Seidler zu beurteilen. Interessant erscheint jedoch der Umstand, dass der Journalist Przemysław Semczuk diese pikante Angelegenheit ans Licht der Öffentlichkeit gebracht hat. Derzeit versucht Semczuk wiederum, den Fall des „Vampirs von Zagłębie", einem der grausamsten und zugleich geheimnisvollsten Kriminalfälle der Volksrepublik Polen, zu erhellen: Zwischen 1964 und 1970 kam es zu insgesamt 21 Angriffen auf Frauen, von denen die meisten getötet wurden, und einer damit einhergehenden Panik in der polnischen Gesellschaft. Schließlich wurde Zdzisław Marchwicki als dafür verantwortlicher Serienmörder zum Tode verurteilt, doch bestehen bis heute zahlreiche Zweifel daran, ob es sich bei Marchwicki tatsächlich um den fraglichen ‚Vampir' handelte oder ob der Erfolgsdruck der Behörden und ihr Bemühen um baldige Beruhigung der Öffentlichkeit hier den entscheidenden Faktor abgaben. Sicher ist jedoch, dass bereits vor Prozessbeginn nicht nur Auszüge aus der späteren Anklageschrift in der Presse auftauchten, sondern auch öffentlich das Porträt eines abscheulichen Verbrechers (und nicht weniger abscheulicher Mitangeklagter) gezeichnet wurde. Schaut man sich nun noch an, wie die Arbeit der Miliz hinsichtlich der Feststellung und Ergreifung der (vermeintlichen oder tatsächlichen) Täter in einschlägigen Artikeln verherrlicht wurde, so wird deutlich, dass das Urteil bereits vor dem Prozess festgestanden haben muss (vgl. Semczuk 2021, S. 26–28). Barbara Seidler hat Reportagen über Marchwicki und seinen Prozess geschrieben, in denen sie die Anklagepunkte umfänglich affirmiert. Ihre Rolle erscheint jedoch zweideutig und wird von gegenwärtigen Erklärungsversuchen noch weiter vernebelt. So leugnet sie heute unter anderem, als Prozessbeobachterin überhaupt anwesend gewesen zu sein. Stattdessen behauptet sie, ihre Informationen über das Verfahren den Akten entnommen zu haben – und widerspricht damit eigenen früheren Aussagen wie auch Zeugenberichten. Tatsächlich jedoch stammen aus Seidlers Feder Reportagen wie auf Bestellung der damaligen Machthaber. Ihre enge Verbindung zu den Behörden, die sie selbst zu verbergen versucht, offenbart sich bei einer genaueren Durchsicht ihrer 2017 veröffentlichten Reportagen aus der Zeit des Kommunismus.

Ein Abgleich mit den ursprünglichen Texten ist aufwendig, da Seidler die Orte der Erstveröffentlichungen nicht angibt. Hinweise darauf, dass sie ihre eigenen Texte im Nachhinein verfälschte, finden sich ebenfalls erstmals bei Semczuk, und zwar im Rahmen einer Analyse der von Seidler verfassten Reportage über den großen

Fleischskandal in den 1960er Jahren. Darin hat die Autorin später nicht nur jene Passagen gestrichen, in denen sie angab, „nicht nur reine Reportagen zu schreiben, sondern als Publizistin im Interesse der Öffentlichkeit zu agieren" (Semczuk 2021, S. 343), sondern darüber hinaus finden sich Hinzufügungen völlig neuer Inhalte. Die gegenwärtige Fassung des ursprünglich aus kommunistischer Zeit stammenden Textes bekommt mithilfe dieser Methode eine ganz neue Schattierung. Semczuk weist im Rahmen seiner Nachforschungen darauf hin, dass Barbara Seidler es stets verstanden habe, sich der Linie der aktuellen Machthaber zu bedienen, und dass sie neben ‚unschuldigen' Kriminalreportagen auch Texte über Prozesse geschrieben hat, die den Zielen der politischen Propaganda entsprachen.

So verfasste sie unter anderem Reportagen über den „längsten Prozess der Volksrepublik Polen" – den Fall des ehemaligen Leiters des Rundfunkausschusses (1972–1980) Maciej Szczepański – und zwar zu jener Zeit, als Edward Gierek an der Macht war (vgl. Semczuk 2021, S. 342–350). Die neue Führungsriege unter General Wojciech Jaruzelski versuchte später, die Verantwortung für die Situation im Land auf ihre Vorgänger abzuwälzen. Seidlers Reportage, in der wir über das verkündete Urteil lesen, trägt den Titel *Das Gesetz muss von allen befolgt werden* und suggeriert eine prinzipienfeste Herangehensweise der Behörden zur Rechtsprechung. Weiter konstatiert die Autorin, dass es in Polen keine „heiligen Kühe" gebe.

Der Bericht *Dziennik telewizyjny* (Fernsehtagesschau) handelt nicht nur vom Prozess gegen Szczepański, sondern stellt eine Generalanklage gegen die gesamte vorherige Regierung dar. Seidler (1983c, S. 266 u. 272) wiederholt ständig, dass der Angeklagte „nahe genug dran war, um zu beobachten, dass die da oben so waren, wie sie eben waren. Und er nahm sich ein Beispiel an ihnen". Und weiter: Er sei „in das System verstrickt gewesen. Er war eines seiner Rädchen. Er stand weder auf der höchsten noch auf der niedrigsten Sprosse der Leiter". Eine solche Affirmation der propagandistischen Linie führte in den publizierten Reportagen übrigens zu kuriosen Widersprüchen – ein Text über Frauen, die sich weder aus Not noch aufgrund „fehlender Möglichkeiten" zur sog. Dollarprostitution entschlossen hatten, wurde einem Text über ein kleines Dollar-Bestechungsgeld gegenübergestellt, das ein verzweifelter Invalide annahm: Er brauchte das Geld, um im Westen eine Beinprothese zu kaufen, damit er wieder am gesellschaftlichen Leben teilnehmen konnte (Seidler 1983b; Seidler 1983g).

Unabhängig von der Haltung der Autorinnen und Autoren selbst und ihrer Zusammenarbeit mit den Behörden darf auch nicht vergessen werden, dass im sozialistischen Polen nahezu nichts an der Zensurbehörde vorbeiging. Die Politologin Joanna Rogalska (2011, S. 30) schreibt dazu pointiert: „In der Volksrepublik Polen war alles ein Geheimnis. Unfreie – sprich: jegliche – Informationen konnten nur durch die Zensur freigegeben werden." Und abgesehen von den Aufklebern für Brot habe es für alle Publikationen einer Genehmigung bedurft. Jedes offizielle Druckwerk in der Zeit Volkspolens hat also anonyme Mitautorinnen und Mitautoren, nämlich seine Zensorinnen und Zensoren. Diesen Einfluss, das Ausmaß der Retuschen und Eingriffe in das gedruckte Wort in der Retrospektive zu ermitteln, ist meist schwierig, oftmals sogar völlig unmöglich.

Der viel beachtete Fall von Icek Kierbel alias Marian Kargul und der 1968 gegen ihn wegen Bestechung und Devisenhandel geführte Prozess wurden zum Gegenstand zahlreicher Presseartikel, Berichte und schließlich eines eigenen Buchs. Der Verurteilte war schon während des Zweiten Weltkriegs in kriminelle Machenschaften verwickelt. Von Beginn an wachte die Zensurbehörde darüber, dass keine Informationen über die Aktivitäten des Angeklagten während der Besatzungszeit an die Öffentlichkeit gelangten (vgl. Kowalik 2014). Als 1975 ein Buch über Kargul veröffentlicht wurde, strich die Zensur darin unter anderem Informationen über seine Verbindungen zu mehreren hochrangigen Parteiaktivisten (vgl. Strzyżewski 2015, S. 386). Selbstredend finden sich auch in den veröffentlichten Gerichtsreportagen über diesen Fall keine derartigen Informationen.

Ohne detailliert auf die Zensur im kommunistischen Polen einzugehen (zu diesem Thema wurde und wird bereits rege geforscht), soll an dieser Stelle daran erinnert werden, dass es (veränderliche) Instruktionen für die Zensorinnen und Zensoren hinsichtlich der Publizierbarkeit und Nichtpublizierbarkeit bestimmter Inhalte gab. Nicht die Autorinnen und Autoren, sondern die Behörden entschieden, worüber man schreiben, was man veröffentlichen durfte und worüber zu schweigen war. Als nach abgeschlossenem Prozess gegen Zdzisław Marchwicki (dem mutmaßlichen „Vampir von Zagłębie“) – während dieser auf seine Hinrichtung wartetet – in der weiteren Umgebung erneut Frauen zu Tode kamen, wurden die Vorfälle kurzerhand vertuscht. Die einige Jahre später erfolgte Ergreifung, Verurteilung und Hinrichtung Joachim Knychałas (dem „Vampir von Beuthen“) fand in einschlägigen Publikationen daher kein wahrnehmbares Echo. Justizirrtümer auch nur anzudeuten, war im sozialistischen Polen nahezu unmöglich. Jerzy Sawickis (1963) Reportagesammlung mit dem verheißungsvollen Titel *Sędziowie są omylni* (Richter sind fehlbar) – über weite Strecken als Pitaval anzusehen, der allerdings durch allgemeine Kommentare des Autors etwas verwässert wird – enthält ausschließlich Fälle aus ‚bourgeoisen‘ Gesellschaften. In Polen (und anderen Volksdemokratien) hingegen machte die Justiz solchen Publikationen zufolge selbstredend keine Fehler.

Unter den vorfindlichen Bedingungen war noch nicht einmal daran zu denken, über politische Morde zu schreiben, wenngleich ohnehin jeder wusste, dass der Staatsapparat dafür verantwortlich war. Auch über politische Prozesse als solche konnte nicht objektiv, sondern nur innerhalb der engen Grenzen des offiziellen Narrativs berichtet werden. Manche dieser Fälle, beispielsweise die Verurteilung Wojciech Ziembińskis, der im Pfadfinderlager eine historische Geschichte erzählt hatte, waren im Übrigen sehr beschämend für das System. Doch blieben solche Kuriositäten wie der sogenannte ‚proces piski o traktat ryski‘ (Der Piszer Akt über den Rigaer Kontrakt) um Ziembiński exklusiv jenen Leserinnen und Lesern vorbehalten, die Zugang zur Exilliteratur hatten, da der darüber berichtende Text lediglich in der 1972 vom Pariser *Instytut Literacki* herausgegebenen Schrift *Sąd orzekł...* (Instytut Literacki 1972, S. 291–298) erschienen war.

Die Miliz wie auch die anderen an der Kriminalitätsbekämpfung beteiligten Behörden mussten eine absolut reine Weste behalten, so dass in der Literatur nichts über Straftaten von Funktionärinnen und Funktionären, auch nicht über deren Mitschuld oder Nachlässigkeiten zu lesen sein durfte. Bis in die späten 1970er Jahre, als schließlich auch die ersten illegalen Untergrundverlage entstanden, lag das Verlagsmonopol in Staatshand, so dass unerwünschte Texte es ohnehin gar nicht erst in den Druck schafften. Zwar existierten auch bereits zuvor schon polnische Verlage im Exil; die in der Volksrepublik lebenden Autorinnen und Autoren waren jedoch oftmals nicht in der Lage oder nicht gewillt, im Ausland zu publizieren, und wenn, dann taten sie dies nur selten unter ihren Klarnamen.

Ebenfalls im Pariser Verlag *Instytut Literacki* erschien 1977 unter dem Titel *Widziane z ławy obrończej* (Von der Verteidigerbank aus gesehen) jedoch die Analyse einiger Fälle aus der frühen Volksrepublik von Aniela Steinsbergowa. Steinsbergowa hatte als Anwältin in den 1950er Jahren einige Revisionsprozesse zur Rehabilitierung von Personen geführt, die während des Stalinismus verurteilt worden waren. Mit Aufkommen dissidentischer Publikationstätigkeit, dem sogenannten ‚Zweiten Umlauf', wurde schließlich aber nicht nur über aktuelle kommunistische Verbrechen berichtet, sondern es wurden allmählich auch weiter zurückliegende Fälle recherchiert und ans Licht der Öffentlichkeit gebracht. Unter dem Pseudonym Łukasz Socha veröffentlichte Maria Turlejska 1984 ihr Buch *Te pokolenia żałobami czarne... Skazani na śmierć i ich sędziowie 1944–1954* (Diese in Trauermäntel gehüllten Generationen… Die zum Tode Verurteilten und ihre Richter 1944–1954) – eine Art wissenschaftliche Abhandlung, die staatliches Unrecht in den Anfängen des kommunistischen Polen dokumentiert.

5 Kriminalität im sozialistischen Polen

Kommen wir nun zum zweiten hier interessierenden Aspekt: den Eigenheiten der Kriminalität im sozialistischen Polen. Es handelt sich dabei um einen objektiven Faktor: dem Material, aus dem faktuale Literatur geschaffen wird. Die Volksrepublik Polen mit ihrem totalitären Anspruch, die zumindest formell auf die Egalisierung der Gesellschaft abzielte und das Leben ihrer Bürgerinnen und Bürger in hohem Maße kontrollierte, eignete sich kaum als Ort schwererer Verbrechen. Manche Straftaten, etwa Entführungen mit dem Ziel der Lösegelderpressung, mussten unter den gegebenen Bedingungen nahezu abstrakt wirken. Eine präzise Differenzierung in dieser Hinsicht ist schwierig; dennoch liegt die Vermutung nahe, dass bestimmte Arten von Kriminalität erheblich seltener anzutreffen waren als dies zur selben Zeit in westeuropäischen Gesellschaften der Fall war. Zutreffend ist dies jedenfalls für den Tatbestand des Mordes (abgesehen von den frühen, bürgerkriegsähnlichen Jahren; doch darüber konnte man ohnehin nicht schreiben) – dem grundlegenden Stoff des klassischen Pitavals. Organisierte Kriminalität fand in diesem gesellschaftspolitischen Rahmen keinen fruchtbaren Boden, zudem war der Besitz von Schusswaffen behördlich untersagt, so dass vorsätzliche Tötungsdelikte erheblich seltener vorkamen. Zwar gab es weiterhin Mordfälle – etwa im Zusammenhang mit Raub, sexuellen Motiven, aus Rache, ja sogar Serienmörder erregten von Zeit zu Zeit großes Aufsehen. Doch handelte es sich viel häufiger (was in Polen übrigens auch heute noch immer der Fall ist) um sogenannte ‚Küchendelikte': ein Streit unter Familienmitgliedern oder Freunden, jede Menge Alkohol, ein einfaches Gemüsemesser und eben die Küche als *locus delicti*. Den Statistiken der Jahre 1955 bis 1965 ist zu entnehmen, dass die meisten Tötungsdelikte auf Sonntage, die einzigen arbeitsfreien Tage, und zwar mehr als die Hälfte von ihnen auf die Abendstunden nach 18 Uhr entfielen. Die meistverwendete Mordwaffe stellte das Messer dar, gefolgt von Brecheisen und Axt. Beim Tatort handelte es sich in der Regel um die Wohnung des Opfers, vielfach sogar die gemeinsame Wohnung von Opfer und Täterin bzw. Täter (vgl. Hołyst 1967, S. 10–37). Eine 1959 durchgeführte Datenauswertung mit Blick auf Prügeleien und andere körperliche Auseinandersetzungen mit Todesfolge brachte Erstaunliches zutage: Die ganz überwiegende Mehrheit der Täterinnen und Täter stand unter erheblichem Alkoholeinfluss, zwei Drittel der Vorfälle ereigneten sich in oder in unmittelbarer Nähe eines Raums, in dem gefeiert wurde, und bei mehr als 50 Prozent der Täterinnen und Täter handelte es sich um ungelernte Arbeiterinnen bzw. Arbeiter (vgl. Hołyst 1962).

Interessant erscheinen solche Fakten zwar im Kontext soziologischer Studien und Berichte über gesellschaftliche Pathologien. An der Aufdeckung solcher Straftaten und den darauf folgenden Prozessen fand sich jedoch wenig Spektakuläres, das hätte pitavalartig beschrieben werden können. Kam es ausnahmsweise dann doch zu ungewöhnlichen Mordfällen, so wurden sie regelrecht ausgeschlachtet und jeweils von einer Vielzahl von Autorinnen und Autoren zu einer Vielzahl von Texten verarbeitet. Es verwundert daher nicht, dass Gerichtsreporterinnen und -reporter sich zugleich auch anderen Straftaten zuwandten. Krystyna Golańskas Textsammlung *Niewinny boi się bardziej* (Der Unschuldige fürchtet sich mehr) etwa beinhaltet nur einen einzigen Mordfall. Barbara Seidlers *Mrok* (Dämmerung) beginnt zwar mit dem Fall eines Serienmörders, erzählt dann jedoch von Prozessen wegen Bestechung, Fälschung oder Zuhälterei. Die Suche abseits von Tötungsdelikten führte sogar so weit, dass in Wanda Falkowskas *W imieniu prawa* (Im Namen des Gesetzes) ein kurzer Text über die Verurteilung einer Verkäuferin wegen versuchten Betrugs um 50 Złoty Eingang gefunden hat (Falkowska 1961).

Die Spezifika der Kriminalität im sozialistischen Polen bedeuteten allerdings nicht nur eine Limitierung literarischer Möglichkeiten einerseits, sondern erweiterten das thematische Repertoire andererseits sogar. Der real existierende Sozialismus brachte für das System charakteristische Straftaten rund um Wohnungs-, Devisen-, Amts- und Wirtschaftskriminalität hervor, die ebenfalls vielfach Stoff für Gerichtsreportagen lieferten. Da es sich meist um Delikte ohne konkrete Opfer handelte, waren sie für die Pitavalliteratur allerdings tendenziell uninteressant. Verstoßen wurde in der Regel gegen als abstrakt empfundene Gesetze und Vorschriften; bei der Beschreibung solcher von weiten Teilen der Bevölkerung als Bagatelldelikte angesehenen Vergehen bedurfte es daher eher der persuasiven Form der Reportage. Es ging zum Beispiel um die sich mit dem Wohnraummangel verbindenden Beschränkungen in der Verteilung von Unterkünften, den behördlich angeordneten Zwangseinquartierungen und einer Fülle weiterer Vorschriften in diesem Zusammenhang.

Devisendelikte hatten nicht nur etwas damit zu tun, illegal Fremdwährungen in Umlauf zu bringen, sondern dehnten sich auch auf Schwarzhandel und Schmuggel aus, was unmittelbar aus dem Anspruch des Staates, das gesamte Wirtschaftsleben zu kontrollieren, und die damit einhergehenden Beschränkungen erwuchs. Straftaten, die von Behördenmitarbeiterinnen und -mitarbeitern verübt wurden, gründeten auf diversen Verfehlungen und Machtmissbrauch im weitläufigen Verwaltungsapparat, die wiederum meist der Wohnungsnot sowie Devisen- und Wirtschaftsproblemen geschuldet waren. Gerade Wirtschaftsdelikte wurden mitunter zu großen Schauprozessen aufgebauscht, um der Bevölkerung weiszumachen, nicht der Staat und seine Planwirtschaft, sondern kriminelle Individuen führten zu den allgegenwärtigen Versorgungsdefiziten. Seit Beginn der 1960er Jahre kam es immer wieder zu ‚großen Wirtschaftsskandalen' (vgl. Madej 2020, S. 102 u. 106), deren Prozesse in präventiver Absicht möglichst allgemein publik gemacht wurden und mit teilweise drakonischen Urteilen endeten. Traurige Berühmtheit erlangte etwa der immense Ausmaße einnehmende ‚Fleischskandal', in dem gegen den Hauptangeklagten Stanisław Wawrzecki 1965 das – heute als Justizmord angesehene und 2004 aufgehobene – Todesurteil vollstreckt wurde (vgl. Szymowski 2018). Aufgrund der (nicht zuletzt staatlich erzeugten) Spektakularität, sicherlich aber auch gezielter Indienstnahme von Autorinnen und Autoren, entstanden im Zusammenhang mit Prozessen dieser Art unzählige Reportagen und formverwandte Texte.

Bestimmte Arten von Machtmissbrauch und Kriminalität gehören zu den Spezifika zentral verwalteter Wirtschaftssysteme. Die Behörden der Volksrepublik Polen waren einerseits nicht in der Lage, sie zu beseitigen, erlaubten andererseits aber auch nicht, darüber zu schreiben, dass bestimmte Delikte aus dem Wesen des Systems selbst resultierten. Aus vielen Texten spricht daher eine gewisse Ratlosigkeit. In einer Reportage von Barbara Seidler (1983f, S. 136) heißt es: „Manche werden erwischt [...], es werden Urteile gefällt, die Leute gehen für viele Jahre hinter Gitter, und gleich nebenan – in einem benachbarten Betrieb oder sogar in ein und demselben Betrieb – formiert sich schon wieder die nächste Bande". Alarmistische Appelle an die Kontrollorgane, an die Verwaltung und schließlich an die Moral änderten faktisch natürlich gar nichts, da die Lage im sozio-ökonomischen System der Volksrepublik selbst begründet war. Heutzutage kaum mehr verständlich sind daher auch viele der in diesem Kontext entstandenen Texte, etwa Seidlers Reportage über den sogenannten Hortex-Skandal: Wer kann gegenwärtig noch nachvollziehen, was es inmitten von Absurditäten wie behördlich festgelegter Preise, ‚unzulässiger Produkte' und ‚Notwaren' sowie einander widersprechender Vorschriften über den Waren- und Geldverkehr mit der „Aneignung gesellschaftlichen Eigentums" auf sich hatte? Stefan Kisielewski (1990, S. 42) trifft hier mit seinem Ausspruch ins Schwarze, dass der Sozialismus ein System sei, das heldenhaft jene Schwierigkeiten überwindet, die es ohne ihn gar nicht gegeben hätte.

6 Das Recht

Drittens interessiert im Hinblick auf die hier aufgeworfenen Fragen, wie das Recht überhaupt beschaffen war und wie die Organe der Justiz funktionierten. Von besonderer Bedeutung ist dabei, wie der Strafprozess aussah und wozu er diente.

Der totalitäre Staat zeichnete sich nicht nur durch die Existenz der oben beschriebenen Zensur aus, sondern auch durch die Instrumentalisierung des Rechts und die Unterordnung der Gerichte und Staatsanwaltschaften unter die politische Macht. Sie wurden als Teil des Staatsapparates betrachtet; den Grundsatz der Gewaltenteilung gab es nicht. Ein parteinaher Wissenschaftler schrieb offen, dass „in den vier Jahrzehnten Volkspolens die Gerichte und die Staatsanwaltschaft im Allgemeinen die Parteipolitik umsetzten" (Walczak 1987, S. 444). Der Einfluss der politisch Verantwortlichen auf die Justiz war vielfältig, vor allem fand eine starke

Politisierung der Kader statt: Bereits in den 1960er Jahren gehörte mehr als die Hälfte der Richterinnen und Richter sowie der Staatsanwältinnen und Staatsanwälte der PZPR an (vgl. Madej 2006, S. 158). Es kann daher nicht überraschen, dass ein Teil der Richterinnen und Richter disponibel war und seine Entscheidungen bei Bedarf am Parteikurs ausrichtete (vgl. Rzepliński 1989, S. 53–61). Die Tätigkeit der Staatsanwaltschaft wiederum zielte auf den Schutz und die Stärkung des politischen und sozialen Systems der Volksrepublik Polen und den Schutz des gesellschaftlichen Eigentums ab. Die Achtung der Bürgerrechte hingegen gehörte zu den nachgelagerten Zielen (vgl. Kallas und Lityński 2000, S. 225 u. 262). Bedenkt man zudem die mitunter menschenverachtenden Methoden der Volkspolizei zur Erpressung von Geständnissen, so wird deutlich, dass man im sozialistischen Polen kaum mit einem fairen Prozess rechnen konnte. In den Anfängen Volkspolens bestand der Zweck der Justiz darin, „den Widerstand der gestürzten Ausbeuterklassen zu brechen"; sie war „mit ihrer Klinge [...] gegen die Klassenfeinde gerichtet" (Schaff 1950, S. 181). Diese Prämissen wurden unter anderem durch das sogenannte ‚Kleine Strafgesetzbuch' von 1946 umgesetzt, das bis 1969 in Kraft blieb und ein Instrument zur Bekämpfung von Systemgegnerinnen und -gegnern darstellte. Die Anwendung ihrer vagen Regeln und die Verhängung drakonischer Strafen für Bagatelldelikte eigneten sich kaum als Gegenstand literarischer Darstellungen.

Bis zur Einführung der neuen Strafprozessordnung im Jahr 1970 waren die Verfahrensabläufe weit davon entfernt, die Rechte von Beschuldigten zu respektieren. Darüber hinaus wurden einige Prozesse nach einem speziellen Schnellverfahren durchgeführt, das selbst in dieser Zeit gegen alle Standards verstieß: Es gab verschärfte Strafen, das Verfahren wurde abgekürzt und beinhaltete nicht die Möglichkeit der Berufung. Von dieser Verfahrensart wurde unter anderem im oben erwähnten ‚Fleischskandal' Gebrauch gemacht – das auf diese Weise zustande gekommene Todesurteil gilt heute als Justizmord. Zeitgenössische Autorinnen und Autoren durften über die Irregularitäten solcher Prozesse freilich kein Wort verlieren.

Der Hauptzweck des Strafprozesses in der Volksrepublik Polen bestand letztlich darin, die Anklage zu bestätigen und ein Strafmaß zu verhängen. Kam es zu einem der raren Freisprüche, so finden sich in den Gerichtsreportagen aufwendige Erklärungen, wie es dazu kommen konnte. Es handelt sich dabei um eine Art Rechtsedukation, die dahingehend argumentiert, dass es manchmal an Beweisen mangele, manchmal Zweifel bestünden – und im Zweifel nun einmal der Grundsatz *In dubio pro reo* respektiert werde. Die Volkspolizei und die Staatsanwaltschaft irrten sich, so der Tenor dieser Texte, hingegen nicht; allenfalls sei etwas übersehen worden oder die Gutachterinnen und Gutachter solidarisierten sich mit den Angeklagten. Krystyna Golańska (1971, S. 217 u. 376) schrieb (gleich zweimal), dass „die Anklagebank ein Ort ist, der im Bewusstsein der gesetzestreuen Gesellschaft (endlich!) zu einem Ort der Schmach geworden ist", so als ob sie gar nicht erst in Betracht ziehen würde, dass die Ermittelnden sich irren und der oder die Angeklagte unschuldig sein könnte. Im Übrigen ließ Golańska keine Gelegenheit aus, auf die didaktischen und pädagogischen Ziele ihrer Texte hinzuweisen: Die Aufgabe des Gerichtsreporters bestehe darin, Informationen zu liefern, die einen dokumentarischen Wert für „die Festigung der Rechtsstaatlichkeit und das Rechtsbewusstsein der Gesellschaft" hätten (Golańska 1971, S. 375). Sie verweist zwar auf den Grundsatz *dura lex sed lex*, aber man müsse den Richtern vertrauen, denn im sozialistischen Polen sei bereits ein Kader von Richterinnen und Richtern herangewachsen, denen man vertrauen könne und die sich um das „gesellschaftliche Wohl" kümmerten: Diese ‚neuen' Richter könnten demnach eine besondere Milde walten lassen, was in den Händen einer „stabilisierten und reifen Justiz" ein kluges Instrument sei (Golańska 1971, S. 102).

Barbara Seidler (1972, S. 177) schreibt, der Gerichtsreporter solle die öffentliche Meinung vertreten. Auch im Zusammenhang mit dem schon erwähnten Reportage-Wettbewerb wurde betont, dass immer auch der „soziale, moralische und sittliche Hintergrund" eine Rolle spielen müsse und der Gerichtsprozess so „den Ausgangspunkt für eine tiefgründige Erforschung der gesellschaftlichen Realität" darstelle (Rymuszko 1988, S. 3). Erst am Ende der Volksrepublik Polen, als sich kein Rezept gegen die wirtschaftliche Katastrophe und die schwierigen Lebensbedingungen mehr fand, begannen die Behörden allmählich, eine gewisse Kritik im Sinne eines Sicherheitsventils zuzulassen. In der Einleitung zur Reportagesammlung *Pęknięte lustra Temidy* (Die zerbrochenen Spiegel der Themis) heißt es, einige der Texte befassten sich mit „der eigentümlichen Pathologie der Justiz und der Strafverfolgungsbehörden sowie den Missständen und Entgleisungen, die manchmal in ihrer Arbeit zutage treten" – ein Eingeständnis, dass in der sozialistischen Gesellschaft doch nicht alles so funktioniert, wie es propagiert worden war. Symptomatisch ist darin die Feststellung: „Die Augen vor diesem Problem zu verschließen, so zu tun, als wäre es nicht da, führt zu gar nichts" (Rymuszko 1988, S. 3 u. 8).

7 Schlussbemerkungen

Die hier angestellten Überlegungen versuchen zu erklären, warum die Gerichtsreportage in der Volksrepublik Polen erheblich weiter verbreitet war als der klassische Pitaval. An dieser Stelle sei noch erwähnt, dass die Arbeit an Pitavalen durch weitere Probleme erschwert wurde: Man hätte schließlich Themen aufdecken müssen, die die Behörden unbedingt zu verbergen suchten. So betont Kazimierz Larski (1962) bezeichnenderweise in seinem oben angesprochenen *Współczesny Pitaval Polski* (Polnischer Gegenwartspitaval), dass er bestimmte Details nicht nennen könne, um die Ermittlungsmethoden der Polizei nicht preiszugeben und dadurch die Aktivitäten von Kriminellen in Zukunft zu erleichtern. Später erschien der *Pitaval makabryczny* (1965, Der makabre Pitaval) von Stanisław Szenic, der gesellschaftlich ausgerichtet war: Zum einen hörte man auf zu leugnen, dass es ein massives soziales Problem gab: den Alkoholismus. Zum anderen änderte sich die Rechtspraxis bei der Beurteilung von Straftaten, die unter Alkoholeinfluss begangen wurden. Hatte es sich zuvor um einen strafmildernden Umstand gehandelt, der üblicherweise Nachsicht in der Beurteilung zur Folge hatte, wirkte er seit Mitte der 1950er Jahre strafverschärfend. 1974 erschien dann der *Pitaval wrocławski* (Breslauer Pitaval), den man allerdings auch wieder als eine Besonderheit betrachten muss, da der Autor freilich nicht auf Fälle aus dem deutschen Breslau zurückgreifen konnte, sondern sich ganz auf jüngere Fälle aus dem polnischen Wrocław konzentrieren musste.

Erst gegen Ende der sozialistischen Ära tauchten in Polen zunehmend mehr Pitavale mit Gegenwartsfällen auf, so dass die Zäsur von 1939 immer häufiger überschritten wurde. Sammlungen wie der *Pitaval Śląski* (Schlesischer Pitaval) mit Fällen aus den Jahren 1910 bis 1968 (Dyniewski 1986) und der *Pitawal bydgoski*, in dem spektakuläre Verbrechen aus der Stadt Bydgoszcz während der Volksrepublik Polen beschrieben wurden (Derenda und Sygit 1985), gingen als Vorboten einer neuen Zeit voran: Nach dem politischen Umbruch von 1989 und dem Untergang der Volksrepublik erlebten der Pitaval wie auch die fiktive Kriminalliteratur eine neue Blüte. Nicht nur die Wirklichkeit der Transformationszeit bot dafür reichlich Stoff; Autorinnen und Autoren hatten nun endlich auch die Freiheit, über zuvor politisch unerwünschte und von der Zensur zurückgehaltene Inhalte zu schreiben. Hauptsächlich erschienen nun zahlreiche Lokalpitavale aus der Feder von Kennerinnen und Kennern der jeweiligen Region. Darüber hinaus gaben einige der in dieser Zeit aus dem Dienst scheidenden Ermittlerinnen und Ermittler mittels Pitavalsammlungen ihre Erfahrungen und Techniken der operativen Arbeit weiter. Die für das sozialistische Polen so charakteristische Gerichtsreportage verschwand in der neuen Realität fast gänzlich – an ihre Stelle trat nun vor allem der investigative Journalismus.

Literaturverzeichnis

Andrejew, Igor, Leszek Lernell und Jerzy Sawicki. 1954. *Prawo karne Polski ludowej*. Bd. I. Warszawa: Ministerstwo Sprawiedliwości.

Anonym. 1972. *Sąd orzekł...* Paryż: Instytut literacki; impr. Richard.

Borkowski, Zenon. 1975. *Zanim padło oskarżam*. Warszawa: Wydawnictwo Ministerstwa Obrony Narodowej.

Borkowski, Zenon. 1976. Śmierć pisarza. In *Zbrodniarz szuka alibi*. Hrsg. Zenon Borkowski, S. 156–182. Warszawa: Wydawnictwo Ministerstwa Obrony Narodowej.

Borkowski, Zenon. 1978. *Hurtownicy zbrodni*. Warszawa: Wydawnictwo Ministerstwa Obrony Narodowej.

Brandys, Kazimierz. 1965. *Listy do Pani Z. Wspomnienia z teraźniejszości 1957–1961*, 3. Aufl. Warszawa: Państwowy Instytut Wydawniczy.

Brytan, Tadeusz, et al. 1974. *Szarobłękitni. Na tropach zbrodni*. Warszawa: Książka i Wiedza.

Brytan, Tadeusz, et al. 1976. *Kryptonim „Anna"*. Warszawa: Książka i Wiedza.

Derenda, Jerzy, und Bogusław Sygit. 1985. *Pitawal bydgoski czyli zbiór opisów najgłośniejszych procesów o zabójstwa*. Bydgoszcz: Pomorze.

Diverse 1969b. *Wspomnienia milicjantów*. Łódź: Wydawnictwo Łódzkie.

Diverse. 1969a. *Pamiętniki prawników. Wybór prac nadesłanych na konkurs pod nazwą „Pamiętniki prawników. Wspomnienia z 25 lat Polski Ludowej"*. Warszawa: Wydawnictwo Prawnicze.

Dobrzyński, Andrzej A. 1977. *Obyczaje a prawo*. Warszawa: Krajowa Agencja Wydawnicza.

Dobrzyński, Andrzej. A. 1979. *Ze wspomnień prokuratora*. Warszawa: Krajowa Agencja Wydawnicza.

Dyniewski, Tadeusz. 1986. *Zbrodnia – Zdrada – Kara. Pitaval Śląski*. Katowice: Krajowa Agencja Wydawnicza.

Falkowska, Wanda. 1961. Buty panny Lidii. In *W imieniu prawa*, S. 162–164. Łódź: Wydawnictwo Łódzkie.

Falkowska, Wanda. 1984. Kąpiel. In *Romans z paragrafem*, S. 196–200. Warszawa: Krajowa Agencja Wydawnicza.

Foik, Melanie, und Kathrin Löhr. 2023. Pitaval's Journeys. On the European Tradition of Literary Legal Case Collections. In *Europe in Law and Literature. Transdisciplinary Voices in Conversation*. Hrsg. Nicola Kramp-Seidel und Laura Zander, S. 211–226. Berlin/Boston: de Gruyter.
Golańska, Krystyna. 1971. *Proszę wstać!... Reportaże sądowe*. Łódź: Wydawnictwo Łódzkie.
Hołyst, Brunon. 1962. Bójka i pobicie ze skutkiem śmiertelnym. *Ruch Prawniczy, Ekonomiczny i Socjologiczny* 24(1): S. 137–149.
Hołyst, Brunon. 1967. *Wykrywalność sprawców zabójstw*. Warszawa: Wydawnictwo Prawnicze.
Kallas, Marian, und Adam Lityński. 2000. *Historia ustroju i prawa Polski Ludowej*. Warszawa: Wydawnictwo Prawnicze LexisNexis.
Kamińska-Chełminiak, Kamila. 2019. *Cenzura w Polsce 1944-1969*. Warszawa: Wydział Dziennikarstwa, Informacji i Bibliologii.
Kisielewski, Stefan. 1990. *Na czym polega socjalizm?* Poznań: Maximum.
Kowalik, Helena. 2014. Na kłopoty tylko Kargul, „Wprost". https://historia.wprost.pl/reportaze-sadowe/462183/na-klopoty-tylko-kargul.html. Zugegriffen: 3. Dezember 2023.
Larski, Kazimierz. 1962. *Współczesny Pitaval Polski*. Warszawa: Czytelnik.
Łazarewicz, Cezary. 2017. Lekcja życia Barbary Seidler. In *Pamiętajcie, że byłem przeciw. Reportaże sądowe*. Hrsg. Barbara Seidler, S. 5–10. Wołowiec: Czarne.
Madej, Krzysztof. 2006. Prawo i wymiar sprawiedliwości PRL wobec przestępczości gospodarczej (1956–1970). *Pamięć i Sprawiedliwość* 25(2): S. 143–166.
Madej, Krzysztof. 2020. Instrumentalizacja wymiaru sprawiedliwości i prokuratury w sprawach o przestępstwa gospodarcze w latach 1956-1965 – wybrane przykłady. In *Zbrodnie sądowe w latach 1944–1989. Konformizm czy relatywizm moralny środowisk prawniczych?* Hrsg. von Marzena Grosicka und Dariusz Palacz, S. 99–113. Kielce-Warszawa: Instytut Pamięci Narodowej Komisja Ścigania Zbrodni przeciwko Narodowi Polskiemu.
Markiewicz, Jan. 1983. *Przygody z kryminalistyką. Ze wspomnień biegłego*. Warszawa: Wydawnictwo Poznańskie.
Nowicki, Andrzej. 1953. *Droga zdrady*. Warszawa: Książka i Wiedza.
Nowogródzki, Henryk. 1986. *Ze wspomnień warszawskiego adwokata*. Warszawa: Wydawnictwo Prawnicze.
Nowogródzki, Henryk. 1988. *Mówi obrońca...* Warszawa: Wydawnictwo Prawnicze.
Olbrycht, Jan Stanisław. 1964. *Wybrane przypadki z praktyki sądowo-lekarskiej. Zabójstwo, samobójstwo czy nieszczęśliwy wypadek*. Warszawa: Państwowy Zakład Wydawnictw Lekarskich.
Osiadacz, Maria. 1971. *Sąd orzekł...*. Warszawa: Wydawnictwo Ministerstwa Obrony Narodowej.
Osiadacz, Maria. 1974. *Za barierą prawa*. Warszawa: Wydawnictwo Ministerstwa Obrony Narodowej.
Pelczarski, Kazimierz. 2007. O. Marian Pirożyński jako więzień komunistycznego reżimu. *Studia Redemptorystowskie* 5: S. 9–37.
Pohl, Krzysztof. 1988. *Tak blisko życia. Pitaval morski*. Warszawa: KAW.
Pudysz, Zbigniew. 1987. *Zabójstwo z premedytacją*. Warszawa: Książka i Wiedza.
Raczyński, Marcin. 1953. *Tak dłużej być nie mogło. Po procesie biskupa Kaczmarka*. Warszawa: Książka i Wiedza.
Rogalska, Joanna. 2011. Cenzura słowa pisanego podstawowym narzędziem polityki kulturalnej PRL-u. In *Zanurzeni w historii - zanurzeni w kulturze. Literatura czasów PRL-u o PRL-u*. Hrsg. M. Karwala und B. Serwatka, S. 9–32. Kraków: Śródmiejski Ośrodek Kultury.
Rowiński, Aleksander. 1975. *W lepszym towarzystwie*. Warszawa: Czytelnik.
Rymuszko, Marek. 1988. Wstęp. In *Pęknięte lustra temidy*, S. 3–10. Warszawa: Wydawnictwo Prawnicze.
Rzepliński, Andrzej. 1989. *Sądownictwo w Polsce Ludowej*. Warszawa: Pokolenie.
Sawicki, Jerzy. 1963. *Sędziowie są omylni*. Warszawa: Wiedza Powszechna.
Schaff, Leon. 1950. *Polityczne założenia wymiaru sprawiedliwości w Polsce ludowej*. Warszawa: Książka i Wiedza.
Seidler, Barbara. 1972. *Skłóceni z prawem*. Kraków: Wydawnictwo Literackie.
Seidler, Barbara. 1977a. Droga do Ziemi Obiecanej. In *Schody do raju czy rozpacz?*, S. 122–132. Warszawa: Czytelnik.

Seidler, Barbara. 1977b. Spirytus w żyłach. In *Schody do raju czy rozpacz?*, S. 50–70. Warszawa: Czytelnik.
Seidler, Barbara. 1977c. Terroryści znad Wisły. In *Schody do raju czy rozpacz?*, S. 40–49. Warszawa: Czytelnik.
Seidler, Barbara. 1977d. Wielkie słowa – niski czyn. In *Schody do raju czy rozpacz?*, S. 7–39. Warszawa: Czytelnik.
Seidler, Barbara. 1983a. Cztery kłamstwa Mahmuda Greo. In *Mrok. Reportaże sądowe*, S. 64–78. Wrocław/Kraków: Wydawnictwo Literackie.
Seidler, Barbara. 1983b. Dolary na protezę. In *Mrok. Reportaże sądowe*, S. 45–55. Wrocław/Kraków: Wydawnictwo Literackie.
Seidler, Barbara. 1983c. *Dziennik telewizyjny*. In *Mrok. Reportaże sądowe*, S. 246–284. Wrocław/Kraków: Wydawnictwo Literackie.
Seidler, Barbara. 1983d. Kolory i smaki przestępstwa. In *Mrok. Reportaże sądowe*, S. 157–192. Wrocław/Kraków: Wydawnictwo Literackie.
Seidler, Barbara. 1983e. *Mrok. Reportaże sądowe*. Wrocław/Kraków: Wydawnictwo Literackie.
Seidler, Barbara. 1983f. *Rozdziobią nas kruki, wrony*. In *Mrok. Reportaże sądowe*, S. 135–142. Wrocław/Kraków: Wydawnictwo Literackie.
Seidler, Barbara. 1983g. „...U nas dole i niedole...". In *Mrok. Reportaże sądowe*, S. 56–63. Wrocław/Kraków: Wydawnictwo Literackie.
Semczuk, Przemysław. 2021. *Wampir z Zagłębia*. Wyd. nowe i uzupełnione. Warszawa: Świat Książki Wydawnictwo.
Sierotwiński, Stanisław. 1960. *Słownik terminów literackich. Teoria i nauki pomocnicze literatury*. Kraków: Wyższa Szkoła Pedagogiczna.
Snopkowski, Andrzej. 1982. *Trzy wyroki*. Kraków: Krajowa Agencja Wydawnicza.
Steinsbergowa, Aniela. 1977. *Widziane z ławy obrończej*. Paryż: Instytut Literacki.
Strzyżewski, Tomasz. 2015. *Wielka księga cenzury PRL w dokumentach*. Warszawa: Wydawnictwo Prohibita.
Szenic, Stanisław. 1965. *Pitaval makabryczny czyli sprawy pijackie. Alkoholizm a przestępczość*. Warszawa: Państw. Zakł. Wyd. Lekarskich.
Szerer, Mieczysław. 1961. Przedmowa. In Wanda Falkowska: *W imieniu prawa*, S. 7–19. Łódź: Wydawnictwo Łódzkie.
Szymowski, Leszek. 2018. Afera mięsna: złamane życie dziesięciu warszawskich rodzin. Rzeczpospolita vom 16. Juni 2018. https://www.rp.pl/historia/art9749181-afera-miesna-zlamane-zycie-dziesieciu-warszawskich-rodzin. Zugegriffen: 3. Dezember 2023.
Urban, Jerzy (alias Kibic). 1988. *Jakim prawem (historyjki sensacyjne)*. Warszawa: Wydawnictwo Prawnicze.
Wałach, Stanisław. 1974. *Świadectwo tamtym dniom...* Kraków: Wydawnictwo Literackie.
Walczak, Ryszard. 1987. *Sprawowanie kierowniczej roli partii w sądach i prokuraturze w Polsce Ludowej (Studium politologiczne)*. Warszawa: Akademia Nauk Społecznych.
Wielgolawski, Tadeusz. 1977. *Na tropach zabójcy*. Katowice: Śląsk.
Wołowski, Jacek. 1956. *Walther 45771*. Warszawa: Wydawnictwo CM.
Żurek, Edmund. 1973. Sprawa Gorgonowej. In *Gorgonowa i inni*. Warszawa: Książka i Wiedza.

Zwischen Dokumentarismus und Politikum. Kazimierz Larskis polnischer Nachkriegs-Pitaval

Wolfgang Brylla

1 Fallgeschichten und Berichterstattung

Einer der berühmtesten irischen Schriftsteller an der Schwelle zum 20. Jahrhundert, George Bernard Shaw, Literaturnobelpreisträger von 1925, geouteter Vegetarier und überzeugter Marxist, hat aus seiner Schwäche für die Verbrechens- bzw. Deduktions- bzw. Kriminalliteratur keinen Hehl gemacht. Auf eben diesen Shaw geht auch die überlieferte, mit einem Hauch Bosheit versehene Behauptung zurück, dass es den Deutschen in Wirklichkeit an zwei wichtigen *skills* fehle. Einerseits bemängelt Shaw die deutsche Abneigung allen revolutionären Bewegungen gegenüber, andererseits weiß er die deutsche Unfähigkeit, aufschlussreiche *crime fiction* von Weltniveau zu verfassen, zu brüskieren (vgl. Kutch und Herzog 2014, S. 5). Seine mit einem Augenzwinkern zu betrachtende Kritik ließe sich auch gut, und natürlich mit derselben Dosis Ironie, auf Polen ummünzen. Zwar haben die Polen in ihrer Geschichte mehrere Male versucht, zur Waffe zu greifen und gegen den preußischen/deutschen, russischen oder auch österreichischen Aggressor Widerstand zu leisten, aber nur eine einzige nationale Erhebung konnte auf diese Art und Weise gewonnen werden. Alle anderen Aufstände endeten in politischem Fiasko, sinnlosem Blutvergießen und zogen für die Bevölkerung massive Konsequenzen nach sich (Zwangsgermanisierung, Verschleppung, Folter, Einkerkerung, verhängte Todesurteile). Auch die polnischsprachige Kriminalliteratur der damaligen Zeit war gewissermaßen von Misserfolg gekrönt und hatte wenig positive Schlagzeilen zu melden. Man orientierte sich an französischen und englischen Vorbildern wie Émile Gaboriau oder Arthur Conan Doyle, doch hatte die Kriminaldichtung von Anfang an im geteilten Polen einen sehr schweren Stand. Marta Ruszczyńska (2019, S. 11), die sich mit der Problematik des polnischen Detektiv- und Kriminalromans des 19. Jahrhunderts beschäftigt, verweist schon im Vorfeld auf die „Nicht-Selbstverständlich-

M. Foik und S. Speth (Hrsg.), *Pitaval im Sozialismus*, Literatur und Recht 20,
https://doi.org/10.1007/978-3-662-72431-6_10

keit" seiner literarischen Existenz,[1] die auf zweifache Weise zu erklären ist. Auf der einen Seite haben in Polen gleich zwei prominente Roman- und Stilschulen für sich das Recht auf Verwendung und literarische Bearbeitung von verbrecherischen Stoffen, Motiven und Themen beansprucht: der Tendenzroman (Unterhaltungsliteratur) und der realistische Roman (gehobene Literatur) (vgl. Ruszczyńska 2019, S. 18). Auf der anderen Seite kann man analog dazu eine interessante Verschränkung von *fiction* und *non-fiction* beobachten, denn viele Krimi-Autoren wie Seweryn Zenon Sierpiński, Józef Symeon Bogucki, Władysław Sabowski, Kazimierz Chłędowski oder Walery Przyborowski waren auch als Zeitungsreporter tätig und berichteten von Gerichtsprozessen, Strafverfolgung, Verhören und Verbrechensjagden. Den Einfluss von nicht-fiktionalem Erzählen auf die Prototypen-Texte der polnischen Kriminalliteratur kann man nicht nur im Umgang mit der (moralisierenden) Trialektik von Schuld, Sühne und Strafe feststellen, seinen Stempel drückte er ebenso der narrativen Darstellungsebene auf. In diesem Kontext könnte man von einer Art Dominanz des berichtenden Erzählmodus sprechen, bei dem weniger die Ausschmückung des Handlungshintergrunds oder eine romanhafte, imaginative Ästhetisierungsform ins Gewicht fallen und stattdessen dem informativen, ja beschreibenden Diktum mehr Schlagkraft zugeschrieben wird. Die Bezugnahme auf dokumentarische Erzählweisen kommt nicht von ungefähr, sondern ist tief in der polnischen Pitaval-Tradition verwurzelt, sofern von einer solchen denn die Rede sein kann.

Bei der Pitaval-Gattung handelt es sich, wie Edgar Marsch (1983, S. 120) konstatiert, um die „Reproduktion des großen Kriminalfalls", bei der jedoch viele „dichterische Elemente" zum Einsatz kommen. Durch die Auslagerung des Rekonstruktionsgrundkonzepts des Pitavals ins Literarische resp. Dichterische zeichne sich in den Fallgeschichten eine bestimmte Strategie der Spannungserzeugung ab. Somit entferne sich der Pitaval von seinem ursprünglichen „Wahrheitsanspruch" (Schönert [1990] 2015, S. 10) und einer „Art Geschichtsschreibung" (Saupe 2009, S. 167)[2] und neige immer häufiger zu „literarischer Konstruktion und unterhaltender Belehrung" (Linder und Schönert 1983, S. 197). Anders als Hans-Otto Hügel oder Jörg Schönert spricht somit Marsch dem Pitaval-Genre einen gewissen Authentizitätswert ab, der auf „aktenmäßiger Darstellung" (O-Ton: Paul Johann Anselm Ritter von Feuerbach) basieren würde (Schönert [1990] 2015, S. 7). Laut Hügel (1978, S. 83) befasse sich der Pitaval mit 1) sensationellen Begebenheiten, 2) juristischen Problemstellungen, und 3) psychologischen sowie historischen Tathintergründen – mit anderen Worten, mit „Exempelgeschichten", die in ihrer „Abgeschlossenheit des Dargebotenen" präsentiert werden. Solche Pitaval-Geschichten, -Texte, -Erzählungen oder -Berichte verfügen über einen „nichtfiktionale[n] Charakter" (Hügel 1983, S. 85), und da sie mit der implizierten „Zeitungs- und Neuigkeitsfunktion" (Hügel 1983, S. 84) ausgestattet sind, setzen sie sich zum Ziel, der Leserschaft Auskunft über die begangenen realen Verbrechen, den Prozessverlauf und das Strafmaß zu geben.

[1] Pl.: „Powieść kryminalna w polskiej literaturze XIX wieku istnieje w sposób niejednoznaczny i nieoczywisty."

[2] Siehe auch Kniesche (2015, S. 53), der von der ‚Popularisierung der Fallgeschichte' spricht.

2 Polnische Pitaval-Sammlungen des 18. und 19. Jahrhunderts

Das Hauptproblem bei der Definierung und Festlegung der gesellschaftlichen resp. gesellschaftsbildenden Rolle des Pitavals u. a. bei Marsch, Schönert und Hügel liegt darin, dass sich ihre Sichtweise überwiegend auf Deutschland beschränkt. Es wird zwar immer auf François Gayot de Pitaval hingewiesen, der als Namensgeber und Gründungsvater der Gattung gilt, doch stolpert man in der deutschen Pitaval-Debatte stets über dieselben Namen: Julius Eduard Hitzig und Wilhelm Häring sowie August Gottlieb Meißner. Daneben darf auch Friedrich Schillers Vorwort für die deutsche Übersetzung der *Causes célèbres* (1734–1743) nicht vergessen werden (vgl. Nusser 2003, S. 75f.), in dem Schiller weniger auf die Jurisprudenz referiert (vgl. Schönert 2007, S. 64), sondern vielmehr auf die literarische Qualität abhebt, auf die „künstlerische[ ] Verwicklung und Mannigfaltigkeit der Gegenstände", die sich „bis zum Roman erheben, und dabei noch den Vorzug der historischen Wahrheit voraus haben" (Schiller [1792] 2005, S. 76). Über den eigenen nationalen Tellerrand wird selten geschaut, was einerseits nachvollziehbar erscheint, andererseits allerdings auch nachdenklich stimmt, denn der Pitaval war gar keine rein französische oder deutsche Erfindung, sondern ein grenzüberschreitendes und, wenn man so will, europäisches (reportagenähnliches, literarisches) Phänomen, das sich in seinen verschiedensten Sonderformen und Nuancierungen unter anderem in England (in der fiktionalisierten Fortsetzung des *newgate*-Romans) oder eben in Polen großer Beliebtheit erfreute. Nicht nur im preußischen Geltungsbereich wurde der Pitaval, ein „enzyklopädisches Archiv des Verbrechens" (Košenina 2018, S. 210), als „Inbegriff populärer juristischer Fallerzählungen" wahrgenommen (Breuer 2018, S. 269).

Das polnische Schiller-Pendant heißt Ignacy Krasicki. Als Erzbischof von Gnesen verkehrte er am Königshof von Stanislaus II. August. Vom preußischen König Friedrich II. wurde er sogar in die Berliner Akademie der Wissenschaften berufen. Krasicki war ein Tausendsasa, ein Influencer des 18. Jahrhunderts, der sich eigentlich für nichts zu schade war. Neben Zeitungspamphlets brachte er die ebenfalls satirische Schrift *Mönchenkrieg* zu Papier, in der er mit der katholischen Kirche hart ins Gericht ging und eine Lanze für den aufgeklärten Zeitgeist brach. Anfang der 1760er Jahre gelang es Krasicki mithilfe von Stanisław Czartoryski den französischen Original-Pitaval nach Lwów/Lemberg zu holen; er beauftragte mehrere Übersetzer damit, die Rechtsfälle ins Polnische zu übertragen. Im Endeffekt brachte man 1765 das Manuskript (im Umfang von 24 Blättern) *Sądy sławne, które nam historia podaje, z przyłączeniem niektórych rozsądzeń, uczynionych przed dwory udzielne, o których nie masz wiadomości* (dt. Bekannte historische Gerichtsurteile mit einigen zusätzlichen von Unterhöfen gefällten Urteilen, von denen Sie keine Kenntnis haben) heraus, die als didaktisches Fortbildungs- und Schulungsmaterial für die Lemberger Gerichtskammer vorgesehen waren (vgl. Milewski 2011, S. 203). Hundert Jahre später veröffentlichte der Verlag von Zygmunt Schletter im deutschen Breslau die Sammlung *Czarna księga. Zbiór najciekawszych procesów kryminalnych dawniejszych i nowszych czasów* (dt. Das schwarze Buch. Eine Sammlung mit älteren und jüngeren Kriminalprozessen) von E. Felix Górski (1848) (vgl. Ruszczyńska 2019, S. 14). Hinter diesem Pseudonym versteckte sich Henryk Emanuel Glücksberg, der schon damals als Übersetzer von Walter Scott oder Eugène Sue reüssierte. Im „Schwarzen Buch" sucht man allerdings vergebens nach Fallerzählungen, die sich in polnischen Gerichtsinstitutionen zugetragen haben; Glücksberg standen ihm bekannte Verbrechen aus der deutschen, französischen, englischen, irischen und niederländischen Justizgeschichte Pate, darüber hinaus griff er auf ausländische Gerichtsreportagen zurück, die er nicht eins zu eins übersetzte, sondern als Ausgangspunkt für seine berichtende und gleichzeitig belehrende Schreibweise nahm. Wenn der Krasicki-Pitaval sich in erster Linie auf die Funktion der „Belehrung der Nicht-Gebildeten" (pl. „pouczenie niedouczonych") besann (Krzyżagórski 1974, S. 13), ist bei Glücksberg viel eher die „Reparaturfunktion" (Krzyżagórski 1974, S. 18) von Belang, da er nicht den Einzelnen (Täter, Verbrecher, Opfer, Augenzeuge) in den Fokus nimmt, sondern mehr oder weniger die ganze Gesellschaft anvisiert, die verbesserungsfähig ist – und zwar nicht nur das Volkskollektiv, sondern auch das Rechtssystem, das häufig aufgrund von fehlenden Sachkenntnissen oder prozeduralen Amtsfehlern falsche Urteile fällt. In Glücksbergs Fußstapfen trat kurze Zeit später Ludwik T. Tripplin, der ebenfalls in Breslau 1852 sein Buch *Tajemnice społeczeństwa wykryte w sprawach krajowych i zagranicznych* (dt. Die Geheimnisse der Gesellschaft entdeckt in inländischen sowie ausländischen Fällen) herausgab und dessen drei erste Bände ausschließlich polnischen Streitsachen gewidmet sind. Tripplin scheint die Schiller'sche Maxime von der „Divinationsgabe des Lesers" und der „Unterhaltung, welche diese Rechtsfälle schon durch ihren Inhalt gewähren" (Schiller [1792] 2005, S. 76f.), verinnerlicht zu haben. Denn anders als bei Krasicki und Glücksberg besteht die Hauptintention Tripplins nicht nur in der wahrheitsgetreuen Wiedergabe des Rechtsbestandes und der (verbrecherischen) Tatsachen, sondern auch im Erzählverfahren selbst. Überall dort, wo sich in Tripplins deskribierender Beweiskette argumentative Lücken auftaten, die sich mit Archivfunden, Gerichtsprotokollen oder Verhörakten nicht haben schließen lassen, wusste er von der sog. „narracya" – der Narration bzw. dem Erzählgestus – Gebrauch zu machen:

> Dort, wo die Zeit wichtige Dokumente zerstörte oder man diese nicht finden konnte, musste man aus den verstreuten Quellen oder auch nur aus Randnotiz-Fakten eine Narration bauen, die ein genaues Bild des Falles garantieren könnte. Und überall dort, wo der Zugriff auf erhaltene Dokumente aus vergangenen Epochen möglich war, haben wir sie wahrheitsgetreu und wörtlich zitiert [...] (Tripplin 1852, S. XIVf.)[3]

Tripplins auf „narracya" fußendes Pitaval-Modell, dem mehr oder minder Literarisierungsmechanismen zugrunde liegen, wenn der Zugang zu den Quellen erschwert war, reißt das „Problem der *Darstellung*" an, das schon bei Marsch (1983, S. 132; Hervorhebung im Original) zum Vorschein kommt. Ins Zentrum rückt das einzuhaltende Gleichgewicht zwischen Fiktion und Realität, Dokumentarismus und Literatur und vor allem Wahrheit und Authentizität.

---

[3]Pl.: „Gdzie bowiem czas zniszczył wszelkie dokumenta lub gdzie takowe wykryć się nie dało, należało z porozpraszanych źródeł, a często nawiasowo tylko dotkniętych faktów, ułożyć narracyą, ile być może dokładny obraz sprawy przedstawiającą. Gdzie zaś możność dozwoliła wyśledzić dokumenta, mianowicie z odleglejszej epoki, przytaczaliśmy je wiernie i dosłownie [...]." Alle Übersetzungen aus dem Polnischen ins Deutsche, wenn nicht anders vermerkt, von W. B.

3 Polnische Pitavale nach 1945

Auf diesen Dualismus deutet überraschenderweise Michał Witkowski in seinem 2011 veröffentlichten Beststeller *Drwal* (dt. Holzfäller) hin. Sein Roman lässt sich als autoironischer Kriminalroman, der mit grotesken Szenen und intertextuellen Querverweisen gespickt ist, einstufen. Witkowski erzählt von einem Außenseiter-Autor, der aus der boomenden Metropole Warschau in die Ostsee-Provinz zieht und sich in einer Holzfällerhütte niederlässt, die allerdings einige dunkle Geheimnisse aus der Vergangenheit birgt. Dabei spielt Witkowski nicht nur auf Witold Gombrowicz oder Raymond Chandler an, sondern auch auf den polnischen Pitaval.[4] Immer wieder wird auf den *Pitaval warszawski* von Stanisław Szenic aus dem Jahre 1955 rekurriert, ganze Textfragmente finden Eingang in die Romanwelt Witkowskis. Was seinen Erzähler an Szenic so begeistert, ist die Sprache: „Mein Gott, was für eine wunderschöne Sprache!" („Boże, co za język cudny!"), merkt er an einer Stelle an.

> *Am 13. Mai 1919, um ca. 7 Uhr abends, benachrichtigte Antoni Siemieński, der Portier der von Feliks Zawadzki an der Marszałkowska-Straße 112 in Warschau unterhaltenen möblierten Zimmern, den Hauswächter Franciszek Zieliński, dass sich bei ihnen ein am Vortag angereister Gast vergiftet oder Suizid begangen hatte. Hauswächter Zieliński informierte daraufhin umgehend den Revierpolizisten Paweł Kulicki, der das Unfallprotokoll aufnahm. Sofort wurden Ermittler zum Fundort geschickt, die feststellten, dass im Zimmer Nr. 1, auf dem Boden zwischen der Ottomane* [...]. (Witkowski 2016, S. 40f.)[5]

Szenic' Warschauer Pitaval-Almanach ist in zweifacher Hinsicht typisch für die polnische Nachkriegsliteraturindustrie. Zum einen umschifft Szenic das Problemfeld der Gegenwartsverbrechen und der aktuellen Justizfälle, indem er sein Hauptaugenmerk auf das verbrecherische Milieu Warschaus im Zeitraum 1871 bis 1914 sowie in den 1910er und 20er Jahren lenkt. Auf sozialistische Kriminalvergehen kommt Szenic nicht zu sprechen und kann es sich deshalb erlauben, jegliche Propagandamittel und den politischen Leser:innenlenkungsapparat außen vor zu lassen. Zum anderen ist Szenic' Versuch hervorzuheben, die Art der Beschreibung an die Zeit des jeweiligen Verbrechens anzupassen. Die sprachlichen Stilisierungsmaßnahmen von Szenic münden – neudeutsch gesprochen – im Camp-Spiel mit diversen (Sprach-)Ästhetiken. „Ich habe sofort mein schwarzes Heft herausgeholt", bemerkt Witkowskis Ich-Erzähler, „den Bleistift angespitzt und damit begonnen, mir die Sprache aus dem *Pitaval* zu notieren. Was für ein Spaß!" (Witkowski 2016, S. 44).[6] Die Abwendung des Pitavals in der Volksrepublik Polen (bis 1989) von der Aufarbeitung zeitgenössischer Übeltaten und der Schilderung der wich-

---

[4] Mit Witkowskis Pitaval-Referenzen beschäftigte sich Roszczynialska (2015, S. 99–112).

[5] Pl: *„Dnia 13 maja 1910 roku około godziny 7 wieczorem Antoni Siemieński, numerowy pokojów umeblowanych utrzymywanych przez Feliksa Zawadzkiego w Warszawie przy ul. Marszałkowskiej nr 112, zawiadomił stróża domu, Franciszka Zielińskiego, że otruł się u nich lub też zabił gość w przeddzień przybyły. Stróż Zieliński zawiadomił natychmiast miejscowego rewirowego Pawła Kulickiego, który o wypadku złożył raport. Niezwłocznie udały się na wskazane miejsce władze śledcze i stwierdziły, że w pokoju nr 1, na podłodze, między otomaną…*". Kursivschreibung im Original.

[6] Pl: „Od razu wyciągnąłem mój czarny zeszyt, naostrzyłem nożem ołówek i zacząłem sobie notować język z *Pitavala*. Co to była za zabawa!"

tigsten Gerichtsprozesse ist mit Blick auf den politischen Machtkampf zwischen dem anscheinend amoralischen, verruchten und kriminellen westlichen Kapitalismus und dem antifaschistischen, sozialistischen Gedankengut aus dem Osten, in dessen Gleichberechtigungs-, Gleichheits- und Freiheitsblase es keinen Platz für schwerere Gesetzesverstöße gab, zu erklären. Deshalb wenden sich in ihren regionalen Verbrechensanthologien sowohl Szenic als auch Stanisław Salmonowicz, Janusz Szwaja und Stanisław Waltoś (*Pitaval krakowski.* 1974. Kraków: Wyd. Literackie), Jerzy Urbankiewicz (*Prawie pitaval.* 1973. Łódź: Wyd. Łódzkie) oder Ryszard Dzieszyński (*Ciemna węsząca żerująca. Pitaval.* 1986. Rzeszów: KAW Rzeszów; *Miłość, pieniądze i śmierć. Pitaval rzeszowski.* 1984. Rzeszów: KAW Rzeszów) hauptsächlich historischen Gesetzesbrüchen zu.[7] Erwähnenswert sind allerdings vier Pitaval-Ausnahmen, die im kommunistischen Polen gedruckt wurden und quasi das ‚sozialistische Gegenwartsverbrechen' durchforsten. Dazu gehören der *Pitawal bydgoski* von Jerzy Derenda und Bogusław Sygit (1985. Bydgoszcz: Pomorze), *Strzały w Małpim Gaju (Pitaval dolnośląski)* von Bogdan Daleszak (1973. Katowice: Wyd. Śląsk) und vor allem der *Pitawal wrocławski* von Krzysztof Krzyżagórski (1974. Wrocław: Zakład Narodowy im. Ossolińskich) sowie deren Vorläufer *Współczesny pitaval polski* von Kazimierz Larski (1962. Warszawa: Czytelnik), der als einziger von den hier aufgelisteten in topographisch-geographischer Hinsicht nicht lediglich auf eine polnische Region limitiert ist, sondern Rechtsverletzungen im ganzen Nachkriegspolen aufarbeitet bzw. illustriert. Aufgrund dieses Alleinstellungsmerkmals wird Larskis Verbrechensarchiv im Folgenden genauer in Augenschein genommen.

4 Exkurs: Im Sumpf der sozialistischen Moderne (Krzysztof Krzyżagórski)

Bei Krzyżagórskis Pitaval handelt es sich um einen Sammelband mit unterschiedlichen Gerichts- und Kriminalberichterstattungen, die von namhaften polnischen Reportern niedergeschrieben wurden. Gegliedert ist die Textauswahl in drei Hauptteile, jeder von ihnen geht jeweils einem anderen Verbrechenstypus auf den Grund: Nach dem ersten Textblock „Przestępstwa przeciwko państwu" (dt. „Verbrechen gegen den Staat") folgen „Przestępstwa przeciwko życiu" (dt. „Verbrechen gegen das Leben") und zu guter Letzt auch „Przestępstwa przeciwko mieniu" (dt. „Verbrechen gegen das Eigentum"). In zeitlicher Hinsicht beleuchten Krzysztof Kąkolewski, Jerzy Ambroziewicz oder Zenon Borkowski Kriminaldelikte, die in

[7] Wobei fünf Kriminalfälle, die bei Urbankiewicz in Erscheinung treten, auch der Sparte Gegenwartsverbrechen zuzurechnen sind („Wampir z Gałkówka", „Mgła, Tupet i naiwność", „Grynbergo powojennej edycji" und „Wspólniczka Soamesa Forsytha"). Einen ganz besonderen Stellenrang genießen der politische Pitaval von Roman Juryś und Tadeusz Szafar (*Pitaval polityczny 1918–1939.* 1971. Warszawa: Czytelnik), der historische Pitaval von Stanisław Milewski (*Procesy pradziadków. Pitaval bez sztyletu i trucizny.* 1982. Warszawa: Wyd. Prawnicze) und der literarische Pitaval von Olgierd Missuna (*Warszawski pitaval literacki.* 1960. Warszawa: Czytelnik), der unterschiedliche Verfehlungen und die damit zusammenhängenden Gerichtsverfahren der Warschauer Boheme beleuchtet.

Wrocław/Breslau und Niederschlesien für den einen oder anderen Gesprächsstoff sorgten, aus der polnischen Nachkriegszeit bis in die frühen 1970er Jahre. Dem Breslauer Pitaval wurden gleich zwei Vorworte vorangestellt, in denen das Lesepublikum politisch getrimmt und auf sozialistische Linie gebracht werden sollte. Der damalige Kommandant der polnischen Volkspolizei (MO – Milicja Obywatelska) in Wrocław, Zdzisław Biernaczyk, unterstrich die literarische Ausrichtung des vorgelegten Pitavals und betonte gleichzeitig, dass man mit der schriftlichen Fixierung von historischen Tatbeständen nicht mehr länger hätte warten können, denn:

> immer schwerer wird es, den Kampf der Pioniere, der Uransiedler, der Beamten, der Volkspolizisten und Arbeiter der Sicherheitsorgane, die diese Gebiete, die nach Jahrzehnten der Trennung wieder zum Vaterland zurückfanden, mit Wehrwolf-Banden, feindlichem politischen Underground, Plünderern und Kriminalverbrechern kämpften, wahrheitsgemäß zu schildern (Biernaczyk 1974, S. 7).[8]

In Biernaczyks *wording* wird die gesellschaftsstabilisierende Mär von den westpolnischen „Wiedergewonnenen Gebieten" (pl. „Ziemie Odzyskane") weiter kolportiert und die Bekämpfung von zerschlagenen deutschen Resttruppen als nationale Pflicht verstanden, an deren Ende sich der Gründungsmythos der Volksrepublik Polen befand. Erst nach der Entnazifizierung und Entgermanisierung, die parallel zu den oktroyierten Polonisierungsprozessen verliefen, wäre man imstande, ein selbstständiges sozialistisches Polen ins Leben zu rufen, in dem Straftaten nur im „armen und primitiven kriminellen Milieu" stattfinden. Vorgehen gegen solche amoralischen Auswüchse und Fehltritte sollte die Volkspolizei, die nicht mehr als Individuum, stattdessen nun als ermittelndes Kollektiv das Heft in die Hand nehmen sollte. Die Geburtsstunde des „kollektiven Detektivs" habe geschlagen, der in einem Anstrengungsakt für und um die sozialistische Wertegemeinschaft seinen Kopf hinhält (Biernaczyk 1974, S. 8). Die Glorifizierung der polnischen Volkspolizei als Freund und Helfer geht auf Anfang der 1960er Jahre zurück, als die Ministerien für Inneres und Sicherheit damit begonnen haben, die in Polen aufgelegte Kriminalliteratur zu fördern, um ein einheitliches, und zwar durchweg sympathisches Bild der Volkspolizei zu etablieren, mit dem das ins Wanken geratene Image der staatlichen Ordnungshüter aufpoliert werden konnte. Mit dem sog. Milizkrimi entsteht eine ganz besondere Subgattung, in der die Polizeifunktionäre meistens verklärt und die Verbrechen als von politischen Systemfeinden oder vom kapitalistischen Westen angezettelt vorgeführt worden sind. In Heftreihen wie „Klub Srebrnego Klucza" (dt. „Der Club des Silbernen Schlüssels") „Z Jamnikiem" (dt. „Mit dem Dackel") oder „Ewa wzywa 07" (dt. „Ewa ruft 07") wurde ein trügerisches Bild des sozialistischen Polizeiorgans verbreitet (vgl. Brylla 2019, S. 98–104; Dalasiński 2015, S. 62–71; Małochleb 2011, S. 248–260; Barańczak 1975, S. 270–316). Dass die Leserschaft allerdings der Agitationswerbetrommel nicht auf dem Leim ging und den Milizkrimi nicht unter dem Gesichtspunkt der Verehrung und Aufwertung der Polizeiarbeit,

[8] Pl.: „Coraz bardziej kłopotliwe staje się wierne i zgodne z prawdą przedstawienie zmagań pionierów – osadników, administracji państwowej, milicji i organów bezpieczeństwa, zagospodarowujących te ziemie przywrócone po wiekach niewoli Macierzy – z bandami Werwolfu, z wrogim politycznie podziemiem, szabrownikami i przestępcami kryminalnymi."

sondern wegen des Mangels an Kriminalliteratur auf dem Büchermarkt als bloße redundante Unterhaltungsliteratur gelesen hat, steht auf einem anderen Blatt.

In seiner explanatorischen Einleitung verzichtet Krzyżagórski auf jegliche Affirmation der Volkspolizei, mehr Bedeutung weist er der Dichtung als organisatorisches Bauprinzip der Pitaval-Sammlung zu. Zwar entgleist auch Krzyżagórski (1974, S. 32) sprachpolitisch und greift auf vage Thesen und Formulierungen wie „Transferierung der Deutschen" (pl. „transfer Niemców") oder „stabiles Polentum" (pl. „polskość stabilna") zurück, auf andere politische Rank- und Gedankenspiele sowie Agitprop-Nomenklatur lässt er sich aber nicht näher ein. Alle von Krzyżagórski edierten Falltexte seien als Reportagen zu klassifizieren, die sich durch zwei wesentliche Merkmale charakterisieren: 1) Wahrheitstreue und 2) Tendenziösität (Krzyżagórski 1974, S. 28), die man wiederum mit den Kategorien der 1) Benachrichtigung, und 2) des „Komödchens" (pl. „komedyjka") (Krzyżagórski 1974, S. 31) umschreiben kann. Krzyżagórski verweist auf die Erwartungshaltung der polnischen Leser:innenschichten, die Verständnis und „Akzeptanz für die Aufhübschung der gesellschaftlichen Wirklichkeit" (pl. „akceptują koloryzowanie na temat rzeczywistości społecznej") (Krzyżagórski 1974, S. 30) hätten, d.h. für den Schulterschluss bzw. die Hybridisierung von Wahrheit und Dichtung. Da sich in jedem Geschichtsbericht „Lücken" (pl. „szczelina") (Krzyżagórski 1974, S. 32) eröffnen, müsse man diese als Berichterstatter mit *content* füllen können, und zwar mit komödienhaften Überbrückungselementen, oder anders gewendet: mit schlüssig Erdachtem. Die in die Pitaval-Auslese Krzyżagórskis aufgenommenen Reportagen bildeten eine „Gesellschaft in Bewegung" (pl. „społeczeństwo w ruchu") (Krzyżagórski 1974, S. 39) ab, in der unumgängliche kriminelle Missetaten durchdekliniert werden. Krzyżagórski unterscheidet zwischen 1) der Detektivreportage, 2) der Gesellschaftsreportage und 3) der Gerichtsreportage (Krzyżagórski 1974, S. 34), wobei alle Eigenarten auf der Verknüpfung und Vermengung des Informations- und Fiktionalisierungsprimats („Komödchen") basieren, mit dem die Kausalität und Linearität des literarisch drapierten dokumentarischen Erzählens gewährleistet wird.

5 Sachlichkeit statt „Komödchen" (Kazimierz Larski)

Anders als Krzyżagórski nimmt Larski in seinen insgesamt elf Verbrechensberichten von jeglichen Literarisierungs- und Narrativierungspraktiken Abstand und beharrt auf dem dokumentarischen Mehrwert seiner Textsammlung (s. Abb. 1). „Im Gegensatz zu Gerichtsstenogrammen beinhalten die Pitavale außer dem Dokumentarmaterial auch eine Analyse der Fallermittlung. [...] In den Pitavalen werden die Schwächen und Krankheiten des Homo sapiens bloßgestellt", so Larski (1962, S. 6) im Vorwort (pl. „Od autora"),[9] in dem er eindeutig den Grundmovens seiner archivierenden Schreibabsicht umreißt. Der Pitaval solle vor allem als (Zeit-)Dokument

[9]Pl.: „W odróżnieniu od stenogramów sądowych zawierają one oprócz materiału dokumentalnego analizę uwzględniającą rozmaite aspekty przedstawionej sprawy. [...] W pitavalach obnażone zostają schorzenia i słabostki homo sapiens."

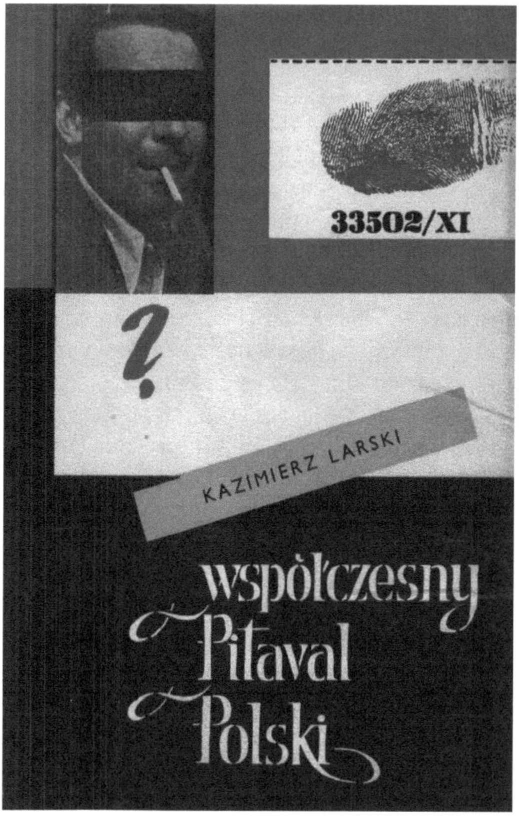

Abb. 1 Cover von Kazimierz Larskis *Współczesny pitaval polski*

interpretiert werden, mit dem man die „tatsächlichen Begebenheiten bzw. Umstände" darstellt, und nicht als „imaginäres Bild eines Casus, das um Überlegungen und Anmerkungen des Autors ergänzt wird" (Larski 1962, S. 6).[10] Auf diesem Wege wendet sich Larski von jedem ästhetisierenden Ausdifferenzierungsversuch im Hinblick auf die Variabilität des Erzähl- oder Inszenierungsdiktats ab und stellt das eigentliche Prinzip seiner Pitaval-Philosophie in den Vordergrund, nämlich das der sachlichen Widerspiegelung des juristischen Sachverhalts. Larskis Verfahrensweise ist stark an die Ermittlungsprozeduren der polnischen Volkspolizei gekoppelt und damit gewissermaßen von dem ihm zur Verfügung gestellten Arbeitsmaterial abhängig. Bei den Quellen – gesichteten Aktenbergen und anderen eingesehenen polizeilichen Unterlagen – macht sich dabei eine subjektive ‚Beschneidungstechnik' Larskis bemerkbar, denn

[10] Pl.: „Moim zdaniem, pitaval powinien spełniać rolę dokumentu, przedstawiającego faktyczny, a nie urojony obraz casusu, uzupełniony rozważaniami i uwagami autora."

> Fakten, die für den Fall unwichtig waren, und viele Personen (Verdächtige, Zeugen) wurden von mir gestrichen. Auch einige Aspekte der polizeilichen Ermittlungsarbeit, häufig sehr interessant aus der Sicht der Ermittlungstaktik und -technik, wurden außer Acht gelassen, weil deren Enthüllung von den Verbrechern zum Zwecke der Erschwerung der polizeilichen Untersuchungsmaßnahmen genutzt werden könnten (Larski 1962, S. 7).[11]

Obwohl Larski einige, von seinem Standpunkt aus irrelevante, Spuren, Indizien und Mitteilungen ausklammert und manchmal die wahren Namen der auftretenden Personen verschleiert, bleibt er dem rapportierenden Gestaltungsmodus treu – zu Ungunsten der Sprache, die holprig und holzig wirkt. Die Leblosigkeit im Ausdruck speist sich zum einen aus der Vielzahl der zitierten Ermittlungs- und Gerichtsprotokolle, die im Beamtenpolnisch verfasst wurden, zum anderen aus der journalistischen, auf Informationstransfer ausgerichteten Präsentationsform. Larskis Pitaval-Fallgeschichten sollen weder anklagen noch verteidigen. Indem sie von der Beschreibungsmethode und Diktion her im Stil eines (zu) nüchternen Zeitungsreporters abgefasst wurden, sind sie zwar imstande, den Leser:innen die Schandtaten präzis zu schildern, auf der Strecke bleibt aber der erzählerische Gestus, der narrative Klebstoff, mit dessen Hilfe die Fallerzählungen nicht auseinanderfallen. Durch Larskis Montagestrategie, die auf dem Miteinbeziehen von Protokoll- oder Verhörversatzstücken sowie auf der Abbildung von Fotos mit Tatwaffe, Tat- bzw. Fundort oder auch Zeitungsschnipseln beruht, wird zwar der verbrecherische Gesamtzusammenhang vervollständigt, was von Akribie und Prägnanz der journalistischen Arbeit Larskis zeugt, gleichzeitig kommt aber das narrative Darstellungsmoment zu kurz (s. Abb. 2, 3 und 4). Seltsamerweise verdunkeln das zusätzliche Bildmaterial sowie die eingeschmuggelten Originalfragmente aus den Polizeiakten die Klarheit der Sprache, die zwar von Kürze und Knappheit getragen ist, dadurch aber auch zu Allerweltsätzen neigt wie „Somit bestand Gefahr für die Sicherheit der benachbarten Kreise“ (Larski 1962, S. 21)[12] oder „Diebstahlfälle machen in den Polizei- und Gerichtsstatistiken aller Länder den Großteil der Verbrechen aus“ (Larski 1962, S. 33).[13] Die Sturheit und Schablonenhaftigkeit auf der artikulierenden Vermittlungsebene wird von Larski an vielen Textstellen durch einen Fragesatz gebrochen wie „Warum geschieht so etwas?“ (pl. „Dlaczego tak się dzieje?“) (Larski 1962, S. 33) oder „Sollte der Hauptermittler den Erklärungen des Schuldigen Glauben schenken?“ (pl. „Czy prowadzący dochodzenie winien był dać im wiarę?“) (Larski 1962, S. 141). Solchen Fragen wohnt die Funktion der Leser(an)bindung und der Auflockerung der verbalen Rauheit in puncto Tat- und Ermittlungserörterung inne; letztlich jedoch stören sie das dokumentarische Pitaval-Mosaik, da sie den Verbrechensberichten quasi aufgezwungen werden.

[11] Pl.: „Fakty mniej istotne dla sprawy, jak również wiele osób (podejrzanych, świadków), które nie odegrały ważniejszej roli, pominąłem. Musiałem zrezygnować z opisu pewnych czynności milicji, niejednokrotnie bardzo ciekawych z punktu widzenia taktyki i techniki śledczej, ponieważ ich ujawnienie mogłoby zostać wykorzystane przez przestępców dla utrudnienia pracy organów ścigania.“

[12] Pl.: „Stwarzało to poważne zagrożenie dla bezpieczeństwa okolicznych powiatów.“

[13] Pl.: „Sprawy o przywłaszczenie mienia stanowią w statystykach policyjnych i sądowych wszystkich państw najliczniejszą kategorię przestępstw.“

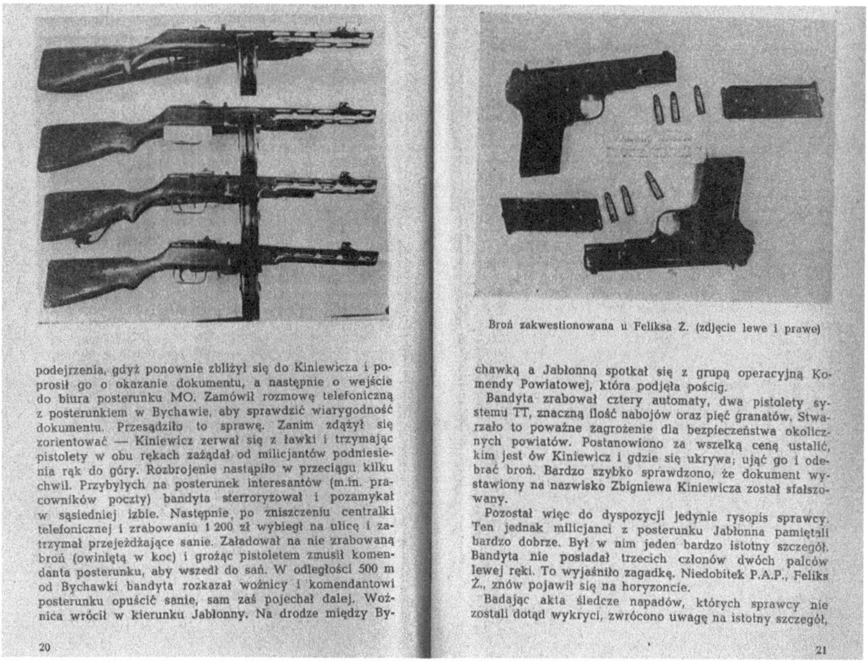

Broń zakwestionowana u Feliksa Ż. (zdjęcie lewe i prawe)

podejrzenia, gdyż ponownie zbliżył się do Kiniewicza i poprosił go o okazanie dokumentu, a następnie o wejście do biura posterunku MO. Zamówił rozmowę telefoniczną z posterunkiem w Bychawie, aby sprawdzić wiarygodność dokumentu. Przesądziło to sprawę. Zanim zdążył się zorientować — Kiniewicz zerwał się z ławki i trzymając pistolety w obu rękach zażądał od milicjantów podniesienia rąk do góry. Rozbrojenie nastąpiło w przeciągu kilku chwil. Przybyłych na posterunek interesantów (m.in. pracowników poczty) bandyta sterroryzował i pozamykał w sąsiedniej izbie. Następnie, po zniszczeniu centralki telefonicznej i zrabowaniu 1 200 zł wybiegł na ulicę i zatrzymał przejeżdżające sanie. Załadował na nie zrabowaną broń (owiniętą w koc) i grożąc pistoletem zmusił komendanta posterunku, aby wszedł do sań. W odległości 500 m od Bychawki bandyta rozkazał woźnicy i komendantowi posterunku opuścić sanie, sam zaś pojechał dalej. Woźnica wrócił w kierunku Jabłonny. Na drodze między Bychawką a Jabłonną spotkał się z grupą operacyjną Komendy Powiatowej, która podjęła pościg.

20

Bandyta zrabował cztery automaty, dwa pistolety systemu TT, znaczną ilość nabojów oraz pięć granatów. Stwarzało to poważne zagrożenie dla bezpieczeństwa okolicznych powiatów. Postanowiono za wszelką cenę ustalić, kim jest ów Kiniewicz i gdzie się ukrywa; ująć go i odebrać broń. Bardzo szybko sprawdzono, że dokument wystawiony na nazwisko Zbigniewa Kiniewicza został sfałszowany.

Pozostał więc do dyspozycji jedynie rysopis sprawcy. Ten jednak milicjanci z posterunku Jabłonna pamiętali bardzo dobrze. Był w nim jeden bardzo istotny szczegół. Bandyta nie posiadał trzecich członów dwóch palców lewej ręki. To wyjaśniło zagadkę. Niedobitek P.A.P., Feliks Ż., znów pojawił się na horyzoncie.

Badając akta śledcze napadów, których sprawcy nie zostali dotąd wykryci, zwrócono uwagę na istotny szczegół,

21

Abb. 2 Tatwaffen-Fotos aus Kazimierz Larskis *Współczesny pitaval polski*

Fotokopia jednego z artykułów, jakie ukazały się w prasie łódzkiej po likwidacji szajki „Złotej Rączki".

wszystkich rozpoznano. Materiał dowodowy rósł, sprawa zbliżała się ku końcowi. „Ilustrowany Express Łódzki" prawie zaraz po przeprowadzonej akcji w lokalu „Tabarin" opublikował artykuł pod tytułem „Wielki sukces Milicji Łódzkiej — międzynarodowi złodzieje w potrzasku", podając dość szczegółowe dane z przebiegu aresztowania i śledztwa i zamieszczając fotografie trzech najbardziej obciążonych zeznaniami „doliniarek". Artykuł ten wraz ze zdjęciami przyczynił się w pewnej mierze do zebrania dalszego materiału dowodowego, gdyż okradzeni rozpozna-

45

Abb. 3 Abgebildete Zeitungsseiten aus Kazimierz Larskis *Współczesny pitaval polski*

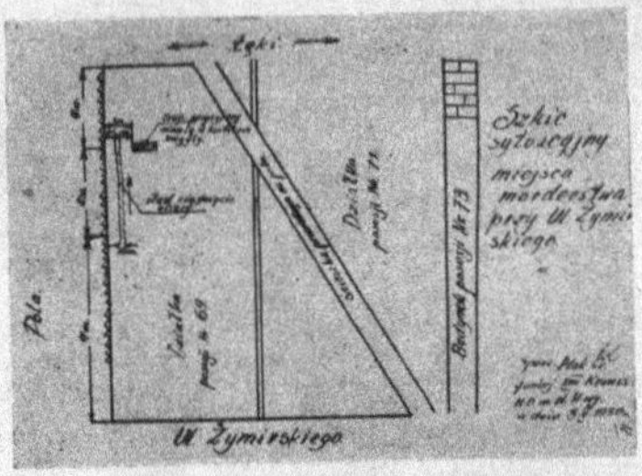

Szkic sytuacyjny miejsca zabójstwa przy ul. Żymierskiego.

wersji, pracownicy milicji podeszli do niej z pewną rezerwą. Postanowiono chłopca odnaleźć i dokonać rozpoznania.

Tymczasem Irena L. na tyle przyszła do siebie, że była w stanie złożyć bardziej dokładne zeznania. Przy ponownym przesłuchaniu opis samego przestępstwa nie uległ wprawdzie żadnym zasadniczym zmianom, lecz zostały ujawnione niezmiernie istotne dla dalszego śledztwa szczegóły, o których uprzednio nie wiedziano. Poszkodowana zeznała bowiem dodatkowo, że napastnik w pewnym momencie powiedział, iż „ojciec nie ma nogi" oraz że „zabije ją w miejscu, w którym uprzednio mieszkał".

Co skłoniło go do tego rodzaju wynurzeń — nie sposób było dociec.

Pracownicy śledczy znów udali się na miejsce przestępstwa, lecz tu spotkał ich zawód. Miejsce to, jak również pobliska okolica, było nie zabudowane, zarośnięte gęstą trawą i krzewami i nic nie wskazywało na to, aby kiedykolwiek znajdowały się tam jakieś zabudowania. Nim jednak zdołano w należyty sposób wyjaśnić tę nową za-

54

Abb. 4 Beispiel einer Tatortskizze aus Kazimierz Larskis *Współczesny pitaval polski*

Abgesehen von ihrem künstlichen Sprachkorsett ist Larskis Fallgeschichten-Sammlung für die polnische Pitaval-Gattung von ganz besonderer Bedeutung. Verwunderlich ist daher, und dies gilt für alle polnischsprachigen Pitavale, dass sie bislang so stiefmütterlich behandelt wurde(n). Die Literaturwissenschaft schenkte ihnen, abgesehen von Szenic' literarischem Warschauer Verbrechenslexikon – kaum Beachtung. Larskis *Współczesny pitaval polski* ist deswegen von großem Interesse, weil er sich als erster Nachkriegs-Pitaval nicht mit der Vorkriegskriminalität auseinandersetzt, sondern mit den sozialistischen Schandflecken. Es wird von Diebstählen, Betrugsversuchen, Gewaltexzessen, Vergewaltigungen und auch Morden berichtet – all diese Fälle ereigneten sich jedoch nicht im Polen der 1920er und 30er Jahre, sondern im polnischen Bauern- und Arbeiterstaat der zeitgenössischen Gegenwart. Auch Larski sieht viele der verbrecherischen Ausgeburten in der Zeit der deutschen Besatzung begründet, in der „der Wert des Lebens" (pl. „wartość życia") (Larski 1962, S. 9) sank; parallel dazu bietet er der Leserschaft ein Charakterprofil der Täter:innen an und bemüht sich nach den Ursachen und Verbrechensmotiven im Unterbewusstsein der Delinquenten zu suchen, die wiederum stark mit der gesellschaftlichen Komponente in Verbindung steht. Larskis zeitgenössischer Pitaval ließe sich deswegen als hinkendes, ungeschicktes, laienhaftes Psychologiestudium der Tat begreifen. Ein Beispiel: „Dieser Fall war weder einfach noch schwer zu lösen. Die Lösung des Problems ist eng mit den weitgehenden moralisch-sozialen Veränderungen, zu denen es in der Gesellschaft kommen muss, verknüpft" (Larski

1962, S. 146).[14] Eine solche (zugegebenermaßen dilettantisch und oberflächlich) geschwungene Moralisierungskeule kann Larski nur deshalb in Anschlag bringen, weil Mitte der 1950er Jahre alle (politischen) Zeichen in der Volksrepublik auf Reform standen. Nach dem Tod Stalins 1953 leitete man in Polen einige Demokratisierungs- und Liberalisierungsinitiativen ein (‚Sozialismus mit menschlichem Antlitz'), die nach dem sog. Polnischen Oktober 1956 ihr jähes Ende fanden, sich aber dauerhaft auf das Kulturleben auswirkten. Man spricht von der „Etappe", einer Zeitspanne, die von Experimentierfreudigkeit und Austesten der Zensurgrenzen und der Grenzen des Machbaren geprägt war. In eben dieses avantgardistische Zeitfenster fällt Larskis Gegenwarts-Pitaval, in dem viele kritische Stimmen vor allem in Richtung der doch unfehlbaren Volkspolizei oder des Justizapparates geäußert werden. Offenkundig werden die Polizeiorgane von Larski angeprangert. In „Kryptonim ‚Żmija'" (dt. „Deckname ‚Otter'") werden „viele Fehler, die in der ersten Ermittlungsphase begangen wurden", bemängelt (Larski 1962, S. 10),[15] in „Listy zaginionej" (dt. „Briefe einer Vermissten") beanstandet Larski bspw. die „fehlende Phantasie": „Der Ermittlungsvorgang selbst wirft viele Fragen auf. Hartnäckigkeit und Fleiß ersetzen nicht die fehlende Phantasie. Es ist viel zu viel Zeit verstrichen, bis man sich die Frage stellte: ‚Wer hat es wohl gewollt, dass Stanisława N. verschwindet?'" (Larski 1962, S. 118),[16] auch in „Niefortunny strzał" (dt. „Unglücklicher Schuss") werden die polizeilichen Routineprozeduren moniert: „Obwohl es das erste Nachkriegsjahr war, lässt die Art und Weise, wie die Ermittlung geführt wurde, viel zu wünschen übrig. Der ermittlungsleitende Staatsanwalt war ein Schulfreund des Verdächtigen. Und der Verdächtige wurde zwar erkannt, aber gegen alle Vorschriften" (Larski 1962, S. 178).[17] Zurechtgewiesen werden außerdem die Gerichtspsychiatrie sowie die korrupten Verwaltungsangestellten (vgl. Larski 1962, S. 27, 65). Larski stößt sich somit an einigen tragenden Säulen des noch in den Kinderschuhen steckenden sozialistischen Systems: Volkspolizei, Staatsanwaltschaft, Verwaltungsapparat, d.h. an Institutionen, die für ‚sozialistisches Recht' und ‚sozialistische Ordnung' stehen sollten. Andererseits weiß Larski jedoch die MO zu loben, insoweit sie sich keine Schnitzer geleistet hatte (vgl. Larski 1962, S. 108, 142). Darüber hinaus berichtet er von polnischen Bürgern, die im zweiten Weltkrieg entweder mit der deutschen Gestapo kollaborierten, oder Juden, die sich vor der nationalsozialistischen Staatsgewalt retten wollten, gegen Bezahlung denunziert haben. Somit bekommt auch das Narrativ vom ‚guten Polen' Risse.

[14] Pl.: „Sprawa to ani prosta, ani łatwa. Rozwiązanie tego problemu łączy się nierozerwalnie z głębokimi przemianami moralno-socjalnymi, jakie muszą zajść w społeczeństwie."

[15] Pl.: „Mimo licznych błędów, popełnionych w pierwszej fazie śledztwa, końcowy etap został rozegrany przez milicję w ciekawy sposób."

[16] Pl.: „Wiele zastrzeżeń budzi natomiast samo śledztwo. Pracowitością i nieustępliwością nie można zastąpić braku wyobraźni. Zbyt dużo czasu upłynęło, zanim zadano sobie podstawowe pytanie: ‚Komu mogło zależeć na zniknięciu Stanisławy N.?'"

[17] Pl.: „Uwzględniając nawet warunki pierwszego roku powojennego, sposób prowadzenia sprawy musiał budzić wiele zastrzeżeń. Śledztwo prowadził prokurator, który był kolegą szkolnym podejrzanego. Rozpoznanie podejrzanego odbyło się w sposób kolidujący z elementarnymi zasadami taktyki śledczej."

6 Resümee

In Larskis Pitaval-Kompendium werden von politischer und gesellschaftlicher oder historischer Tragweite her diverse Kriminaltaten in Polen von 1945 bis 1959 beschrieben, die von Verbrecher:innen verschiedener Herkunft und mit unterschiedlichen Biographien verübt wurden. Larski entwirft somit ein soziales Kriminellen-Panoptikum, in dem es den einen einzigen Großverbrecher nicht gibt. Zu Gesetzesverstößen werden ‚armselige Schlucker' und sog. Gesellschaftseliten verleitet, und auch die deutsche Okkupationszeit, in der „junge Menschen depraviert" wurden (Larski 1962, S. 99), trage Mitschuld an der steigenden Kriminalitätsrate. In Misskredit fällt bei Larski übrigens auch die Kriminalliteratur. Gleich zweimal schweift er in seinen Falldarstellungen zum Kriminalroman ab:

> Auf die Meinungsbildung der Gesellschaft in Bezug auf das, was man in der Regel als „Verbrechen" bezeichnet, haben unter anderem die Kriminalromane, die in Auflagen von zehntausend Exemplaren vertrieben werden, einen großen Einfluss. Aus diesen Kriminalromanen erfährt die Mehrheit der Bevölkerung von den angeblichen Ermittlungsmethoden und -techniken, der Ermittlungstaktik, der Genialität und Unbeholfenheit des Kriminalermittlungsdienstes usw. (Larski 1962, S. 47).[18]

An einer anderen Stelle erwähnt Larski das „unkomplizierte Schema" fast aller Kriminalromane (Larski 1962, S. 93), ohne überhaupt zu reflektieren, dass er selbst in seinen Kriminalberichten auf ein konventionelles Anschauungsschema ausweicht, das sich aus folgenden Text-Phasen zusammensetzt: 1) allgemeine Einleitung in die Kriminalproblematik, 2) (psychologische) Porträtierung des Täters, 3) Rekonstruktion des Verbrechens und des Ermittlungsablaufs mithilfe von Zeitdokumenten, Zitaten und Bildmaterial, 4) Abschluss der Ermittlungen bzw. Gerichtsurteil. Gewollt oder ungewollt deutet Larski latent auf zwei Stoßrichtungen des polnischen Kriminalromans der 1950er und 60er Jahre hin, die man erstens als ‚Tauwetter-Krimis' (pl. „kryminał odwilżowy"), in denen die sozialistische Außenwirklichkeit abfotografiert wurde, und zweitens als ‚Nach-Tauwetter-Krimis' (pl. „kryminał poodwilżowy") einordnen könnte (Dalasiński 2015, S. 69), denen ein sozialistisch eingehauchter Didaktisierungsimperativ vorschwebte. Obwohl Larskis Pitaval freilich nicht als Kriminalroman gelabelt werden kann, ließe er sich angesichts des Tauwetter-Kriteriums im Dazwischen, im Raum zwischen beiden literarischen Entwicklungslinien verorten. Dem Tauwetter-Kriminalroman entnahm er die (ausufernde) Detailversessenheit, und dem Nach-Tauwetter-Kriminalroman die aufklärerische Zurechtweisung, ohne sich jedoch auf Gedeih und Verderb einer marxistisch-leninistischen Weltanschauung zu bedienen. Eher umgekehrt wird ein Schuh daraus: Durch die Akzentverlegung vom Kollektiv auf das Individuum kristallisiert

---

[18] Pl.: „Nie bez wpływu na kształtowanie się poglądów społeczeństwa na to, co powszechnie nazywa ono ‚zbrodnią', są między innymi powieści kryminalne, które rozchodzą się w dziesiątkach tysięcy egzemplarzy. Z nich to właśnie olbrzymia część społeczeństwa czerpie ‚wiadomości' o rzekomych metodach śledztwa, technice i taktyce dochodzenia przestępstw, genialności lub niedołęstwie służby kryminalno-śledczej itp."

sich das Verbrechen nicht nur als gesellschaftliches, sondern auch als menschliches Problem heraus.

Literaturverzeichnis

Barańczak, Stanisław. 1975. Polska powieść milicyjna. Dominacja funkcji perswazyjnej a problemy gatunkowe. In *W kręgu literatury Polski Ludowej*, Hrsg. Marian Stępień, S. 270–316. Kraków: Wyd. Literackie.

Biernaczyk, Zdzisław. 1974. Do czytelników. In Krzyżagórski, Krzysztof. *Pitawal wrocławski*, S. 5–9. Wrocław: Zakład Narodowy im. Ossolińskich.

Breuer, Ingo. 2018. Kriminalliteratur im 17./18. Jahrhundert. In *Handbuch Kriminalliteratur. Theorien – Geschichte – Medien*, Hrsg. Susanne Düwell, Andrea Bartl, Christof Hamann und Oliver Ruf, S. 265–273. Stuttgart: J. B. Metzler.

Brylla, Wolfgang. 2019. Verbrechen im Dienst des Sozialismus – Polnische Kriminalromane bis 1989. In *Investigation – Rekonstruktion – Narration. Geschichten und Geschichte im Krimi der Slavia*, Hrsg. Nina Frieß und Angela Huber, S. 85–113. Potsdam: Universitätsverlag Potsdam.

Dalasiński, Tomasz. 2015. Tendencyjność uładzona. Modelowe realizacje polskiej powieści milicyjnej a socrealizm. In *Kryminał. Gatunek poważ(a)ny?* Bd. 1: *Kryminał a medium*, Hrsg. Tomasz Dalasiński und Tomasz Szymon Markiewka, S. 62–71. Toruń: Prolog.

Hügel, Hans-Otto. 1978. *Untersuchungsrichter, Diebsfänger, Detektive. Theorie und Geschichte der deutschen Detektiverzählung im 19. Jahrhundert.* Stuttgart: J. B. Metzler.

Kniesche, Thomas. 2015. *Einführung in den Kriminalroman.* Darmstadt: WBG.

Košenina, Alexander. 2018. Verbrechen. In *Handbuch Kriminalliteratur. Theorien – Geschichte – Medien*, Hrsg. Susanne Düwell, Andrea Bartl, Christof Hamann und Oliver Ruf, S. 206–211. Stuttgart: J. B. Metzler.

Krzyżagórski, Krzysztof. 1974. Przedmowa. In Krzyżagórski, Krzysztof. *Pitawal wrocławski*, S. 11–39. Wrocław: Zakład Narodowy im. Ossolińskich.

Kutch, Lynn M., und Todd Herzog. 2014. Introduction. In *Tatort Germany. The Curious Case of German-Language Crime Fiction*, Hrsg. Lynn M. Kutch und Todd Herzog, S. 1–19. Rochester, NY: Camden House.

Larski, Kazimierz. 1962. *Współczesny pitaval polski.* Warszawa: Czytelnik (dort auch Larskis Vorwort „Od autora", S. 5–7).

Linder, Joachim, und Jörg Schönert. 1983. Verständigung über ‚Kriminalität' in der deutschen Literatur 1850–1880. Vermittelnde Medien, leitende Normen, exemplarische Fälle. In *Literatur und Kriminalität. Die gesellschaftliche Erfahrung von Verbrechen und Strafverfolgung als Gegenstand des Erzählens. Deutschland, England und Frankreich 1850–1880*, Hrsg. Jörg Schönert, S. 184–238. Tübingen: Max Niemeyer.

Małochleb, Paulina. 2011. Dziedzictwo powieści milicyjnej PRL jako temat literatury popularnej. In *Opowiedzieć PRL*, Hrsg. Katarzyna Chmielewska und Grzegorz Wołowiec, S. 248–260. Warszawa: IBL PAN.

Marsch, Edgar. 1983. *Die Kriminalerzählung. Theorie – Geschichte – Analyse.* München: Winkler.

Milewski, Stanisław. 2011. Zaczęło się od Pitavala. *Palestra* 7–8: S. 203–213.

Nusser, Peter. 2003. *Der Kriminalroman.* Stuttgart/Weimar: J. B. Metzler.

Roszczynialska, Agnieszka. 2015. Wzorzec pitavalu w kryminale współczesnym. Na przykładzie powieści „Drwal" oraz „Zbrodniarz i dziewczyna" Michała Witkowskiego. In *Literatura kryminalna.* Bd. 2: *Na tropie źródeł*, Hrsg. Anna Gemra, S. 99–112. Kraków: EMG.

Ruszczyńska, Marta. 2019. *Polski kryminał i wiek XIX.* Zielona Góra: Oficyna Wydawnicza UZ.

Saupe, Achim. 2009. *Der Historiker als Detektiv – der Detektiv als Historiker. Historik, Kriminalistik und der Nationalsozialismus als Kriminalroman.* Bielefeld: transcript.

Schiller, Friedrich. [1792] 2005. *Pitaval. Merkwürdige Rechtsfälle als ein Beitrag zur Geschichte der Menschheit*, Hrsg. von Oliver Tekolf. Frankfurt a. M.: Eichborn.

Schönert, Jörg. 2007. *Perspektiven zur Sozialgeschichte der Literatur.* Tübingen: Max Niemeyer.

Schönert, Jörg. [1990] 2015. Erzählte Kriminalität. Zur Konstitution des Gegenstandsbereichs und zu interdisziplinären Perspektiven. In Jörg Schönert. *Kriminalität erzählen. Studien zu Kriminalität in der deutschsprachigen Literatur (1570–1920)*, S. 1–47. Berlin/Boston: De Gruyter.

Tripplin, Ludwik T. 1852. *Przedmowa jako Wstęp*. In Tripplin, Ludwik T. *Tajemnice społeczeństwa wykryte w sprawach kryminalnych krajowych i zagranicznych*. Bd. 1, S. VII–XVI. Wrocław: Wyd. Zygmunt Schletter.

Witkowski, Michał. 2016. *Drwal*. Warszawa: Świat Książki.

Personenregister

M. Foik und S. Speth (Hrsg.), *Pitaval im Sozialismus*, Literatur und Recht 20,
https://doi.org/10.1007/978-3-662-72431-6

Kolibri 360 GmbH
Ferdinand-Jühlke-Straße 7
99095 Erfurt, Deutschland
produktsicherheit@kolibri360.de